中国与世界丛书

丛书主编：王健

赵建明　著

当代伊朗外交战略研究
(1979—2017)

上海人民出版社

丛书总序

2018 年 6 月,习近平总书记在中央外事工作会议讲话中指出:"当前中国处于近代以来最好的发展时期,世界处于百年未有之大变局,两者同步交织、相互激荡。"

中国处于近代以来最好发展时期的一个重要标志,就是中国特色社会主义建设进入了新时代,中国与世界的关系越来越紧密。首先,我国的综合国力上了一个新台阶,在全球的地位不断上升。2018 年,中国的国内生产总值达到 13.5 万亿美元,居世界第二位,约占全球经济总量的 16%。与此同时,中国还是世界第一大货物贸易国、第二大服务贸易国、近 130 个国家和地区的最大贸易伙伴和最大出口市场、世界第二大对外投资国。特别是中国已经成为世界经济增长的主要引擎,这些年对世界经济增长贡献率每年超过 30%。2018 年《全球竞争力报告》显示,中国在全球竞争力排行榜列第 28 位,是最具竞争力的新兴市场国家之一。其次,中国的国际话语权不断得到增强,越来越走近世界舞台中央。目前,中国在世界银行和国际货币基金组织中的投票权仅次于美国和日本,居世界第三。中国在联合国、世界贸易组织、二十国集团、金砖国家合作机制等多边机制发挥越来越重要的作用,是亚太经合组织、亚信、东亚"10+3"等区域性国家组织或机制的重要成员,还积极创建了上海合作组织,创设了亚投行、新开发银行等国际金融机构、在一系列的重要国际活动中,中国提出了一系列新的外交理念和倡议,如全球治理观、正确义利观、发展观、安全观、合作观、全球化观、新型国际关系、人类命运共同体,并积极推动"一带一路"建设。目前,120 多个国家和 29 个国际组织同中方签署了"一带一路"合作协议。"一带一路"倡议提出 6 年来,中国同共建"一带一路"国家贸易总额超过 6 万亿美元,中国企业对沿线国家投资超过900多亿美元,承包工程营业额超过4 000亿美元。中国同沿线国家共建的82个境外合作园区为当地创造近30万个就业岗位,给各国带去了满满的发展机遇。最后,中国承担了与自身发展阶段、应负责任相称的国际义务。中国是联合国会费第二大出资国、联合国维和行动经费第二大出资国、安理会五个常任理事国中派出维和人员最多的国家。中国派出维和人员3.9万余人次,参与维和任务区道路修建工程1.3万余千米,运输总里程1 300万千米,接诊病人17万多人次,完成武装护卫巡逻等任务300余次。中国积极参与反恐、打击海盗等国际合作,中国海军在亚丁湾、索马里海域护航行动常态化。中国积极推动朝鲜核问题、伊朗核问题、巴以问题、叙利亚问题、阿富汗问题等地区热点问题的解决,坚定支持《巴黎协定》。党的十八大以来,中国政府援建重大基础设施项目300余个,实施民生援助项目2 000余个,为受援国培训各类人次近40万名,提供紧急人道主义援助177批次(累计受益人口超过500万人)。中国解决了13亿多人民的温饱问题,减少了7亿多贫困人口,仅过去5年就减贫6 800多万人,占全球减贫人口总数的70%以上,率先实现贫困人口减半的联合国千年发展目标。当然,虽然取得了历史性的进步,但我国基本国情和国际地位并没有发生根本性变化。人均国民生产总值虽然超过9 000美元,但仅仅是美国的七分之一,欧盟的四分之一,在世界上排72位,人均自然资源占有量远低于世界平均水平。同时,我们还有相当数量的贫困人口,城乡、地区差距仍然很大,发展水平总体还处在从中低端向中高端过渡阶段。因此,中国既是一个世界性综合实力很强的大国,又是一个人均收入较低的世界上最大的发展中国家。

今天,中国与世界的关系早已超越了以往任何一个时代。中国深刻地影响着世界,百年未有之大变局下的世界也会更深刻地影响到中国的未来发展。如何看待世界正处于百年未有之大变局,学术界有不同的看法。我以为,要跳出百年看百年,从一个较长的历史视角来观察,或许有助于我们正确把握和认识这一判断。所谓百年未有之大变局,是因为我们正处于全球化发展调整期、世界权力结构转移期和科学革命发展孕育期这三个历史长周期的叠加期,所以矛盾深刻、形势复杂。

　　首先,全球化发展到今天,出现了一些严重失衡问题,亟须调整。例如,在空间发展上的不平衡。1453 年是一个人类历史上值得予以高度重视的年份。这一年,君士坦丁堡被奥斯曼土耳其帝国攻陷,拜占庭帝国覆灭。此后,奥斯曼土耳其帝国逐渐控制了欧亚地区,试图独占古代丝绸之路的商业利润。但陆路受阻,却迫使葡萄牙、西班牙等欧洲国家积极开辟新的海上贸易航道,推动了大航海时代的到来,世界开始通过海洋连为一体。据统计,全世界经济总量一大半集中在沿海岸带 300 千米之内的地区,美国、日本、欧洲等发达经济体皆是如此,中国也不例外。最近英国的中国经济史研究发现,并非中央对内地不重视,而是大航海时代开启后,东部沿海地区越来越多地卷入全球化,而内地因远离海洋而拉开了与东部的发展差距。突出的表现就在于货币白银。沿海地区获得了大多数的美洲白银,而内地则被海洋时代所抛弃。于是,沿海与内地的资本积累差距日益扩大。从 2016 年美国大选结果和美国各州收入水平相关性来看,沿海地区,特别是西太平洋沿岸地区绝大多数支持全球化,而特朗普和共和党的得票主要来自中西部内陆地区。

　　又如,文化交往上的不平等。在全球化过程中,很长一段时间是帝国殖民统治下的全球化,而殖民帝国统治下的文化交融不可能是平等的,还往往把宗教作为殖民扩张的工具,这就必然导致文化融合不足,冲突加剧。冷战后,这一文明或文化冲突又伴随着移民流动在全球扩展。其实,就目前全球经济发展来看,一些发达国家和地区如果要维持经济增长,需要大量移民。美国学者布赫霍尔茨提出过一个"25 年法则",即在现代工业化之后的社会,假如一个国家在连续两个 25 年(也就是两代人)的时间内,国内生产总值的平均增长率超过 2.5%,那么这个国家的生育率就会降至人口置换率的水平,即每个妇女有 2.5 个孩子。如国内生产总值连续增长三代人的时间,那么其生育率通常会降至 2.1,该国就需要通过移民来保持稳定的工作人口。但现实问题是,移民并不仅仅是一个移动的生产要素,他还是一个文化载体,一旦文化交融受阻,就会造成冲突,影响社会稳定。里夫金在 15 年前就撰文指出:移民问题是对"欧洲梦"的根本考验。欧洲每年必须招募至少 100 万移民,但与此同时,移民潮又将威胁甚至压垮已经十分紧张的政府福利预算和人们自身的文化认同。

再如,受益与责任上的不对等。全球化中,受益最大的是跨国公司。它们不仅在全球配置各种资本、劳动力、技术等资源,甚至还配置了税收。例如,美国有些跨国公司直接将外国赚取的利润留在低税率国家不拿回来,或更有甚者,将美国赚取的利润"转让定价"出去放在国外,以"递延"交税。有些干脆不满足于"递延"交税,直接将总部迁出美国,迁到低税率国家,这样,跨国公司在外国的收入直接避免了在美国的纳税。2004年至2013年,47家跨国公司总部迁离美国。这就是所谓的母子倒置交易。据美国税收和经济政策研究所分析,截至2016年年底,世界500强跨国企业中,有367家在离岸避税地累计利润约2.6万亿美元,这使得美国政府每年损失1 000亿美元,相当于政府公司税收入3 000亿美元的三分之一。2.6万亿美元离岸利润里,其中四分之一是来自苹果、辉瑞、微软和通用电气这4家公司,离岸利润最高的前30家公司合计超过1.76万亿美元。而政府主要是靠税收来提供公共服务的,这样就导致了受益和责任的不对等,影响了政府促进科技、教育和公共卫生等的发展。罗德里克在《全球化的悖论》一书中就提出了"全球化不可能三角"理论,即经济全球化、民主制度与国家主权三者不可能兼容。政府是每个国家的政府,市场却是全球性的,这就是全球化的致命弱点。这一弱点,加上事实上全球资源配置中的不平衡、不充分,就产生了全球化的另一个大问题:收入差距拉大。以美国为例,美国收入排名前1%的人,其财富占比达到居民财富总额的24%。斯蒂格利茨将这种现象调侃为"百分之一有、百分之一治,百分之一享"。美国布鲁金斯学会发布的一份报告显示,近几十年来美国工人的实际工资增长几乎停滞。1973年至2016年,剔除通胀因素,美国工人实际收入年均增长0.2个百分点。报告同时指出,虽然过去50年美国经济取得长足进步,但处于中间60%的中产阶级家庭收入变化很小。这一趋势在与收入最高的20%的人口相比时更为明显:中产阶级家庭收入自1979年至2014年的真实增长(剔除通胀因素)仅28%,而同期收入最高的20%的人口的增长是95%。更为重要的是,在过去这几十年中产阶级家庭取得的收入增长,全部都来自家庭中女性开始出门工作的贡献。由此可见,美国中产阶级正在逐渐贫困化,而这些失败人群成为了反全球化的主要力量。

总之,全球化发展到今天,确实存在问题和失衡,目前正进入再平衡过程。但是,全球化是人类发展的必然趋势,如何正确应对和协调,事关全球经济的稳定和繁荣。

其次,世界力量和权力格局又迎来了新一轮的权力转移期。肯尼迪《大国的兴衰》一书从战略角度,以500年的世界政治史为背景,探讨了经济与军事的关系及其对国家兴衰的影响。从中可以看出,世界权力结构大约100年出现一次更替。16世纪是葡萄牙、西班牙称雄的时代,17世纪是荷兰的黄金时代,18世纪中叶到19世纪末是由英国主宰,而19世纪末开始美国逐渐夺取全球霸主地位。正可谓"为见兴衰各有时"。当前,世界力量和权力格局的一个重要变化就是新兴市场和发展中国家的整体崛起。2018年7月,习近平在金砖国家工商论坛上的讲话指出:"未来10年,将是国际格局和力量对比加速演变的10年。新兴市场国家和发展中国家对世界经济增长的贡献率已经达到80%。按汇率法计算,这些国家的经济总量占世界的比重接近40%。保持现在的发展速度,10年后将接近世界总量一半。"而其中,最为突出的就是中国的崛起。2000年中国的国内生产总值只有美国的10%多一点,但是目前已经接近美国的70%。特别是中国社会主义现代化的目标越来越清晰,世界社会主义运动在中国特色社会主义的带动下开始走出低谷,中国改革开放以来的发展经验引起越来越多发展中国家的关注,这引发了美国战略界的焦虑,并开始把中国视为美国主导的世界体系的修正者和美国世界领导地位的挑战者。2017年以来,美国多份战略报告明确将中国定位为"战略竞争对手"和"修正主义者"。美国副总统彭斯、国务卿蓬佩奥先后指责中国是与美国争夺世界主导地位的"坏人"(bad actor)。《华盛顿邮报》记者金斯指出:新的对华政策融合了国家安全顾问博尔顿的鹰派观点,国防部长马蒂斯的战略定位,白宫贸易顾问纳瓦罗的经济民族主义立场,以及副总统彭斯以价值观为基础的主张。美国学者白邦瑞在《百年马拉松》一书中强调,中国有一项百年计划,就是通过取得西方技术,发展强大经济,最后取代美国成为世界超级大国。哈佛大学肯尼迪政府学院首任院长艾利森认为,在国际关系研究领域,"修昔底德陷阱"几乎已经被视为国际关系的"铁律"。从

16 世纪上半叶到现在的近 500 年间,在 16 组有关"崛起大国"与"守成大国"的案例中,其中有 12 组陷入了战争之中,只有 4 组成功逃脱了"修昔底德陷阱"。虽然中国一再表明,中国无意改变美国,也不想取代美国,并主动提出构建中美之间"不冲突不对抗,相互尊重,合作共赢"的新型大国关系。但是,美国从维护自身的霸权地位出发,将中国的发展壮大视为对美国的挑战和威胁。其实,在美国的"战略词典"里,哪个国家的实力全球第二,哪个国家威胁到美国地位,哪个国家就是美国最重要的对手,美国就一定要遏制这个国家,以往对苏联、日本等国的打压都是有力的例证。为此,目前,美国对中国的崛起从贸易、科技、教育、文化、军事等方面实施成体系性的总体遏制,甚至不惜与中国"脱钩",而这也使得全球安全环境发生了新的变化,即传统安全议题复归主导地位,大国地缘政治博弈加剧,民粹主义上升趋势不减,导致了世界局势更加不稳定、不确定。世界经济论坛最新的《全球风险报告》指出,93% 的受访者认为大国间的政治或经济对抗将更加激烈。如何避免中美之间的结构性权力冲突,能否跨越"修昔底德陷阱",不仅关乎中美两国未来的发展,也关乎世界的和平与发展。

最后,科学革命进入了发展孕育期。当前世界正处于新一轮技术创新浪潮引发的新一轮工业革命的开端,全球各主要科技强国都在围绕争夺新一轮科技革命的优势地位进行博弈。新一轮技术革命和产业变革是互联网、大数据、云计算、人工智能与传统的物理、化学和机械等学科的相互结合,是以人工智能、机器人、新能源、新材料、量子信息、虚拟现实等为主的全新技术革命和产业革命,但必须指出,我们现在所有的科技成果都是应用科技的发展,基础理论还停留在 20 世纪爱因斯坦时代。20 世纪初至 40 年代,人类基础科学理论有了重大突破,代表成果就是量子力学与相对论,这两项成就重建了现代物理学,让人类对自然与宇宙的认识上了一个台阶。在基础理论突破的基础上,带来了第二次世界大战后应用科技的爆炸式繁荣。20 世纪七八十年代,美国基于对未来科技发展的乐观前景主动将自己的中低端制造业转移出去,积极推动自由贸易。但是,由于目前新的科学革命尚处于发展孕育期,美国自身处于"科技高原下的经济困境"。教育水平衰落、研发投入停滞、科学家地位下降等又导致美国暂时无力推动出现科学革命的新高峰,继续保持未来发展持续的科技红利。芯片的摩尔定律揭示,基础理论没有突破,应用科技早晚会走到尽头。特别是由于数字经济、人工智能等对于人口基数庞大、交易数据丰富、传统设备缺少的国家形成有利机遇,中国在市场规模、改造成本、应用场景等方面具备"后发优势",在互联网的相关应用(包括社交、电商、移动支付等)和在新一代信息技术上(包括人工智能、大数据、5G、云计算等)取得了显著进步,这就使得美国担心在高科技领域被中国全面超越。目前看来,在新的科学革命没有产生前,现有的科技革命竞争将在存量基础理论框架内展开,会变得越来越激烈和残酷。唯有新的科学革命产生,才有可能改变目前的争夺态势,并最终决定世界力量和权力结构。

百年未有之大变局下中国的发展必然会受到外部国际环境影响,但中国自身的发展也将最终影响并决定世界格局。为此,我们要认真汲取人类发展的有益文明成果,在坚定走中国特色社会主义道路的同时自觉纠正超越阶段的错误观念,集中精力办好自己的事情,以进一步深化改革开放不断壮大我国的综合国力,不断改善人民的生活,不断建设对资本主义具有优越性的社会主义,不断为我们赢得主动、赢得优势、赢得未来打下更加坚实的基础,塑造更加有利于我国发展的外部环境,维护、用好和延长重要战略机遇期。

上海社会科学院国际问题研究所于2015年3月经上海市机构编制委员会批准,由成立于1985年,汪道涵先生创立的上海市人民政府上海国际问题研究中心更名组建,原上海社会科学院国际关系研究所整建制并入,核定编制60人。合并更名之前,吴建民大使和上海市政协原副主席、上海社会科学院原党委书记兼院长王荣华教授曾担任中心的主席,本院著名学者王志平、潘光、黄仁伟等在中心担任过领导。上海社会科学院国际关系研究所的前身东欧中西亚研究所和亚洲太平洋研究所也都是有影响力的国际问题研究机构。作为全国首批25家高端智库试点单位之一上海社会科学院属下的国际问题研究机构,上海社会科学院国际问题研究所面对百年未有之大变局,理应坚持以习近平外交思想为指导,牢固树立正确的历史观、大局观和角色观,坚持理论联系实际,深入探寻世界转型过渡期国际形势的演变规律,准确把握历史交汇期我国外部环境的基本特征,研判分析战略机遇期内涵和条件的变化,有力推动中国与世界的良性互动和合作共赢。为此,我们与上海人民出版社合作,将本所研究人员的一些高质量成果以"中国与世界丛书"的形式集中出版,以期为实现中华民族伟大复兴创造良好外部环境提供理论基础和政策建议。

　　是为序。

上海社会科学院国际问题研究所所长

2019 年 6 月 16 日

目　录

表格目录

导　论

第一节　问题的提出

本书将革命后伊朗的外交战略作为研究对象,主要基于以下构想:第一,伊朗是中东地缘政治大国。从疆域面积、人口规模、资源禀赋、宗教教派等综合国力的构成要素上看,伊朗的实力不可小觑。从地缘上看,伊朗的地理枢纽地位突出。伊朗东西连接阿拉伯半岛和印度次大陆,南北连接海湾和外高加索—中亚—里海。在资源上,伊朗横跨海湾和里海两大能源富集区,伊朗拥有丰富的石油、天然气和其他矿产资源,是世界上重要的能源生产国和出口国。

第二,伊朗是理解中东教缘政治的"抓手"。伊斯兰世界的主流教派是逊尼派。沙特因为拥有圣城麦加和麦地那而成为逊尼派和伊斯兰世界的领袖。伊朗对中东教缘政治的意义在于,革命后,伊朗从世俗国家变为宗教国家,但伊朗的革命是什叶派的革命,伊朗由此成为什叶派的中心国家,并改变着什叶派同逊尼派两大教派之间的力量对比。革命后伊朗建立的是自认为唯一合法的由法基赫(Velayat-e Faqih, Governance of the Jurist,意为伊斯兰教法学的专家)主宰下的伊斯兰民主制度(本书以下简称为法基赫制度),否认沙特等逊尼派君主国家的政权合法性。伊朗还主张麦加和麦地那两大圣城实行国际共管,否认沙特拥有对圣城的护持资格。这也让伊朗和沙特乃至中东的政治斗争具有强烈的教缘政治色彩。

第三,伊朗是热点国家,其内政外交的变化牵动着中东地区和国际政治的神经。从政治上看,革命后的伊朗不是西方所谓"正常国家"(Normal State)。1979 年伊斯兰革命推翻了世俗君主政权,伊朗建立起法基赫制度,最高宗教领袖成为伊朗的最高统治者。制度转变让伊朗在内政外交上具有强烈的宗教意识形态色彩。从外交上看,伊朗的外交牵动着国际社会的广泛关注。抛开巴列维的亲美亲以政策和霍梅尼的"不要东方、不要西方"不谈,最近发生的伊朗核问题、苏莱曼尼遇袭等事件就足以触目惊心,因此我们有必要深入研究革命后的伊朗在内政外交上的变化。

第四,伊朗是中国大周边外交和"一带一路"倡议的重要沿线国家。中伊两国跨越了意识形态、政权更替等障碍并保持良好的关系。近些年随着中国外交外向型特性的凸显,伊朗已经成为中国大周边外交的重要国家。伊朗和沙特、土耳其、以色列等国成为"一带一路"倡议在中东合作的重要国家。经贸投资、能源联系成为中伊两国关系发展的重要纽带。特朗普上台后,美国对伊朗实行"极限施压"政策,给中伊正常的经贸关系带来巨大的阻力,这考验着中伊关系的韧性和牢靠程度。

第二节 研 究 综 述

一、国内有关伊朗问题研究的综述

由于伊朗是中东的地区大国,它同世界大国和地区国家都存在着密切的互动,因此有关伊朗的著述相当丰富。国内学者对伊朗的研究包含以下类别:

(一)有关伊朗的宗教文化思想

李春放认为伊朗伊斯兰神权共和制发端于霍梅尼主义,是传统主义和现代主义相结合的产物,但法基赫制度本身存在着内生的矛盾。[1]刘中民探讨了伊朗近代民族主义同宪政革命的关系。[2]赵广成探讨了霍梅尼的外交思想,他认为宗教精神领袖、反专制斗士和伊朗人的三重身份决定了霍梅尼看待国际关系的视角和出发点,这也是霍梅尼外交思想的渊源。[3]蒋真认为,霍梅尼的伊斯兰革命思想是对伊斯兰教什叶派传统教义的创新。这种创新既体现了他对君主专制和政教关系的看法,也体现在他对教法学家的社会地位的看法,以及对伊朗未来国

家制度的构想上。[4]蒋真还论述了伊朗的精神领袖在宗教和政治上的
作用。[5]

(二)有关伊朗的外交安全政策

冀开运从伊朗现代化的视角,探讨了伊朗从立宪革命到艾哈迈迪
内贾德的历史。[6]蒋真在著述中主要探讨了从霍梅尼到艾哈迈迪内贾
德时期伊朗的内政和外交。伊朗的政治派系对法基赫制度、伊斯兰革
命、伊朗与世界的认知存在差异,这让伊朗不同时期的内政外交政策在
具有一定传承性的同时也呈现较大的变化。[7]金良祥详细分析了伊朗
外交政策的背后动力。他指出波斯辉煌与现实屈辱构成的历史心理、
外交建制、派系谱、革命情结是决定伊朗外交走向的主要因素。他还
阐述了这些因素对伊朗外交的影响。[8]赵建明提出,国内和国际层面的
不同动力推动着伊朗安全战略不断变化和发展。这也让伊朗的国家安
全战略具有明显的阶段性,并演绎出巴列维的结盟战略、霍梅尼的伊斯
兰革命战略、拉夫桑贾尼的缓和战略、哈塔米的改革战略、艾哈迈迪内
贾德的强硬战略等。[9]

(三)有关伊朗与世界的关系

金良祥探讨了伊朗同国际体系的关系,认为伊朗同国际体系之间
的互动存在四个发展阶段,即积极否定、积极融入、强烈挑战、重启融
入。[10]吴成认为美国等国围绕伊朗核问题的博弈是世界格局转型的一
个场景。在世界经济格局转型中,资本主义经济和金融危机不可避免,
美元已不适合充当世界货币,人民币是重要选项。[11]

在伊朗同周边国家的关系上,冀开运从国别入手探讨了伊朗同伊
斯兰国家的关系,其中包括伊朗同海湾国家、土耳其、伊拉克、埃及、外
高加索中亚国家和南亚国家的关系。[12]从 2016 年开始,冀开运还连续
主编出版了《伊朗综合国力研究》。金良祥论述了中东反伊朗力量的结
盟及其脆弱性。他认为伊朗崛起是中东地缘政治的突出现象,沙特等
逊尼派国家所建立的反伊联盟既有必然性也有脆弱性。[13]赵建明提出
特朗普上台后,在遏制伊朗问题上,美国、沙特、以色列形成了战略三

角,这也让伊朗的安全形势空前严峻。[14]

在美伊关系上,范宏达探讨了美国同伊朗国王巴列维结盟的历程。他指出在巴列维时期,尽管美伊关系最为亲密,但是它们之间是控制和依附的关系。美伊结盟引起伊朗各阶层的强烈不满,并最终酝酿成为伊斯兰革命。[15]蒋真探讨了美国对伊朗的 30 年制裁,认为美国对伊朗的制裁是涉及政治、经济、军事等领域的全方位制裁。美国制裁不仅限于美伊之间,美国还利用长臂管辖制裁同伊朗保持关系的第三国。[16]赵建明从国内政治的视角探讨了美国犹太集团游说美国政府在 2010 年通过制裁伊朗的《综合制裁法》。[17]

(四)有关伊朗国内政治与外交的关系

陆瑾认为,2013 年鲁哈尼当政后代表了伊朗政治温和派的崛起。鲁哈尼力主在国内推行经济改革、对外同世界进行建设性交流。在第二任期鲁哈尼仍将延续上述政策,但可能会遭遇美国共和党总统特朗普的挑战。[18]陆瑾还从美国制裁对伊朗国内的影响出发,来探讨 2017 年底伊朗发生的抗议示威,及其对伊朗政权稳定性的影响。[19]赵建明从伊朗的派系竞争来探讨鲁哈尼当选总统的原因,以及鲁哈尼当选对伊朗核问题产生的影响。[20]王猛的关注点放在伊朗议会,他以伊朗议会的派系斗争为视角看待伊朗国内政治的发展。[21]

(五)有关伊朗核问题

伊朗核问题是中国学者重点探讨的议题。国内学者的著述广泛,涉及伊朗的核思想、核进程、核博弈等问题。[22]王冀平、陈兆华从美伊关系的视角切入伊朗核问题,他们认为不安全感是伊朗谋求发展核武器的内在动因,但美伊关系紧张让伊朗核问题更加难以解决。[23]赵建明探讨印度在伊朗核问题中的立场,认为印度尽管重视同伊朗的能源联系,但印度不会纵容或支持伊朗发展核武器。[24]吕蕊从欧盟外交出发,探讨 2012 年欧盟对伊朗实行能源禁运和金融制裁的动因和影响。[25]吕蕊还从美欧的竞争与合作视角,探讨特朗普上台后美欧在伊朗核问题上产生的新分歧。欧盟认为美国是在将伊朗核问题变为伊朗问题,为此欧盟先后出台《阻断法案》和特殊目的通道阻止美国过分削弱伊朗。[26]

（六）有关伊朗同中国的关系

杨兴礼以国家利益为核心,重点剖析了 21 世纪以来,世界格局和国情变化对中伊双边关系、中伊国内外交决策和中伊两国的对外战略的影响。[27]吴冰冰在文章中探讨了中国对中东战略。以中国、美国和中东三边关系为依托,以利益为导向是中国的中东战略应当遵循的基本原则。[28]

二、国外有关伊朗问题研究的综述

（一）有关什叶派思想与伊朗宪政的关系

费雷杜恩·霍维达(Fereydoun Hoveyda)认为伊朗世俗和宗教、国王和宗教领袖之间的斗争由来已久,这种斗争是伊朗国家转型中的独特现象。[29]艾哈迈德·维伊兹(Ahmad Vaezi)重点讲述了什叶派传统的宗教政治思想和伊斯兰政府的关系,特别是什叶派的伊玛目思想同霍梅尼的法基赫制度思想之间的关系。[30]阿斯加尔·设拉兹(Asghar Schirazi)从法理学和历史学的角度剖析了 1979 年伊朗的制宪过程。伊朗的宗教教士和法学家围绕设立法基赫制度、法基赫权限、权力分立制衡、公民权利等议题展开的激烈争论。[31]

（二）有关精神领袖霍梅尼及其领导的伊斯兰革命

丹尼尔·哈蒙(Danial E. Harmon)以传记形式记述了霍梅尼从宗教学者转变为革命领袖的原因,以及霍梅尼如何领导伊斯兰革命、清洗政治异己并在伊朗建立法基赫制度。[32]法尔杭·拉贾伊(Farhang Rajaee)记述了霍梅尼的生平经历和宗教政治思想,特别是霍梅尼对政治、民主主义、伊斯兰政府、国际秩序等问题的认识。霍梅尼将国际体系看作美苏各自领导的宗主国体系,革命后的伊朗既不能依靠苏联也不能依靠美国,而是要在建立伊斯兰政府后对外输出革命。霍梅尼认为这是他必须履行的宗教义务和使命。[33]哈米德·阿尔加(Hamid Algar)详细整理了霍梅尼的著名演讲,这些资料体现了霍梅尼对伊斯兰政府、专制政府、美伊关系等问题的看法和认识。[34]有关霍梅尼同国王巴列维和其他反对派的政治斗争,罗宾·赖特(Robin Wright)阐述了霍梅尼代表的宗教力量如何推动革命,以及如何将世俗派和宗教自由派等同盟者清洗出局。[35]

(三) 有关霍梅尼时期伊朗的外交

马克·贡肖罗夫斯基(Mark Gasiorowski)阐述了两极格局和中东地区结构对伊朗"不要东方也不要西方"政策的影响。[36]两伊战争是伊朗同外界冲突的重大事件。安东尼·科德斯曼(Anthony H. Cordesman)探讨两伊在军事装备、经济实力、石油产量和出口量上的动态变化及其对两伊战争造成的影响。这些数据和相关研究有助于更直观和更深刻地理解两伊战局的演进。[37]沙赫拉姆·丘宾(Shahram Chubin)认为两伊在备战状态、战争意义、地区关系、同超级大国关系上存在着巨大的差别,这些差别直接决定了战争的进程和成败。[38]

值得注意的是,伊朗前国王巴列维也著书立说为自己的统治辩护。在《对历史的回答》中,他详细记述了巴列维父子创建王朝,开启了伊朗的现代化进程。但让巴列维困惑的是,观念立场迥异的共产主义和什叶派教士为何能携手组建红黑同盟推翻自己的统治。[39]巴列维还在《国王的故事》中继续为自己申辩。他在书中记述了自己推行白色革命等功绩,但白色革命最终因为霍梅尼等人的反对而失败。巴列维本人在革命爆发后被迫流亡海外。[40]尼克·凯迪(Nikki R. Keddie)阐述了自恺加王朝以来伊朗国内政治的发展,以及伊朗国内的主要阶层比如民族主义者、国王巴列维父子、宗教人士等在其中扮演的角色。国王巴列维尽管对内推进现代化、对外结盟,但是这些政策不得人心并招致了伊朗国内各阶层的联合反对。[41]

(四) 有关后霍梅尼时代伊朗的对外关系

霍梅尼去世后,拉夫桑贾尼、哈塔米等总统先后主政,将伊朗的外交从输出革命调整为务实缓和,这也让伊朗外交呈现新的变化,后霍梅尼时代的伊朗也被称作第二共和国。首提第二共和国的学者是阿诺士拉万·艾赫特沙米（Anoushiravan Ehteshami）。他认为在最高精神领袖更替之后，伊朗的外交风格发生了重大转变。伊朗由此进入了第二共和国，以区别于霍梅尼的第一共和国。[42]与艾赫特沙米的观点类似，萨义德·阿州曼德（Said Amir Arjomand）强调在后霍梅尼时代，伊朗出现哈梅内伊和拉夫桑贾尼共治的双领导体制。伊朗的意识形态从革命转为伊斯兰改革主义，从激进转变为温和。[43]亚当·塔罗克（Adam Tarock）也持有类似的观点。他从伊朗同海湾国家与欧盟修复关系、同俄罗斯建立特殊关系等层面，证明伊朗的外交已经从强调伊斯兰意识形态转向务实主义。[44]

　　其他学者还将焦点放在伊朗的国别关系和地区政策上。克里斯廷·马歇尔（Christin Marschall）探讨了伊朗总统拉夫桑贾尼利用海湾危机开展外交斡旋，积极修复同海湾国家的紧张关系，并试图树立伊朗务实温和的新形象。[45]爱德华·瓦斯特尼奇（Edward Wastnidge）着重分析了哈塔米"文明间对话"的思想来源及其在伊朗外交上的运用。[46]雷·塔基亚（Ray Takeyh）阐述了在拉夫桑贾尼到哈塔米时期，伊朗积极修复同世界的关系，但他认为艾哈迈迪内贾德代表的右翼势力将对伊朗的修复外交产生恶劣的影响。[47]苏珊娜·马洛尼（Suzanne Maloney）将伊朗外交划分成伊斯兰革命、两伊战争、经济重建、改革等阶段，并从政治经济学的视角解读伊朗的经济政策及其对政治和外交的影响。[48]沙赫拉姆·阿卡巴扎德赫（Shahram Akbarzadeh）记述了鲁哈尼时期伊朗的对外政策，主要探讨了伊朗的挑战与机遇、美伊关系、库尔德问题、伊朗同沙特阿拉伯关系等问题。[49]其他重要的著述还包括卡斯拉·纳吉（Kasra Naji）的《艾哈迈迪内贾德：伊朗激进总统秘史》[50]、贾利勒·罗山德利（Jalil Roshandel）的《伊朗、以色列和美国》[51]、约翰·加弗（John W. Garver）的《中国与伊朗：后帝国主义世界的古老伙伴》等。[52]

（五）有关美伊关系

　　美伊关系是伊朗外交中最重要的双边关系，美伊互动过程和结果深刻影响着伊朗的内政外交。以伊斯兰革命为分界点，美伊关系从盟友变成了仇敌。詹姆斯·比尔(James A. Bill)着重论述了美国同国王巴列维结盟推翻摩萨台内阁,这也是伊朗痛恨美国和反对美国的源起。[53]巴里·鲁宾(Barry Rubin)在其著作中回答了长期困惑美国的问题,即美国帮助过伊朗,但伊朗却痛恨美国。鲁宾认为,美国干涉伊朗中断了伊朗的民族解放运动进程,激发了霍梅尼代表的宗教人士痛恨美国。[54]加里·西克(Gary Sick)是美国使馆人质事件的亲历者。他提出,美国因遏制苏联而同国王巴列维结盟,但美国对伊朗的干涉激发了宗教人士和民族主义者发动伊斯兰革命推翻巴列维统治,并断绝了同美国的联系。革命后的伊朗也因此招致了美国的遏制和制裁。美国、巴列维和霍梅尼在"伊朗是谁的伊朗"的博弈中都是输家。[55]侯赛因·阿里卡哈尼(Hossein Alikhani)从法律和总统行政命令的视角,专门探讨了美国对伊朗的制裁体系。[56]肯尼斯·波拉克(Kenneth M. Pollack)从历史的视角阐述了美伊的交往历程。从国王巴列维时期美伊结盟到革命后美伊交恶,再到后霍梅尼时代美伊之间的试探性接触。波拉克提出未来美国对伊朗政策更可能是胡萝卜加大棒的政策,迫使伊朗让步。[57]

像加里·西克一样,一些美国外交官或重大事件亲历者也著书立说发表看法。约翰·布莱特(James G. Blight)以访谈形式介绍了"伊朗门"事件。该书把美伊关系比作华盛顿和德黑兰之间的"双城记"。美伊两国在断交后,企图通过秘密谈判建立沟通管道和联系,但"伊朗门"事件被曝光让双方弄巧成拙。美伊领导人为撇清关系都试图将责任推给对方,并采取新一轮的对抗政策。访谈对象包括查尔斯·科根(Charles Cogan)、理查德·墨菲(Richard Murphy)、布鲁斯·里德尔(Bruce Riedel)、马克·贡肖罗夫斯基、法里德·法里(Farideh Farhi)等官员和学者。[58]

此外,在每届美国总统任期内,布鲁金斯学会、美国对外关系委员会等机构都会向新政府提出对伊朗的政策建议。例如波拉克、苏珊娜·马洛尼、丹尼尔·拜曼(Daniel L. Byman)在奥巴马就任后出版《通往波斯之路》。他们将美国对伊政策分为外交说服、军事打击、政权改变(Regime Change)政策、战略限制等类型,结论是战略限制应当是奥巴马政府对伊朗的主导政策。[59]

（六）有关伊朗核问题与伊朗核问题全面协议

冷战后美国将恐怖主义和大规模杀伤性武器的扩散视为对自己国家安全的重大威胁。美国对外政策的重要内容是防止核扩散特别是敌对国家获得核武器。库姆达·辛普森（Kumuda Simpson）认为，为了防范伊朗发展核武器，小布什和奥巴马政府先后采取单边军事打击威胁和核谈判政策。但他对美伊签署的伊朗核问题全面协议表示忧虑，认为该协议并未从根本上解决伊朗核问题和中东的核扩散。[60]科尼利厄斯·阿德巴赫（Cornelius Adebahr）探讨了欧盟介入伊朗核问题的动因、成效和政策局限。[61]

第三节　框架与结构

一、创新点和基本思路

国内外学者的研究成果为了解革命后的伊朗外交提供了十分宝贵的资料，并为本书进行深入研究打下了坚实的基础。尽管如此，既有研究在伊朗的国内政治、霍梅尼宗教政治思想、伊朗核问题和核外交等问题上还有可以提升的空间。因此本书拟探讨革命后的伊朗外交时重点关注以下问题，并争取有所创新：第一，以霍梅尼的政治思想作为认识伊朗外交的起点，探讨伊朗的伊斯兰意识形态在不同阶段发生的变化。霍梅尼是伊朗伊斯兰共和国的设计者和创建者，他的伊斯兰意识形态对伊朗的外交思想影响至深。他的"不要东方也不要西方"等思想是伊朗外交的底色。但无论是在霍梅尼时期还是后霍梅尼时期，伊斯兰意识形态对伊朗外交的影响并不是一以贯之的，而是在不同时期呈现不同的嬗变甚至异化。因此深刻认识霍梅尼的宗教政治思想及其嬗变，也是本书理解伊朗外交的主要路径。

第二，从伊朗国内权力斗争的视角考察伊朗外交。革命后伊朗国内的不同派系在如何看待伊斯兰革命、伊斯兰意识形态与国家利益、伊朗与世界尤其是美伊关系等重大问题上存在着分歧。反映到伊朗的外交上，伊朗的坚定革命派、务实保守派、改革派、强硬派、温和保守派都按照自己对上述问题的理解来制定外交政策，这也让革命后的伊朗外交呈现出明显的阶段性特色。因此以国内派系斗争为视角,有助于我们理解伊朗的外交及其变化。

第三,以伊朗核问题为抓手,探讨伊朗核外交及其对伊朗的意义。2002年,伊朗的秘密核设施被曝光后,伊朗立刻陷入各方的围攻,伊朗外交也被迫围绕核问题来展开。伊朗真实的核意图、伊朗同外界的核博弈、核与伊斯兰政权的关系等重要问题都有待我们去探究。但不管怎样,核问题是我们认识伊朗外交的重要视角和抓手。

从基本思路上看,本书是将设局与破局作为探讨伊朗外交的主线。伊斯兰革命后,霍梅尼的"伊斯兰使命观""宗教是非观"上升为伊朗的国家意志,并成为伊朗外交恪守的基本准则,伊朗外交由此具有了鲜明的意识形态特征。但这也预设了革命后的伊朗同美苏超级大国,以及同以色列、沙特等地区国家之间的对抗之路。这是伊斯兰意识形态给伊朗外交设定的困局。为了实现自己肩负的"伊斯兰使命",霍梅尼不惜同美苏为敌、与邻国交恶。

但是两伊战争失利和霍梅尼去世让伊朗输出革命丧失了动力,并迫使伊朗回归正常化,在外交上重视国家利益,去除伊斯兰意识形态的影响。这也开启了伊朗外交的破局之路。伊朗在强调捍卫伊斯兰革命的同时也在寻求融入国际体系,以求实现融入式发展。但国际体系是在第二次世界大战后由美国创建并主导,在美伊敌对的情况下,美国因素成为伊朗融入国际体系的最大障碍。因此改变"撒旦"语汇成为伊朗必须面对的重大问题。但是伊朗尚未突破如何在坚持革命的同时又改变"撒旦"语汇这一困境。

二、框架与结构

本书在结构上分为五章。第一章主要探讨霍梅尼建立伊斯兰政府并对外输出革命。近现代伊朗在沦为半殖民地社会的过程中,包括霍梅尼在内的各方力量期望伊朗能沿着自己设定的方向发展并展开激烈的竞争。在各方力量的竞争中,霍梅尼领导的各阶层联盟战胜了美国同国王巴列维的联盟。伊朗的历史最终选择了霍梅尼,但霍梅尼选择了利用伊斯兰改造伊朗的政权和社会,在国内建立法基赫制度,对外寻求输出伊斯兰革命。但革命造成了国内混乱,输出革命为伊朗招致了战争。霍梅尼期望通过推翻萨达姆政权来输出革命,但在美国、苏联、伊拉克、沙特等各方的联合压制下伊朗被迫接受停火。这也给伊朗的革命输出画上了句号。

第二章主要探讨务实派总统拉夫桑贾尼的缓和外交。在后霍梅尼时代,伊朗总统拉夫桑贾尼努力减少伊斯兰意识形态对伊朗的影响。拉夫桑贾尼让伊朗外交趋向务实理性,摆脱伊斯兰意识形态的束缚。拉夫桑贾尼在外交上的变化让伊朗有了"第二共和国"之称。萨达姆入侵科威特为伊朗改善同海湾国家的关系提供了机遇。但 1992 年阿布穆萨危机、"双重遏制政策"、美国重构海湾安全结构疏远了伊朗同海湾国家的关系。反倒是伊朗同俄罗斯、中国的关系有了较大的进展。

第三章主要探讨改革派总统哈塔米的"文明间对话"外交。哈塔米上台后以"文明间对话"来展示伊朗的软实力,拓展伊朗的对外关系。哈塔米的 CNN 访谈、伊斯兰合作组织德黑兰峰会演讲和第五十三届联大演讲都广受好评。得益于此,哈塔米改善了伊朗与沙特、欧盟的关系。但受制于国内保守势力的掣肘,哈塔米的对美外交没有取得实质性进展。2002 年被曝光的伊朗核问题更是进一步损害了哈塔米的国际形象。

第四章探讨的是强硬派总统艾哈迈迪内贾德的核强硬外交。伊朗核问题被曝光后,国际原子能机构的核查和伊欧谈判受挫促使伊朗的国内政治趋向保守,这也将强硬派艾哈迈迪内贾德推上了政治舞台。艾哈迈迪内贾德通过强推核进程、开展能源外交、发表反以言论、举行军演等方式同美欧进行了针锋相对的对抗。但由此招致联合国的多边制裁和美欧的联合制裁,最终让伊朗陷入困境。

第五章探讨的是温和保守派总统鲁哈尼实施的建设性互动政策。鲁哈尼上台后为了带领伊朗走出前任的核困局,开始同美国开展建设性互动,以伊朗的核让步来推动伊朗同国际社会特别是美国改善关系。建设性互动取得了积极的成效。伊朗同联合国安理会五大常任理事国和德国签署伊朗核问题全面协议,这个拖了十多年的伊朗核问题画上了阶段性的句号,伊朗以核暂停换取美欧等国解除对伊朗的制裁,但特朗普上台后撕毁伊朗核问题全面协议,美伊关系急转直下。美国以废约、制裁、海湾增兵和构建美以沙战略三角等政策向伊朗施压。在美国的"极限施压"之下,伊朗出现里亚尔崩盘、能源出口急剧下滑和社会动荡等恶性状况。伊朗油轮被拦截、击落美国无人机、苏莱曼尼等事件不断激化着美伊关系,但美伊两国会否迎头相撞发生战争还有待时间的验证。

注释

1. 李春放:《论伊朗现代伊斯兰政治模式》,载《历史研究》2001 年第 6 期。

2. 刘中民:《从"烟草抗议"到"宪政革命":伊斯兰教与 19 世纪末 20 世纪初的伊朗民族主义》,载《西亚非洲》2008 年第 12 期。

3. 赵广成:《霍梅尼外交思想的渊源和理论体系》,世界知识出版社 2016 年版。

4. 蒋真:《霍梅尼伊斯兰革命思想研究》,载《世界宗教研究》2012 年第 2 期;蒋真:《宗教与政治:当代伊朗政治现代化的困惑》,载《西亚非洲》2012 年第 2 期。

5. 蒋真:《伊朗政治进程中宗教领袖地位的演进》,载《世界宗教研究》2007 年第 3 期。

6. 冀开运:《伊朗现代化历程》,人民出版社 2015 年版。

7. 蒋真:《后霍梅尼时代伊朗政治发展研究》,人民出版社 2014 年版。

8. 金良祥:《伊朗外交的国内根源研究》,世界知识出版社 2015 年版。

9. 赵建明:《伊朗的国家安全战略的动力分析:1953—2007 年》,新华出版社 2010 年版。

10. 金良祥:《伊朗与国际体系:融入还是对抗?》,《西亚非洲》2019 年第 1 期。

11. 吴成:《伊朗核问题与世界格局转型》,时事出版社 2014 年版。

12. 冀开运:《伊朗与伊斯兰世界关系研究》,时事出版社 2012 年版。

13. 金良祥:《中东地区反伊朗力量的结盟及其脆弱性》,载《现代国际关系》2017 年第 8 期。

14. 赵建明:《伊沙战略对峙、美以沙战略三角与中东格局的未来》,载《当代世界与社会主义》2018 年第 6 期。

15. 范宏达:《美国与伊朗:曾经的亲密》,社会科学文献出版社 2006 年版。

16. 蒋真:《美国对伊朗的单边制裁及其局限性》,载《国际论坛》2018 年第 4 期。

17. 赵建明:《美国犹太组织与奥巴马政府对伊朗的政策》,载《美国研究》2011 年第 1 期。

18. 陆瑾、刘岚雨:《伊朗政治温和派的崛起及其影响》,载《现代国际关系》2017 年第 10 期。

19. 陆瑾:《从十月抗议事件审思伊二元政治结构的稳定性》,载《西亚非洲》2019 年第 1 期。

20. 赵建明:《鲁哈尼当选与伊朗核问题的未来发展》,载《西亚非洲》2013 年第 12 期。

21. 王猛:《伊朗议会政治嬗变的历史透视》,载《阿拉伯世界研究》2017 年第 4 期。

22. 闫文虎:《核问题:冷战后伊朗民族主义发展的解读》,载《西亚非洲》2007 年第 8 期;杨鸿玺、杨中强:《美国对中东战略与伊朗核问题的发展》,载《西亚非洲》2007 年第 8 期;刘国华:《伊朗核问题与大国的利益博弈》,载《国际问题研究》2007 年第 2 期;杨诗源、杨兴礼:《伊朗新世纪的能源外交浅析》,载《西亚非洲》2006 年第 7 期;华黎明:《伊朗核问题》,载《国际问题研究》2007 年第 1 期;《伊朗核强硬政策的逻辑分析》,载《西亚非洲》2010 年第 10 期。

23. 王冀平等:《伊朗核问题与大国关系》,载《美国研究》2004 年第 1 期;陈兆华:《伊朗核问题与美国对伊政策》,载《现代国际关系》2004 年第 1 期。

24. 赵建明:《试析印度在伊朗核问题中的平衡外交》,载《南亚研究》2009 年第 4 期。

25. 吕蕊、赵建明:《试析欧盟在伊朗核问题中的角色变化与影响》,载《欧洲研究》2016 年第 6 期。

26. 吕蕊、赵建明:《欧美关系视角下的伊朗核问题:基于 2016 年以来欧美伊核政策的比较分析》,载《欧洲研究》2019 年第 1 期。

27. 杨兴礼、冀开运、陈俊华、杨姗姗:《现代中国与伊朗关系》,时事出版社 2013 年版。

28. 吴冰冰:《对中国中东战略的初步思考》,载《外交评论》2012 年第 2 期。

29. Fereydoun Hoveyda, *The Shah and the Ayatollah: Iranian Mythology and Islamic Revolution*, Westport and London: Praeger, 2003.

30. Ahmad Vaezi, *Shia Political Thought*, London: Islamic Center of England, 2005.

31. Asghar Schirazi, John O'kane trans., *The Constitution of Iran: Politics and the State in the Islamic Republic*, New York and London: I. B. Tauris, 1997.

32. Danial E. Harmon, *Ayatollah Ruhollah Khomeini*, Philadelphia: Chelsea House Publishers, 2005.

33. Farhang Rajaee, *Islamic Values and World View: Khomeini on Man, the State and International Politics*, Lanham and New York: University Press of America, 1993.

34. Ruhollah Khomeini, *Islam and Revolution: Writings and Declarations of Imam Khomeini*, Berkeley: Al-Mizan Press, 1981.

35. Robin Wright, *In the Name of God: The Khomeini Decade*, New York and London: Simon & Schuster, 1989.

36. Mark J. Gasiorowski and Nikki R. Keddie ed., *Neither East Nor West: Iran, the Soviet Union, and the United States*, New Haven: Yale University Press, 1990.

37. Anthony H. Cordesman, *The Iran-Iraq War and Western Security, 1984—87: Strategic Implications and Policy Options*, New York: Jane's, 1987.

38. Shahram Chubin and Charles Tripp, *Iran and Iraq at war*, London and New York: I.B. Tauris, 1988.

39. [伊朗]穆罕默德·礼萨·巴列维:《对历史的回答》,刘津坤、黄晓健译,中国对外翻译出版公司 1986 年版。

40. Mohammad Reza Pahlavi, Teresa Waugh trans., *The Shah's Story*, London: Michael Joseph, 1980.

41. Nikkie R. Keddie, *Modern Iran: Roots and Results of Revolution*, New Haven: Yale University Press, 2003.

42. Anoushiravan Ehteshami, *After Khomeini: The Iranian Second Republic*, New York and London: Routledge, 1995.

43. Said Amir Arjomand, *After Khomeini*, Oxford and New York: Oxford University Press, 2009.

44. Adam Tarock, *Iran's Foreign Policy Since 1990: Pragmatism Supersedes Is-

lamic Ideology, New York: Nova Science Publishers Inc., 1999.

45. Christin Marchall, *Iran's Persian Gulf Policy: From Khomeini to Khatami*, New York: Routledge Curzon, 2003.

46. Edward Wastnidge, *Diplomacy and Reform in Iran: Foreign Policy under Khatami*, London and New York: I.B. Tauris, 2016.

47. Ray Takeyh, *The Guardians of the Revolution: Iran and the World in the Age of Ayatollahs*, Oxford and New York: Oxford University Press, 2009.

48. Suzanne Maloney, *Iran's Political Economy Since the Revolution*, New York and Cambridge: Cambridge University Press, 2015.

49. Shahram Akbarzadeh and Dara Conduit, *Iran in the World: President Rouhani's Foreign Policy*, London and New York: Palgrave Macmillan, 2016.

50. Kasra Naji, *Ahmadinejiad: The Secret History of Iranian Radical Leader*, Berkeley and Los Angeles: University of California Press, 2008.

51. Jalil Roshandel, *Iran, Israel and the United States: Regime Security Vs. Political Legitimacy*, San Barbara and Denver: Praeger, 2011.

52. John W. Garver, *China and Iran: Ancient Partners in a Post-Imperial World*, Seattle & London: University of Washington Press, 2006.

53. James A. Bill, *The Eagle and the Lion: The Tragedy of American-Iranian Relations*, New Haven and London: Yale University Press, 1988.

54. Barry Rubin, *Paved with Good Intention: The American Experience in Iran*, New York and Oxford: Oxford University Press, 1980.

55. Gary Sick, *All Fallen Down: America's Tragic Encounter With Iran*, New York: Random House, 1985.

56. Hossein Alikhani, *Sanctioning Iran: Anatomy of a Failed Policy*, London and New York: I. B. Tauris Publishers, 2000.

57. Kenneth M. Pollack, *The Persian Puzzle: The Conflict between Iran and America*, New York: Random House, 2005.

58. James Blight, Janet Lang, Hussein Banai, Malcolm Byrne, John Tirman, *Becoming Enemies: U.S.-Iran Relations During the Iran-Iraq War*, Lanham and Boulder: Rowan &Littlefield Publishers, Inc., 2012.

59. Kenneth M. Pollack,Suzanne Maloney and Daniel L. Byman ed., *Which Path to Persia? Options for a New American Strategy toward Iran*, Washington D.C.: Brookings Institution Press, 2009.

60. Kumuda Simpson, *U.S. Nuclear Diplomacy with Iran: From the War on Terror to the Obama Administration*, Lanham and Boulder: Rowman & Littlefield, 2016.

61. Cornelius Adebahr, *Europe and Iran: The Nuclear Deal and Beyond*, New York: Routledge, 2017.

第一章

伊朗的历史选择与霍梅尼的伊斯兰革命战略

伊朗近现代的历史既是外部殖民者侵略奴役伊朗的历史,也是伊朗民众反殖民反封建的历史。在争夺伊朗的过程中,外部的英俄美三国和内部的国王巴列维父子、民族主义者、宗教人士是重要的博弈力量,他们期望伊朗按照自己规划的方向发展。最终历史选择了霍梅尼,而霍梅尼选择了伊斯兰。1979 年伊斯兰革命后,伊朗建立了法基赫治下的伊斯兰政府。这给伊朗外交和国际关系带来重大变化。

第一节 近现代伊朗的国家衰落与四股力量的竞争

近现代的伊朗,内外矛盾十分突出。内外势力围绕"伊朗是谁的伊朗"展开了激烈的竞争。从外部看,俄国和英国从 18 世纪末开始染指伊朗,英俄两国是影响伊朗最重要的两个国家。美国在第二次世界大战后取代英俄成为影响伊朗发展的最重要国家。从内部看,伊朗的世俗王权、什叶派宗教势力、民族主义者、共产主义者则期望伊朗能够摆脱外部控制,实现国家独立和民族解放。内外势力为争夺伊朗展开了激烈的斗争。这也让伊朗的近现代历史呈现错综复杂的局面。

一、域外大国的干涉与伊朗的国家发展方向

伊朗在历史上曾创造出辉煌灿烂的波斯文明。但从近代开始,波斯[1]像埃及、印度、奥斯曼土耳其等帝国一样走向了衰落。伊朗的近现代历史主要包括萨法维王朝(1502—1736 年)、阿夫沙尔王朝(1736—1796 年)和恺加王朝(1796—1925 年)三个王朝。萨法维王朝之后,波

斯的国力日渐衰落并逐渐成为西方殖民者侵略和奴役的对象。对波斯来讲,英国和俄国几乎就是殖民者和侵略者的代名词,他们的侵略和干涉将波斯拖入半殖民地半封建国家的深渊。第二次世界大战之后,美国后来者居上成为影响伊朗发展进程的最重要的外部力量。

近邻俄国不断地对外扩张威胁了波斯的国家安全。俄国在近现代发展壮大的历史也是不断侵略邻国的历史。从彼得一世开始,寻找通向温暖水域的出海口是俄国长期坚持的外交目标,为此四处出击对外扩张。俄国向西南的扩张目标是夺取里海和黑海进入地中海,向南扩张的目标是进入波斯湾和印度洋。波斯作为俄国的邻国,正好处在俄国设定的向南和向西南的扩张路线上。加上波斯国力日渐衰弱,因此成为俄国侵略和鱼肉的对象,俄波两国之间的冲突和战争不可避免。

17世纪,俄国通过拓殖渗透到高加索北部。1802年,俄国侵占格鲁吉亚地区,打开了侵略波斯的阿塞拜疆的大门。俄国先后发动了两次俄波战争并取得了胜利。在第一次俄波战争(1804—1813年)后,波斯和俄国被迫签署《古利斯坦条约》。根据条约,波斯割让今达吉斯坦、格鲁吉亚东部、阿塞拜疆的大部分、亚美尼亚北部给俄国;波斯放弃在里海的通航权;俄国在里海地区拥有专属驻军权;波斯经济对俄国全面开放等。[2] 在第二次俄波战争(1826—1828年)后,俄波两国签署《土库曼恰伊约》。根据条约,波斯被迫割让南高加索的亚美尼亚和阿塞拜疆南部给俄国;俄国在波斯享有认定王位继承权、领事裁判权、协定关税等特权。波斯沦为俄国的保护国和半殖民地。[3] 1881年俄波签署《阿克哈尔条约》,波斯割让在土耳其斯坦和阿姆河以东地区的主权。1893年,俄波两国签署条约,波斯割让里海东部和西部的费罗扎和萨拉卡赫斯给俄国。俄国由此打通了通往里海和地中海的通道。

英国从南部、东部对波斯构成威胁。尽管英国在地理上同波斯并不接壤,但英国在先后吞并印度(1849年)和缅甸(1886年)之后成为波斯的东部邻居。英国还通过在波斯湾沿线的伊拉克、科威特等地拓殖,将触角延伸到波斯的南部。第二次俄波战争后,俄国将波斯变为殖民地的侵略野心引起了英国的不安。英国担心波斯一旦沦为俄国的殖民地之后,俄国将会进一步侵占阿富汗。这将直接威胁英属印度的安全。

英国在波斯周边的拓殖引起了俄国的不满,为了将英国推出去,俄国怂恿波斯对英国开战。1856 年,波斯在俄国支持下同英国开战争夺中亚的赫斯特。但是波斯最终战败,并在 1857 年被迫同英国签署《英波巴黎条约》。根据条约,波斯割让巴德扎赫斯、扎胡里安等地给英属印度。[4] 1863 年,英波两国签署《第一次古德斯米德仲裁协定》,波斯被迫割让俾路支斯坦沿海的莫克兰地区给英属印度。1872 年,英波之间签署《第二次古德斯米德仲裁协定》,波斯几乎将所有剩余的俾路支的领土割让给英属印度。[5] 1905 年,英国同波斯签署《麦克马洪仲裁》(1905 年),割让锡斯坦的大片领土给英属印度。通过这些不平等条约和仲裁协定,英国基本确定了波斯同英属印度之间的边界。在英俄两国的夹击下,波斯的疆域面积不断缩小,并成为受到英俄联合控制的半殖民地国家。

除了侵占土地,英俄两国围绕波斯的铁路路权、电报电话租让权、关税收入等利权展开激烈的争夺。利权出让是波斯沦为半殖民地的重要标志。在攫取利权方面,经济和金融更发达的英国获益更多。英国从波斯得到的权益包括:哈涅根—德黑兰—布什尔的电报电话出让权(1872 年)、银行出让权(1873 年)、烟草专卖权(1890 年)、石油开采权(1901 年)[6]等。1908 年英国在波斯南部发现石油,同年成立英波石油公司(1935 年易名为英伊石油公司),英波石油公司的主要业务就是垄断在波斯的石油利益。

在控制波斯问题上,英国同俄国有竞争也有合作。1907 年 8 月,英俄两国在彼得堡签订划分波斯势力范围的《英俄条约》。条约将波斯一分为三:北部区域是俄国控制的势力范围,这一区域包括里海南岸、德黑兰、卡尚、伊斯法罕等地。南部区域由英国控制,主要包括班达阿巴斯港以东以南区域、科尔曼、锡斯坦、俾路支斯坦等南部和西南部波斯等地,中间区域是中立区,由波斯国王控制。[7]英俄划分势力范围表明波斯国王已经不再是独立的君主,英俄殖民者在波斯更像是能够发号施令的太上皇。波斯彻底沦为英俄两国的半殖民地。

1914 年第一次世界大战爆发。英国、法国、美国代表的协约国取得了胜利,德国、奥匈帝国和奥斯曼土耳其代表的同盟国沦为战败国。奥斯曼土耳其作为战败国,其控制的帝国土崩瓦解,其中东霸主地位也被英法两国取代。在战争结束之前,英国的中东专家马克·赛克斯和法国外交官弗朗索瓦·皮科于 1916 年就瓜分奥斯曼土耳其秘密签署《赛克斯—皮科协定》(Sykes-Picot Agreement),俄国之后也加入协定。根据协定,伊拉克、科威特划给英国,英国巩固了在波斯湾的霸权。但俄国在 1917 年爆发十月革命后退出协定。[8]

第一次世界大战对伊朗的意义在于,俄国十月革命胜利后,列宁宣布废除此前俄国同英国签署的瓜分波斯的秘密协定。1918 年,苏维埃俄国从波斯撤出所有军队,这也彻底改变了俄英分治波斯的局面。1921 年,苏维埃俄国同波斯签署《苏波友好条约》,规定废除俄国签署的损害波斯利益的所有条约和协定;苏维埃俄国放弃在波斯北部五省的势力范围;苏维埃俄国放弃在波斯的领事裁判权、租让权,取消波斯对俄国的债务;双方遵守 1881 年俄波边界。但是俄波条约的第 5 条和第 6 条规定,如果第三方以波斯为基地图谋颠覆苏维埃俄国政权,苏维埃俄国有权出兵消除威胁。一旦威胁被消除,苏维埃俄国将立即从波斯撤出军队。[9]这两项条款也成为 1941 年苏英出兵占领伊朗的法律依据。条约签署后,苏波关系得到改善,波斯北部的安全隐患暂时得到了缓解。

1919 年 8 月,英国外交大臣寇松同波斯首相哈桑·沃索格-杜乌拉(Hassan Vosugh al-Dowleh)签署有关授予英国石油勘测开采权的《英波协定》。协定主要内容:除俄国控制的五个北部省份之外,英国在波斯获得石油勘探权和开采权;英国向波斯借款 200 万先令;英波两国协定关税;英国在波斯获得铁路的勘测和建设权;英国同意向波斯提供军队训练所需的弹药和军用物资。[10]

《英波协定》是腐败的恺加王朝签署的又一个丧权辱国的协定。协定公布后引起了波斯民众的愤怒,该协定最终并未获得议会的批准。1921 年 2 月,军官礼萨·汗发动军事政变推翻沃索格-杜乌拉内阁,任命赛义德·塔巴塔巴伊为新首相,礼萨·汗担任战争部长。新内阁公开宣布废止《英波协定》。1921 年 6 月,波斯议会否决《英波协定》,英国军队被迫退出了波斯,这结束了外国在波斯的驻军和军事占领。波斯的民族独立取得了阶段性胜利。

除了英俄两国,美国也是干涉波斯内部事务的主要势力。第二次世界大战爆发特别是 1941 年苏德战争爆发后,由于担心纳粹德国控制伊朗,切断盟国援助苏联的生命线,因此1942年英苏两国出兵占领伊朗,废除礼萨·汗,拥立年幼的巴列维上台。同时英美苏三国承诺:在反对法西斯德国的战争结束后6个月之内从伊朗撤军。《德黑兰宣言》《雅尔塔会议》和《波茨坦公告》等文件多次重申这一承诺。1946年2月,英美两国从伊朗撤军,但是苏联援引1921年《苏波友好条约》,以保障苏联安全为由拒绝撤军。[11]不仅如此,苏联还向伊朗提出了领土要求,要求后者割让靠近苏联的喀斯和卡拉汉两个地区,策动伊朗北部苏占区成立阿塞拜疆和库尔德两个共和国。此外苏联还扶植亲苏的人民党,向伊朗索要伊朗北部5省石油勘测和开采权。[12]苏伊矛盾和苏土黑海海峡危机、希腊危机成为美苏冷战的起源。[13]

为了维护国家利益、敦促苏联撤军,伊朗的首相艾哈迈德·卡瓦姆(Ahmad Qavam)一方面在1946年2月向联合国提交议案控诉苏联拒绝从伊朗撤军。另一方面向苏联提出以苏联撤军换伊朗石油开采权的计划。1947年2月,《苏伊石油协定》签署,苏联撤出所有在伊朗的军队。但是伊朗议会最终否决了石油协定,伊朗军队进驻阿塞拜疆和库尔德省,清除亲苏人民党和亲苏武装。首相卡瓦姆以外交技巧保障了伊朗国家主权和领土完整。[14]英国和苏联先后撤军终于让伊朗实现了主权的独立,伊朗反帝反殖的民族解放运动取得了阶段性的胜利。

受到卡瓦姆鼓舞,伊朗也在寻求经济独立。1951年4月,穆罕默德·摩萨台(Mohammad Mosaddegh)担任伊朗首相后向英国提出提高伊朗石油分成的提议,但遭到拒绝。1952年5月,摩萨台宣布伊朗将对英伊石油公司实行国有化并没收该公司在伊朗的资产,由此在伊朗掀起了石油国有化运动,这直接导致伊朗同英伊石油公司发生冲突。英国先后采取增兵、断交和禁售伊朗石油等政策逼迫伊朗让步。禁售石油造成伊朗石油滞销,使伊朗蒙受了重大的经济损失。摩萨台对英国的政策无能为力但又不愿意同英国和解。英伊关系处于僵持状态。

这一时期,有四股主要力量参与到伊朗国内政治中:一是摩萨台及其领导的民族阵线;二是以国王巴列维为首的王权;三是以英伊石油公司为代表的英国经济殖民势力;四是后来居上的美国。四方的权力争夺形成了三组矛盾:一是摩萨台及民族阵线同英国的矛盾,这也是四方中最主要的矛盾,民族阵线强烈要求摆脱英国的经济控制,实现伊朗的经济独立。二是摩萨台及民族阵线同巴列维的矛盾。巴列维期望稳固自己的王权,像其父礼萨·汗一样在伊朗建立君主专制的统治。摩萨台和民族阵线则主张削弱王权增加议会的权力,在伊朗建立君主立宪制。两方在建立何种类型政体上存在着根本矛盾。三是英美之间的矛盾。冷战爆发后,美国既想在中东建立遏制苏联的同盟体系,也想把英法等老牌帝国赶出中东。[15]在这三组矛盾中,英美和巴列维三方之间的矛盾是次要矛盾。这些矛盾可以通过相互妥协解决。摩萨台同其他三方的矛盾是最主要的矛盾。这一矛盾不可调和,原因是摩萨台和民族阵线既反对帝国主义也反对封建君主,这也使摩萨台和民族阵线成为其他三方联手打击的目标。

美国在这四方中是最有实力的一方,也有更多的主动权和自由权。美国既可以帮助摩萨台逼迫英国在石油分成上做出让步,也可以帮助英国遏制摩萨台,还可以同国王联手打击英国和摩萨台。但在这些选择中,与巴列维结成同盟最符合美国的战略利益:第一,结盟可以为美国遏制苏联寻找到最佳的战略支点。1947年3月,美国出台遏制苏联的杜鲁门主义,美苏冷战正式爆发。伊朗是苏联的近邻,伊朗如何站位对美国遏制苏联至关重要。美国需要将伊朗牢牢拴在美国的战车上。第二,打击伊朗的民族主义。美国认为纳赛尔主义等中东民族主义运动同苏联共产主义一样对美国在中东建立霸权构成威胁。因此美国要遏制以摩萨台为首的伊朗民族主义。第三,美国可以取代英国在伊朗的主导权。第二次世界大战后英国尽管实力被削弱,但仍然在伊朗拥有相当的影响力。而英伊石油矛盾为美国提供了清除英国在伊朗影响力的机会。由于巴列维在伊朗国内势力相对弱小且具有反对英国和反对民族主义的特性,因此美国只要扶植国王,就能够一石双鸟,既能够同时打击英国和伊朗的民族主义,又能确立美国在伊朗的主导权。

为此,美国总统艾森豪威尔授权中央情报局在伊朗发动政变。1953年8月19日,美国中央情报局同英国的秘密情报局(Secret Intelligence Service)一起在伊朗策划政变,推翻了摩萨台内阁,国王巴列维被重新扶植上台。[16]

1953 年政变沉重打击了伊朗民族解放运动的进程，伊朗再度恢复到国王的集权专制统治。1953 年政变是美国同伊朗国王巴列维政治结盟的开始，国王巴列维成为美国在伊朗的政治代理人。美国正式取代英俄成为干涉伊朗的最强大的外部势力，美国将伊朗纳入北层防线，抵御苏联扩张和中东的民族主义。[17]1959 年 3 月，美国同伊朗签署《美伊防御合作协定》，提出"伊朗国家独立和领土完整对美国国家利益极其重要。一旦伊朗遭受侵略，美国政府将依据美国宪法采取包括使用武力的适当措施来维护伊朗的利益"[18]。此后美国历届总统都强调伊朗对美国的战略价值，伊朗成为美国战略棋盘中的重要棋子。

尼克松上台后，由于越南战争和 60 年代经济危机的冲击，美国开始奉行战略收缩的尼克松主义。在地区安全上，美国寻求摆脱包办保卫盟国安全的义务，强调地区安全由地区国家负责。由于国际油价攀升和石油产量的增加，伊朗的经济实力迅速提高。1972 年 5 月，尼克松和巴列维举行会晤并签订《军事合作协定》。伊朗可以从美国购买任何先进的常规武器。[19]此后数年间伊朗从美国购置了价值数十亿甚至上百亿美元的军火。石油换军火交易让美国和巴列维各取所需，美国得到了巨额的美元，巴列维则拿到了先进的武器，并成为美国的地区警察，凭借美国提供的武器担当起保卫海湾安全的责任。伊朗还同沙特一起成为美国护卫中东的支柱。[20]直到巴列维政权被霍梅尼领导的伊斯兰革命推翻。

正是由于美国看重伊朗遏苏的战略价值和国王对美国的依附性，因此美国对巴列维在国内实行的政治压迫视而不见。美国同巴列维之间的利益捆绑招致伊朗民众对美国的仇恨。因为在伊朗民众看来，腐朽的巴列维政权本来已经摇摇欲坠，是美国的支持才让他的专制统治得以维持。而且美国作为国王巴列维的幕后主使，放任纵容了巴列维国内专制统治，并让伊朗民众深罹痛苦。伊朗民众还认为，伊朗是美国的傀儡，背负了美国应当承担的战略包袱，巴列维购置大量的美制武器是为了压榨伊朗。因此伊朗国内民众特别是宗教人士痛恨残暴专制的巴列维的同时，也痛恨支持腐朽专制统治的美国。这为日后美伊关系的交恶埋下了仇恨的种子。

二、伊朗国内各方力量的角逐与伊朗的现代化发展方向

英法美三国是影响伊朗近现代发展历程的重要力量。他们对伊朗的侵略和奴役是近现代伊朗难以抹去的惨痛历史和国家记忆。除了这些外部势力,伊朗国内的各种力量也在积极地争夺伊朗的主导权,他们期望伊朗的命运掌握在自己手里,让伊朗实现真正的国家独立,摆脱外来的干涉和奴役。[21]伊朗国内的力量包括:国王巴列维父子、民族主义者、人民党和以霍梅尼为首的宗教人士。需要指出的是,这四个都是政治上有自觉性的力量,他们对伊朗的未来有自己的规划。

(一) 国王巴列维父子

礼萨·汗(Reza Shah Pahlavi)和穆罕默德·巴列维(Muhammad Pahlavi,简称巴列维)是父子关系。父子两人在伊朗创建了巴列维王朝。巴列维父子给伊朗指明的方向是建立现代化的君主专制国家,通过发展经济和军事实力实现伊朗的富国强兵。为了摆脱恺加王朝的腐朽统治和英俄殖民者对波斯的瓜分和奴役,礼萨·汗在1925年12月推翻了恺加王朝并建立了巴列维王朝。礼萨·汗期望效仿土耳其的凯末尔,通过自上而下地实行现代化、世俗化、集权化的改革实现波斯的国家独立和富强。为了表达自己破旧立新的想法,礼萨·汗将国名波斯改为伊朗,含义是"雅利安人之地"(Land of the Aryans)。[22]

礼萨·汗期望通过建立现代化的君主制国家来实现富国强兵,他推行的主要政策包括:第一,收回波斯的国家主权,摆脱英国和俄国对伊朗的殖民影响。1928年,波斯废除了领事裁判权。1931年开始,波斯陆续收回印欧电报电话特许权等利权、1932年取消外国在波斯的军事基地。[23]

第二,在伊朗建立中央集权的现代国家,加强国家对权力和地方的控制。在政治上,礼萨·汗建立起由9 000名公职人员组成的官僚体系,建立了以义务兵役制和常备军为基础的现代军事体系。伊朗还建立了现代国家财税制度,聘请美国专家帮助伊朗编制预算。为了摆脱伊朗对英国的金融依赖,伊朗开始控制货币的发行权。

第三,加强中央对地方的控制。为此礼萨·汗削弱部落首领和什叶派教士的权力,让他们臣服于中央政府,并开始将波斯语作为官方语言推广。伊朗还建立由中央掌控的全国电报电话业务和全国交通网等。1938年,伊朗建成连接海湾和里海的南北铁路(Trans-Iranian Railway),极大地便利了伊朗的人力和商品的南北交流。从1930—1940年,伊朗建成多条公路和铁路交通网络,公路通车里程从2 000公里提高到1.4万公里。[24]

第四,兴办现代工业实现国家的富强。在伊朗中央政府鼓励下,伊朗建立起制糖厂、水泥厂、茶叶加工厂、稻米加工厂等现代工业。这些工业为伊朗创造了财富并减少了伊朗在一些工业制成品上对外国的依赖,实现了纺织品、烟草、造纸、食糖、玻璃的自给自足。

第五,兴办现代教育,打破宗教人士对教育的垄断。在礼萨·汗改革之前,伊朗还是传统社会,教育文化水平较低。宗教人士和宗教学校是教育的垄断者。如果民众想读书识字,只有跟随宗教人士学习《古兰经》、阿拉伯语、医学等知识文化。为了改变这种情况,礼萨·汗要求伊朗在教育体制方面效仿欧美,利用欧美的先进教育模式改造伊朗。为此他在1910年成立教育部统一管理教育机构和规划;1933年,引入小学免费教育制度。1935年,伊朗创办第一所现代大学德黑兰大学,同年伊朗设立国家奖学金资助留学生公派出国。1935年伊朗实行大学男女同校教育,这不仅是鼓励女性入学,更是废除了男女不能混杂的教规。此外,伊朗还开设成年扫盲班降低成年人的文盲比率。文盲率下降成为礼萨·汗现代化改革的主要功绩。需要指出的是,伊朗在效仿西方学制的同时并未完全禁止宗教学校。随着伊朗日益重视教育,宗教学校的学生人数也在增加。到1941年,伊朗拥有1.2万名教士和40万在校学生。[25]

第六,实行世俗化,打破宗教人士对传统习俗和道德的垄断。在礼萨·汗改革之前,什叶派教士在伊朗的传统社会中发挥着重要的作用。礼萨·汗出台法律剥夺教士对伊朗社会的控制权和管理权。1936年,伊朗颁布《着装法令》,规定禁止伊朗的穆斯林妇女身着罩袍佩戴面纱,禁止伊朗男性穿着伊朗的传统服装,改穿西方服饰。伊朗的警察有权力当众扯掉穆斯林妇女佩戴的面纱。[26] 1932年,伊朗出台法律禁止宗教人士签署婚约、地契等具有法律效力的文件。1934 年,伊朗出台法律,废除伊斯兰教公共场合男女不得混杂的禁令,所有餐馆、电影院等公共场所必须同时对男性和女性开放。

礼萨·汗还对宗教机构和场所做出严格的规定。1936 年,伊朗出台法律规定执业法官必须拥有德黑兰大学或国外大学的法学学位,由于传统宗教人士一般都没有上过大学或出国学习,这实际上剥夺了绝大多数传统教士的司法裁判资格。[27] 1939 年伊朗出台法律,规定宗教机构获赠的土地和不动产必须上交给国家。伊朗还规定清真寺做礼拜时不得席地礼拜而是要改坐椅子,将纪念侯赛因的阿舒拉节从 40 天缩短为 1 天。总之,伊朗以国家权力剥夺了宗教人士对伊朗社会的控制。

第七,推行平衡外交和集体安全,保障伊朗的国家独立。为避免让伊朗再度被外部国家所控制,礼萨·汗在外交上对美国、英国、苏联、德国、意大利开展等距离的平衡外交,在这些国家的相互竞争中维持伊朗的国家独立。此外礼萨·汗还在地区倡导集体安全。1937 年 7 月,在礼萨·汗的主导下,伊朗同伊拉克、土耳其、阿富汗签署具有集体安全性质的《萨达巴德条约》。该条约规定,缔约国互相尊重边界、互不侵犯、互不干涉内政,以协商方式解决涉及共同利益的国际冲突,不与第三国签署针对其他缔约方的条约或协定。[28]

尽管如此,平衡外交和集体安全并未真正保障伊朗的国家安全。1941 年 9 月,英苏两国联合出兵占领伊朗,同时逼迫礼萨·汗让位给其子巴列维。[29]伊朗再度被外国军队占领并成为盟国向苏联运送军需物资的"波斯走廊"[30]。

尽管穆罕默德·巴列维比其父礼萨·汗执政时间更长名气更大,但是除了外交之外,国王巴列维几乎全盘接受了其父礼萨·汗的现代化、世俗化和集权化改革,建立君主专制体制。

1953 年政变对巴列维具有重要的意义。政变之后,国王巴列维通过对外同美国结盟、对内解散摩萨台内阁和清洗议会反对派巩固了自己的王权,并继续推行其父在伊朗推行的现代化、世俗化和集权化的道路。具体而言:第一,同美国结盟保障巴列维的君主统治。1953 年政变就像是国王巴列维同美国签署的政治契约。美国帮助镇压反对派扶植巴列维上台,巴列维上台后为美国的利益服务。至此国王治下的伊朗被绑在美国的战车上,在对苏冷战中发挥重要的作用。尼克松上台后,美国寻求在地区事务上脱身,让地区国家承担保障地区安全的责任。在海湾,美国将巴列维推到了前台,向巴列维销售昂贵的美制武器,充当保卫美国利益的地区警察。石油美元换军火成为美伊之间的政治交易。石油美元和军火的双向流动巩固了美国同巴列维之间的同盟关系。由于美国的利益同巴列维牢牢地捆绑在一起,美国对巴列维国内的压迫行为视而不见。反过来国内高压政策让巴列维日益失去民心,巴列维能做的也只能是更牢地依靠美国。

第二,修改《1906年波斯宪法》,扩大国王的权力。1957年,伊朗议会在巴列维的授意下修改宪法。新宪法规定,国王有权任命首相,有权解散议会,有权任命半数的参议员。首相负责组阁并对议会负责,首相有权任命内阁成员但需经国王同意。伊朗议会通过的法案需要国王签署才能成为正式的法律。[31]通过修改宪法,伊朗的国家权力从议会转到国王的手中,伊朗议会成为国王的权力附庸,伊朗政体从君主立宪制退回到君主专制。伊朗民众和议会同国王的斗争在巴列维时期遭遇了失败。

第三,打击民族主义人士,巩固王权。1953年政变后,国王巴列维巩固了自己的王权,并开始系统性地打击反对国王的伊朗反对派。巴列维主要针对的是摩萨台领导的民族阵线。1954年,伊朗颁布《军事戒严法》宣布所有党派为非法。这也是打击反对派最严厉的法律,伊朗政治日益变得保守专制。[32]1957年,巴列维在美国中情局和以色列摩萨德的帮助下成立秘密警察组织萨维克,萨维克的主要权限包括媒体审查和监控迫害反政府的组织和个人等。萨维克的人数规模达到4 000—6 000名,哈梅内伊、拉夫桑贾尼等人都曾被萨维克逮捕审判。[33]此外,伊朗规定宪兵、城乡警察和皇家卫队都由国王巴列维直接掌控。巴列维的专制统治激起伊朗民众的反抗,其中的代表性事件是1963年霍梅尼的霍尔达德起义(Khordad Uprising)和1965年发生的首相哈桑·曼索尔(Hassan-Ali Mansur)刺杀案和国王巴列维刺杀未遂事件。[34]但是伊朗民众每次反抗都会招致巴列维更严厉的清洗和镇压。巴列维时期国内政治的警察国家特性日益明显。

第四,实行白色革命,继续推进现代化。现代化不仅是巴列维为伊朗设定的国家方向,也是其政权合法性的基础。1963 年 1 月,国王巴列维宣布开展包括六点改革计划的"白色革命"(White Revolution)。具体措施包括:(1)实行农地改革,废除农奴制。伊朗在 1963 年颁布《土地改革法令》(Land Reform Bill),基本内容是向所有农民出售低于市价 30% 的土地,以实现耕者有其田的目标;(2)实行森林国有化;(3)私有化政府拥有的企业,为土地改革筹集资金;(4)赋予伊朗妇女投票权等权益(Female Suffrage);(5)实行工人利润分享制度;(6)成立扫盲队(Literacy Corps)、健康队(Health Corps),发展重建发展队(the Reconstruction and Development Corps)等来解决社会问题。[35]后来巴列维还将改革计划不断丰富,比如增加伊朗的水资源国有化、实行强制性义务教育、在伊朗引入社会保险和全民保险、实行城市化和对农村进行现代化改造等。

应当承认,巴列维的白色革命特别是资源国有化、妇女权益保护、社会保险、公益服务等措施具有相当的超前意识,对伊朗的社会和经济发展具有积极意义。但是总体上,巴列维的白色革命是好高骛远。许多政策特别是农地改革计划、社会保险并没有被认真执行,相反招致了许多批评。以农地改革为例,巴列维的目标是实现耕者有其田,伊朗的地主阶级批评政府以远低于市场的价格征用他们的土地,损害了他们的经济利益。农民阶层则批评政府即使价格低于市价,但是他们仍然没有经济实力购买土地,政府售卖土地的结果是一些农村富农大量套取土地。[36]以妇女投票权和义务教育为例,传统的什叶派宗教人士认为,妇女的基本职责就是服务男性和家庭,不应该在社会抛头露面。他们认为投票权和义务教育是政府在剥夺他们的教育垄断权和在社会道德和妇女规范上的裁决权威。[37]

巴列维王朝是伊朗现代化发展的重要时期。伊朗的国民经济在这一时期得到快速的发展,伊朗逐渐成为海湾和中东的现代化国家和军事强国。伊朗还将英俄殖民者赶出了伊朗,部分实现了伊朗国家独立的梦想。但是巴列维同美国结盟又将伊朗绑在了美国的战车之上。

总体上讲,巴列维父子在伊朗推行的是威权现代化,政治保守和经济现代化是巴列维王朝的基本特征。巴列维父子在部分摆脱外部殖民国家控制的同时也将伊朗民众作为控制和奴役的对象。巴列维父子要建立的是不受制约的君主专制统治,为此疯狂地镇压以民族阵线为代表的世俗民族主义人士,巴列维成为了伊朗民众的敌人。当伊朗离现代化越来越近,政治民主却离伊朗越来越远[38],伊朗民众被迫要忍受巴列维父子的专制、腐败和压迫。如果说现代化和发展赋予巴列维父子君主统治合法性的话,那么专制、腐败和压迫则在侵蚀现代化大厦的基础直到将其压垮。

(二) 伊朗的民族主义者

伊朗在沦为半殖民地半封建社会的过程中,伊朗民众顽强地反抗外部殖民者的侵略和封建国王的压迫。民众的反抗斗争构成了伊朗波澜壮阔的民族解放运动。伊朗的民族主义者的目标是实现国家独立和民族富强。他们主张对外应当摆脱殖民侵略者在政治和经济上的控制;对内应限制王权,反对恺加和巴列维王朝的专制统治,保障民众的人权和民主自由等。从组成来看,伊朗民族主义者的社会成分相对广泛,主要包括伊朗城市中低阶层的手工业者、巴扎商人、以乌里玛为代表的宗教人士、接受过西方思想的改革者。此外还包括一些君主体制内有反帝反封建思想的官员比如摩萨台。在不同阶段,伊朗民族主义者针对的对象不同,因此民族主义者的成员组成也存在着差异。一般认为,摩萨台领导的民族阵线是伊朗民族主义者的代表。

伊朗的民族解放运动在发展历程上有着相对清晰的主线:即从烟草抵制起义延续到宪政革命再到首相摩萨台的石油国有化。但是1953年政变让伊朗的民族解放运动遭遇重大的挫折。

1891年到1892年,波斯爆发烟草抵制运动,这是近代波斯民族主义和民族解放运动发展的先声。19世纪后期,帝国主义掀起瓜分世界的狂潮,腐朽的恺加王朝只能依靠向英国和俄国出卖利权维持统治。1890年3月,波斯国王以每年1.5万英镑的价格向英国的帝国烟草公司出售了烟草专卖权,后者通过低买原料和高卖制品的方式在波斯的烟草市场牟取暴利。帝国烟草公司垄断烟草专卖的行为侵害了波斯烟草手工业者和巴扎商人的利益,后者通过游行示威和罢市进行抗议。同巴扎商人存在密切利益的乌里玛也推波助澜,发布宗教法令呼吁波斯民众抵制英国烟草。民众的抵制行动最终迫使波斯国王屈服,高价收回了烟草专卖权。烟草抵制运动展现了波斯民众尤其是城市手工业者、巴扎商人和宗教人士的力量,这为1906年宪政革命奠定了基础。

1905年波斯发生著名的宪政革命。与烟草抵制运动抵抗国外殖民者不同,宪政革命将斗争矛头直接对准了波斯的专制国王。宪政革命的主要组织者和参与者是巴扎商人、改革者和乌里玛。他们的共同目标是反帝反封建,既要限制恺加国王的专制统治也要反对外部殖民者的干涉。宪政革命大致可分为示威、立宪、复辟三个阶段。1905年,波斯民众开始举行示威游行,抗议国王穆扎法·厄丁(Mozaffar ad-Din Shah)向俄国出卖海关关税等利权。1905年12月,德黑兰巴扎商人被毒打引发德黑兰巴扎商人罢市和民众的游行示威。游行示威后,德黑兰有5 000多名示威民众逃往清真寺以逃避政治迫害。但是国王不顾传统冲入清真寺抓捕并杀死数十名示威民众。清真寺事件激发德黑兰巴扎商人再度示威游行和罢工罢市,民众还在英国大使馆前举行示威。[39]

在民众的压力之下,1906年8月,国王被迫同意召开波斯议会。1906年10月,波斯举行制宪会议制定波斯首部宪法。1906年12月31日,王储穆罕默德·阿里(Muhammad Ali)代表国王签署《1906年波斯宪法》。宪法的主要内容是:(1)确定伊斯兰教为波斯的国教,波斯所有的法律必须由什叶派教士委员会批准才能生效;(2)波斯民众在法律面前一律平等。波斯宪法保障民众的人身权、财产权、言论自由;(3)宪法确立主权在民原则,规定波斯主权是由人民赋予国王的神圣礼物;(4)宪法确定了三权分立的原则,规定立法权、司法权和行政权分别归属议会、司法部门和国王。国王有权任免首相和内阁大臣;(5)宪法规定波斯的军队必须由波斯公民组成,国王不得雇用外国军队。[40]

《1906年波斯宪法》是波斯首部君主立宪制的宪法。它首次将西方的宪政思想同《沙里亚法》相结合,并确立了主权在民和保障人民权利的原则。宪法约束了波斯国王的权力,并对国王权力的来源、职责和权限等内容做出了明确的规定。尽管如此,《1906年波斯宪法》并未得到真正的贯彻和实施。在宪法通过之后,波斯国内的局势几经反复,国王穆罕默德·阿里在英国和俄国的支持下图谋复辟。1907年英俄两国签署瓜分波斯的《英俄条约》。1911 年 12 月,波斯再度发生政变,议会被迫关闭。波斯的宪政革命彻底失败。

　　但不管怎样,1905 年开始的宪政革命在伊朗历史上仍然具有重要的意义:第一,《1906 年波斯宪法》是波斯民众对君主斗争和民族解放运动取得的阶段性胜利。《1906 年波斯宪法》提出的人民主权思想,从宪法层面规定并保障了波斯民众的基本权利,避免了波斯国王任意践踏民众的权益。第二,以 1905 年开始的宪法革命为代表,波斯的民族主义者开始接受西方民主思想,并期望通过引进西方的政治民主制度和先进的科学技术来改造波斯,帮助波斯走上富强民主的道路。由于在波斯政治结构中的独特作用,议会由此成为波斯民族主义人士反抗专制国王和殖民侵略者的主要平台。限制王权、反对外国殖民者的奴役成为波斯宪政革命的政治主张和基本共识。第三,宪政革命具有全民参与的特性。波斯城市的主要阶层,包括记者、社会活动家、贵族、巴扎商人、乌里玛等都广泛参与到宪政运动中。除了农民,立宪革命几乎成了波斯全民参与的革命。第四,宗教人士在宪政革命中发挥了重要作用。宗教人士从一开始就参与示威游行呼吁商人罢市。宗教人士还在清真寺发布制宪宣言,从而引发宪政革命。这为后期霍梅尼积极参政并建立伊斯兰政府起到了先声的作用。[41]

　　1951 年伊朗爆发了石油国有化运动。同在政治上寻求摆脱外国殖民者的控制相一致,伊朗也寻求摆脱殖民侵略者的经济控制,夺回他们在伊朗攫取的资源开发权和专卖权等利权。由于伊朗的石油资源丰富,石油开采权和利益分成是伊朗同英国及英伊石油公司争夺的主要目标。伊朗先后同英波石油公司签署了《路透协定》(1872 年)、《戴西协定》(1901 年)、《1933 年石油协定》、《盖斯—古勒萨安补充协定》(1949 年)等协定,伊朗从英波石油公司得到的分成额度和利润总额也不断提高,但是伊朗并未停止收回自己的石油权益的努力。[42]在这个过程中,摩萨台内阁领导的伊朗石油国有化运动是这一努力的代表,石油国有化运动也是伊朗民族主义和民族解放运动的高潮。

　　1951 年 3 月,伊朗议会通过石油国有化法案,对英伊石油公司实现国有化。英国对此表示不满,并采用降低伊朗的石油出口、增派军队等方式压迫伊朗让步,但并未让伊朗屈服,最终美国中央情报局和英国秘密情报局策划政变推翻了摩萨台内阁。石油国有化运动对伊朗民族解放运动的意义在于:第一,石油国有化运动是伊朗同英国围绕经济主权展开的斗争,是伊朗寻求经济独立、摆脱英国殖民侵略者控制的斗争,是伊朗民族解放运动的重要组成部分。第二,石油国有化运动是伊朗议会同王权之间的较量。摩萨台内阁期望借助石油国有化运动来削减王权,让权力从国王转移到伊朗的议会。摩萨台依托民族阵线同国王展开斗争。但是政变后国王巴列维取得了胜利,摩萨台内阁被内外势力联合推翻,民族阵线被强行解散,主要成员也遭到逮捕。伊朗的权力中心再度回到国王手中,巴列维逐渐在美国的支持下成为强势的专制君主。伊朗议会则沦为国王的橡皮图章。在国王巴列维之后的执政期间,伊朗再没有出现限制君主的强势内阁出现。伊朗的民族主义和民族解放运动遭遇了重大的挫折。第三,1953年政变让石油国有化运动归于失败,美国打断了伊朗始于19世纪的民族解放运动进程。从表面上看,美国成为了赢家。美国公司乘机介入伊朗的石油开发,英伊石油公司股份比例从政变前英伊各占比90%:10%变更为英美伊三国的股份比例为40%:40%:20%。更重要的是,1953年政变还开启了美国同国王巴列维之间长达35年的结盟历程。伊朗国王巴列维不仅充当了中东遏制苏联的前线国家,还在70年代成为美国维护海湾地区安全的支柱国家。尽管如此,1953年政变成为革命后美伊关系发展的主要障碍,美国取代英俄殖民者成为伊朗民众痛恨的对象。

从烟草抵制运动到宪政革命再到石油国有化运动,伊朗的民族主义和民族解放运动不断发展。在政治觉悟上,伊朗的民族主义者从自发走到了政治自觉。在反对目标上,他们也从单纯的收回利权过渡到限制王权再到反帝反封建上,这也反映了伊朗民族主义者深入理解了伊朗被剥削被压迫的根源,认识到只有既反帝又反封建,伊朗才有可能实现真正的国家独立和民族解放。但是伊朗民族主义者在同内外反对势力较量中最终落败,伊朗的民族解放运动也遭了重大的挫折。

(三)人民党和左翼组织

社会主义政党尽管力量弱小、影响力不足,但也是伊朗民族解放历程中不可忽视的力量。伊朗的社会主义发端于礼萨·汗时期,部分伊朗公派留学生受到德国马克思主义和苏联列宁主义的影响,回国后开始在伊朗宣扬共产主义思想并建立共产主义政党,人民党(Tudeh, People's Party)是伊朗主要的社会主义政党。1941年,苏莱曼·伊斯坎达里(Sulayman Iskandari)创办伊朗人民党。早年苏莱曼·伊斯坎达里公费留学欧洲期间深受欧洲社会主义运动的影响,回国后因传播社会主义思想被捕入狱,1941年9月出狱后建立人民党并担任人民党总书记。

伊朗人民党强调,伊朗社会已经分裂成无产阶级和资产阶级两大阶级。巴列维父子等统治阶级是伊朗的资产阶级,他们作威作福欺压伊朗广大民众,还同国外的英美等帝国主义国家相互勾结,镇压伊朗无产阶级和广大民众。工人、农民、手工业者、巴扎商人和进步知识分子都是伊朗的无产阶级。其中,工人、农民和手工业者是真正的无产阶级;巴扎商人和知识分子尽管有一定的财产,但属于伊朗的中产阶层,也是无产阶级的一部分。由于两大阶级之间的矛盾不可调和,因此伊朗人民党的目标就是动员伊朗的无产阶级团结起来推翻巴列维的反动统治,效仿苏联在伊朗建立苏维埃政权。[43]

伊朗人民党成立后在伊朗有一定的发展。1945年到1946年间,伊朗人民党拥有约5万名核心党员和10万名外围党员。人民党还在伊朗议会中获得过6个席位,并在内阁中出任教育、健康和贸易三个部门的部长。人民党刊物《领袖》(Rahbar, Leader)大约拥有10万读者。伊朗人民党同苏联保持着密切的联系,并接受后者的经费资助和思想支持。但是人民党的声名也因为苏伊关系交恶而受到极大的损害。从1945年到1946年,伊朗同苏联的关系日益紧张,主要原因是苏联在第二次世界大战后拒绝从伊朗撤军,向伊朗索要北部七个省份的石油开采权,策动伊朗库尔德和阿塞拜疆省独立等。

苏伊关系紧张直接影响到伊朗对人民党的立场。1946年,伊朗政府以资助和策动分裂主义的罪名打击人民党。伊朗宣布通缉伊斯坎达里等人民党骨干,下令解散与人民党有关的政治组织和基层建制。1949年2月,伊朗发生刺杀国王巴列维未遂事件,事件后巴列维将人民党列为非法政党予以取缔。人民党的报纸被查封,200多名人民党成员被逮捕。[44]这次清洗也让伊朗人民党走向没落。此外伊朗人民党还参加了摩萨台组织的反对国王的民族阵线,1953年政变后,伊朗人民党再度遭受重创。

与社会主义政党相关的还有两个比较有名的左翼组织。一是信仰马克思主义的伊朗"人民敢死队组织"(Fedaiyan-e Khalq, Organization of Self-Sacrificers of the People of Iran)。"人民敢死队组织"在1963年成立,强调集体领导,其主要领导人包括哈米德·阿沙拉夫(Hamid Asharaf)、阿沙拉夫·德赫加尼(Asharaf Dehghani)、比詹·贾扎尼(Bijan Jazani)。他们的思想受到格瓦拉(Che Guevara)、雷吉斯·德布雷(Régis Debray)等左派领袖的影响。"人民敢死队组织"的政治理念是反帝反封建,既反对帝国主义也反对巴列维的独裁统治。该组织还坚持革命反对改良。在行动方式上,"人民敢死队组织"强调开展游击战,以武装斗争的形式反对伊朗的君主体制。"人民敢死队组织"还批评伊朗的民族阵线是只会宣扬社会改良的小资产阶级的组织。[45]该组织批评苏联和伊朗人民党,但后来选择同人民党合作共同反对国王巴列维。[46]1965年,"人民敢死队组织"曾经策划刺杀伊朗首相曼索尔。

另一个左翼组织是伊朗"人民圣战者组织"(Mojahehdin-e Khalq, People's Resistance, MEK)。1965年该组织由赛义德·穆赫辛(Saied Mohsen)等6名左翼学生创建,政治目标是推翻巴列维的专制统治,他们宣扬激进主义思想。他们宣扬伊斯兰在本质上是反对封建主义和反对资本主义的,根除人类的各种不平等。"人民圣战者组织"在斗争路线上坚持武装斗争和开展游击战,该组织主张采取恐怖袭击和刺杀伊朗高级官员等方式打击巴列维政权。巴列维统治后期,"人民敢死队组织"和"人民圣战者组织"积极投身于霍梅尼领导的伊斯兰革命,他们同迈赫迪·巴扎尔甘(Mehdi Bazargan)和巴尼萨德尔(Bani-Sadr)代表的自由伊斯兰组织结为政治联盟。但是革命后随着巴扎尔甘和巴尼萨德尔被清洗出局,这两个左翼组织同霍梅尼和伊斯兰政府彻底决裂。他们多次策划恐怖和爆炸事件打击霍梅尼创建的伊斯兰政府。1981年,霍梅尼宣布"人民圣战者组织"和"人民敢死队组织"为非法组织,并进行大规模的逮捕和镇压。这两个组织的领导人和核心成员被迫逃往海外,他们在伊朗国内的影响力逐渐消失。

伊朗是宗教色彩浓厚的国家,也正因如此,来自国外的共产主义并没有在伊朗得到广泛的传播。影响力不足让人民党和左翼组织更多是以参与者而非领导者参加到伊朗的民族解放运动之中。可以说,伊朗的人民党和左翼组织在决定伊朗的发展方向上并没有发挥重要的作用。[47]

(四) 什叶派宗教人士

宗教人士本来是社会的保守势力,但是伊朗的什叶派人士在伊朗现当代的发展历程中却表现得十分积极。一方面,国家兴亡,匹夫有责。在近现代的伊朗历史中,各种外部和内部力量之间竞争得十分激烈。在这些力量的裹挟之下,什叶派或主动或被动地卷入其中,他们期望伊朗能够按照自己的规划方向发展。另一方面,宗教人士的生存状况同宗教本身的命运、巴扎商人等捐助者直接相关。如果信仰与宗教的社会地位受到冲击,或者宗教的捐助者受到影响,以乌里玛(Ulama,Senior Clergy,高级宗教人士,下同)为代表的宗教人士出于切身利益也要挺身而出。

乌里玛在伊朗传统社会中发挥着重要的作用,不仅掌管着道德信仰、宗教礼仪等领域,他们还深入到信众的日常生活。[48]在教育启蒙、民事纠纷、婚丧嫁娶上发挥着重要的作用。[49]乌里玛的深嵌让他们成为伊朗基层社会中不可或缺的一部分。作为回馈,信众和社区要以宗教税等形式,将自己收入的20%交给乌里玛。乌里玛将收到的宗教款项和实物以救济的形式分发给需要救助的弱势群体。巴扎商人一般经济状况较为富裕,并自然成为向乌里玛捐助的主要群体;乌里玛也愿意向虔诚慷慨的巴扎商人提供服务,甚至在特殊时刻进行社会动员帮助他们解困。[50]乌里玛与巴扎商人是伊朗政治和社会中独特的组合。

伊朗国门被打开后,伊朗同外国殖民者之间的矛盾和冲突日益加剧。即使作为传统社会最保守的阶层,宗教人士也被时代的洪流裹挟难以独善其身,清真寺和宗教学校也不再是远离尘世的净土。从烟草抵制运动开始,在伊朗每次大的社会运动和事件中,都能看到有些乌里玛离开清真寺,义无反顾地投身于革命洪流,将自己同伊朗的民族主义和民族解放进程联系在一起。

在政治参与问题上,乌里玛分为政治安静派和政治行动派。政治安静派以阿亚图拉穆罕默德·纳伊尼(Ayatollah Muhammad Hossein Naini)、大阿亚图拉赛义德·布拉贾迪(Grand Ayatollah Seyyed Hassan Tabatabaei Boroujerdi)、阿亚图拉沙里亚特马达里(Ayatollah Shariatmadari)为代表。[51] 他们认为政治是肮脏的,充满了钩心斗角。宗教人士应当远离政治,安心在清真寺传道授业,以指导信众充当道德楷模为职责。[52]

政治行动派人士以伊朗抵制烟草运动的米尔扎·设拉兹(Mirza Hasan Shirazi)、卡沙尼(Abol-Ghasem Kashani)、霍梅尼为代表,他们认为,就像先知穆罕默德创立政教合一的国家一样,宗教和政治从来密不可分。在当下的伊朗,政治统治者对外奴颜婢膝勾结外国殖民者,对内残暴压迫民众,宗教人士作为社会的精英要勇敢地站出来,同残暴专制的国王斗争,同外国殖民者带来的现代化、物质主义、享乐主义等腐化思想作斗争。因此宗教人士应当积极参政。在伊朗的民族解放运动中,宗教人士也是相当活跃的阶层。他们在基层动员和号召民众政治参与上发挥着相当重要的作用。

设拉兹和卡沙尼等政治行动派人士更多是在危难之际配合政治家,帮助伊朗的政治和社会重新回到正常的轨道。比如设拉兹在引领伊朗人民参加伊朗抵制烟草运动上发挥作用。卡沙尼则是在石油国有化运动中发挥了重要作用,配合内阁首相摩萨台动员民众反对英国殖民主义和限制王权。霍梅尼突破陈规,提出宗教人士当政的政治思想并最终建立伊朗伊斯兰共和国。乌里玛从政治参与者变为领导者和统治者。

表 1.1　影响伊朗国家发展方向的派系和力量

	代表人物	手段和做法	意义和方向
	俄国	武装干涉、经济侵略	以邻为壑、殖民帝国
	英国	武装干涉、经济侵略	殖民帝国
	美国	1953政变、同国王结盟	控制伊朗、抗苏、打击民族主义

(续表)

	代表人物	手段和做法	意义和方向
专制君主	礼萨·汗	现代化、世俗化、专制、中立	现代化、世俗、君主专制
	巴列维	现代化、世俗化、专制、同美国结盟	现代化、世俗、君主专制;美国盟国、海湾霸主
民族主义者	摩萨台	限制君权、石油国有化	世俗化、君主立宪、经济独立
	巴扎尔甘、巴尼萨德尔	反对专制、同美国改善关系	世俗化、共和、同美国修好
宗教人士	卡沙尼、霍梅尼	伊斯兰化、反对专制	宗教国家、光荣孤立
左翼组织	人民党	反对专制、亲苏	建立社会主义国家、亲苏
	人民抵抗阵线	反对专制、暗杀恐怖	建立共和制国家

资料来源:作者自制。

三、各方力量的消长与伊朗历史的选择

英俄美三国是影响伊朗国家发展的外部力量,而巴列维父子、民族主义者、人民党、左翼组织和宗教人士则是影响了伊朗国家发展的内部力量。在各方力量争夺伊朗的斗争中,有两个焦点事件:一是摩萨台领导的石油国有化运动。石油国有化运动是摩萨台及其领导的民族阵线对抗美国、英国和国王巴列维的运动,最终以摩萨台和民族阵线的失败告终,但这只是故事的前半部分。前面已经进行了详述,在此不再赘述。二是伊朗的伊斯兰革命。巴列维在政变后成为不受制衡的专制国王。直到霍梅尼挺身而出后改变这种局面。宗教领袖霍梅尼同国王巴列维的斗争再次决定了伊朗的国家命运,这是故事的下半部分。

1953年政变之后的民族主义者的政治失势和霍梅尼主张积极参政,让霍梅尼成为反对国王巴列维的斗士。第一,1953年政变及后续的政治清洗让伊朗民族主义人士难以挑战国王巴列维。1953年政变是美国同国王巴列维结盟联手打败了伊朗国内各阶层联盟。政变后,巴列维将民族主义人士作为重点打击的对象,并多次对他们展开围剿、抓捕和流放。这些打击行动极大地削弱了伊朗的民族主义者、自由主义者、知识分子、左翼组织的力量,并让他们再没有挑战国王的实力和

机会。

第二,霍梅尼强调政治参与,并从宗教同行中脱颖而出。鲁霍拉·霍梅尼(Ruhollah Khomeini)出生于伊朗传统的宗教家庭。19 岁时师从什叶派政治行动派学者大阿亚图拉卡拉姆·哈伊里(Grand Ayatollah Shaykh Abd al-Karam Hairi),并追随导师迁居库姆,之后又跟随阿里·沙哈巴迪(Ali Shahabadi)和政治安静派学者大阿亚图拉布鲁杰尔迪(Grand Ayatollah Seyyed Boroujerdi)两位大师学习。霍梅尼强烈主张宗教人士参与政治,他认为解决伊朗的社会问题也是在履行宗教义务。

20 世纪 60 年代初,库姆的政治安静派大师大阿亚图拉布鲁杰尔迪(1961 年)和政治行动派的代表阿亚图拉卡沙尼大师(1962 年)先后去世,这也让霍梅尼等晚辈有机会走向前台。霍梅尼的宗教同辈还包括:赛义德·古尔帕加尼(Seyyed Mohammad Reza Golpayegani)、赛义德·鲁哈尼(Seyyed Mohammad Sadegh Rouhani)、沙哈拜定·纳杰夫伊(Shahabeddin Marashi Najafi)、穆罕默德·沙利亚特马达里(Mohammad Kazem Shariatmadari)等。尽管霍梅尼同他们存在着竞争关系,但除了霍梅尼,上述几位同辈并不热心政治,也不敢公开反对国王巴列维。这让积极参与政治的霍梅尼脱颖而出,成为什叶派的精神领袖。[53]

第三,霍梅尼抨击和对抗国王巴列维。1962 年 10 月,霍梅尼公开反对巴列维赋予妇女普选权,霍梅尼认为伊朗的事务不能由妇女决定。1963 年是霍梅尼的成名之年,霍尔达德起义和库姆演讲极大提升了霍梅尼的政治声望。1963 年 1 月,国王巴列维宣布白色革命,霍梅尼在库姆的法兹亚·马德拉萨赫(Fayziyyah Madrasah)公开表示反对。随后巴列维的军队血洗法兹亚,但屠杀并未让霍梅尼沉默,霍梅尼在穆斯林圣月穆哈拉再度抨击巴列维。巴列维下令逮捕霍梅尼并引发霍尔达德起义。库姆、马什哈德、伊斯法罕多地爆发声援霍梅尼的示威游行,霍梅尼在民众的声援下被释放。1963 年 6 月 3 日,霍梅尼在库姆发表演讲,正式向巴列维宣战。霍梅尼在演讲中强调巴列维抓捕乌里玛和血洗法兹亚是反伊斯兰的,他将法兹亚的殉难者比作受到叶齐德一世围攻的伊玛目侯赛因[54],呼吁伊朗民众起来反抗残暴的巴列维。[55]由于霍梅尼是宗教人士,并将反抗国王上升到宗教的高度,因此霍梅尼同国王巴列维的对决也就带有强烈的宗教色彩,这也为后续的伊斯兰革命埋下伏笔。霍尔达德起义被认为是伊斯兰革命的先声。[56] 1964 年 10月,霍梅尼抨击伊朗议会通过的《美军在伊朗地位协定》。霍梅尼将该法称作投降法,谴责巴列维是美国的走狗,为讨好美国不惜卖国求荣,给予美国军人治外法权。[57]

第四,霍梅尼被驱逐流放和长子遇刺身亡的经历为其增添了悲情色彩。1964 年 11 月,霍梅尼被逮捕流放。尽管先后被流放到土耳其、伊拉克和法国,但是霍梅尼通过口信、录音同国内的支持者联络反对巴列维。1977 年 11 月,霍梅尼长子穆斯塔法・霍梅尼在纳杰夫被萨维克暗杀。暗杀事件让伊朗民众更加憎恨巴列维、同情霍梅尼。

第五,霍梅尼成功建立起反对国王的什叶派网络。霍梅尼建立的用于筹款动员的基层网络是伊斯兰革命成功的关键。尽管霍梅尼被流放海外,但是霍梅尼的追随者侯赛因・蒙塔泽里(Hussein-Ali Motazeri)、阿克巴・拉夫桑贾尼(Akbar Hashemi Rafsanjani)、阿里・哈梅内伊(Ali Khameini)等人在伊朗国内逐渐建立起以清真寺和宗教讲习班为节点的宗教网络。宗教代表负责将收到的捐款转给霍梅尼哥哥蒙特扎・帕萨迪迪赫(Morteza Pasandideh)。[58]

霍梅尼的宗教网络还担当起组织串联工作,将伊朗国内反对巴列维的宗教力量和世俗力量串联在一起。这些宗教和世俗力量包括:(1)"战斗的伊斯兰"(Militant Islam)。这是霍梅尼最重要的革命班底。主要成员包括:蒙塔泽里、哈梅内伊、拉夫桑贾尼、马赫迪维・卡尼(Muhammad-Reza Mahdavi Kani)、穆萨维・阿达比里(Musavi Ardabili)、礼萨・萨义迪(Reza Sa'idi)、侯赛因・加法里(Hosain Ghaffari)等,他们都是霍梅尼最忠实的追随者。[59](2)蒙特赫哈里领导的地下革命组织。他们通过创办刊物、伊斯兰小组、宗教讲习班来吸引参加者和同情者。网络的成员主要包括蒙特扎・蒙特赫哈里(Morteza Motahhari)、穆罕默德・巴赫什迪(Muhammad Baheshti)、穆罕默德・巴胡那(Muhammad-Zavid Bahonar)、穆罕默德・穆法塔赫(Muhammad Mofattah)等,他们的共同身份是霍梅尼的学生和追随者。[60](3)社团联合会。霍梅尼的学生蒙特赫哈里、巴赫什迪等人在 1964 年筹建社团团结联合会。联合会的功能是为反对巴列维协调伊朗的不同社团和组织。(4)"人民圣战者组织"等左翼组织。从1970年开始,霍梅尼的宗教政治网络开始资助"人民圣战者组织"等左翼组织,支持他们进行暗杀和爆炸行动。拉夫桑贾尼是霍梅尼与左翼组织之间的联络人。[61]通过上述宗教政治网络,以霍梅尼为代表的宗教政治网络将伊朗中下阶层、学生、低级军官串联在一起,积累起革命必需的资金和人力,只需要合适的时机就能发起反巴列维的革命风暴。

1978年1月8日,美国总统卡特访问伊朗,盛赞巴列维是民众爱戴的领袖,伊朗是动荡中东的稳定岛。伊朗官方媒体在卡特访问当天发表谴责性社论,指责霍梅尼是勾结国外势力颠覆巴列维的走狗。这篇社论成为伊斯兰革命的导火索。

1月9日,库姆爆发大规模反政府的示威游行,伊斯兰革命爆发。霍梅尼的支持力量在全国范围内进行罢学、罢市、罢工和反政府的示威游行。参与者包括伊朗的宗教人士、自由民族主义者、学生、巴扎商人、左翼组织。伊朗的社会各阶层结成反对国王巴列维的大联盟。伊斯兰革命爆发后,霍梅尼在法国遥控指挥,通过口信和录音呼吁伊朗民众推翻国王巴列维的统治。1979年1月16日,国王巴列维在革命压力下宣布下台并前往埃及避难。最终霍梅尼领导的宗教人士和共产党组成的"红黑联盟"推翻了国王巴列维的统治。[62]

伊朗的伊斯兰革命印证了得道多助失道寡助的道理。但同样深刻的道理是,伊朗民众要推翻残暴的巴列维就只能选择革命,追随反巴列维的革命先驱霍梅尼;但霍梅尼在革命胜利后选择的是宗教之路,因此伊朗也就选择了宗教化的发展道路。[63]这也是伊朗伊斯兰革命的争议所在。

第二节　霍梅尼与伊朗伊斯兰政府的创建

伊朗的伊斯兰革命是宗教领袖霍梅尼对抗国王巴列维的革命。宗教领袖霍梅尼是克里斯马型领袖,他在革命和接管政权时都是一呼百应。从后续发展看,伊朗的国家发展方向和对外关系也是由霍梅尼主导。因此了解霍梅尼的宗教政治思想,将有助于我们理解伊朗的法基赫制度和伊朗的伊斯兰政府。

一、霍梅尼与伊朗的伊斯兰政府

霍梅尼是有着较深什叶派神学造诣的阿亚图拉。[64]70 多年的宗教修养和 20 多年的政治斗争,让霍梅尼对伊朗的未来发展有了深刻的思考。霍梅尼认为法基赫制度是伊朗摆脱现有困境的唯一出路,也是其义不容辞的责任和使命。

霍梅尼认为,伊朗百年的艰难探索表明,伊朗不需要王权善治和西方的宪政民主,无论是君主立宪还是西方民主政治都是来自西方的舶来品,都不能拯救伊朗。伊朗真正需要的是建立法基赫治下的伊斯兰政府,只有伊斯兰政府才能真正拯救伊朗。在伊斯兰政府中,宗教造诣高深、德行出众的法基赫担任国家的统治者和宗教引领者,他利用国家机构来行使沙里亚法,重新构建伊斯兰秩序并为人类造福。这就是伊朗伊斯兰政府的责任和必须履行的使命。[65]伊斯兰革命的胜利为伊朗建立世界上第一个现代伊斯兰国家创造了条件。

霍梅尼的宗教人士主政和建立伊斯兰政府思想相对于什叶派传统思想至少有两点创新:第一,霍梅尼强调的是宗教人士执政而非参政。伊朗历史上知名的阿亚图拉设拉兹和卡沙尼都主张宗教人士积极参政,但他们主张的是参政和甘当政治家的配角,他们所有的工作就是配合政治家进行宣传鼓动、基层动员和协调。一旦政治目标完成,卡沙尼等人要么退回到清真寺,要么出任职能部门的官员。他们在政治参与上从始至终都是参与者并看重这一定位。霍梅尼则主张宗教人士执掌政权。霍梅尼认为,在伊朗没有哪个阶层比法基赫更富智慧和更具决断力,更能理解沙里亚法和秉持正义,只有法基赫才是德才兼备的最佳人选。因此只有法基赫制度才真正代表着伊斯兰,才是世界上唯一合法的政府。第二,霍梅尼认为法基赫有资格统治世界。什叶派传统思想认为,在第 12 伊玛目伟大隐遁之后,世界是黑暗混乱的无主世界。任何人包括法基赫都没有资格统治世界。这种黑暗和混乱直到第 12伊玛目回归之后才能结束。霍梅尼认为,在第 12 伊玛目伟大隐遁之后和回归之前,世界将由法基赫统治。这是霍梅尼备受争议之处。[66]

二、霍梅尼的伊斯兰革命输出

霍梅尼认为伊斯兰不仅是革命的手段,也是革命的目的,伊斯兰不仅要为伊朗服务,伊朗也应为伊斯兰服务。伊朗在国内建立伊斯兰政府只是完成"伊斯兰使命"的第一步。对外输出伊斯兰革命同建立伊斯兰政府都是同一枚硬币的两面,也是伊朗必须践行的使命。因此伊斯兰革命在伊朗成功以后,应以伊朗为根据地在全世界展开,在伊斯兰中不存在由边界划分的民族国家,因为伊斯兰大世界的人民拥有共同的目的、共同的命运、共同的沙里亚法,其主权属于真主。[67]

在输出伊斯兰革命问题上,霍梅尼树立了新的敌友标准:一是奴役标准。霍梅尼坚持敌人的敌人是朋友,霍梅尼认为侵略奴役其他国家的国家是伊朗的敌人,而被侵略和被奴役的国家是伊朗的朋友。二是巴勒斯坦标准。霍梅尼认为凡是支持以色列反对巴勒斯坦的国家就是伊朗的敌人,比如同以色列签署和约并建交的埃及就是伊朗的敌人。反之反对以色列支持巴勒斯坦的国家都是伊朗的朋友,比如反对以色列的叙利亚、黎巴嫩真主党、哈马斯、杰哈德。三是穆斯林标准。霍梅尼认为所有侵害穆斯林利益的国家或族群都是伊朗的敌人,比如在前南斯拉夫内战中,伊朗支持波斯尼亚穆斯林反对塞尔维亚。四是革命标准。霍梅尼认为凡是支持国王巴列维和反对伊斯兰革命的国家都是伊朗的敌人,比如容留巴列维的埃及和向伊拉克提供军火的法国都是伊朗的敌人。[68]

在反伊斯兰的国家中,霍梅尼最痛恨两类国家:一是美苏两个超级大国。霍梅尼认为,美苏是国际政治中所有邪恶和症结的根源,它们通过相互独立的两大阵营统治世界。所有国家都处在美苏两个超级大国的"淫威"之下。它们同美苏的关系是羊和狼的关系或是羊和屠夫的关系。

二是以沙特为代表的海湾君主国家。霍梅尼仇视君主国家的原因在于:第一,霍梅尼认为君主体制在本质上是反伊斯兰的。君主制和血统继承是错误和不合法的,它代表的是罪恶和邪恶政府。在先知时代,拜占庭的君主、伊朗的国王、埃及的苏丹都反对先知穆罕默德,拒绝伊斯兰教在君主的王国里传播。因此,伊斯兰决不承认君主统治和血统世袭,因为它们背离了伊斯兰的传统。[69]第二,霍梅尼认为君主政体是所有政治形态中最腐败、最荒淫的政体。君主们荒淫无耻、饮酒淫乐、挥霍无度，君主利用暴力统治压榨民众，就像希特勒用坦克和刺刀征服波兰一样。所有君主都是社会的寄生虫。[70]第三，霍梅尼强烈否认沙特凭借地理之便就拥有对圣城的护持资格。霍梅尼认为圣城是全世界穆斯林的圣城，沙特不能够凭借地理之便而成为麦加和麦地那的护持国。[71]两大圣城麦加和麦地那是世界穆斯林的圣城，不能被腐朽的沙特王室所垄断，而应当由全世界共管。[72]

　　霍梅尼之所以对外输出伊斯兰革命，其原因在于：第一，自身生存的需要。霍梅尼认为，伊朗的伊斯兰政府在建立之后不可能孤立存在。如果伊朗不能对外输出伊斯兰革命，扩大伊斯兰社团，那么伊朗的伊斯兰政府将会在国内外反动势力的反扑和攻击下灭亡。第二，示范作用。霍梅尼通过伊斯兰革命向世界展示了什么才是真正的伊斯兰，即建立法基赫制度的伊斯兰政府。[73]霍梅尼试图用自己的经验告诉世人，长期以来，西方国家和帝国主义向穆斯林灌输的是被篡改的伊斯兰，目的是用虚假和歪曲的伊斯兰给穆斯林洗脑，为的是蒙蔽穆斯林并让他们感到自愧不如而向西方臣服。为此所有的穆斯林都要明辨是非，不要被帝国主义所利用。如果世界上被奴役和剥削的穆斯林了解了什么是圣洁和真正的伊斯兰，那么帝国主义就无计可施，穆斯林和伊斯兰世界就能够从帝国主义的魔爪中解放出来。第三，输出伊斯兰是神圣之路。霍梅尼认为，伊斯兰运动是继续先知穆罕默德的革命之路，也是世界被剥削者被压迫者反抗剥削者压迫者的革命运动。伊朗要奋勇当先积极输出伊朗的伊斯兰革命，直到整个世界上不再有剥削也不再有压迫，充满"万物非主唯有真主，穆罕默德是真主信使"的回声。[74]第四，伊朗要同美苏超级大国进行总决算。伊朗不会听任美苏超级大国主宰世界，伊朗要向它们证明伊斯兰能够征服整个世界。伊朗必须同它们进行最后总决算。[75]霍梅尼认为伊朗承担着向不信教的区域输出伊斯兰的义务和使命，只有输出伊斯兰，伊朗才能拯救人类的物质和精神世界。[76]

三、霍梅尼对美国的仇视

　　同霍梅尼的"伊斯兰使命"直接相关，"撒旦"是霍梅尼的政治语汇中的重要内容,体现了霍梅尼深刻的宗教是非观。在霍梅尼心目中,"撒旦"既特指美国、苏联和以色列,也泛指全世界所有反伊斯兰和剥削压迫广大民众的反动势力。1979 年 11 月 5 日,霍梅尼在使馆人质事件后首次将美国称为"大撒旦"。霍梅尼提出美国是"大撒旦",是条受伤的蛇。[77] 这也揭开了美国同伊朗之间的"相互撒旦化"(Mutual Satanization)的序幕。[78]《古兰经》中的大撒旦是伊比利斯(Ibilis)。他是所有魔鬼的大头目,专门屠杀和蹂躏无辜民众。霍梅尼也将伊比利斯和"大撒旦"混合使用。除了"大撒旦",霍梅尼还称苏联是"较小的撒旦"(the Lesser Sadan),称以色列是"小撒旦"(the Little Sadan)。与"撒旦"相对照,伊朗则是正义的化身,承担着拯救伊斯兰和世界的使命。伊朗就要支持世界上所有受剥削和受压迫的国家和人民,同所有反动派做斗争。

霍梅尼之所以将美国看成是残害伊朗和伊朗民众的"大撒旦",主要原因包括:第一,从国际体系来看,美国是世界上受剥削受压迫国家和人民的头号敌人。为了在国际上维护美国在政治、经济、文化、军事上的主导地位,美国会使用各种手段来打击对手,伊朗也是其中深受其害的国家。

第二,从历史来看,美国支持腐败专制的国王巴列维。霍梅尼认为,1953 年政变后,伊朗民众既要遭受巴列维的专制压迫,又要听任美国在治外法权的庇护下为所欲为。美国还利用和平队、扫盲队、健康队等欺骗性组织将罪恶的触角渗透到伊朗的城镇乡村,向伊朗民众宣传各种诋毁伊斯兰的异端学说。[79]由于美国深深伤害了伊朗才会有使馆人质事件。人质事件是伊朗对美国奴役的自然反应。美国必须归还巴列维在美资产,取消对伊朗的所有指控,并保证以后不再干涉伊朗内部事务。[80]

第三,从革命立场来看,美国图谋推翻伊朗的伊斯兰政府。霍梅尼认为,在伊朗伊斯兰革命的关键时期,美国向巴列维提出让声名狼藉的沙里夫·伊马米出任首相镇压革命。革命胜利后,美国呼吁组建全民政府,通过美国驻伊朗大使馆勾结亲美的巴扎尔甘,阻挠伊朗建立纯粹的伊斯兰政府。美国甚至策划发动军事政变颠覆革命。在干涉伊朗失败后,美国又通过支持萨达姆来扼杀革命。

第四，从巴以问题来看，出于地缘政治利益，美国支持犹太复国运动和在巴勒斯坦建立以色列国，以色列是美国插在穆斯林世界心脏地带的一把匕首。霍梅尼认为，美国纵容支持以色列屠杀巴勒斯坦的穆斯林，在历次中东战争中都支持以色列。以色列是"小撒旦"，是伊斯兰的公敌，美国是"大撒旦"，是以色列的幕后主使。

第五，从革命输出来看，美国阻挠伊朗对外输出革命。霍梅尼认为对外输出伊斯兰革命是伊朗肩负的使命，并在革命后积极向海湾国家输出革命。但革命输出损害了美国在海湾的利益，危及海湾亲美国家的稳定。美国通过维持对伊拉克的军售、国际护航等政策阻挠伊朗的革命输出。伊朗要切断同美国的所有联系，所以美国要将战争强加给伊朗，煽动萨达姆发动战争。两伊战争让数十万伊朗战士战死沙场，美国制裁伊朗就是要推翻伊朗的革命政府，重新奴役伊朗。[81]

霍梅尼把苏联视为"较小的撒旦"，他对苏联的认知同美国大致类似：第一，俄国以邻为壑，让伊朗成为俄国侵略扩张的牺牲品。霍梅尼认为，从历史上看，俄国通过发动对伊朗的战争让伊朗丧失在格鲁吉亚、巴库、亚美尼亚、阿塞拜疆、达甘斯坦等外高加索和中亚曾经拥有的大片领土。沙皇被推翻后，苏联并没有改变继续侵略奴役伊朗的想法。第二次世界大战结束后，苏联拒绝履行国际承诺，不同意从伊朗撤出苏联军队，反而在伊朗北部培养亲苏的地方政府，向伊朗索要石油开发权。这充分暴露了苏联大国沙文主义和霸权主义的侵略行径。

第二，苏联侵略阿富汗。革命后伊朗秉承穆斯林即兄弟的原则。1979年12月，苏联入侵伊朗邻国阿富汗扶植卡尔迈勒政权。伊朗从地缘政治和宗教利益上都不能容忍苏联侵略阿富汗，为此伊朗强烈谴责苏联的侵略行径，呼吁全体穆斯林支持阿富汗反对苏联。伊朗还资助支持阿富汗的"圣战"组织，反对苏联和阿富汗卡尔迈勒政府。伊朗还收留了140多万因战争流离失所的阿富汗难民。[82]

第三，苏联在两伊战争中支持萨达姆反对伊朗。伊斯兰革命爆发后，苏联曾经想结好强烈反美的伊朗，但并未成功。从1982年开始，苏联开始向盟国伊拉克出售武器，支持萨达姆对伊朗的战争。军售始终是苏伊之间重要的矛盾，这也让霍梅尼和伊朗痛恨苏联。

在上述认知和原则的指导之下，伊朗开始清除美苏同伊朗的各种联系。从 1979 年 11 月的使馆人质事件到罢黜总理巴扎尔甘,再到"伊朗门"事件曝光和蒙塔泽里的软禁,伊朗完全清除了伊朗内部同美国的联系。在消除苏联的影响上,1983 年,伊朗逮捕亲苏的人民党党员并直播审判过程,驱逐苏联驻伊朗的外交官。通过这些努力,伊朗彻底清除了国内的亲美和亲苏势力,剪断伊朗国内派系同美苏的联系。

四、革命清洗与霍梅尼的二次革命

国王巴列维的倒台和过渡政府的成立并不意味着伊斯兰革命的结束,相反这只是揭开了革命后伊朗残酷政治斗争的序幕。在伊朗的未来政体、伊朗同西方特别是美国的关系等重大问题上,霍梅尼代表的坚定革命派同其他派系分歧严重且难以弥合。既然政治共识不能通过各方的妥协来实现,那只能以实力优胜方的政治清洗来告终。

(一)1979 年制宪

革命胜利后,参与革命的各方开始围绕制定新宪法出现争议。争议集中在以下几个问题:(1)革命胜利后,伊朗是建立世俗国家还是宗教国家? 过渡政府总理巴扎尔甘和"人民圣战者组织"认为,未来伊朗的国家性质应当是共和制的世俗国家,但是霍梅尼、拉夫桑贾尼等人认为伊朗应当是宗教性质的共和国。(2)未来的伊朗是建立人民共和国还是共和国? 制宪会议代表将伊朗定为"人民共和国"。但霍梅尼力排众议去掉"人民",并将伊朗定名为伊朗伊斯兰共和国(Iran Islamic Republic, IRI)。1979 年 3 月 31 日,伊朗以全民公决方式决定将政体定为伊斯兰共和国。(3)未来的伊朗是否实施法基赫制度? 内政部长哈瑟姆·萨巴甘海因(Hashem Sabbaghian)提出,宪法应当反映社会各阶层和民众的利益,而非个人或派系意志。巴扎尔甘表示伊朗应当制定穆斯林自己的宪法。伊斯兰革命委员会成员(Council of Islamic Revolution)艾扎塔拉赫·萨哈比(Ezzatollha Sahabi)表示他不反对法基赫主政,但是宪法应当以沙里亚法为基础。即使伊朗实行了法基赫制度,法基赫也不必然在国家事务中发挥重要作用。[83] 尽管如此,由于霍梅尼的卓越地位和他在法基赫问题上志在必得,《伊朗伊斯兰共和国宪法》最终确立了法基赫制度,这也是霍梅尼政治意志的具体体现。

1979 年 11 月 15 日,伊朗的专家审议大会批准了《伊朗伊斯兰共和国宪法》。1979 年宪法规定,国家的最高权力属于最高精神领袖。领袖由称职的法基赫或者法基赫委员会担任。最高精神领袖实行终身制,没有任期限制。最高精神领袖的权限包括:(1)有权任免宪法监督委员会(the Guardian Council,简称宪监会);(2)有权任免伊朗最高法院的法官;(3)有权对外宣战和媾和;(4)有权任免武装部队三军总司令、伊斯兰革命卫队总司令、总参谋长等军队高级将领;(5)有权任免总统;(6)有权签署同意举行总统选举的法令,有权在宪监会审查后确认总统候选人,有权签署总统任命委任状;(7)有权调节和处置立法、行政、司法三大权力部门之间的矛盾,有权调停军队之间的矛盾,有权处理确定国家利益委员会不能解决的事务。这些权限让最高精神领袖成为伊朗最高权力的拥有者。

确立法基赫制度是《伊朗伊斯兰共和国宪法》的最大特点。法基赫制度将霍梅尼的政治地位提高到至高无上的高度。确立法基赫制度是霍梅尼矢志不渝的梦想和追求,霍梅尼终于将自己推崇的法基赫和伊斯兰政府的理念付诸实施。法基赫思想上升为伊朗的国家意志,霍梅尼实现了在现代世界创造法基赫统治的历史使命。而宪法为霍梅尼的法基赫思想背书也为霍梅尼今后对内改造伊朗社会、对外输出伊斯兰提供了法律依据,将真主的影子投放在人间。

尽管 1979 年的宪法意义深远,但实际上是伊斯兰和西方民主的混合体,即将法基赫制度嫁接到 1906 年的宪政体制上。在将法基赫确定为伊朗的最高精神领袖之后,再将立法、行政和司法分割给各个职能部门并让它们互相牵制和制衡。[84]

(二) 残酷的政治清洗

伊斯兰革命是同盟者共同完成的革命,革命时霍梅尼任命的过渡政府除了坚定革命派之外,也包括巴扎尔甘等自由共和派。宪法在伊朗确立了法基赫制度,但是伊斯兰政府内部的政治成分并不单一。霍梅尼代表的坚定革命派对参与反国王的同盟者心怀疑虑,担心后者立场不坚定会同敌人妥协进而损害自己苦心建立的伊斯兰政府。为了实现革命的纯化和更好地保障伊斯兰政府的安全,坚定革命派开始系统地进行政治清洗,将自由伊斯兰共和派排挤出局。

坚定革命派又称马克塔比斯派(Maktabis, Followers of Imam's Line)。这一派系幕后的真正领袖是霍梅尼,这一派系基本以"战斗的伊斯兰"为班底。主要成员包括:哈梅内伊、侯赛因·穆萨维(Mir Hussain Musevi)、拉夫桑贾尼、贾瓦德·巴霍纳尔(Javad Bahonar)、蒙塔泽里等。他们跟霍梅尼生入死,也期望在革命后独享胜利果实。为此坚定革命派在政治上主张发动第二次革命清洗异己,建立纯粹的伊斯兰政府,对外主张输出伊斯兰革命。[85] 此外,"人民敢死队组织"也支持坚定革命派。这个组织由阿亚图拉卡哈卡哈里(Ayatollah Sadeq Khalkhali)和纳瓦比·萨法维(Nawabi Safavi)在 1946 年创立。该组织以通过暗杀等恐怖手段反对腐败专制的巴列维政权著称。该组织忠于霍梅尼和伊斯兰政府,赞同坚定革命派的主张。

自由伊斯兰共和派(Liberal Islamic Republican, LIR),主要代表是过渡政府总理迈赫迪·巴扎尔甘、临时政府总统巴尼萨德尔、外交部长萨德卡·库塔布扎德赫(Sadeq Qotbzadeh)、马达尼上将(Admiral Madani)、大阿亚图拉卡扎姆·沙里亚特马达里等。这一派系的支持者主要是温和伊斯兰和自由伊斯兰人士。他们所依托的组织是巴扎尔甘的民族阵线,但是这个民族阵线在代表性、影响力上同摩萨台时期相比已经大为逊色,更多宗教人士、巴扎商人、学生等已经投身到霍梅尼的政治网络,许多宗教人士也支持自由共和派,比如阿亚图拉艾什拉奇(Ayatollah Eshraqi)、阿亚图拉库米(Ayatollah Qomi)、阿亚图拉沙拉兹(Ayatollah Shiraz)、阿亚图拉赞贾尼(Ayatollah Zanjani)、阿亚图拉马拉阿什(Ayatollah Mara'ashi)、阿亚图拉拉胡迪(Ayatollah Lahouti)等。此外自由伊斯兰共和派还包括"人民敢死队组织"和"人民圣战者组织"等。

坚定革命派决定清洗自由共和派,实力将决定谁是最后的胜利者。而双方实力差距相当明显:第一,霍梅尼是坚定革命派的最大王牌。革命后霍梅尼是伊朗最高精神领袖和最高权力的拥有者。霍梅尼的身份为坚定革命派提供了巨大的权力背书。坚定革命派可以利用国家机器打击政治异己。霍梅尼还有权任命周五祈祷会领宣人，监督包括政府在内的各部门各行业的工作。在这方面，虽然巴扎尔甘和巴尼萨德尔先后担任革命后伊朗的总理或总统，但他们并不掌握实权。巴尼萨德尔形象地称自己是"无刃之刀"，没有同坚定革命派竞争的实力。[86]

第二，坚定革命派设立平行机构架空过渡政府。为了垄断权力，霍梅尼和坚定革命派在过渡政府之外设立平行机构来架空巴扎尔甘。霍梅尼建立的机构包括：伊斯兰共和党（Islamic Republic Party，IRP）、保卫与安全委员会（Guards and Security Committee）、伊斯兰革命卫队、宗教基金会、巴斯基民兵组织等。这些机构完全就是另一套政府班子，能够执行军事、政治、安全、社会等职能。而且这些组织只对霍梅尼负责，不受政府的掌控。[87]这种双层套嵌的结构让自由共和派彻底处于劣势。

第三，革命胜利后，伊朗开始系统性地管控自由派宗教人士。霍梅尼通过增减宗教经费、任免重要城市和清真寺的领宣人等方式，将不受政府管控的高级教士排斥在外。霍梅尼还通过软禁、禁止接受媒体采访等方式打击反对派。这些举措对打击分化自由共和派阵营中的宗教人士起到较好的效果，逼迫宗教人士在革命后重新选边站队。

第四，巴扎尔甘同美国的联系成为被攻击的把柄。过渡政府中的主要成员，比如总理、外交部长、国防部长、政府发言人大多来自巴扎尔甘领导的全国解放运动。在美伊关系上，过渡政府的外交部长易卜拉欣·亚兹迪（Ibrahim Yazdi）和政府发言人阿巴斯·阿米尔-因特扎姆（Abbas Amir-Entezam）公开表示希望同西方继续保持联系。外交部长亚兹迪甚至提出："伊朗对1953年以来美国干涉伊朗内政表示强烈的愤慨和憎恨，但如果美国不再干涉伊朗内政，伊朗可能同美国继续发展良好关系。"[88]需要指出的是，美国驻伊朗大使馆在革命胜利后并未关闭。美国国家安全助理布热津斯基等人认为，伊朗在革命热情退却后仍会同美国保持外交关系。因为伊朗需要美国。

1979年11月1日，巴扎尔甘同布热津斯基在阿尔及尔举行会晤。其他参与者还包括伊朗外交部长亚兹迪、国防部长穆斯塔法·查姆兰（Mustafa Chamran）。阿尔及尔会晤引发霍梅尼等人的警觉和愤慨，认为美国意图通过勾结自由共和派颠覆革命。在霍梅尼的鼓动下，1979

年 11 月 4 日,"跟随伊玛目路线的穆斯林学生"组织(the Muslim Students Following Imam's Line)冲击美国驻伊朗大使馆并制造美伊关系上最恶性的"使馆人质事件"[89]。伊朗学生和民众从美国使馆缴获了美方同过渡政府总理巴扎尔甘的来往函电,并将其作为罪证攻击总理巴扎尔甘,巴扎尔甘最终被罢黜下台。

自由共和派人士巴尼萨德尔(Abol Hasan Bani-Sadr)的政治下场同巴扎尔甘如出一辙。巴尼萨德尔在巴扎尔甘下台后,在 1980 年 1 月至 1981 年 6 月出任总统。巴尼萨德尔早年参加过摩萨台的民族阵线,积极反对国王巴列维。[90]但是巴尼萨德尔并不被坚定革命派所容:第一,在伊斯兰政府问题上,巴尼萨德尔认为伊朗要摆脱政治、经济和意识形态对个人的控制。因为伊斯兰和所有意识形态一样,一旦被官方利用就成为其统治的工具。第二,巴尼萨德尔对霍梅尼的法基赫统治思想有不同看法。巴尼萨德尔认为,法基赫即使德才兼备也不能成为民众效仿的对象,法基赫更不应该被神圣化而成为特权阶级和利益集团。第三,伊斯兰政府同样需要监督。巴尼萨德尔认为民众可以通过清真寺网络监督政府,真正让伊斯兰政府成为"真主的政府"(Government of God)。显然这些主张不可能被霍梅尼等坚定革命派接受。后者认为,伊斯兰革命是宗教人士领导的革命,胜利果实也只能由宗教人士独享,任何否定伊斯兰政府和革命的反对派都要被赶出局。

坚定革命派同巴尼萨德尔的斗争主要体现在权力争夺上。在政治上,萨德尔期望改组政府,将革命委员会等革命组织纳入政府统一管理,但遭到伊朗总理拉贾伊(Muhammad Ali Rajai)的强烈反对。在外交上,总统巴尼萨德尔也受到掣肘,三个重大事件让双方针锋相对。(1)苏联入侵阿富汗。巴尼萨德尔主张反对苏联的侵略但不宜介入过深,因为这意味着伊朗将与另一个超级大国苏联为敌。但是霍梅尼等人坚决支持阿富汗。(2)使馆人质事件。巴尼萨德尔想解决人质事件,修复对美关系。但是霍梅尼等坚定革命派认为使馆人质事件表达了伊朗坚定反美的决心,并告诫亲美派不得里通外国。(3)两伊战争。巴尼萨德尔认为革命后伊朗的要务是专注建设和稳定,因此要尽快结束两伊战争。但霍梅尼认为两伊战争是伊斯兰革命的延续,伊朗打败了萨达姆,就要将革命输出到伊拉克、海湾和整个中东。因此伊朗要坚持战争直到萨达姆倒台。

　　总之,巴尼萨德尔同坚定革命派的分歧难以弥合,坚定革命派的自行其是让巴尼萨德尔在内政外交上毫无成就,被迫在 1981 年 6 月黯然下台。巴尼萨德尔下台也意味着霍梅尼等坚定革命派完成了政治清洗,并取得了第二次革命的胜利。

　　但是霍梅尼的政治清洗产生了严重的负面后果:第一,巴尼萨德尔下台引发"人民圣战者组织"的强烈不满,后者作为同盟者向伊斯兰政府发动了大规模的暗杀活动和恐怖袭击。其中 1981 年 8 月的伊斯兰共和党总部爆炸案造成总理巴霍纳尔、总统穆罕默德·拉贾伊等数百名人员的死亡。暗杀事件后,"人民圣战者组织"被列为恐怖主义组织被镇压。巴尼萨德尔和"人民圣战者组织"领袖马苏德·拉贾维(Massoud Rajavi)等人流亡海外。第二,政治清洗将革命的同盟者推向了对立面,成为伊斯兰政府的死敌。霍梅尼的政治清洗让革命同盟者无比愤怒,这些被清洗出局流亡海外的反对派成为伊朗的死敌。他们通过在海外暗杀伊朗官员、曝光伊朗的官员腐败和人权状况、揭露秘密核设施等行动向伊朗发难。这些曝光行为让伊朗猝不及防,破坏力远超预期。

五、霍梅尼对伊朗社会的改造和伊朗社会的伊斯兰化

　　在颁布伊斯兰宪法和进行政治清洗的同时,霍梅尼也在利用国家权力对伊朗社会进行伊斯兰化改造。巴列维王朝的现代化改造让伊朗社会特别是德黑兰等大中城市高度世俗化。西方服饰成为伊朗民众主流的服饰,伊朗妇女的着装举止和社会规范基本照搬西方,身着比基尼泳装的女性在伊朗的海滩随处可见。但是伊斯兰革命后,霍梅尼将国王时代的世俗化社会改回到伊斯兰社会。

　　霍梅尼采取的措施包括:第一,改造伊朗的世俗大学和学校。1980年 3 月 21 日,霍梅尼要求伊朗的大学实现伊斯兰化。1980 年 4 月 18日,霍梅尼在周五祈祷会上发表演讲表示:"伊朗不怕西方的经济制裁和军事干涉。伊朗害怕的是西方的大学,因为西方大学会用腐败堕落的思想腐蚀伊朗的青年,目的是让伊朗附属于西方。"[91]受到霍梅尼演

讲的激励,伊朗真主党[92]、激进学生、狂热分子先后冲击设拉子大学、马什哈德大学、伊斯法罕大学、阿瓦士大学(Ahwaz University)、拉什特大学(Rasht University)、德黑兰师范学院等学校,殴打学生并损毁学校的设施。其中设拉子大学就有 300 多名学生被殴打受伤。学校冲击事件后,伊朗关闭了境内所有大学,并对大学进行伊斯兰化改造。霍梅尼等人认为,伊朗的教育体制是西方式的,没有起到宣扬伊斯兰的光辉历史和激发学生民族自豪感的作用。这让伊朗在文化上附属于西方,并先后遭受英国、俄国和美国的侵略和奴役。因此伊朗要实行教育改造,在课程上增加了伊斯兰意识形态和伊斯兰历史的内容。

1980 年 5 月,霍梅尼下令成立"文化革命委员会",该委员会在高校大规模清洗非伊斯兰人士。文化革命委员会被责成重新设置伊朗大学的课程,编写新的教材,用伊斯兰教的知识取代西方的观点,帮助教师们更好地去理解伊斯兰教。霍梅尼派最高精神领袖代表和教育主管定期督导。1980 年 6 月,伊朗还成立了大学运动组织(University Crusade),很多大学生成为该组织的重要成员。当局根据大学运动组织提供的信息,辞退被认为受到诸如马克思主义、资本主义、民族主义、自由主义和民主等东西方意识形态影响的老师。[93]

第二,对媒体进行严格审查,禁止出现任何反伊斯兰的宣传。革命后,伊朗以杜绝享乐主义和物质主义为由一度禁止娱乐并关闭电影院、歌剧院等公共娱乐设施。这些设施重新开放后,伊朗禁止媒体、电影院等播放宣扬西方物质主义和生活方式的影像材料,禁止刊载妇女不佩戴面纱等有违伊斯兰传统的图片或内容。[94]

第三,按照沙里亚法颁布严格的社会习俗和行为规范等。为了彰显伊斯兰特性,革命后的伊朗颁布严格的法律来规范伊朗的社会和民众。其中妇女是伊斯兰规范的最主要的约束对象,女性被要求必须身着黑色罩袍佩戴面纱,不得在公共场合暴露面容、头发和肢体。女性出门需要有成年男性陪同。在电影院、公交车站等公共场所女性和男性必须分开不得混杂。社会警察、巴斯基民兵、伊朗真主党、罪恶打击中心(Dayereh-ye Amr be Maruf va Nahi az Monker, Center for Combating Sin)、政治与意识形态局等机构负责监管伊斯兰的社会规范,违反者将受到提醒、警告甚至逮捕。伊朗跟历史开了一次有趣但残酷的玩笑。国王巴列维时期,国家强制要求穆斯林女性脱掉罩袍摘下面纱,但革命后女性又被国家强制要求穿上罩袍戴上面纱。

第三节 "不要东方、不要西方"与"只要伊斯兰"

霍梅尼将伊斯兰意识形态上升为伊朗的国家意志,伊朗这一时期的对外政策带有明显的革命色彩和伊斯兰烙印。这一时期,伊朗在外交上奉行"不要东方、不要西方,只要伊斯兰"。尽管在外界看来,霍梅尼时期伊朗的外交明显偏离国家利益,但在霍梅尼看来,伊朗外交是在实践"伊斯兰使命"。

一、"不要东方、不要西方"与伊朗的务实外交

"不要东方、不要西方,只要伊斯兰"是霍梅尼时期伊朗外交的标签。"不要东方、不要西方"同"只要伊斯兰"是伊朗外交的两个组成部分。前者代表的是伊朗对美苏两个超级大国的外交,后者则代表伊朗对外输出伊斯兰革命。

伊朗在对美和对苏的外交上奉行"不要东方、不要西方",更大的原因是出于霍梅尼对国际体系和伊朗同美苏两国关系的认知。霍梅尼认为,当前的国际体系是由两个宗主国体系组成:一个是美国主导的西方体系(Ghaarb,West);另一个是苏联主导的东方体系(Sharq,East)。[95] 美苏是国际政治中所有邪恶和症结的根源。为了追求权力和利益,美苏两国为所欲为,危害整个世界。美苏两国通过各自相对独立的宗主国体系统治世界,其他国家都处在美苏两个超级大国的"淫威"之下,被它们所剥削和奴役。它们同美苏大国的关系是羊和狼的关系,或者是羊和屠夫的关系。因此整个世界也被分裂成压迫者(Mustakbarin,oppressors)和被压迫者(Mustaz'afin,oppressed)两个阵营。压迫者阵营是美国、苏联、英国和以色列,它们通过让被压迫阵营的国家提供原材料和初级产品维系对后者的控制。[96]

霍梅尼认为,在宗主国体系之下,摆在每个国家面前的只有东方、西方和伊斯兰三条道路可以选择。前两条道路都是引导国家走向错误

的不正确道路,只有伊斯兰道路才是人类真正通向完美、皈依真主安拉的道路。不结盟运动已经名存实亡,因为所有国家都正式或非正式地投靠了两个超级大国。世界上只有伊朗是唯一真正不同美苏结盟的国家和伊斯兰国家,只有伊朗才是真正独立的国家,在国际上奉行"不要东方、不要西方,只要伊斯兰",既对抗苏联也对抗美国,既对抗东方集团也对抗西方集团。[97]

尽管"不要东方、不要西方"是霍梅尼时期伊朗外交的重要原则,但是由于革命后不同政治派系先后登场主政,伊朗的外部条件也在发生变化,这使得"不要东方、不要西方"这一政策并不是一以贯之地被推行,而是在不同阶段呈现不同的变化,并具有不同的含义和特征。[98]

出现上述情况的原因在于:第一,伊朗国内的不同派系之间和派系内部在实施"不要东方、不要西方"的认知方面存在着分歧,这些认知分歧也会反映到具体的外交政策上。巴扎尔甘和巴尼萨德尔代表的自由共和派同拉贾伊代表的坚定革命派之间的分歧尤其明显。自由共和派期望同美国缓和并在独立自主的基础上发展正常平等的美伊关系;坚定革命派则认为伊朗要实现真正的独立自主,必须彻底斩断同美苏之间的任何联系。第二,两伊战争爆发后,出于经济恶化、战况吃紧、军备不足等多重因素,坚定革命派又分化出保守派和务实派。[99]以哈梅内伊、总理拉贾伊、总理米尔·穆萨维为代表的保守派主张坚持两伊战争,坚决推行"不要东方、不要西方"政策,决不同美苏妥协。以议长拉夫桑贾尼、外交部长阿里·韦拉亚提(Ali Akbar Velayati)为代表的务实派则认为伊朗应当审时度势,避免意识形态过多干扰国家利益和对外关系。

伊朗推行"不要东方、不要西方"政策大致分为以下阶段:一是自由共和派执政时期(1979年2月—1981年6月)。1979年2月伊斯兰革命胜利后,自由派总理巴扎尔甘和总统巴尼萨德尔先后当政,伊朗政坛呈现双轨体制的特征,即巴扎尔甘和萨德尔是名义上的政府代表,但坚定革命派则以伊斯兰共和党等机构为依托同政府分庭抗礼。坚定革命派对自由共和派同美国的接触十分警惕,担心他们相互勾结破坏革命。巴扎尔甘同布热津斯基会晤说明伊朗内部在推行"不要东方、不要西方"上存在分歧。1981年6月巴尼萨德尔的下台宣告这一阶段的结束。

二是保守派执政时期(1981—1984年)。使馆人质事件、巴扎尔甘和巴尼萨德尔下台标志着坚定革命派完成了革命清洗。坚定革命派可以在小的派系阻力下推行自己的政策。在外交上,坚定革命派在这一阶段严格遵循"不要东方、不要西方"政策。1982年伊朗收复霍拉姆沙赫尔市(Khorramshahr)等所有被占领的领土,两伊战争的战场转到伊拉克境内。霍梅尼表示,伊朗要推翻萨达姆政权建立伊朗—伊拉克什叶派联邦(Iran-Iraq Shia Federation)。坚定革命派认为伊朗凭借现有的经济和军事资源能够继续战争,并同时对抗东方和西方。尽管这一时期伊朗坚定奉行"不要东方、不要西方",但是伊朗仍从以色列秘密购置价值5亿美元的军火。[100]

三是务实派执政时期(1984—1989年)。这一阶段务实派的拉夫桑贾尼再次出任议长,伊朗的政治天平从保守派向务实派倾斜。在外交上,伊朗也不再固执坚持"不要东方、不要西方"。这一阶段伊朗的美制武器配件和弹药出现短缺。为维持对伊拉克的战争,伊朗不得不秘密同美国洽购武器和配件,这也就是著名的"伊朗门"事件。伊朗承诺帮助解救在黎巴嫩被扣押的3名美国人质,以此换取美国向伊朗出售2 004枚陶氏导弹和200多个隼式导弹配件。[101]

美国愿意同伊朗接触是因为美国国家安全助理布热津斯基等官员认为美国应当接触伊朗,防止苏联填补美国撤出后的权力真空。[102]其中中情局局长威廉·凯西(Willian Casey)和国家安全助理罗伯特·麦克法兰(Robert McFarlane)期望借助秘密军售重建美国同伊朗关系,让美伊敌对关系发生范式性的转变。[103]

但是情报泄露让美伊的秘密军火交易宣告失败。1986年11月4日,蒙塔泽里的支持者迈赫迪·哈什米(Mehdi Hashemi)在黎巴嫩刊物《航船》(Al Shirra, The Sail)上曝光"伊朗门"事件。同日拉夫桑贾尼发表演讲,确认麦克法兰到过德黑兰,但他同时表示,伊朗绝不会同美国媾和谈判。[104]事后泄密者迈赫迪·哈什米被处决,蒙塔泽里因牵涉泄密而被革职审查,其霍梅尼接班人的资格被取消,政治生命提前结束。美国总统里根为摆脱干系,对伊朗采取强硬政策。[105]美国在海湾部署舰只参加国际护航,轰炸伊朗的石油设施等。[106]"伊朗门"事件彻底粉碎了美伊企图改善彼此关系的可能性,美伊再度回到尖锐对立的轨道。

这段时期,戈尔巴乔夫上台后,伊朗同苏联也曾探讨关系正常化的可能。1985 年 4 月,苏伊高级官员曾举行双边会谈。但议长拉夫桑贾尼表示:"尽管同苏联的关系有所改善,但是苏联仍向伊拉克提供武器,苏联在阿富汗问题上毫无进展。"1987 年,伊朗外交部副部长穆罕默德·拉里贾尼(Muhammad Larijani)表示,苏伊是近邻,在抗美问题上拥有共同的立场。一旦消除两国关系的障碍,苏伊两国将会建立良好的睦邻关系。[107]

二、支持海湾国家的反对派与伊朗的伊斯兰革命输出

对伊朗来讲,支持反政府组织让他们去颠覆海湾地区非君主国家和伊拉克复兴党政权意义重大。这不仅能起到打击和削弱伊朗近邻的作用,还能够帮助伊朗传播伊斯兰革命,推翻在伊朗看来不具有政权合法性的政府。为此伊朗积极支持资助海湾地区的什叶派反对力量。

伊拉克、巴林是伊朗革命输出的首要目标国。伊朗采取的方式是支持邻国的反政府组织。[108]伊拉克的什叶派人数占总人数的 60%—65%,尽管人数占据多数,但是伊拉克什叶派处于在政治上被统治、经济上被边缘化的地位。伊朗认为伊拉克什叶派是被萨达姆和逊尼派剥削和奴役的对象,因此伊朗肩负着支持伊拉克什叶派反对萨达姆政权的责任。另外,霍梅尼流放伊拉克纳杰夫期间同穆罕默德·巴奎尔·萨德尔(Muhammad Baqir al-Sadr)的私交甚好。穆罕默德·巴奎尔·萨德尔是伊拉克人民党的重要人物。也是因为这层关系,伊拉克的人民党在伊斯兰革命胜利后于 1979 年将总部从巴格达迁到德黑兰。人民党被伊朗发展为颠覆萨达姆政权的力量。

人民党在 1957 年由穆罕默德·萨科克(Muhammad Saqik)创立。人民党的目标是在伊拉克建立伊斯兰国家。但是这种主张不可能被强调世俗化的伊拉克所接受,而且萨达姆十分警惕伊朗同伊拉克库尔德和什叶派的联系,认为他们是安插在伊拉克的第五纵队,图谋推翻萨达姆的政权。为此人民党遭到了萨达姆政府的镇压。人民党还策划了伊

拉克驻贝鲁特大使馆爆炸案、美国驻科威特大使馆爆炸案、刺杀萨达姆等行动。1980年3月，人民党因刺杀萨达姆未遂而被残酷镇压，主要成员被迫逃亡到伊朗，人民党在伊拉克基本上销声匿迹。

人民党被镇压后，伊朗转而支持伊拉克的伊斯兰最高革命委员会（the Supreme Council of the Islamic Revolution in Iraq，SCIRI）。伊斯兰最高革命委员会于1982年在德黑兰由阿亚图拉穆罕默德·哈克姆（Ayatollah Muhammad Baqir Al-Hakim）创立。伊斯兰最高革命委员会是伞形组织，下辖人民党和伊斯兰行动组织。该组织的宗旨是推翻萨达姆政府，并效仿伊朗在伊拉克建立伊斯兰政府。[109] 在伊朗的支持下，该委员会建立有8 000—10 000名战士的巴德尔旅（Badr Corps），巴德尔旅的任务是跨境袭扰伊拉克和动员伊拉克的国内反对派。[110]

巴林解放伊斯兰阵线（Islamic Front for the Liberation of Bahrain）是伊朗在巴林扶植的反政府组织。它是由阿亚图拉哈迪·穆达勒斯（Aytollah Hadi al-Modarresi）于1981年在德黑兰成立的什叶派武装组织，穆达勒斯也是伊拉克的伊斯兰最高革命委员会的创始人和霍梅尼在巴林的代表。巴林解放伊斯兰阵线的政治理念是在霍梅尼领导下发动所有穆斯林的起义，推翻巴林当政的哈里发家族（Al-Khalifa family），建立伊朗版本的什叶派伊斯兰政府。[111] 1981年12月，巴林发生未遂政变。伊朗支持的巴林解放伊斯兰阵线被指控是未遂政变的策划者和参与者。政变后伊朗向巴林输出革命的行动暂告结束。

三、文化宣传与伊朗的伊斯兰革命输出

宣传和传教（Propaganda and Religious/Political Indoctrination）在伊朗的伊斯兰革命输出中占据着重要地位。霍梅尼认为，示威游行和口号标语在推翻巴列维王朝的过程中发挥了重要的作用。这也让革命后的伊朗更加注意宣传，并将宣传作为输出伊斯兰革命的重要手段。"伊朗向其他国家输出革命的最好工具是宣传。如果伊朗的宣传能够让每个国家的一小部分人得到革命启蒙，那么他们就可以发动伊斯兰革命让整个国家觉醒，这些国家也就能够发生类似伊朗的变化。所有的先知都始于孤独的个体。"[112]

伊朗的对外宣传主要通过宗教讲习班、培训机构、海外文化和宗教中心、宗教研讨会进行。伊朗议长拉夫桑贾尼曾表示,输出革命是伊朗对世界受压迫人民所肩负的义务。[113] 1982 年 3 月,伊朗总统哈梅内伊表示:"伊朗尽量以良好的方式帮助解放运动。任何政府都无权指责伊朗干涉内政,任何人都无权让伊朗停止宣传伊朗版本的伊斯兰,或者让伊朗停止向世界宣扬伊朗的伊斯兰革命。"[114] 1982 年 3 月,伊朗开设宗教讲习班,讲习班的内容包括:政教不能分离,伊斯兰是穆斯林世界政治反对派遵循的信条;宗教行动主义是清除西方影响的唯一有效途径;信教者应当积极清除异教徒。[115] 讲习班吸引海湾国家、印度尼西亚、摩洛哥等国的 380 多名宗教学生参加。

表1.2　伊朗在海外开设的宗教机构

国　家	讲经堂或宗教中心	学生数量(人)
黎巴嫩	拉苏尔·阿卡姆男性讲经堂、扎赫拉女性讲经堂、伊玛目蒙特扎尔讲经堂	1 500
阿富汗	穆斯塔法分部	1 500
叙利亚	伊玛目霍梅尼讲经堂	650
英　国	穆斯塔法国际大学伊斯兰学院、伦敦讲经堂	90
印度尼西亚	伊斯兰大学(附属于伦敦伊斯兰大学)	—
尼日利亚	伊斯兰大学甘那学院、阿卡拉什叶派讲经堂等 5 所学校	1 000
乌干达	乌干达伊斯兰学院	100
刚　果	—	120
塞内加尔	穆斯塔法塞内加尔大学	—
坦桑尼亚	—	150
南　非	穆斯塔法国际大学南非分部	100

资料来源: Hassan Dai, "Al Mustafa University, Iran's global network of Islamic schools," *Iranian American Forum*, April 12, 2016, http://iranian-americans. com/irans-export-of-islamic-fundamentalism-al-mustafa-global-training-centers-2/。

伊朗在 1979 年创建的穆斯塔法国际大学(Al Mustafa International University, MIU)是伊朗对外宣传的主要机构。穆斯塔法国际大学的目标是培养国外亲伊朗亲什叶派的宗教学者,并借助他们对外输出伊朗的伊斯兰革命。穆斯塔法国际大学设有库姆、马什哈德、伊斯法罕 3

个主校区,并在德黑兰、拉什特(Rasht)、戈尔甘(Gorgan)、大不里士、格什姆(Gheshm)开设分校。此外穆斯塔法国际大学还在拉美、非洲等地设有100多个讲经所、宗教学校和宗教中心。[116] 2010年伊朗最高精神领袖哈梅内伊对穆斯塔法国际大学学生发表演讲时表示:"伊朗对外传播纯洁的伊斯兰思想,目的是解放被美国等傲慢国家剥削奴役的国家和人民。穆斯塔法国际大学就肩负着这一使命。各位来伊朗的学员就是要学习伊朗真正的伊斯兰并回国传教。"[117]

四、伊朗朝觐的政治化和伊斯兰革命输出

朝觐同念经、礼拜、斋戒、天课一起,是虔诚穆斯林应当恪守的五功。每年的麦加朝觐为世界各地的穆斯林提供了宝贵的宗教交流机会。由于圣城麦加和麦地那位于沙特境内,因此沙特自许为圣城护持国和世界伊斯兰教的中心。1986年,沙特国王为自己加封两大圣城护持者(Guardians of The Two Holy Cities)的称号。[118]

国王巴列维时期,伊朗对内倡导世俗化现代化,对外同美国结盟,因此伊朗同沙特在宗教问题上并不冲突,两国关系也因同为美国盟国而相安无事。但是伊斯兰革命后,上述平静被彻底打破。伊朗因为确立了法基赫制度、建立了伊斯兰政府而自许是新的宗教中心。伊朗对外输出伊斯兰革命挑战了沙特的宗教地位,而麦加朝觐成为伊朗挑战沙特的宗教权威、宣扬伊朗伊斯兰和抨击沙特的新抓手。这让伊朗的麦加朝觐具有了特殊的政治意义,原本正常的宗教交流成为伊朗同沙特斗争的政治工具。[119]

霍梅尼认为朝觐具有以下功能:(1)帮助全球穆斯林解决政治上的困境。朝觐者应当借朝觐的机会讨论穆斯林面临的挑战并寻找出路。(2)号召全球穆斯林组建反对帝国主义和反对以色列的统一战线。"万物非主唯有真主,穆罕默德是真主的信使"是统一战线的口号,所有穆斯林都应本着"穆斯林皆兄弟"的原则同帝国主义进行斗争,阻止以色列像"癌症"一样扩散和屠杀巴勒斯坦与黎巴嫩兄弟。[120] (3)宣扬伊斯兰革命和伊朗版本的伊斯兰。朝觐是向全球穆斯林宣扬伊朗的伊斯兰革命和法基赫制度,阻止"撒旦美国"及其仆从国诋毁伊朗。[121] (4)呼吁

全球穆斯林拒绝西方的思想毒化。所有穆斯林无论是什叶派还是逊尼派都应当辨别超级大国及其代理人的有毒思想的渗透,抵制他们分化穆斯林的反动宣传和虚假宗教。

朝觐是个人行为,但它通常同国家经济呈现正相关的关系。国家的经济发展快,个人的财富就会增长,也就有财力赴麦加朝觐。但革命后的伊朗是唯一经济形势恶化但朝觐人数成倍增加的国家。伊朗朝觐人数在高峰时期达到 15 万名,这同伊朗的官方支持密切相关,目的是让朝觐服务于宗教和政治。

表 1.3　伊朗赴麦加的朝觐人数

年　份	人　数	年　份	人　数
1979 年	75 000	1986 年	150 000
1980 年	10 000	1987 年	160 000
1981 年	75 000	1988 年	0
1982 年	85 000	1989 年	0
1983 年	100 000	1990 年	0
1984 年	150 000	1991 年	115 000
1985 年	150 000	1992 年	120 000

资料来源:Martin Kramer,"Khomeini's Messengers in Mecca," in Martin Kramer, *Arab Awakening and Islamic Revival*, New Brunswick:Transaction Publishers,1996。

从 1981 年开始,伊朗朝觐者在麦加朝觐期间举行谴责美国和以色列的示威游行。1981 年 10 月,伊朗朝觐者在麦加禁寺(Great Mosque of Mecca)和麦地那的先知寺(Al-Masjid al-Madinah, Prophetic Mosque)前高喊"真主伟大、霍梅尼伟大"(God is Great, Khomeini is Great)和"信主唯一、霍梅尼唯一"(God is One, Khomeini is One)等政治口号,并造成伊朗朝觐者同沙特警察发生暴力冲突。冲突事件造成 1 名伊朗朝觐者死亡和数十名伊朗人受伤。[122]此外,受伊朗伊斯兰革命的影响,20 世纪 80 年代初,前往沙特朝觐的巴林什叶派信众明显增多,他们的目的除了朝觐之外,还包括同伊朗朝觐者进行政治串联。巴林朝觐者还响应伊朗的号召,将朝觐变为反对本国逊尼派统治的政治示威。[123]由于政治色彩强烈以及沙特国王哈立德(Saudi King Khalid)同霍梅尼沟通不畅,沙特开始限制伊朗朝觐者的言行。[124]1987年7月31日,沙特封锁伊朗朝觐者规划好的示威线路,造成双方冲突,导致275名伊朗朝觐者和85名沙特警察死亡。伊朗指责沙特是在屠杀朝觐真主的伊朗信众,沙特谴责伊朗朝觐者煽动政治骚乱。朝觐事件发生后,1987年8月1日,伊朗民众攻击沙特、科威特驻德黑兰大使馆,并从沙特大使馆内逮捕4名沙特外交人员。霍梅尼呼吁沙特民众推翻沙特王室的统治为伊朗朝觐死难者报仇。攻击沙特使馆事件直接导致1988年4月沙特同伊朗断交。[125]这次朝觐事件的特殊性还在于,两伊战争已经进入了最后的阶段,美国开始为科威特等国的油轮护航。伊朗认为美国是在偏袒沙特和科威特来反对伊朗。

五、黎巴嫩真主党与伊朗的伊斯兰革命输出

黎巴嫩真主党(Hezbollah,Party of God)的建立是伊朗输出伊斯兰革命的重要成果。伊朗一直同黎巴嫩的什叶派社团保持联系。[126]1982年伊朗派遣1 500名伊斯兰革命卫队"圣城旅"的官兵前往黎巴嫩支持伊斯兰阿马尔运动(Islamic Amal)等组织,黎巴嫩真主党由此创立,并成为伊朗打击牵制以色列的代理人。

伊朗对黎巴嫩真主党的支持体现在:(1)提供精神指引。黎巴嫩真主党认为伊朗革命是反抗压迫的最佳榜样。1982年,霍梅尼接见真主党代表,鼓励真主党为真主而战、为国土而战,把黎巴嫩变成犹太复国侵略者的坟场。[127]黎巴嫩真主党领袖赛义德·纳斯鲁拉(Sayyed Nasrallah)表示:"霍梅尼为所有弱小和被压迫国家和民众展示了伊斯兰革命的力量,他为真主党树立了榜样。"[128](2)提供武器和经费。伊朗每年向真主党提供大约6 000万—7 000万美元的活动经费。伊朗还向真主党提供武器,包括地震型(Zelza,Earthquake)、法塔赫110型(Fatah-110)导弹。伊朗的支持让真主党迅速发展成为黎巴嫩重要的军事和政治力量。对伊朗来讲,黎巴嫩真主党成为伊朗在国外输出革命的典范。真主党让伊朗将战略触角延伸到黎凡特地区。黎巴嫩真主党同叙利亚、巴勒斯坦的吉哈德和哈马斯等组织成为伊朗牵制打击以色列的主要力量。[129]

　　除了袭击以色列之外,真主党还涉嫌制造政治绑架、扣押西方人质和制造恐怖袭击,表 1.4 是黎巴嫩真主党涉嫌的袭击事件。美英等国将真主党列为恐怖组织。[130] 由于伊朗同黎巴嫩存在着密切关系,英法美在解救黎巴嫩扣押的人质时通常把伊朗作为中间人,让伊朗说服真主党等组织释放被扣押的西方人质。人质成为伊朗和西方国家做政治交易的筹码,其中最著名的是"伊朗门"事件。但是人质危机解决后,西方国家又以伊朗支持黎巴嫩真主党、杰哈德、哈马斯等激进组织为由,指责伊朗支持恐怖主义。

表 1.4　黎巴嫩真主党涉嫌的袭击事件

袭击时间	袭击目标	袭击方式	伤　　亡
1983 年 4 月 18 日	美国驻黎巴嫩大使馆	自杀式爆炸袭击	63 人死亡,其中包括 17 名美国人
1983 年 10 月 23 日	美国海军陆战队兵营	汽车炸弹	241 名美国士兵死亡
1983 年 10 月 23 日	法国兵营	自杀式爆炸袭击	58 名法国士兵死亡
1984 年 9 月 20 日	美国驻黎巴嫩大使馆	汽车炸弹	24 人死亡
1985 年 6 月 14 日	环球航空开罗—圣地亚哥航班	劫持	扣押 39 名美国人质

资料来源:作者根据新闻信息整理。

六、巴勒斯坦事业与伊朗的中东抵抗阵线

　　由于伊斯兰教信奉"穆斯林皆兄弟"的原则,因此巴勒斯坦问题也就从阿拉伯国家扩展到整个穆斯林世界。埃及和以色列于 1979 年签署《和平条约》之后,埃及基本上放弃了支持巴勒斯坦事业的立场。埃及立场的后退给伊朗等国家提供了新的机会,反以(色列)支巴(勒斯坦)成为抢占话语权和争夺穆斯林领袖的主要"抓手",谁在反以支巴问题上更强硬,谁就更能够赢得赞许和声誉。巴勒斯坦问题也开始异化,从支持巴勒斯坦人民独立转变为争取话语权和穆斯林世界领袖的议题。由于鲜有热战,有限援助和口头声援因为成本低廉而成为利比亚、伊拉克、伊朗、土耳其等国竞相采用的策略。

对伊朗来讲，支持巴勒斯坦事业的意义在于：第一，在宗教上，伊斯兰教信奉"穆斯林皆兄弟"的原则。以色列侵占了穆斯林巴勒斯坦人的领土，驱赶杀戮巴勒斯坦穆斯林，以色列还占领伊斯兰教的圣城耶路撒冷，因此革命后以伊斯兰卫士自居的伊朗必然将以色列视为敌人。第二，在政治传承上，霍梅尼是推翻巴列维的统治上位的，因此，霍梅尼逢巴（列维）必反，国王巴列维坚持的一定是霍梅尼反对的。由于国王巴列维同以色列维持准建交的良好关系，那么革命后的伊朗一定要反对以色列。第三，在外交上，伊朗将美国视为"大撒旦"，以色列是美国支持的"小撒旦"，因此伊朗反对"大撒旦"就必然反对"小撒旦"，反对以色列也是为了在地区和国际上更好地反对美国。第四，伊朗将反以支巴视为争夺穆斯林世界领导权的"抓手"。在埃及抛弃反以旗帜，沙特等温和派国家立场暧昧的情况下，伊朗在反以问题上坚持武装斗争决不谈判的立场就显得特别突出，能够获得外交宣传和意识形态上的主动权和话语权。而且伊朗通过构建同叙利亚、黎巴嫩真主党、巴勒斯坦哈马斯和杰哈德的抵抗联盟（Resistance Alliance），能够一石双鸟，既制衡了以色列，也打压了埃及和沙特。

伊朗对巴勒斯坦的支持主要体现在两个方面：一是提供经济援助。伊朗为巴勒斯坦民众提供了数千万美元。伊朗将经济援助视为在巴勒斯坦支持和鼓励激进组织发动对以色列的袭击的主要工具。美国和以色列披露，伊朗利用叙利亚银行账户将款项转账给杰哈德、哈马斯、阿卡萨烈士旅等巴勒斯坦激进组织，这些款项用于这些激进组织的日常运营、购置武器、死难者抚恤金等。二是提供武器和人员培训。伊朗或是直接为巴勒斯坦的哈马斯、杰哈德等组织提供武器和人员培训，或是借助于黎巴嫩真主党和驻叙利亚的解放巴勒斯坦人民战线（The Popular Front for the Liberation of Palestine）。[131]

伊朗较为看重同激进组织哈马斯、杰哈德之间的关系。尽管哈马斯和杰哈德是逊尼派而非什叶派组织，但消灭以色列和建立巴勒斯坦国成为伊朗同这些反以组织之间的共识和纽带。

哈马斯（Hamas, the Islamic Resistance Movement）又称为伊斯兰抵抗运动，由穆斯林兄弟会宗教领袖谢赫·亚辛（Sheikh Ahmed Yassin）于 1987 年在加沙创建。哈马斯最初的纲领是消灭以色列，在巴勒斯坦建立独立的伊斯兰国家。1991年海湾战争后,伊朗开始向哈马斯提供经济援助、武器,并进行人员培训。1992年哈马斯在德黑兰开设办事处,1992年10月,哈马斯受邀访问伊朗并受到伊朗最高精神领袖哈梅内伊和外长韦拉亚提的接见。伊朗承诺每年向哈马斯提供3 000万美元的经济支持以及军事培训。[132]伊朗的伊斯兰革命卫队通过黎巴嫩真主党向哈马斯提供军事培训。1990年到2000年间,伊朗每年向哈马斯提供2 000万—5 000万美元的紧急援助。[133]

杰哈德(Palestine Islamic Jihad, PIJ)又称为巴勒斯坦伊斯兰圣战组织,是加沙地区仅次于哈马斯的第二大组织。杰哈德于1979年由巴勒斯坦籍穆斯林兄弟会成员法塔赫·施卡科(Fathi Shikaki)和阿卜杜·阿瓦达(Abd al Aziz Awda)创建。杰哈德的行动纲领是对以色列发动圣战,武力解放巴勒斯坦,反对和平解决巴勒斯坦问题。杰哈德的行动主要是对以色列安全部队发动恐怖袭击或暗杀。20世纪80年代末,伊朗同杰哈德建立联系。杰哈德将总部迁到黎巴嫩后,伊朗主要通过黎巴嫩真主党和革命卫队"圣城旅"同杰哈德建立联系,并为后者提供武器和培训。

从战略和地缘上看,伊朗通过维持同叙利亚、黎巴嫩真主党、哈马斯、杰哈德的联系,构建起反以色列的抵抗阵线(Resistance Alliance),对以色列起到战略牵制的作用。这条阵线在经历数十年的经营后成为伊朗的战略资产,伊朗由此成为巴以问题的主要参与者。当埃及、沙特等国减少对巴勒斯坦的支持时,伊朗的支持显得尤为重要。[134]

第四节　两伊战争与伊朗的伊斯兰革命输出

输出革命是霍梅尼时期伊朗外交的主要内容,但是当两伊战争爆发后,伊朗的内政外交被迫主要围绕着战争来展开,伊朗将赢得战争提高到革命输出的高度,即打败萨达姆是伊朗输出革命的必经之路。但是对美国、苏联、沙特等国来讲,要遏制伊朗的革命输出,就不能让伊朗赢得两伊战争。因此伊朗和其他各方对战争都志在必得,最终伊朗在各方的打击之下被迫接受了停火,伊朗的输出伊斯兰革命遭遇到严重挫折。

一、两伊战争爆发与伊朗的卫国战争 (1980.9—1982.7)

1980 年 9 月 23 日,伊拉克军队入侵伊朗,伊朗和伊拉克开始了长达八年的战争。从战争的诱因来看,霍梅尼和萨达姆两位政治强人的崛起和两国的政策冲突让两伊走向了战争。具体而言:第一,两伊国内局势的激烈变化让萨达姆更具有攻击性。1979 年 2 月,伊朗爆发了伊斯兰革命,经过两年多的政治清洗和革命混乱,霍梅尼和坚定革命派才在国内确立了主导地位。1979 年 7 月,萨达姆在复兴党内部和伊拉克确立了自己的最高地位。萨达姆还以伊拉克利益的捍卫者和阿拉伯世界的代言人自居,想在海湾和中东确立自己的霸主地位。趁着伊朗国内的革命混乱,萨达姆向伊朗重提边界问题,宣称要废除《1975 年阿尔及尔边界协定》(1975 Algiers Agreement)。此后两伊围绕边界问题爆发了数次小规模的冲突。1980 年 3 月,伊拉克同伊朗断交为两伊战争爆发冲突埋下了伏笔。

第二,伊拉克阿齐兹遇刺事件激化了两伊矛盾。1980 年 4 月,伊拉克发生总理阿齐兹遇刺未遂事件,为此萨达姆下令清除亲伊朗的伊拉克宗教人士和反对派。萨达姆处决了伊拉克的什叶派领袖穆罕默德·巴奎尔·萨德尔和伊拉克人民党的主要成员。萨达姆还在纳杰夫、卡尔巴拉等地逮捕数千名什叶派教士。此外伊拉克还驱逐在籍贯、亲属、婚姻甚至姓氏上同伊朗存在关系的伊拉克民众。[135]萨达姆的行动基本根除了霍梅尼在伊拉克构建的反政府网络。

第三,萨达姆同霍梅尼的外交舌战刺激两伊采取升级行动。萨达姆在清除亲伊朗人士时声称要斩断任何干涉伊拉克内政的黑手,保卫伊拉克主权和领土完整。霍梅尼则公开宣称萨达姆是恶棍和什叶派的敌人,伊朗还将继续支持人民党、什叶派、伊拉克库尔德,反对萨达姆。[136]

第四,边界冲突让两伊走向了全面战争。从 1980 年 1 月开始,萨达姆就开始了战争动员并在两伊边界地区集结演习。1980 年 8 月,伊拉克向伊朗发出最后通牒要求归还《1975 年阿尔及尔边界协定》所割让的土地,伊拉克还出兵占领两伊之间存在争议的领土。9 月 17 日,萨达姆宣布对整个阿拉伯河流域拥有主权。9 月 23 日,伊拉克军队入侵伊朗,两伊战争正式爆发。

以伊朗为视角,两伊战争大致分为三个阶段。第一个阶段是伊朗的卫国战争。从 1980 年 9 月伊拉克入侵伊朗开始,到 1982 年 7 月伊朗基本上收复领土结束。本书主要从两伊的实力对比、战争与经济的关系、周边国家的向背、美苏立场等角度进行阐述。

战争爆发之后,伊朗国内进行了政治和意识形态动员,霍梅尼将伊朗的卫国战争渲染为先知穆罕默德为伊斯兰而战的圣举。"萨达姆侵略伊朗是要毁灭伊斯兰,伊朗应战是保护伊斯兰。伊朗不可能向萨达姆妥协或求和。因为萨达姆是腐败的作恶者,同压迫者妥协就是助纣为虐。妥协就是毁灭。伊朗作战不是为了领土而是为了宗教。信仰真主的人绝不会放弃自己的领地。"[137]伊朗议长拉夫桑贾尼也表示:"伊朗同萨达姆进行殊死斗争是为捍卫《古兰经》和伊斯兰的荣耀。战争就是伊朗的存在方式。"[138]

在战争目标上,霍梅尼表示:"战争是不信教的萨达姆对穆斯林伊朗发动的,这是亵渎真主的恶棍对伊斯兰的侵犯。"[139]伊朗总理穆萨维表示:"战争是为了反对真主安拉的亵渎者,伊朗除了打败侵略者之外别无选择。伊朗的伊斯兰革命属于全世界,如果伊朗被打败,所有革命力量都将被击溃。今天伊朗如果向萨达姆妥协,明天中东的反动派就会站起来攻击伊朗革命是失败的实验。萨达姆和中东反动派是想以强加的战争毁灭伊斯兰革命。这场战争对伊朗来说是捍卫伊斯兰的战争。伊朗一定要坚持战斗直到推翻萨达姆。萨达姆就是篡夺阿里王位的叶齐德一世,伊朗要匡扶正义帮助伊拉克人民夺回权力。"[140]

(一)战争与经济的关系

战争爆发后,两伊投入的兵力相当,伊朗和伊拉克的作战兵力分别是 24 万和 24.2 万,但是伊朗的陆军兵力为 15 万,低于伊拉克的 20 万。伊拉克投入的主战坦克为 2 750 辆,高于伊朗的 1 750 辆。伊拉克投入的步兵战车为 2 500 辆,高于伊朗的 1 075 辆。这也可以看出伊拉克在这一阶段处于攻势,并对战争势在必得。[141]在武器补给方面,英国和美国完全断绝了对伊朗的武器供应。伊朗的武器主要来自意大利、朝鲜和利比亚。但总体上,伊朗的武器进口在这一阶段年均约 3 亿美元,基本维持在较低的水平。

从伊朗的石油收入来看,由于伊斯兰革命和两伊战争造成的地缘紧张推高了国际油价,油价维持在每桶 30 美元的高位。受益于此,伊朗的石油收入分别为 116 亿、130 亿和 186 亿美元。与此相对照,伊朗军费前两年仅为 40 亿美元,尽管第三年军费飙升到 155 亿美元,但相对于 186 亿美元的石油收入而言仍处于可控的范畴。这说明伊朗石油收入足以维持战争机器的运转。

表 1.5　伊朗的石油收入和军费开支

	1980 年	1981 年	1982 年	1983 年	1984 年	1985 年	1986 年	1987 年	1988 年
国际油价（美元）	34.2	33.2	30.3	28.1	26.1	26.0	13.5	17.0	14.7
石油收入（亿美元）	116	130	186	202	157	130	59	94	84
石油出口（万桶）	79	71	162	171	151	156	145	171	169
军事开支（亿美元）	42	44	155	173	201	148	158	160	127

资料来源:《瑞典国际和平研究所 1981—1989 年鉴》;OPEC Annual Statistical Bulletin, 2006, http://www.opec.org/library/Annual%20Statistical%20Bulletin/pdf/ASB2006.pdf。

（二）国家向背

两伊战争爆发时,伊朗期望海湾国家不要支持伊拉克,至少保持立场中立,但是由于这一阶段伊朗没有停止过革命输出和谋求颠覆海湾国家的政权,因此沙特等海湾国家还是在战争中选择支持伊拉克。事实上,海湾国家不喜欢伊朗也不喜欢伊拉克,但伊朗输出革命的做法将更加恐惧伊朗的海湾国家推向了伊拉克一边。[142]伊朗在这一阶段属于孤军奋战,地区内没有任何国家向伊朗施以援手。

伊拉克把两伊战争比作萨达姆的卡迪希亚战争（Saddam's Qadisyyah）。萨达姆的言外之意是自己代表阿拉伯征服伊朗。[143]为了赢得沙特等国的支持,萨达姆进行了卓有成效的外交斡旋。1980 年 9 月,萨达姆出访沙特协调对伊朗作战问题。1981 年 10 月,伊拉克同约旦进行与有关战争的军事协调。1981 年,沙特和科威特先后资助伊拉克 100 亿和 60 亿美元,卡塔尔和阿联酋分别向伊拉克提供了 10 亿美元款项。[144]埃及为伊拉克提供了 10 亿美元的苏制武器和 1.5 万名埃及志愿者。[145]约旦为伊拉克招募 3 000 名战争志愿者。[146]科威特和约旦还为伊拉克提供港口和机场来运送军需物资。[147]总之阿拉伯国家不遗余力地支持萨达姆对伊朗作战。

美苏两国在这一阶段的立场是保持中立和坐观屠戮。其中美国国防部长温伯格强调:"美国期望两伊战争在不危及地区稳定情况下结束,但是伊朗获胜肯定不符合美国的利益。"[148]这表明美国的政策是坐山观虎斗,即在保障地区稳定和沙特等国安全前提下,让两伊通过战争彼此消耗。

从这一阶段的战局来看,伊朗因为疏于军备在战争中连连失利。除了缺乏地区内的同盟国之外,更主要的是伊朗自身的原因:第一,伊朗以"革命高于胜利"为由铲除异己。战争爆发之际,伊朗仍陶醉于革命的喜悦之中,认为自己建立的伊斯兰政府超越了历史和现实。[149]另外,伊朗国内的坚定革命派还以战争为由加紧对自由共和派的清洗,政治内斗削弱了伊朗的战斗力。第二,解职旧军官让伊朗军队缺乏战斗力。巴列维留下的正规军的军官遭到大规模清洗,约 5.6 万名各级军官被革职,仅陆军方面就有 180 名将军、1.2 万名校官、2.2 万名尉官被革职。[150]霍梅尼认为旧军队的身体里还流淌着国王的鲜血,他们敌视革命,图谋颠覆新政权。[151]大规模的军队清洗严重影响了伊朗的战斗力。第三,美伊断交致使美制武器配件短缺,影响战斗力。战争爆发后,伊朗的直升机部队因为缺乏部件和维护只有 30% 能够正常运转。这种情况直到 1982 年之后才得以缓解。

二、两伊战争的相持阶段(1982.7—1986.2)

随着战争的进行,伊朗的军事动员开始生效,伊朗军队在霍梅尼的激励下越战越勇,先后在 1982 年 6 月收复所有失地。这也意味着伊朗的卫国战争取得了胜利。由于战争形势的逆转,萨达姆在 1982 年 6 月 20—30 日向伊朗提出停火撤军的要求。海湾合作组织(以下简称海合会)也在 1982 年 6 月提出有利于伊朗的停火方案。[152]但伊朗认为萨达姆和海合会的停火方案是别有用心，目的是为了阻止伊朗赢得对萨达姆的战争，这也是强加给伊朗的和平，因此霍梅尼表示，伊朗将继续战争直到推翻萨达姆政权，拯救伊拉克人民。1982 年 7 月 13 日，伊朗发动拉马丹攻势进攻巴士拉，将战火引到伊拉克。两伊战争进入新阶段。[153]

（一）战争与经济

由于伊朗认为只有打败萨达姆才能对外输出革命，当收复失地之后，伊朗更是坚信通往耶路撒冷的道路经过巴格达。1982 年 6 月，霍梅尼在伊朗军队夺取霍拉姆沙赫尔后表示："如果伊朗取胜，伊拉克将被合并到伊朗。届时伊拉克受压迫的民族和民众将从萨达姆暴政的牢笼里解放出来，他们可以效仿伊朗建立自己的伊斯兰政府。如果伊拉克和伊朗能够合并，所有地区小国都将加入进来。"[154]这也被称为"霍梅尼治下的伊朗伊拉克邦联"[155]。

伊朗攻入伊拉克后先后发动 5 次黎明行动和 10 次巴士拉攻势，但是伊朗始终没有突破巴士拉的防线。两伊在巴士拉展开拉锯战。随着伊拉克开辟袭船战和袭城战等新的战线，战争变成了残酷的消耗战，两伊开始在经济实力、军事实力、军火供给等方面进行全面比拼。

从 1982 年 8 月开始，伊拉克凭借空中优势空袭伊朗哈尔克岛输油终端(Kharg Island Oil Terminal)，并数次(1982 年 9 月、1984 年 2 月、1984 年 6 月、1984 年 10 月、1985 年 9 月)袭击哈尔克岛，其中 1985 年 9 月的空袭重创了哈尔克岛，并迫使伊朗考虑建设其他石油出口线路。伊拉克还空袭大不里士(1984 年 8 月)、德黑兰炼油厂(1986 年 5 月)、拉腊克(Larak)石油设施(1986 年 11 月)。在袭船战方面，伊拉克这一阶段袭击伊朗的船只数量达到 259 艘。伊拉克频繁且多目标的空袭表明伊朗的防空能力十分脆弱。

除了袭击石油设施、城市和船只，萨达姆还对伊朗军队使用化学武器。伊拉克使用的化学武器主要是芥子、神经、血液、肺剂毒气等。伊拉克在 1982 年到 1986 年对伊朗使用化学武器的次数分别为 12 次、64 次、70 次、76 次和 120 次，其中 1986 年伊拉克对伊朗使用化学武器的次数达到了巅峰,造成伊朗 209 名士兵死亡和 18 589 名士兵受伤。这一阶段也是伊拉克进攻最为疯狂的时期。可以看出,萨达姆为了击溃伊朗军队的进攻,已经到了疯狂的地步。[156]

在袭击伊拉克的民用目标上,伊朗表现相对克制。霍梅尼曾表示:"我们相信伊斯兰,伊朗不愿袭击伊拉克没有设防的城市,不希望伊拉克无辜民众受到战火伤害,不愿损害属于伊拉克兄弟国家民众的财产。"[157]但在 1984 年之后,伊朗彻底抛弃上述限制,开始用炮火轰击巴士拉,使用飞毛腿导弹袭击巴格达。同时为了弥补战争能力的不足,伊朗开始发展伊斯兰革命卫队,先后筹建海陆空三军,成为伊朗继续战争的新生力量。[158]同时,1986 年 7 月,伊朗招募 10 万巴斯基志愿者。此外,随着战争对装备和配件的消耗,伊朗在 1985 年 5 月开始同以色列和美国秘密接触,洽购美国军火。

从经济上看,1984 年对伊朗来讲是极其重要的时间节点。从 1984 年开始,伊朗的石油收入难以支撑日益庞大的军事开支,即使将所有石油收入投入战争,不算行政开支、食品和燃料补贴等支出,伊朗还是出现了 50 亿美元的预算赤字。从经济上来看,伊朗开始慢慢输掉这场战争。1986 年伊朗石油收入和军费开支预算赤字超过 100 亿美元,1986 年也是伊朗在两伊战争中最艰难的年份。隆隆的战争机器正在吞噬伊朗日益虚弱的经济。

表 1.6 1985—1986 年度欧佩克原油产量

	1985 年 3 季度 (万桶/天)	1986 年 3 季度 (万桶/天)	增长率 (%)	1985 年收入 (亿美元)	1986 年收入 (亿美元)	增长率 (%)
伊 朗	222.08	202.30	−8.9	130.1	66.0	−50
伊拉克	132.98	198.29	49.1	113.8	69.8	−39
沙 特	234.62	543.65	131.7	259.36	211.9	−18
科威特	83.19	140.41	68.8	97.29	62.0	−36
阿联酋	104.11	143.55	37.9	133.95	58.9	−56
卡塔尔	30.52	35.97	17.8	33.55	14.6	−56

资料来源:OPEC 每年数据公报(1985—1986 年),转引自 Edward N. Krapels, "the Fundamentals of the World Oil Market of the 1980," in Wilfrid L. Kohl ed., *After the Oil Price Collapse: OPEC, the United States, and the World Oil Market*, Baltimore & London: The Hopkins University Press, 1991, p.52。

但是更令伊朗担心是国际油价的暴跌。1985 年 8 月,沙特作为欧佩克的最主要的产油国开始逐渐提高产量,从之前的原油日产量约 234 万桶提升到 1986 年 8 月的约 543 万桶。[159]与此同时,科威特、阿联酋也配合沙特的增产压价政策,这让市场每天多出 400 万桶的原油供应,相当于伊朗日出口量的两倍。巨量的石油供给打破了既有的供需平衡,国际油价从每桶 28 美元(1985 年 12 月)暴跌到 9 美元(1986 年 7 月)。油价暴跌让伊朗 1986 年的石油收入相对于前一年减少了 50％。伊朗成为此轮油价做空的最大受害者,在最需要资源扩大战果时,虚弱的经济拖了伊朗战争的后腿。伊朗对国际油价暴跌十分愤慨,指责沙特策划"石油阴谋",使用石油武器来削弱伊朗的战争能力。伊朗表示"沙特的石油政策是对欧佩克的重大打击,是沙特对世界受压迫者和无产者犯下的最恶劣的通敌叛国罪"[160]。

(二)战争与国家向背

随着战局向伊朗倾斜,伊朗在中东终于争取到叙利亚的支持,但这唯一的盟国也是伊朗依靠真金白银买来的。1982 年 3 月 13 日和 16 日,伊叙两国先后签订《十年经济合作协定》和《石油合同》。主要内容包括:(1)伊朗为叙利亚提供 10 亿美元援助,其中 6 亿美元为赠款;(2)伊朗免费向叙利亚提供 100 万吨石油,并以低于市场价格 30％的优惠向叙利亚供应 500 万—700 万吨原油,叙利亚用一半外汇和一半商品支付油款。[161]作为回报,叙利亚将在 1982 年 4 月关闭同伊拉克的边界和石油管道。此外叙利亚成为苏制武器流入伊朗的重要通道。1983 年 3 月,伊朗外交部长韦拉亚提表示:"伊叙两国之间的政治、经济和文化联系具有战略价值。"[162]

同伊朗相比,伊拉克得到了盟国更多的帮助。沙特和科威特等海合会国家向伊拉克提供了 500 亿—600 亿美元的援助和贷款。[163]埃及向伊拉克提供了 30 亿美元援助并派出军事顾问。土耳其开通伊拉克经土耳其的外输石油管线,并同意协助打击伊拉克的库尔德人。约旦继续向伊拉克派遣军事顾问和志愿者。值得一提的是,战事吃紧迫使萨达姆放弃成见,同埃及实现了关系的正常化。1982 年伊拉克总理阿齐兹出访埃及。1983 年 2 月埃及外交部长加利和总统穆巴拉克特使奥斯玛・巴兹(Osma al-Baz)访问伊拉克。1985 年 3 月埃及总统穆巴拉克访问伊拉克。穆巴拉克访问巴格达意味着埃及同伊拉克的关系正常化。

表 1.7　中东国家对伊拉克的援助

	对伊拉克的帮助	伊拉克的回馈	备　注
沙特、科威特	350 亿—500 亿美元贷款;伊沙输油管线	打击伊朗	伊沙管线日运能 270 万桶
土耳其	打击库尔德;伊土输油管线	《1978 年 协 定》和《1984 年协定》	土耳其可越界打击库尔德;关闭叙土管线
埃及	提供 30 亿美元援助、军事顾问	埃伊关系缓和;伊拉克不再敌视埃及	帮助埃及摆脱外交孤立
约旦	派军事顾问和志愿者;港口转运物资;给伊拉克军机加油	减少债务;不再支持巴勒斯坦	兄弟般情谊;坚定支持者

资料来源:作者根据 Gerd Nonneman, *Iran*, *Iraq*, *the Gulf States and the War*: *1980—1986 and Beyond*, London: Ithaca Press, 1986; Shahram Chubin and Charles Tripp, *Iran and Iraq at War*, London and New York: I. B. Tauris, 1988 等资料整理。

　　此外,阿拉伯国家联盟组织在埃及、沙特等国的推动下通过《阿曼宣言》(1987 年 11 月),确认伊朗是中东最严重的安全威胁。联合国安理会先后通过 11 个敦促两伊战争停火的决议,但上述安理会决议都被伊朗拒绝。伊朗在 1980 年 9 月曾向安理会提出伊拉克侵略的申诉,但并未得到受理。1984 年 3 月,伊朗向安理会提出伊拉克使用化学武器的申诉,但安理会同样没有受理。[164]两次申诉事件让伊朗愤愤不平,认为安理会是超级大国纵容侵略者的机构。有关化学武器问题,安理会直到 1988 年 3 月 9 日才通过第 612 号决议,事后谴责伊拉克违背《日内瓦化学武器公约》,对伊朗使用化学武器。

　　这一阶段,两伊的攻守变化迫使美苏改变中立和观望,转而采取措施阻止伊朗取胜。美国采取的是支持伊拉克打击伊朗:(1)在武器出口上,1983 年美国通过法律禁止任何国家向伊朗销售武器;同时解除对伊拉克的武器禁运,鼓励盟国向伊拉克军售。(2)在恐怖主义问题上,

70

1983年11月美国将伊拉克从支恐黑名单中删除,并在1983年1月向伊拉克提供4亿美元信贷;在对待伊朗问题上,1984年1月,美国将伊朗纳入美国国务院的支恐黑名单,禁止向伊朗提供任何信贷支持,并阻挠国际机构对伊朗发放信贷。(3)1984年11月,美国与伊拉克恢复外交关系。(4)从1984年3月开始,美国直接向伊拉克提供卫星资料和情报。美国采取这些政策的目的就是不让伊朗赢得战争。

1982年,伊朗进攻伊拉克和1983年伊朗镇压亲苏的人民党让苏联从中立转变为有限介入。1983年苏联援引1972年《苏伊友好互助条约》向伊拉克提供武器。苏联还超过法国成为向伊拉克提供军火最多的国家,其中包括800辆T-72s主战坦克在内的2 000辆坦克、300架战斗机、300套飞毛腿B型导弹和数千门(辆)重型火炮和装甲运兵车。[165]

总之,这一阶段尽管地面战争转移到伊拉克境内,但凭借开辟新战线和争取外部援助和超级大国的支持,伊拉克仍然牢牢掌控着战争的主动权,伊朗距离推翻萨达姆和实现伊朗伊拉克邦联的梦想越来越远。

三、战争的最后阶段与伊朗接受停火(1986.2—1989.4)

1986年之后,伊朗维持同伊拉克的作战变得愈发艰难,石油暴跌和外部军火的断供让伊朗的战争难以为继,但霍梅尼苦苦支撑不愿意放弃战争。战争进入到收官的最后阶段。

(一)战争与经济的关系

这一阶段,伊朗同伊拉克的军备差距越发明显。除了在作战兵力和陆军人数上旗鼓相当之外,伊朗在主战坦克、战车、远程火炮等主要装备上明显落于下风。伊朗的主战坦克是900—1 250辆,但伊拉克的数量是4 600—6 000辆;伊朗步兵战车的数量是1 190—2 000辆,伊拉克的数量是3 550—4 000辆;伊朗远程火炮的数量是900—1 300门,伊拉克的数量是4 000—5 500门。这也可以看出,伊朗在陆军主要装备上已经明显处于下风。[166]

不仅如此,在对战局起决定作用的战斗机、直升机和地空导弹上,伊朗同伊拉克的差距更为明显。伊朗的战斗机数量是63—105架,而伊拉克高达 500 架;伊朗拥有武装直升机 45—75 架,伊拉克的数量是 120—170 架;地空导弹伊朗有 12 枚,伊拉克有 75 枚。[167]而且这些差距远非伊朗可以凭借人海战术和意识形态宣传所能弥补的。由于伊朗在军事装备上的落后,伊朗未能再对伊拉克发起像样的攻势。伊拉克对德黑兰等城市和石油管线等民用设施的空中打击更让伊朗不堪其扰。

(二) 战争与国家向背

1986 年 4 月伊朗取得法奥战役的胜利(Fao Peninsular Campaign)和"伊朗门"事件曝光让美国对伊朗的政策转向强硬,美国开始通过国际护航和有限介入战争进行干涉。1987 年 5 月,当伊朗将袭船战扩大到第三国的油轮时,科威特请求美国为其油轮护航。1987 年 5 月 19 日,美国宣布为科威特油轮护航,让 11 艘科威特油轮悬挂美国的国旗。美国还表示美国护航的目的是要保持海湾的自由通航。[168]伊朗采取部署鱼雷来对抗美国的护航。1987 年 6 月,伊朗总统哈梅内伊表示:"如果伊朗在 1986 年赢得了战争,那么所有人都说这是 5 000 万人的伊朗对 1 400 万人的伊拉克的胜利。如果今年伊朗赢得了战争,那么所有人都会知道伊朗战胜了美国。"[169]1987 年 7 月 24 日,悬挂美国国旗的科威特"布里奇顿"号油轮触雷,伊朗将其视为反对美国干涉的"首次胜利"。

但是油轮触雷事件促使美国参与对伊朗的有限作战。9 月 21 日,美国以伊朗在公海布雷为由袭击伊朗的"阿杰尔"号布雷船,这拉开了美伊两国在两伊战争期间军事对抗的序幕。10 月 16 日,美国袭击了伊朗 3 个钻井平台进一步报复伊朗。1988 年 4 月 18 日,美国再次袭击伊朗的 2 座钻探平台并击沉伊朗 4 艘导弹快艇,重创伊朗 4 艘护卫舰中的 2 艘。[170]

这一阶段另一个超级大国苏联继续在向伊拉克销售武器。1988 年 1 月,德黑兰接连遭到伊拉克导弹的袭击,伊朗副总理穆罕默德·拉里贾尼表示,苏联提供给伊拉克的导弹落到伊朗土地之前,首先炸毁的是德黑兰和莫斯科的关系。1987 年 1 月,葛罗米柯会见来访的伊朗外交部长韦拉亚提时表示:"常识告诉我们两伊应当结束战争并着眼未来忘掉过去。两伊军事冲突的唯一获益者是在战争中谋利的帝国主义国家。"171

同两伊战争之初伊朗国内的同仇敌忾相比,1986 年之后伊朗的政府反对派开始批评霍梅尼的战争政策。1985 年 2 月,伊朗前总理巴扎尔甘就批评霍梅尼不应该再继续战争。1985 年 3 月,巴扎尔甘和 60 名支持者致信联合国称,1982 年以来的两伊战争是非法和反伊斯兰的。3 月 5 日,阿亚图拉哈桑·库米公开批评战争在宗教上是非法的(Religiously Unlawful),并得到阿亚图拉古尔帕加尼和阿亚图拉蒙特扎·哈伊里(Ayatollah Morteza Haeri)的响应。此外阿亚图拉麦什克尼(Ayatollah Meshkini)、阿扎里·库米(Azeri Qomi)、塔巴塔巴伊(Tabatabai)、大法官萨内伊(Sane'i)在不同场合也批评继续作战。但是霍梅尼以反伊斯兰和失败主义(Defeatist)为由压制这些反对派。巴扎尔甘被定为叛国者(Collaborator)。巴扎尔甘认为伊朗的战争赌注太大,推翻萨达姆政权与伊朗承受的战争代价并不相称。1987 年 1 月巴扎尔甘再度强烈批评战争,但叛国者的污名让巴扎尔甘在伊朗民众中缺乏影响力。172

1988 年成为两伊战争的转折之年,伊朗在一系列的军事打击之下不堪重负。1988 年 3 月,伊拉克突然升级战争,使用飞毛腿导弹袭击德黑兰、库姆、大不里士、阿瓦士等城市,这给伊朗民众造成巨大的心理恐慌。伊拉克在 1988 年 4 月重新夺回战略要地法奥半岛。1988 年 5 月,伊拉克击溃伊朗围攻巴士拉的军队,法奥失守和巴士拉溃败标志着伊朗在地面战争中遭受重创,战争的天平重新向伊拉克一方倾斜。1988 年 5 月,伊拉克猛烈攻击伊朗拉腊克岛石油终端,并给伊朗造成严重的经济损失。1988 年 6 月 2 日,拉夫桑贾尼接替哈梅内伊担任战争总指挥。1988 年 7 月 3 日,美国文森斯号驱逐舰击落伊朗客机。173这一系列的打击成为压垮伊朗的最后一根稻草。

1988 年 7 月 5 日,伊朗呼吁联合国召开关于两伊战争停火的紧急会议。7 月 16 日,伊朗宣布在安理会第 598 号决议框架下接受停火。7 月 20 日,霍梅尼发表正式停火声明:"考虑到所有政治和军事专家的建议,我同意接受安理会的停火决议。我相信停火决定符合伊斯兰革命和伊斯兰政府的利益。如果不是为伊斯兰,我决不会接受停火。对我来讲,接受停火的现实比服毒更致命。但是我愿意服从真主安拉的安排。为了满足真主安拉的意志,我宁愿吞下这服毒药。"[174]霍梅尼的停火声明宣告两伊战争的结束,而且是以霍梅尼屈服的方式结束的。但是萨达姆却表示:"尽管霍梅尼被描绘成狂热愚蠢不懂政治。但在衡量利弊得失上,霍梅尼不是精神领袖而是政治家。当损失大于收益时,霍梅尼就会同意停火媾和。"[175]两伊战争对伊朗来讲是把双刃剑,它没能克敌制胜逼迫萨达姆下台,巨大的人员和经济损失迫使伊朗主动提出结束战争。

本 章 小 结

霍梅尼的外交理念是践行伊斯兰,把伊朗建成为伊斯兰国家并对外输出伊斯兰革命和伊朗的法基赫制度思想。霍梅尼的外交原则是"不要东方、不要西方,只要伊斯兰",伊朗不承认美苏超级大国对世界的统治,倾全国之力对外输出伊斯兰革命。

近现代的伊朗是内部和外部都有巨大张力的国家。英俄美外部力量和伊朗国内的各方力量在伊朗的未来发展问题上展开激烈的斗争,都期望伊朗按照自己规划的方向发展。但伊朗最终选择了宗教领袖霍梅尼。具有克里斯马气质的霍梅尼在反对国王巴列维的运动中站在了最前沿,霍梅尼艰苦卓绝和不畏强暴的反抗激发了伊朗自由民族主义、共产主义等社会阶层的联合,霍梅尼领导的伊斯兰革命推翻了腐败专制的巴列维政权。

从站出来反对巴列维开始,霍梅尼就将建立法基赫制度的伊斯兰政府作为自己必须履行的使命。伊朗选择了革命,革命选择了霍梅尼,也就意味着伊朗必须采纳他的法基赫制度。在伊朗确立法基赫制度和建立伊斯兰政府只是霍梅尼的"伊斯兰使命"的一部分,霍梅尼的使命的另一部分是对外输出伊斯兰革命。伊朗的革命输出对沙特等海湾国家和美苏两个超级大国提出了挑战。萨达姆发动的战争给各方破解伊朗问题找到了出路,即让萨达姆充当遏制伊朗输出伊斯兰革命的防波堤。两伊战争由此超越两伊交战国而具有更为深刻的地区和国际意义。

"决不让伊朗赢得战争"成为美国、苏联、沙特等各方必须坚守的底线,正是这一现实主义考量,使得各方可以忽视萨达姆发起侵略战争和使用生化武器的行为。正因为此,伊朗期望推翻萨达姆和继续输出伊斯兰革命的愿景在各方压力下破碎。霍梅尼期望利用伊斯兰意识形态来改造现实世界,但却被现实的世界无情地改造。伊朗对外政策由战略扩张转为战略收缩。

注释

1. 波斯是伊朗的旧称。1935 年礼萨·汗在创建巴列维王朝后,弃用波斯改称伊朗,以表示自己建立的王朝完全不同于以前的波斯帝国。由于本章在时间上跨越波斯和伊朗两个历史阶段,原则上在 1935 年之前称为波斯,1935 年后称为伊朗,特此说明。Ehsan Y. Arshater, "Persia or Iran, Persian or Farsi," *Iranian Studies*, Vol.22, No.1, 1989, pp.147—155.

2. "Treaty of Gulistan," *Iran Review*, October 4, 2013, http://www.iranreview.org/content/Documents/Treaty-of-Gulistan.htm.

3. 第二次俄波战争结束,伊朗被迫签署《土库曼查伊条约》(Turcomanchay Treaty)。该条约规定:(1)波斯向俄国赔款 500 万土曼;(2)波斯承认俄国侵占古利斯坦为俄领土,并同意将纳希契凡汗国、埃里温汗国划归俄国;(3)波斯重申只有俄国才拥有里海的军舰航行权;(4)波斯同意俄国可在波斯各大城市设立领事馆;(5)俄国承认波斯王储阿巴斯·米尔扎及其子嗣的王位继承权;(6)波斯将对俄国的关税减低到 5%,俄国享有领事裁判权。参见王绳祖主编:《国际关系史》(第 2 卷),世界知识出版社 1995 年版,第 250—252 页。

4. 《英波巴黎条约》的其他条款包括:(1)波斯承认赫斯特和阿富汗独立,同意不干涉阿富汗内政,并放弃对赫斯特公国及阿富汗各地区的主权要求;(2)英国同意撤出所占领的波斯的港口、地区;(3)波斯同意英国向波斯派驻总领事等外交官员。参见王绳祖主编:《国际关系史》(第 2 卷),第 250—252 页。

5. Peter J. Brobst, "Sir Frederic Goldsmid and the Containment of Persia, 1863—73," *Middle East Studies*, Vol.33 No.2, 1997, pp.197—215.

6. 1901 年 5 月,波斯向英国商人出让南部省份的 60 年石油开采权。代价是返还波斯石油红利的 16% 和 2 万英镑现金或股票。1903 年英国取得同俄国在海湾的减免关税特权。

7. Rogers P. Churchchill, *The Anglo-Russian Convention of 1907*, Iowa: Torch Press, 1939.

8. 该协定的主要内容是:(1)叙利亚、安那托利亚南部、伊拉克的摩苏尔划为法国的势力范围;(2)叙利亚南部和美索不达米亚南部(现伊拉克)是英国势力范围;(3)黑海东南沿岸、博斯普鲁斯海峡、达达尼尔海峡两岸地区为俄国势力范围。参见"Britain and France Conclude Sykes-Picot Agreement," *The History*, https://www.history.com/this-day-in-history/britain-and-france-conclude-sykes-picot-agreement。

9. 1979 年伊斯兰革命后,《苏波友好条约》才被伊朗废除。"Treaty of Friendship between Persia and the Russian Socialist Federal Soviet Republic," *League of Nations Treaty Series*, February 26, 1921, http://www.worldlii.org/int/other/LNTSer/1922/69.html.

10. "Anglo Iran 1919 Agreement," http://iichs.org/index_en.asp?id=2588&img_cat=162&img_type=1.

11. 李春放:《1945—1947年的伊朗危机》,载《外交学院学报》1995年第4期,第88—95页。

12. Graham E. Fuller, *The Center of the Universe: The Geopolitics of Iran*, Boulder and San Fransisco, 1991, pp.160—163.

13. 李春放:《伊朗危机与冷战的起源:1941—1947年》,社会科学文献出版社2001年版,第231—234页。

14. 卡瓦姆因此被苏联和国际社会称为"老狐狸",因为被伊朗耍弄且一无所获,苏联多次表示要援引1921年《苏波友好条约》出兵伊朗,清除在伊朗的反苏势力。参见 Barry Rubin, *Paved With Good Intentions*, Oxford and New York: Oxford University Press, 1980, pp.33—35。

15. 赵建明:《伊朗国家安全战略的动力分析,1953—2007》,新华出版社2010年版,第34—37页。

16. "Mossadegh and the Coup d'Etat of 1953," http://www.mossadegh.com/index.php/en/mohammad-mossadegh/coup-d-etat-of-1953.

17. 冷战爆发后,美国认为英国已经难以抵御埃及等中东国家的民族解放运动和苏联在中东的渗透。1953年6月,美国国务卿杜勒斯开始筹划在中东建立遏制苏联在中东扩张的北层防线(the Northern Tier),将巴基斯坦、伊朗、土耳其、伊拉克、叙利亚五国联合起来遏制苏联。参见"Memorandum of Discussion at the 147th Meeting of the National Security Council, Monday," June 1, 1953, *Foreign Relations of the United States* (*FRUS*), 1952—54, The Near and Middle East, Vol. 4, No. 1, https://history.state.gov/historicaldocuments/frus1952-54v09p1/d137。

18. "Agreement of Defense Cooperation between the Government of the United States of America and the Imperial Government of Iran," March 5, 1959, in Yonah Alexanderand Allan Nanes, *United States and Iran: A Documentary History*, Maryland: University Publications of America Paperback, pp.306—307.

19. 其他条款还包括美国将培训这些武器设备的使用和维护人员;美国和以色列支持伊朗策动的伊拉克库尔德人起义。参见 Rouhollah K. Ramazani, *Iran's Foreign Policy, 1941—73: A Study of Foreign Policy in Modernizing Nations*, Charlottesville: University Press of Virginia, 1975, pp.312—327。

20. 美国尼克松政府的"双支柱政策"(Twin Props Policy),是指美国在中东地区倚重伊朗和沙特阿拉伯维持地区的稳定和安全,这是"尼克松主义"在中东的具体应用,参见 James A. Bill, *The Eagle and the Lion: The Tragedy of American-Iranian Relations*, New Haven & London: Yale University Press, 1988, pp.200—215; Charles A. Kupchan, *The Persian Gulf and the West: The Dilemma of Security*, Boston: Allen & Unwin, 1987, pp.31—40。

21. 历史上的波斯文明和近现代所遭受的屈辱是伊朗重要的国家记忆,前者带来的文化优越感和后者带来的屈辱感对伊朗的政治和外交产生了重要的心理影响。参见金良祥:《伊朗外交的国内根源研究》,世界知识出版社2015年版,第8—22页。

22. Ehsan Y. Arshater, "Persia or Iran, Persian or Farsi," *Iranian Studies*, Vol.22, No.1, 1989, pp.147—155.

23. 冀开运、蔺焕萍:《论现代伊朗之父礼萨·汉的改革》,载《渭南师范学院学报》2001年第1期,第51—55页。

24. Ervand Abrahamian, *Iran Between Two Revolutions*, Princeton N.J.: Princeton

University Press,1982，p.146.

25. Iraj Bashiri,"The Reforms of the Pahlavis," http：//www. angelfire. com/rnb/bashiri/pahlavireforms/PahlaviReforms.html.

26. "Kashf-e hijab(Unveilling)," https：//en.wikipedia.org/wiki/Kashf-e_hijab.

27. "The Reformation of Iran and the Historical Impact of Reza Shah Pahlavi：A Brief Overview," https：//bardpolitikdaily. blogspot. com/2010/12/evolution-of-iran-brief-historical.html.

28. 王绳祖主编：《国际关系史》(第5卷)，世界知识出版社1995年版，第236—239页。

29. "Iran During World War Two," https：//www. ushmm. org/m/pdfs/Iran-During-World-War-II.pdf.

30. 波斯走廊贯穿伊朗全境并直达里海的交通通道,成为战时盟国运送援苏物资最安全的通道。物资运输总数达到790万吨,可配备苏军60个战斗师。T.H.V. Motter, *The Persian Corridor and Aid to Russia*，Washington，DC.：Office of the Chief of Military History，1952，pp.5—7.

31. [伊朗]穆罕默德·礼萨·巴列维：《我对祖国的使命》,元文琪译,商务印书馆1977年版,第54—55页。

32. James, *The Eagle and the Lion：The Tragedy of American-Iranian Relations*, New Haven & London：Yale University Press, 1988, pp.98—105.

33. Ervand Abrahamian, *Iran Between Two Revolutions*, p.437.

34. 首相曼索尔刺杀案是由什叶派右翼组织"人民敢死队组织"策划。1965年4月,伊朗发生巴列维遇刺未遂案,刺杀者来自"伊斯兰国家党"(Islamic Nation Party)。两次刺杀事件的策划者和执行者都是有中低层商人阶级背景的右翼组织,这也暴露出伊朗的中低阶层社会对巴列维政权的仇恨和不满。

35. Talinn Grigor, Jessica J. Christie ed., *Tehran：A Revolution in Making*, University Press of Colorado, 2016, pp.347—376.

36. Moshen M. Milani, *The Making of Iran's Islamic Revolution*, Boulder：Westview Press, 1988, p.85.

37. Graham Robert, *Iran：The Illusion of Power*, London：St. Martin's Press, 1980, p.96.

38. 礼萨·汗逊位时有高达300万英镑的存款和300英亩的不动产。Ervand Abrahamian, *A History of Modern Iran*, Cambridge：Cambridge University Press, 2008, pp.89—91.

39. 刘中民：《从烟草抗议到宪政革命:伊斯兰教与19世纪末20世纪初的伊朗民族主义》,载《西亚非洲》2008年第12期,第38—43页。

40. "Iran Constitution of 1906," Wikipedia, https：//en.wikipedia.org/w/index.php?title＝Persian_Constitution_of_1906&action＝edit.

41. 刘中民：《从烟草抗议到宪政革命:伊斯兰教与19世纪末20世纪初的伊朗民族主义》,第43页。

42. "Oil Agreements in Iran, 1901—1978," *Encyclopaedia Iranica*, http：//www.iranicaonline.org/articles/oil-agreements-in-iran.

43. Ervand Abrahamian, *A History of Modern Iran*, pp.107—110.

44. Ibid, p.115—117.

45. "Organization of Iranian People's Fedai Guerrillas," https：//en. wikipedia. org/wiki/Organization_of_Iranian_People%27s_Fedai_Guerrillas.

46. "Communism in Persia after 1953," *Iranica Online*, http://www.iranicaonline.org/articles/communism-iii.

47. "People's Mujahedin of Iran," https://en.wikipedia.org/wiki/People%27s_Mujahedin_of_Iran#Schism_(1971—1979).

48. 乌里玛发挥的主要作用包括:(1)在清真寺做祈祷领宣人,帮助信众学习熟悉宗教知识和礼仪。在宗教习俗、宗教节日、婚丧嫁娶、日常规范中担任重要角色并处理相关的宗教事务。(2)担任道德规范和法律上的仲裁者,在妇女礼仪和着装上拥有裁决权和监督权;乌里玛的裁决和签字具有一定的法律效力。乌里玛会被邀请担任担保人和证明人来处理与土地、买卖相关的事务。(3)传授知识。乌里玛在宗教学校或清真寺里带领学生学习《古兰经》等伊斯兰教和什叶派的宗教经典,乌里玛还会顺带传授与教义相关的阿拉伯语、历史、文学、医学等知识。参见 Zouhair Ghazzal, "The Ulama: Status and Function," in Youssef M. Choueiri ed., *A Companion to the History of the Middle East*, Oxford Blackwell Publishing Co.Ltd., 2007, pp.71—86。

49. Nikki R. Keddie, "The Roots of the Ulama's Power in Modern Iran," *Islamic Study*, No.29, 1969, pp.31—53.

50. Melody Mohebi, *The Formation of Civil Society in Modern Iran: Public Intellectuals and the State*, New York and London: Palgrave, 2014, pp.46—48.

51. 什叶派有相对清晰的教阶制度,主要有 6 个教阶,分别是大阿亚图拉(Grand Ayatollah, Great Sign of God,真主的伟大迹象)、阿亚图拉(Ayatollah, Sign of God,真主的迹象)、豪贾特伊斯兰(Hojat al-Islam, Authority on Islam,伊斯兰权威)、穆贝勒格赫·礼萨拉(Mubellegh al Risala, Carrier of the Message,信使)、穆贾塔赫德(Mujtahid, Clerics,教士)、塔里宾·以勒姆(Talib Ilm, Religious Students,宗教学生),参见"Shia Leadership," https://www.globalsecurity.org/military/world/iraq/religion-shia2.htm。

52. Rainer Brunner, "Shiism in the Modern Context: From Religious Quietism to Political Activism," *Religion Compass*, Vol.3, No.1, 2009, pp.143—163.

53. Muhammad Sahimi, "Grand Ayatollah Hossein Ali Montazeri: 1922—2009," *Public Broadcasting Service*, December 21, 2009, https://www.pbs.org/wgbh/pages/frontline/tehranbureau/2009/12/grand-ayatollah-hossein-ali-montazeri-1922-2009.html.

54. 侯赛因是先知穆罕默德的外孙,阿里之子。先知穆罕默德去世后,围绕继承权问题,伊斯兰社区分裂为逊尼派和什叶派。逊尼派认为继承者应当由社区推选,但什叶派认为继承者应当是先知穆罕默德的直系亲属。由于侯赛因拒不承认叶齐德一世为哈里发,公元 680 年,侯赛因在卡尔巴拉遭到叶齐德军队的围攻并殉职。卡尔巴拉战役让逊尼派和什叶派彻底决裂。侯赛因去世后被什叶派尊奉为第 3 位伊玛目。参见 Hafiz Muzaffar Ahmad, "Imam Hussain and the Tragedy of Karbala," *Review of Religions*, January 7, 2011, https://www.reviewofreligions.org/2765/imam-hussainra-and-the-tragedy-of-karbala/。

55. Ruhollah Khomeini, *Islam and Revolution: Writings and Declarations of Imam Khomeini*, Berkeley: Al-Mizan Press, 1981, pp.177—180.

56. 霍尔达德起义很快被镇压,但伊朗民众和宗教人士不能容忍政府囚禁霍梅尼。众多的宗教领袖前往德黑兰向政府请愿。1964 年 4 月,政府媒体发表一份霍梅尼不再批评政府的声明后,霍梅尼被释放。但霍梅尼否认称,声明是政府伪造。

57. "Imam Khomeini Denounced Capitulation and Impunity," *khomeini Website English*, http://en.imam-khomeini.ir/en/key/capitulation_law.

58. 蒙特扎·帕萨迪迪赫和霍梅尼不同姓氏,是因为在伊朗,兄弟可以不使用共同的家姓(family name),参见 "Khomeini's Brother Dead At 103," *AP News*, November 14,

1996，https://www.apnews.com/d868855851a9b0f60e725ca442b2fe13。

59. Muhammad Sahimi, "Grand Ayatollah Hossein Ali Montazeri: 1922—2009," *Public Broadcasting Service*, December 21, 2009, https://www.pbs.org/wgbh/pages/frontline/tehranbureau/2009/12/grand-ayatollah-hossein-ali-montazeri-1922-2009.html.

60. 蒙特赫哈里还是德黑兰大学神学院（Faculty of Theology）的知名教授。穆罕默德·塔里卡尼(Muhammad Taleqani)、迈赫迪·巴扎尔甘、穆罕默德·拉贾伊都是这些活动的常客。蒙特扎里和穆罕默德·巴赫什迪创办了《伊斯兰教派》(*Maktab-e Eslam*, *The School of Islam*)和《什叶派教派》(*Maktab-e Tashayyo'*, *The School of Shi'ism*)两本刊物，蒙特扎里还开设"每月访谈"(Goftar-e Mah, The Talk of the Month)，参加者包括穆罕默德·塔里卡尼、迈赫迪·巴扎尔甘。蒙塔泽里、塔里卡尼、巴扎尔甘三人还商讨自阿亚图拉布鲁杰迪(Ayatallah Borujerdi)之后在伊朗组建伊斯兰政府问题。1970 年，蒙特赫哈里组织伊斯兰讨论组，巴赫什迪在 1971 年组织数百人参加《解读古兰经》学习班，学生包括革命后的第二任总理穆罕默德·拉贾伊。

61. 在 1975 年的抓捕行动中，拉夫桑贾尼、蒙塔泽里都被萨维克抓捕入狱，但大多数人在 1977 年或 1978 年被释放，并成为领导伊朗革命的主力。参见 Shaul Bakhash, *The Reign of the Ayatollahs: Iran and the Islamic Revolution*, New York: Basic Books, 1984, pp.40—45。

62. "红黑同盟"第一次出自国王巴列维之口。让巴列维费解的是政见矛盾、性质迥异，身穿黑袍的教士与奉行解放世界的共产主义人民党能组建起反政府的"红黑联盟"，推翻自己的统治。参见[伊朗]穆罕默德·礼萨·巴列维:《对历史的回答》，刘津坤、黄晓健译，中国对外翻译出版公司 1986 年版，第 146 页。

63. Ruhollah Khomeini, *Islam and Revolution: Writings and Declarations of Imam Khomeini*, Berkeley: Al-Mizan Press, 1981, pp.169—173.

64. 霍梅尼的主要著作包括:《揭露秘密》(*Kashaf al-Asar*, *Unveiling of Secrets*)、《40 圣训》(*Al-Arba'ūn Hadīthān*, *Forty Hadith*)、《救赎的评价》(*Tahrir al-Wasilah*, *Exegesis of the Means of Salvation*)、《伊斯兰政府:宗教法理学家的治理》(*Islamic Government: Governance of the Jurist*)、《最伟大的战争:与自我斗争》(*The Greatest Fight: Combat with the Self*)等。其中《伊斯兰政府》是霍梅尼的代表著作，较为详细阐述了霍梅尼的法基赫制度思想。

65. "The Form of Islamic Goernment," in Ruhollah Khomeini, *islam and Revolution: Writings and Declarations of Imam Khomeini*, Berkeley: Al-Mizan Press, 1981, pp.300—307.

66. 陈安全:《霍梅尼政治思想的形成与发展》，载《西亚非洲》2007 年第 4 期，第 38—43 页。

67. 蒋真:《霍梅尼伊斯兰革命思想研究》，载《世界宗教研究》2012 年第 2 期，第 162—164 页。

68. "Message to the Pilgrims, September 12, 1980," in Ruhollah Khomeini, *islam and Revolution: Writings and Declarations of Imam Khomeini*, pp.300—307.

69. Ruhollah Khomeini, *Imam's Final Discourse: The Text of the Political and Religious Testament of the Leader of the Islamic Revolution and the Founder of the Islamic Republic of Iran, Imam Khomeini*, Tehran: Iranian Ministry of Guidance and Islamic Culture, 1992, pp.37—49.

70. Ruhollah Khomeini, *Islam and Revolution: Writings and Declarations of Imam Khomeini*, pp.169—173.

71. 两大圣城或圣寺护持者具有特定的宗教含义。1514 年萨拉丁最早使用这一称号,之后奥斯曼帝国的苏丹萨利姆一世到穆罕默德六世都使用这一称号。参见 Galal Fakkar,"Story Behind the King's Title," *Arab News*,January 27,2015,http://www.arabnews.com/saudi-arabia/news/695351。

72. 拉夫桑贾尼在 1987 年 11 月在伊朗举行的"保护清真禁寺的纯洁与安全国际会议"上呼吁,将麦加从沙特王室解放出来,让麦加和麦地那成为自由城市并交由"伊斯兰国际"(Islamic International)管理。转引自 http://martinkramer.org/sandbox/reader/archives/khomeinis-messengers-in-mecca/。蒙塔泽里也斥责沙特是来自内志的英国代理人,对真主或真主的客人朝圣者没有丝毫的尊敬。就像耶路撒冷应当从以色列解放一样,麦加和麦地那也应当从沙特王室解放出来。参见 Rafsanjani's Speech, Radio Tehran, 26 November 1987; Montazeri's Speech, Radio Tehran, 27 November 1987, 转引自 http://martinkramer.org/sandbox/reader/archives/khomeinis-messengers-in-mecca/。

73. "Message to the Pilgrims, September 12, 1980," in Ruhollah Khomeini, *islam and Revolution: Writings and Declarations of Imam Khomeini*, 1981, pp.300—307.

74. Maziar Behrooz, "Trends in the Foreign Policy of the Islamic Republic of Iran, 1979—1988," in Nikki R. Keddie and Mark J. Gasiorowski ed., *Neither East nor West: Iran, the Soviet Union, and the United States*, New Haven: Yale University Press, 1990, pp.14—15.

75. "Message to the Muslim Students in North America, July 10, 1972," in Ruhollah Khomeini, *Islam and Revolution: Writings and Declarations of Imam Khomeini*, pp.300—307.

76. 传统的伊斯兰教认为,先知穆罕默德创立伊斯兰教后,世界就分为伊斯兰社团、其他宗教信仰区和不信教区三个区域。霍梅尼认为,伊朗创设的伊斯兰社团既包括穆斯林,也包括《古兰经》和《圣训》所承认的犹太教徒、基督教徒和拜火教徒等信众。在伊斯兰社团内部,所有的穆斯林都严格遵守根据《古兰经》和《圣训》制定而来的沙里亚法。参见 Ruhollah Khomeini, *Islam and Revolution: Writings and Declarations of Imam Khomeini*, pp.67—71。

77. Christopher Buck, *Religious Myths and Visions of America: How Minority Faiths Redefined America's World role*, New York and London: Praeger Publishers, 2009, p.136.

78. "相互撒旦化"由拉马扎尼(R.K. Ramazani)提出,他认为伊斯兰革命后美伊两国开始相互妖魔化对方,都认为对方是自己最大的安全威胁。参见 Mohsen M. Milani, *The Making of Iran's Islamic Revolution: From Monarchy to Islamic Republic*, Boulder and London: Westview Press, 1990, Preface。

79. "Message to the Pilgrims, February 6, 1971," in Ruhollah Khomeini, *Islam and Revolution: Writings and Declarations of Imam Khomeini*, pp.195—199.

80. "Message to the Pilgrims, September 12, 1980," in Ruhollah Khomeini, *Islam and Revolution: Writings and Declarations of Imam Khomeini*, pp.300—307.

81. "Message to the Pilgrims, September 12, 1980," in Ruhollah Khomeini, *Islam and Revolution: Writings and Declarations of Imam Khomeini*, pp.300—307.

82. Maziar Behrooz, "Trends in the Foreign Policy of the Islamic Republic of Iran, 1979—1988," pp.21—22.

83. Asghar Schirazi, *The Constitution of Iran: Politics and the State in the Islamic Republic*, London and New York: I. B. Tauris, 1997, pp.45—61.

84. Amirhassan Boozari, *Shi'i Jurisprudence and Constitution: Revolution in Iran*, New York and London: Palgrave MacMillan, 2007, pp.2—7.

85. Anoushiravan Ehteshami, *After Khomeini: The Iranian Second Republic*, London and New York: Routledge, 1995, pp.7—10.

86. Shaul Bakhash, *The Reign of the Ayatollahs: Iran and the Islamic Revolution*, New York: Basic Books, 1984, pp.234—245.

87. Maziar Behrooz, "Trends in the Foreign Policy of the Islamic Republic of Iran, 1979—1988," in Nikki R. Keddie and Mark J. Gasiorowski ed., *Neither East nor West: Iran, the Soviet Union, and the United States*, pp.15—17.

88. Gary Sick, *All Fall Down: America's Tragic Encounter with Iran*, New York: Penguin Books, 1986, pp.168—169.

89. 1979 年 11 月 4 日,伊朗学生占领了美国驻伊朗大使馆,并逮捕扣留了 52 名美国外交人员和使馆工作人员,这些人员被扣留了 444 天,直到 1981 年 1 月 20 日美国总统里根就职之前才被释放。美国总统卡特认为,伊朗是借此敲诈美国,美国人质是恐怖主义的牺牲品。美国使馆人质事件是美伊关系史上的重要事件,并给美伊关系造成了严重的影响。参见 "The Hostage Crisis in Iran," *Website of Jimmy Carter Library*, https://www.jimmycarterlibrary.gov/research/hostage_crisis_in_iran。

90. 巴列维是美国在伊朗的代理人。巴列维专制统治的主要问题在于压制民主、裙带主义、采用西方价值观改造伊朗等。因此伊朗必须推翻巴列维统治,也必须摆脱西方的经济控制。

91. Shahram Chubin and Charles Tripp, *Iran and Iraq at War*, London and New York: I. B. Tauris, 1988, pp.34—35.

92. 与黎巴嫩真主党不同,伊朗真主党是基层的散兵游勇。他们的口号是"只信奉真主,只承认领袖霍梅尼"。他们没有固定建制和组织,更像是巴斯基。他们狂热追随霍梅尼,唯霍梅尼的指令是瞻,坚决捍卫霍梅尼,反对并坚决打击任何诋毁、批评霍梅尼的言论、个人和媒体。

93. 蒋真:《霍梅尼伊斯兰革命思想研究》,载《世界宗教研究》2012 年第 2 期,第 164 页。

94. Ruhollah Khomeini, *Imam's Final Discourse: The Text of the Political and Religious Testament of the Leader of the Islamic Revolution and Founder of the Islamic Republic of Iran, Imam Khomeini*, Tehran: Ministry of Guidance and Islamic Culture, 1997, pp.48—51.

95. 霍梅尼对国际体系的看法类似于英国的国际关系学家马丁·怀特(Matin Whight)。马丁·怀特将国际体系分为两类:一是主要体系,由主权国家共同组成。二是宗主国与国家(Suzzerain-States System)组成的次级体系。在宗主国—国家体系中,一个国家对其他国家保持着主导地位。但这并非是帝国主义性质,因为其他成员国具有一定的独立性。其中的代表是罗马帝国和中华帝国。参见马丁·怀特、赫德尔·布尔等:《权力政治》,宋爱群译,世界知识出版社 2004 年版。

96. Farhang Rajaee, *Islamic Values and World View: Khomeini on Man, The State and International Politics*, Lanham and New York: University Press of America, 1993, pp.73—92.

97. Ibid, p.76.

98. Maziar Behrooz, "Trends in the Foreign Policy of the Islamic Republic of Iran, 1979—1988," in Nikki R. Keddie and Mark J. Gasiorowski ed., *Neither East Nor West: Iran, the Soviet Union, and the United States*.

99. 保守派还包括宗教法庭法官阿亚图拉库米、伊玛目路线的穆斯林学生追随者(Muslim Student Followers of the Imam's Line)(在美国使馆事件中发挥了重要作用)的精神领袖穆罕默德·库哈因哈(Mohammad Mousavi Khoeiniha)、加法里(Ghaffari)和内政部长阿里·穆赫塔沙米(Ali Akbar Mohtashami)等。其中库哈因哈以保守著称,长期以来一直是霍梅尼的主要追随者。曾担任驻伊朗电台电视台代表、议会副议长、最高检察官等职。参见"Mohammad Mousavi Khoeiniha,"*Wikipedia*,https://en.wikipedia.org/wiki/Mohammad_Mousavi_Khoeiniha。

100. Gary Sick, "Iran's Foreign Policy:A Revolution in Transition," in N.R. Keddie and R. Matthee, eds., *Iran and the Surrounding World*:*Interactions in Culture and Cultural Politics*, Seattle:Washington University Press, 2002, p.360.

101. 1984 年 3 月,美国驻黎巴嫩大使馆一秘兼中情局贝鲁特站站长巴克利被绑架。此后一年多的时间里又有 6 名美国人遭到绑架。这便是令美国头疼的人质危机。绑架者向美国提出释放人质的 3 个条件:即释放 1983 年因参与策划和袭击美国驻科威特大使馆而被捕入狱的 17 名罪犯;美国向以色列施压释放被关押的巴勒斯坦人和黎巴嫩人;提供贷款开发南黎巴嫩。1985 年初,里根就批准了一份由麦克法兰拟定的计划,通过以色列向伊朗供应武器和零部件,1985 年 9 月,以色列先后 2 次租用 DC-8 型运输机满载陶式反坦克导弹,飞机零部件和弹药飞抵德黑兰。与此同时美国人质本杰明·韦尔被释放。这也让美国看到解救人质的方法和希望。同年 10 月,美国先后两次直接向伊朗销售武器。美国人质詹森和雅各布森先后被释放。美伊之间的军火交易额超过 1 亿美元。

102. Christian Emery, "United States Iran Policy 1979—1980:The Anatomy and Legacy of American Diplomacy," *Diplomacy & Statecraft*, No.24, 2013, pp.621—622.

103. 美国的其他官员也期望同伊朗接触,他们包括:中情局局长威廉·凯西、国家安全助理罗伯特·麦克法兰、奥利弗·诺厄上校(Col. Oliver Noah)、中情局驻阿富汗代表格雷厄姆·富勒(Graham Fuller)、国家安全委员会的唐·福捷(Don Fortier)等。参见"A World-Class Rogues' Gallery of Liars and Crooks:The Iran-Contra Affairs," in James Blight, Janet Lang, Hussein Banai, Malcolm Byrne, John Tirman, *Becoming Enemies*:*U.S.-Iran Relations During the Iran-Iraq War*, Lanham and Boulder:Rowan and Littlefield Publishers, Inc., 2012, pp.125—152。

104. Peter Kornbluh and Malcolm Byrne, *The Iran-Contra Scandal*:*The Declassified History*, New York:New Press, 1993, p.213.

105. 美国总统里根对"伊朗门"事件的表态也一波三折。先是否认不知情、之后强调失察,最后承认忏悔。但美国联邦调查局、国会和司法部门进行的调查报告尖锐批评总统里根,并表示,麦克法兰作证称里根曾亲自向他下达命令,支持向伊朗出售军火。1987 年 3 月 4 日,里根发表忏悔演讲表示:"我应对我本人的行动和我领导下的政府的行动负有全部责任。我确实批准过(向伊朗出售武器),我只是不能说出在什么时候。尽管事出有因,但也不应对此原谅,这是一个错误。"参见 Lawrence Welsh, "The Final Report of the Independent Counsel for the Iran-Contra Affair," *C-SPAN*, January 18, 1994, https://www.c-span.org/video/?53880-1/iran-contra-investigation-final-report。

106. "A World-Class Rogues' Gallery of Liars and Crooks:The Iran-Contra Affairs."

107. Maziar Behrooz, "Trends in the Foreign Policy of the Islamic Republic of Iran, 1979—1988," in Nikki R. Keddie and Mark J. Gasiorowski ed., *Neither East nor West*:*Iran, the Soviet Union, and the United States*, pp.25—27.

108. Danial Byman, "Iran, Terrorism, and Weapons of Mass Destruction," *Studies in Conflict and Terrorism*, Vol.31, 2008, pp.169—181.

109. Bakhash, Shaul, *The Reign of the Ayatollahs*, New York:Basic Books, 1984, p.233.

110. "Ayatollah al-Hakim: Beacon of Iraqi People's Resistance," *Press TV*, March 3, 2019, https://www.presstv.com/DetailFr/2019/03/03/590080/Ayatollah-Mohammad-Baqir-al-Hakim-Iraq-US-Saddam-Hussein.

111. "Islamic Front for the Liberation of Bahrain," *Wikipedia*, https://en.wikipedia.org/wiki/Islamic_Front_for_the_Liberation_of_Bahrain#cite_note-6.

112. Farhang Rajaee, *Islamic Values and World View: Khomeini on Man, The State and International Politics*, Lanham and New York: University Press of America, 1993, pp.83—85.

113. David Menashri, "Iran," *Middle East Contemporary Survey*, 1981—1982, pp.1—2.

114. Robin Wright, *In the Name of God: The Khoomei Decade*, New York and London: A Touchstone Book, 1989, pp.113.

115. Ibid., pp.108—129.

116. Hassan Dai, "Al Mustafa University, Iran's Global Network of Islamic Schools," *Iranian American Forum*, April 12, 2016, http://iranian-americans.com/irans-export-of-islamic-fundamentalism-al-mustafa-global-training-centers-2/.

117. "Leader's Speech to Foreign Seminarians in Qom," *Khamenei Website*, October 25, 2010, http://english.khamenei.ir/news/1397/Leader-s-Speech-to-Foreign-Seminarians-in-Qom.

118. 两大圣城或圣寺护持者具有特定的宗教含义。1514年萨拉丁最早使用这一称号，之后奥斯曼帝国的苏丹萨利姆一世到穆罕默德六世都使用这一封号。参见 Galal Fakkar, "Story Behind the King's Title," *Arab News*, January 27, 2015, http://www.arabnews.com/saudi-arabia/news/695351。

119. Robert R. Bianchi, *Guest of God: Pilgrimage and Politics in the Islamic World*, Oxford and New York: Oxford University Press, 2004, pp.60—67.

120. "Message to the Pilgrims, September 24, 1979," in Ruhollah Khomeini, *Islam and Revolution: Writings and Declarations of Imam Khomeini*, pp.275—277.

121. Ibid., pp.300—307.

122. Emmanuel Sivan and Menachem Friedman ed., *Religious Radicalism and Politics in the Middle East*, Albany: State University of New York Press, 1990, p.183.

123. Robert R. Bianchi, *Guest of God: Pilgrimage and Politics in the Islamic World*, Oxford and New York: Oxford University Press, 2004, pp.58—60.

124. Martin Kramer, "Khomeini's Messengers in Mecca," in Martin Kramer, *Arab Awakening and Islamic Revival*, New Brunswick: *Transaction Publishers*, 1996, pp.161—187.

125. Charles P. Wallace, "402 Die in Clashes of Saudis, Iranians: Killings at Shrine in Mecca Trigger Attacks on Four Embassies in Tehran,"*Los Angeles Times*, August 2, 1987, https://www.latimes.com/archives/la-xpm-1987-08-02-mn-971-story.html.

126. 早在16世纪，伊朗的萨法维王朝就从南黎巴嫩地区招募教士宣传什叶派宗教。随着贝鲁特发展成为中东地区重要的商贸和金融中心，吸引了伊朗商人前往。巴列维王朝时期，许多反对国王的宗教人士在黎巴嫩避难。因此宗教和经贸联系成为黎巴嫩同伊朗关系发展的重要纽带。第一个动员黎巴嫩什叶派社团的是出身伊朗望族的穆萨·萨德尔(Musa al-Sadr)。他在伊朗圣城库姆受训。1974年他创建被剥削者运动(Movement of Dsinherited)用以支持黎巴嫩什叶派，并在黎巴嫩内战时成立阿马尔(Amal)运动。1982年以色列发动第四次中东战争入侵黎巴嫩，促使黎巴嫩阿马尔运动发生分裂。其中一部分主张武力对抗以色列,并寻求在黎巴嫩建立以伊朗为原型的什叶派伊斯兰政府。这一部分力量从阿马尔运动分离出去,并成立伊斯兰阿马尔组织(Al Amal Al Isamiya, Islamic Amal)。这一组织最终成为真主党的主力。南部黎巴嫩什叶派的兴起给伊朗深化同黎巴嫩的什叶派关系和输出伊朗版本的伊斯兰革命带来机会。参见 Casey L. Addis and Christopher M. Blanchard, "Hezbollah: Background and Issues for Congress," January 3, 2011, https://fas.org/sgp/crs/mideast/R41446.pdf。

127. Marwa Osman, "Imam Khomeini: The Founding Father of Hezbollah," *Khamenei Website*, February 6, 2016, http://english.khamenei.ir/news/3315/Imam-Khomeini-The-founding-father-of-Hezbollah.

128. Ibid.

129. Emile Hokayem, "Iran and Lebanon," *United States Institute of Peace Paper*, https://iranprimer.usip.org/sites/default/files/PDF% 20Iran% 20Region_Hokayem_Lebanon.pdf.

130. Matthew A. Levitt, "Hezbollah: Financing Terror through Criminal Enterprise," *The Washington Institute for Near East Policy*, May 25, 2005, https://www.washingtoninstitute.org/html/pdf/hezbollah-testimony-05252005.pdf.

131. "Iran and Syria as Strategic Support for Palestinian Terrorism," *Israeli Ministry of Foreign Affairs*, September 30, 2002, https://mfa.gov.il/MFA/MFAArchive/2000_2009/2002/9/Iran+and+Syria+as+Strategic+Support+for+Palestinia.htm.

132. Daniel Levin, "Iran, Hamas and Palestinian Islamic Jihad," *The Iran Primer*, Institute of Peace of Untited State, July 9, 2018, https://iranprimer.usip.org/blog/2018/jul/09/iran-hamas-and-palestinian-islamic-jihad.

133. Daniel Levin, "Iran, Hamas and Palestinian Islamic Jihad," *The Working Paper of Wilson Center*, July 9, 2018, https://www.wilsoncenter.org/article/iran-hamas-and-palestinian-islamic-jihad.

134. Zeynab Malakoutikhah, "Iran: Sponsoring or Combating Terrorism?" *Studies in Conflict and Terrorism*, September 10, 2018, https://www.tandfonline.com/doi/abs/10.1080/1057610X.2018.1506560?journalCode=uter20.

135. Gerd Nonneman, *Iran, Iraq, the Gulf States and the War: 1980—1986 and Beyond*, London: Ithaca Press, 1986, pp.106—110.

136. Shaul Bakhash, *The Reign of the Ayatollahs: Iran and the Islamic Revolution*, New York: Basic Books,1984, p.121.

137. Shahram Chubin and Charles Tripp, *Iran and Iraq at War*, p.34.

138. Ibid, p.36.

139. Shaul Bakhash, *The Reign of the Ayatollahs: Iran and the Islamic Revolution*, pp.110—113.

140. Ibid.

141. Anthony H. Cordesman, *The Iran-Iraq War and Western Security, 1984—87: Strategic Implications and Policy Options*, London: Jane's, 1987, pp.42—43.

142. Shahram Chubin and Charles Tripp, *Iran and Iraq at War*, pp.160—161.

143. 公元 636 年阿拉伯军队在卡迪希亚大败波斯萨珊王朝的军队,这也是伊斯兰征服波斯(Islamic Conquest of Persian)的关键战役。参见 Mohssen Massarrat, "The Ideological Context of the Iran-Iraq War: Pan-Islamism Versus Pan-Arabism," in Hooshang Amirahmadi and Nader Entessar ed., *Iran and the Arab World*, New York: St. Martin Press, 1993, pp.28—42。

144. Gerd Nonneman, *Iran, Iraq, the Gulf States and the War: 1980—1986 and Beyond*, London: Ithaca Press, 1986, pp.95—96.

145. 1982 年埃及向伊拉克提供的军需物资的价值达到 10 亿美元,到 1985 年超过 20 亿美元。武器出口也成为埃及仅次于石油的第二大换汇商品。在品种上,埃及至少向伊拉克提供了 10 架 F-6 战机、40 架 F-7 战机、350 辆 T-55 坦克,以及近 100 架 Tucano 型教练机。埃及还向伊拉克出口射程 50 英里的萨其尔导弹和中近程的飞毛腿-B 型导弹。1981 年 11 月—1982 年 10 月,埃及向伊拉克输送了 40—60 名飞行员。参见 Michael C. Dunn, "Egypt: From Domestic Needs to Export Market,"in James E. Katz ed., *The Implications of Third World Military Industrialization: Sowing the Serpent's Teeth*, Lexington: Lexington Books, 1986, p.125。

146. Anthony H. Cordesman, *The Iran-Iraq War and Western Security, 1984—87*, New York: Jane's, 1987.

147. Pierre Terzian, *OPEC: The Insider Story*, London: Zed Books, 1985, p.239; Hooshang Amirahmadi, *Revolution and Economic Transition: The Iranian Experience*, Albany: State University of New York Press, 1990, pp.282—283.

148. "Defense Secretary Weinberger's Speech to the Foreign Policy Association," *Middle East Economic Digest*, 28 May, 1982, p.10.

149. Shahram Chubin and Charles Tripp, *Iran and Iraq at War*, p.34.

150. Sephehr Zabih, *The Iranian Military in Revolution and War*, London and New York: Routledge, 1988, p.118.

151. Shaul Bakhash, *The Reign of the Ayatollahs: Iran and the Islamic Revolution*, pp.118—119.

152. 海合会的停火方案的主要内容包括:(1)提议两伊停止军事冲突,伊朗撤出伊拉克领土;(2)两伊边境退回到《1975 年阿尔及尔边界协定》所规定的状态;(3)海合会等国家通过成立伊斯兰重建基金赔偿伊朗 700 亿美元。参见 Shahram Chubin and Charles Tripp, *Iran and Iraq at War*, pp.158—188。

153. 1982 年 7 月 9 日,拉夫桑贾尼认为进攻伊拉克太冒险并提出休战条件:萨达姆必须下台;伊拉克支付战争赔款 1 000 亿美元;维持《1975 年阿尔及尔边界协定》内容;赔偿被萨达姆驱逐的 1 万伊拉克人。但伊朗军方高层强烈主张继续战争直到萨达姆倒台,这样就能在伊拉克圣城卡巴拉祈祷。参见 Shaul Bakhash, *Reign of Ayatollah: Iran and the Islamic Revolution*, New York: Basic Books Inc. Publishers, 1984, p.232。

154. Khomeini, June 21,1982, in FBIS Ⅷ, 1—3, June 22, 1982,转引自 Shahram Chubin and Charles Tripp, *Iran and Iraq at War*, London and New York: I. B. Tauris, 1988, p.164。

155. Shahram Chubin and Charles Tripp, *Iran and Iraq at War*, p.164.

156. "Iran-Iraq War," https://en.wikipedia.org/wiki/Iran-Iraq_War # cite_note-200.

157. Anthony H. Cordesman, *The Iran-Iraq War and Western Security, 1984—87: Strategic Implications and Policy Options*, London: Jane's, 1987, pp.124—128.

158. Shahram Chubin and Charles Tripp, *Iran and Iraq at War*, pp.44—48.

159. Edward N. Krapels, "The Fundamentals of the World Oil Market of the 1980," in Wilfrid L. Kohl ed., *After the Oil Price Collapse: OPEC, the United States, and the World Oil Market*, Baltimore & London: The Hopkins University Press, 1991, p.52.

160. Ibid.

161. Shahram Chubin and Charles Tripp, *Iran and Iraq at War*, pp.110—111.

162. Foreign Minister Velayati, Tehran: Home Service, 31 March, in FBIS Ⅷ, I—1, 1 April 1983.

163. Michael, A. Palmer, *Guardians of The Gulf: A History of America's Expanding Role in the Persian Gulf, 1833— 1992*, New York: The Free Press, pp.112—128.

164. "Report of the Mission Dispatched by the Security-General to Investigate Alligation of the Use of Chemical Weapons in the Conflict Between the Islamic Republic of Iran and Iraq," UN *Security Council Resoltion*, March 12, 1986, http://www.securitycouncilreport. org/atf/cf/％ 7B65BFCF9B-6D27-4E9C-8CD3-CF6E4FF96FF9％ 7D/Disarm％20S17911.pdf.

165. Mohiaddin Mesbahi, "The USSR and the Iran-Iraq War: From Brezhnev to Gorbachev," in Farhang Rajaee ed. *The Iran-Iraq War: The Politics of Aggression*, Gainesville: University Press of Florida, 1993, pp.88—89.

166. Anthony H. Cordesman, *The Iran-Iraq War and Western Security, 1984—87: Strategic Implications and Policy Options*, pp.42—43.

167. Ibid.

168. "President Reagan's address," *The New York Time*, May 3,1987.

169. Tehran: Home Service, 26 June 1987, in FBIS-NES-87-123, V, p.S-1, June 26, 1987.

170. Defence Newsletter, Center for Defence Information, Washington, D.C., January 13, 1988.

171. Ibid, March 7, 1988.

172. Shahram Chubin, "Reflection on the Gulf War," *Survival*, July/August, 1986, pp.306—321.

173. Miron Rezun, "The Pariah Syndrome: The Complexities of the Iranian Predicament," in Miron Rezun ed., *Iran at the Crossroads: Global Relations in a Turbulent Decade*, Boulder & San Francisco: Westview Press, 1989, p.29.

174. BBC World Service, 20 July 1988; Independent, 21 July 1988.

175. Shahram Chubin and Charles Tripp, *Iran and Iraq at War*, Preface.

第二章

伊朗外交的去革命化与拉夫桑贾尼的缓和战略

两伊战争的受挫和霍梅尼的去世让伊朗彻底丧失了输出伊斯兰革命的动力。哈梅内伊和拉夫桑贾尼接过霍梅尼交给的治国重担,带领伊朗开始了新的征程,伊朗的主要任务也从之前的输出伊斯兰革命转向国家重建和对外缓和。这也让伊朗在这一时期的内政外交呈现出完全不同的特征,这一阶段被称作伊朗的第二共和国。

第一节 霍梅尼的革命遗产与伊朗外交的转向

拉夫桑贾尼是承前启后的总统。一方面,在革命时期,他是霍梅尼的忠实信徒和追随者,为共和国的创立和发展做出了贡献。另一方面,在后霍梅尼时期,拉夫桑贾尼要带领伊朗摆脱过度强调意识形态对国家利益和对外政策的束缚,为伊朗确立新的发展方向。务实缓和成为了拉夫桑贾尼对外政策的标签。

一、伊朗调整外交的必要性与霍梅尼遗训

两伊战争受挫、外交孤立、海湾局势恶化、国际格局的变化和霍梅尼遗训迫使伊朗在后霍梅尼时代调整自己的对外关系。第一,两伊战争对经济的破坏迫使伊朗要休养生息。两伊战争对于伊朗来说是代价高昂的战争。根据伊朗官方估计,两伊战争造成伊朗 18.7 万人死亡和 34 万人受伤。战争的直接损失高达 2 500 亿美元,这相当于 1981 年伊朗国民生产总值的 2.5 倍。[1]早在 1984 年,伊朗就已经承受巨大的经济压力。伊朗的石油收入难以维持其不断增长的战争开支。伊拉克对伊

朗发动的袭城战、袭船战等更是让伊朗损失惨重。国际孤立让伊朗不能依靠对外借债维持战争,伊朗只能向民众募捐和发行国债来弥补财政缺口。伊朗政府维持战争的过程也是伊朗的社会财富被压缩的过程。战争后期,伊朗的民众和社会财富接近枯竭,甚至到了捐献首饰支持战争的地步。霍梅尼被迫同意停火也是因为伊朗经济濒于崩溃。因此战后的伊朗需要休养生息,通过国家重建恢复活力。

第二,战后重建需要良好的对外关系。霍梅尼时期,伊朗奉行"不要东方、不要西方,只要伊斯兰"政策,在对外关系上十分孤立。由于伊朗经济依赖能源出口,遭受战争重创后,如果再自我孤立,后果将不堪设想。因此无论是出于修复经济还是维护伊斯兰政府的目的,伊朗都要改变外交孤立、修复同其他国家的关系,为伊朗的战后重建创造良好的环境。

第三,海湾局势的恶化迫使伊朗要言行谨慎。1990年,萨达姆侵略科威特,海湾危机爆发。尽管苏联、中国、伊朗等各方积极开展外交斡旋,但并没有让伊拉克从科威特撤军。科威特的解放最后是靠美国发动海湾战争得以解决。海湾战争让伊朗感受到美军的强大。伊朗倾其全力未能打败的萨达姆在美国领导的多国部队面前不堪一击。美国如果打击伊朗,缺少的从来不是实力,而是意愿和理由,因此伊朗要谨慎处理同美国的关系,尤其不能发生正面冲突。

第四,美国在两极格局崩溃后开始遏制伊朗。1991年苏联解体,这也意味着两极格局的崩溃。[2]美国成为国际体系中唯一的超级大国。缺少了苏联的制约,美国在冷战后更广泛地干涉国际和地区事务。伊朗作为最重要的反美国家,成为美国在海湾和中东的重点打击对象。美国开始从政治、经济、安全等方面遏制伊朗,这对伊朗造成了巨大的压力。

第五,霍梅尼遗训为伊朗调整外交提供了可供遵循的原则。霍梅尼去世前留下遗训并告诫继任者,法基赫的职责是保障伊斯兰政府的存续和安全。为了这个目标,继任者可以违背伊斯兰教训诫和伊朗现有的宗教法律。[3]霍梅尼遗训为继任者调整伊朗的外交政策提供了最重要的指导原则。由于霍梅尼时期伊斯兰意识形态主导了伊朗的外交,那么霍梅尼的继任者就必须解决意识形态同伊朗国家利益之间的矛盾,并在内政外交上做出相应的妥协和安排。[4]

二、伊朗精神领袖的更迭与克里斯马现象的终结

霍梅尼去世意味着伊朗要推选新的精神领袖。霍梅尼创建的政治制度是法基赫制度。它在形式上是让宗教领袖成为了国家的统治者,或者说革命后的伊朗是宗教领袖同政治领袖合二为一。法基赫执政的基本条件是具备高深的宗教修养的宗教人士而不是其他世俗人士,这也是执政者的第一身份。其次,法基赫要具有卓越的政治才能,能够担起治理国家的重任。霍梅尼本人是阿亚图拉,也是伊斯兰革命的发起者和领导者。算得上是同时具备宗教修养和政治才能。

但在霍梅尼之后,寻找既拥有高深宗教造诣、又拥有治国理政才能的高级宗教人士并不容易。根据什叶派的传统,什叶派信众要追寻自己的效仿典范(Marja'iyya,Source of Imitation)。由于效仿典范要具备相当深厚的宗教学识与社会阅历和洞察力,因此效仿典范是由等级最高的大阿亚图拉(Grand Ayatollah)和阿亚图拉(Ayatollah)出任,即法基赫。法基赫是宗教和道德上的指引人,而非充当政治领袖,这也是什叶派传统的阿亚图拉质疑霍梅尼倡导的法基赫制度的原因。[5]伊斯兰革命后,法基赫在伊朗具有了特殊的意义,即法基赫将宗教的效仿典范和政治领袖合二为一。

1985年,阿亚图拉蒙塔泽里曾被霍梅尼指定为自己的继承者。但"伊朗门"事件被披露牵涉到了蒙塔泽里。事件后蒙塔泽里以背叛革命的罪名被软禁,提前结束了政治生命。他的精神领袖继承资格也被废止。蒙塔泽里事件也促使霍梅尼将政治忠诚作为精神领袖的最高标准,继承者必须忠于法基赫制度和伊斯兰革命。

霍梅尼最后选中哈梅内伊作为自己的继承人。哈梅内伊是霍梅尼的学生和忠实追随者,在政治上忠诚可靠,忠于法基赫制度和伊斯兰革命。革命时期哈梅内伊为了革命出生入死,革命后先后出任专家委员会委员、确定国家利益委员会主席、总统等要职。但是哈梅内伊的最大缺陷是教阶不高。哈梅内伊在什叶派的教阶制度中不是最高的大阿亚图拉或阿亚图拉,而是豪加特(Hojijat-ul-Islam)。但是伊朗《1979年宪

法》规定法基赫必须是民众的效仿典范,必须由最高级别的大阿亚图拉或阿亚图拉出任。因此从宗教教义上来讲,哈梅内伊不能成为什叶派民众的效仿典范。或者说哈梅内伊不具备出任法基赫的宗教资格。这也是哈梅内伊就任最高精神领袖的最大硬伤和制度障碍。

为了让哈梅内伊成功上位,霍梅尼不是在阿亚图拉中寻找有政治才能的人选,而是修改宪法降低最高精神领袖的宗教标准。1989 年 4 月,伊朗重新修改宪法。新宪法删除了之前最高精神领袖必须是效仿典范的条款,规定伊朗的法基赫可以遵循效仿典范同政治领袖分开的原则。这意味着政治忠诚但宗教教阶较低的宗教人士能够担任伊朗的最高精神领袖。[6]修订后的宪法在 1989 年 7 月获得通过。

为了防止在哈梅内伊之外选出其他精神领袖,霍梅尼还在临终前三次指定哈梅内伊为精神领袖。这种钦定的做法最大限度地保证了哈梅内伊当选上位。但事实上,霍梅尼采取的钦定做法违背了霍梅尼自己宣扬的法基赫统治思想。但是不管怎样,霍梅尼是要寻找政治忠诚的人选来维护法基赫制度,为此不惜降低法基赫的宗教标准。

为消除宗教界对哈梅内伊的质疑,1989 年 4 月,霍梅尼致信宗教专家委员会主席阿亚图拉阿里·麦什克尼(Ayatollah Ali Meshkini)并提出,宗教的效仿典范不一定是最高精神领袖的基本条件,但法基赫必须是政治上的引领者。[7]霍梅尼写信的目的是期望让某些有威望的宗教人士出任效仿典范,由政治可靠并有治国才能的人选出任政治领袖。这也预示着霍梅尼要将宗教领袖和政治领袖分开。此外,无论是霍梅尼授意还是出于自愿,时任议会议长的拉夫桑贾尼不遗余力地支持哈梅内伊出任伊朗的最高精神领袖,并声称这是霍梅尼的遗训。

除了法基赫的基本资格存在分歧之外,在最高精神领袖的选举上,还出现了单一法基赫和集体法基赫的分歧,即法基赫是由唯一的人选担任,还是由数名人选组成的委员会担任。单一法基赫的支持者认为,法基赫具有专属性,只能由一人出任。集体法基赫的支持者则提出,在后霍梅尼时代,没有人能够超越霍梅尼胜任伊朗最高精神领袖的角色,因此伊朗需要集体领导。伊朗应当组建由几个人选组成的委员会,通过集体协商来实现领导决策的民主化和科学化。委员会支持者提议成立由阿里·麦什克尼、穆萨维·阿德比利(Mousavi Ardebili)和哈梅内伊组成的三人领袖委员会。但这一提议在表决中以 20：45 的投票被否决。1989 年 6 月,伊朗的专家委员会投票选举伊朗的最高精神领袖,哈梅内伊以 60：14 票击败大阿亚图拉穆罕默德·古尔帕加尼胜选。哈梅内伊成为了霍梅尼的继任者,出任伊朗的最高精神领袖。[8]另外,94 岁的阿亚图拉阿拉基(Ayatollah Araki)被任命为伊朗的效仿典范。阿拉基在宗教界享有极高的声望,他在政治上支持伊斯兰政府,更重要的是,他没有出任精神领袖的政治野心。这样哈梅内伊和阿拉基分别成为了最高精神领袖和宗教效仿典范。效仿典范与政治领袖之间的分离实际上是迫不得已而为之的妥协做法,即在无人兼具宗教威望和政治威信的情况下维持了宗教和政治之间的平衡。

选举结果公布后曾在库姆等地引发示威游行,示威主要是反对宗教资格不足的哈梅内伊不能出任伊朗的最高精神领袖。对此专家委员会主席阿亚图拉麦什克尼发表声明平息事端。他表示选举哈梅内伊是因为他紧紧跟随霍梅尼,并在伊朗的伊斯兰革命和两伊战争中发挥过重要的作用,哈梅内伊的从政经历让他对穆斯林世界的当代问题有深刻的理解。[9]

哈梅内伊成功上位之后,阿亚图拉库哈伊(Ayatollah Khoi,1992年)、阿亚图拉古尔帕加尼(1993 年)和阿亚图拉阿拉基(1994 年)先后去世。这为哈梅内伊成为伊朗新的宗教效仿典范清除了障碍。1994年库姆神学教士委员会宣布哈梅内伊为效仿典范。[10]哈梅内伊的任命受到了大阿亚图拉蒙塔泽里、阿亚图拉库米(Ayatollah Ahmad Azari-Qomi)等其他资深教士的批评。但是颇具威望的阿亚图拉亚兹迪(Ayatollah Mohammad Yazdi)坚定支持哈梅内伊为精神领袖。亚兹迪认为在同行中,哈梅内伊在治国理政和宗教学识方面的经验最丰富,他对伊斯兰与时代的理解也最为透彻,因此哈梅内伊最有资格出任伊朗的效仿典范。[11]被任命为宗教效仿典范意味着哈梅内伊实现了宗教领袖和政治领袖的统一,解决了此前两者分离的问题。

尽管在各方保荐之下得以上位,但是哈梅内伊仍然难以同霍梅尼相提并论。霍梅尼将宗教权力和政治权力相结合,凭借克里斯马特质和宗教光环凌驾于各宗教和政治机构之上,通过发布宗教法令来推行自己的意志。[12]但是继任者哈梅内伊缺乏霍梅尼具有的克里斯马特质和宗教威望。这也说明伊朗的最高精神领袖在霍梅尼之后已经走下了神坛。由于领导力和宗教影响不足,哈梅内伊作为最高精神领袖更多地依靠宗教政治机构来实现统治。从这个意义上讲,哈梅内伊更像是官僚型领袖。弱精神领袖成为了后霍梅尼时代伊朗的政治常态。

三、强总统现象与伊朗宗教政治体系的形成

1989 年伊朗修宪的另一个特点是从法律上突出了总统的重要性。这既是伊朗调整政治结构的需要,也是为了平衡拉夫桑贾尼和哈梅内伊之间的关系。哈梅内伊和拉夫桑贾尼的革命资历相当。两人都是霍梅尼的忠实追随者,为伊斯兰革命和伊斯兰政府立过汗马功劳。霍梅尼主政后,两人都被委以重任。哈梅内伊曾担任国防部副部长、革命卫队司令、周五祈祷会领宣人、总统;而拉夫桑贾尼则先后担任过伊朗的内政部长、周五祈祷会领宣人、议会议长等要职。在两人的关系上,拉夫桑贾尼为哈梅内伊上位不遗余力。在个人能力上,总统拉夫桑贾尼擅长经济与外交,哈梅内伊擅长意识形态和革命宣传。两人能够分司精神领袖和总统要职,至少在霍梅尼看来能够相互借助互相补位,带领伊朗走向未来。

1989 年宪法重新界定了总统的权限,并赋予了总统更多的实权。主要内容包括:第一,总统和总理的权限合二为一,总统成为伊朗政府的最高代表。这避免了总理同总统之间职务重叠互相争权的情况。总统成为伊朗政府的最高代表,并成为伊朗政治和外交中仅次于最高精神领袖的二号人物。总统有权任命内阁部长、央行行长等重要人选。1989 年 7 月,拉夫桑贾尼当选为伊朗的总统。

第二,增设伊朗最高国家安全委员会,统筹外交和安全事务。安全委员会的职责包括:起草和制定伊朗的外交与安全政策;探讨如何利用伊朗的物质和智力资源应对内外威胁;协调伊朗政治、经济、军事、情报、社会、文化部门的工作等。[13]伊朗最高国家安全委员会秘书由总统提名任命,这也增加了总统在外交与安全上的权限。哈桑·鲁哈尼担任伊朗首任最高国家安全委员会秘书。

哈梅内伊和拉夫桑贾尼的政策组合的意义在于,哈梅内伊担任精

神领袖,能够保持伊朗的政治方向和伊斯兰底色,拉夫桑贾尼出任总统可以专注于国内重建与缓和外交。两人搭档就能够兼顾政治与经济。受制于职位和宗教代表性不足,哈梅内伊更愿退居幕后,充当部门间的仲裁者和重大事务的决策者,较少插手国家管理的具体事务。拉夫桑贾尼则愿意走向前台,处理伊朗的经济和外交。这也让哈梅内伊和拉夫桑贾尼之间形成弱领袖强总统的组合,并有效保障伊朗在后霍梅尼时代实现伊朗的政治转型。政治忠诚和革命友谊能够让两人取长补短并肩战斗。这极有可能是霍梅尼的期望。

但是弱领袖强总统组合也有一定的负面影响:第一,伊朗政治愈发走向官僚化和制度化。这既是伊朗在经历从克里斯马到官僚政治的政治转型,也是伊朗政治走向成熟的表现。第二,宗教机构和政治机构叠加造成了伊朗的政治机构臃肿、行政效率低下。伊朗的官僚体系既包括国家机构,也包括宗教机构。两者的叠加让伊朗的官僚政治更错综复杂,不同部门和机构环环相扣相互制衡,这在客观上也增加了伊朗政治运行的成本和时间。比如宪法监护委员会同确定国家利益委员会在职能上存在重叠。第三,弱领袖强总统组合的有效运转有赖于哈梅内伊和拉夫桑贾尼之间的相互配合。如果两人出现矛盾,将会削弱这一组合的运行效率,并对伊朗政治产生负面的影响。

尽管如此,哈梅内伊仍是伊朗权力的最高掌控者,他主要从三个层面控制国家权力:第一,在政治领域,所有行政、立法和司法部门都对最高精神领袖负责。当选的议长和总统需要精神领袖的批准才能就任。另外哈梅内伊掌握着宪法监护委员会和确定国家利益委员会。这两个机构的主要职责是审查和遴选伊朗的总统和议员的候选人资格。通过资格审查,哈梅内伊和这两个机构能够选择性排除某些候选人,让伊朗政治朝着哈梅内伊期望的方向发展。第二,在宗教社会领域,哈梅内伊掌控着清真寺、慈善机构和宗教基金会。哈梅内伊通过任命领宣人和机构负责人、宗教拨款等方式来控制这些宗教机构。此外每年接受数百亿美元捐助的清真寺和宗教基金会是伊朗的重要实体。[14]这些宗教机构成为哈梅内伊掌控的隐形的宗教和经济帝国。第三,在军事安全领域,哈梅内伊是国家武装力量的最高统帅。哈梅内伊不仅掌控着伊朗的正规军队,还掌控伊朗的伊斯兰革命卫队和巴斯基民兵组织。通过对上述领域的掌控,哈梅内伊牢牢掌控着伊朗的政治、经济、军事权力和国家发展的方向。

总之,在后霍梅尼时代,伊朗去意识形态化与去克里斯马光环的过程相互交织。伊朗逐渐不再强调伊斯兰革命,并从强调革命意识形态逐步转变为伊斯兰改革主义,开启了第二共和国的历程。[15]

第二节 伊朗"既要南方、也要北方"的新周边政策

持续八年的两伊战争和1989年6月霍梅尼去世让伊朗逐渐丧失了对外输出伊斯兰革命的动力。拉夫桑贾尼出任总统后,伊朗将国家的发展方向从伊斯兰革命输出调整为战后的经济重建,并让伊朗的外交服务于国内的经济重建。伊朗外交也从"不要东方、不要西方"转变为"既要南方、也要北方"。

一、"既要南方、也要北方"政策与伊朗同海湾国家的修复外交

拉夫桑贾尼政府的"既要南方、也要北方"(Both North and South)是相对于霍梅尼时期的"不要东方、不要西方"的政策而言的。"既要南方、也要北方"是指伊朗既要同南方的海湾国家修复外交关系,也要同北方的俄罗斯和中亚国家发展良好的外交关系。[16]

拉夫桑贾尼时期出台这一政策主要源于以下原因:第一,伊朗要让缓和外交为国内重建创造良好的外部环境。两伊战争结束后,伊朗的国家发展重心转向国内的经济重建。伊朗为此要创造有利于国内重建的外部环境。而这需要伊朗通过放弃革命外交并转而奉行缓和外交,修复因为伊斯兰革命同海湾国家恶化的关系,为自己的国内重建创造良好的外部环境。为此伊朗试图改变自己在海湾国家心目中的形象,放弃对君主国家的仇视言论,不再寻求颠覆巴林等国的君主政权。

第二,海湾危机和海湾战争促使伊朗改变此前的革命外交。海湾危机和海湾战争让伊朗同时看到了危险和机遇。伊朗面临的危险在于,萨达姆入侵科威特会引发外部干涉,这将为美国在海湾增加军事力

量提供新的机会。伊朗将可能与周边驻防的美军长期相处。伊朗如果在海湾战争中站在伊拉克这边,将有可能招致美国的连带军事打击。伊朗面临的机遇在于,海湾危机为伊朗参与海湾的安全事务提供了机会。如果伊朗能够妥善处理,伊朗有可能修复同海湾国家的外交裂痕,甚至敦促海湾国家不让美国在海湾长期驻军。所以伊朗要妥善利用海湾危机,并要置身于战争之外,以免为自己招来麻烦。

第三,伊朗要利用外交稳定伊朗的北部安全。苏联解体后,外高加索—里海—中亚一线出现了格鲁吉亚、阿塞拜疆、哈萨克斯坦等新独立国家。这些夹在俄伊两国之间的国家给伊朗新增加的安全隐患在于:一是它们彼此之间因为领土、边界、种族、宗教等问题爆发冲突。二是新独立国家意味着新的权力真空,这吸引着域外国家的介入。对伊朗来讲,要维持外高加索—里海—中亚地区的稳定,就要帮助这些新独立国家处理好彼此间的纠纷和矛盾,并在处理过程中注意俄罗斯在其中的立场和态度,不让伊朗对地区或双边事务的处理危害俄伊之间的关系。此外伊朗还要防范美国、欧盟等国家的介入,不让新独立的国家成为外部势力撬动地区安全的杠杆。因此稳定北部的新边疆成为伊朗外交的主要任务。

海湾危机为伊朗修复同南方海湾国家的关系提供了机会。1990年8月2日,伊拉克以科威特偷采伊拉克石油等借口入侵科威特,萨达姆使用武力改变领土现状酿成海湾危机。侵略事件发生后,美国、苏联,以及联合国安理会多次警告萨达姆撤军,但遭到了拒绝。海湾危机为伊朗修复同海湾国家的关系提供了机遇。

伊朗通过外交斡旋来解决海湾危机并进而缓和同海湾国家的紧张关系,伊朗采取的政策包括:第一,伊朗站在正义一方谴责萨达姆侵略科威特。1990年8月2日,伊朗发表外交声明谴责萨达姆的侵略行径。伊朗敦促伊拉克无条件遵守联合国安理会第660号决议,立即无条件从科威特撤军。伊朗拒绝承认伊拉克凭借武力所改变的领土现状。伊朗还在声明中表示,伊拉克侵略科威特影响了海湾地区的安全与稳定,为外部霸权国以武力方式介入海湾的安全事务提供了借口。伊朗作为海湾拥有攸关利益的国家,将同国际社会一道,采取必要措施恢复海湾的秩序与稳定。[17]除了声明,伊朗还在安理会投票支持有关恢复科威特独立的决议。

第二,伊朗拒绝萨达姆的诱惑,避免被伊拉克拉下水。萨达姆在侵略科威特之后,为避免在海湾地区引起更大的公愤,主动寻求改善同伊朗的关系。1990年8月14日,萨达姆致信伊朗总统拉夫桑贾尼并表示,期望同伊朗改善关系并结束边界危机,伊拉克愿意遵守《1975年阿尔及尔边界协定》,并交换战俘。伊朗高度警觉萨达姆在危机时刻提出改善双边关系的提议,以免被国际社会误解和被萨达姆所利用,因此对萨达姆的和平提议表现冷淡,仅仅表示将按照国际公约交换战俘,伊拉克必须遵守自己签署的《1975年阿尔及尔边界协定》。

第三,伊朗居中斡旋,期望通过外交斡旋解决危机。海湾危机后,美国在敦促伊拉克撤军无效后开始积极备战,这让伊朗意识到只有通过外交斡旋先行解决危机才能避免美国动武。伊朗开始进行了积极的穿梭外交:一是同伊拉克直接会谈。1990年9月,拉夫桑贾尼邀请伊拉克外交部长阿齐兹访问伊朗。1990年11月,伊朗外交部长韦拉亚提回访伊拉克。两伊外长互访的主要议题是探讨结束海湾危机。伊朗在会见中敦促伊拉克尽快无条件从科威特撤军,恢复海湾地区的安全与稳定,不给外部的霸权国干涉海湾事务提供借口和机会。二是伊朗积极同海合会国家沟通。伊朗外交部长韦拉亚提等官员先后出访沙特、阿曼、卡塔尔、阿联酋、叙利亚、土耳其等国,探讨地区国家出面解决危机。三是同苏联、中国、德国等国家商讨在联合国框架下解决危机。伊朗在斡旋外交中表示:伊朗不接受伊拉克的侵略行为,反对外国军队在海湾驻军;呼吁海湾地区国家通过合作解决危机,恢复海湾地区的安全与稳定。如果战争无法避免,伊朗强调外国军队必须在危机结束后撤出海湾。[18]由于伊朗在整个海湾危机中坚持较为公正和中立的立场,阿曼、阿联酋、科威特流亡政府等国领导人先后造访伊朗,期望伊朗能够通过外交斡旋解决危机。

第四,伊朗容留科威特王室成员和难民。伊拉克入侵让科威特王室和民众流亡逃难,伊朗容留了科威特的萨巴哈王室(House of Al Sabah)成员。伊朗还为科威特的战争难民提供了大批赴伊朗的短期签证,海湾危机和海湾战争期间,伊朗本着人道主义的精神容留了10万名科威特流亡人员,并为他们提供必要的生活和医疗救助。[19]

第五,拉夫桑贾尼摆脱国内强硬派对伊朗外交的影响。在海湾危机和海湾战争期间,伊朗国内的阿里·穆塔什米布尔(Ali Akbar Mohtashamipur)、萨迪克·哈里卡哈里(Sadegh Khalkhali)、阿亚图拉穆萨维·阿德比利(Ayatollah Musavi Ardabili)等保守人士不断发表措辞激烈的声明,他们谴责美国是在以解放科威特为借口寻求在穆斯林的领地驻军,打击穆斯林国家伊拉克。伊朗不能容忍美国的霸权主义行径和侵犯穆斯林利益,伊朗应当同伊拉克并肩作战抗击美国,并对美国发动"圣战"。[20]尽管如此,拉夫桑贾尼和哈梅内伊并未被这些激进言论所左右,因为伊朗与伊拉克结盟对美作战无异于自杀,美国在海湾的军事集结随时会调转枪口针对伊朗。[21]

伊朗在海湾危机中的良好表现得到了海湾国家的认可,拉夫桑贾尼的外交斡旋让海湾国家看到了伊朗的外交变化和修复关系的诚意。这也让他们愿意握住伊朗伸出的友谊之手,改善之前恶化的双边关系。1990年8月,科威特外交大臣萨巴哈·艾哈迈德(Sabah Al Ahmed Al Jaber Al Sabah)向伊朗表示,科威特不应该在两伊战争中支持伊拉克反对伊朗。[22]这也是科威特首次在公开场合向伊朗道歉。科威特全国委员会委员阿德南·萨马德(Adnan Abdul Samad)也表示:"伊斯兰革命后到入侵科威特之前,海湾国家并不信任伊朗。但是萨达姆入侵科威特之后,海湾国家意识到海湾的真正威胁不是伊朗而是伊拉克。"[23]作为对伊朗支持科威特的回馈,科威特同伊朗签署价值10亿美元油井灭火合同,让伊朗为科威特提供油井灭火的专业人员和技术支持。

1990年9月,伊朗外长韦拉亚提同海合会六国的外交大臣和海合会秘书长阿卜杜拉·比沙拉(Abudullah Bishara)在联合国大会纽约总部举行非正式会晤,商讨如何解决海湾危机等地区问题。1990年12月,海合会多哈峰会邀请伊朗参加。卡塔尔认为伊朗应当加入海合会和其他海湾地区安全安排,但是遭到沙特和科威特的反对。[24]

继科威特之后,伊朗同阿联酋、卡塔尔、巴林的双边关系也得到改善。1991年11月,伊朗外交部副部长阿里·巴沙雷迪(Ali Mohammad Besharati)访问卡塔尔、阿联酋和巴林三国。尽管双方关系并不是完全融洽,但是出访本身就说明双边关系得到了一定程度的改善。1991年11月,卡塔尔王储哈马德·萨尼(Hamad bin Khalifa Al Thani)访问了伊朗。1992 年 2 月,阿联酋国防大臣穆罕默德·纳扬(Mohammed bin Zayed Al Nahyan)也访问了伊朗。双边的高层互访逐渐恢复。

由于沙特在海湾地区举足轻重,因此同沙特恢复外交关系对拉夫桑贾尼政府的意义重大:第一,沙特在伊朗缓和外交中最为重要。沙特是海湾地区最重量级的国家。沙特在国际能源、宗教影响力、地区安全上都具有举足轻重的地位,如果拉夫桑贾尼政府不能同沙特恢复关系,那么伊朗对南方海湾国家的缓和外交就难言成功。第二,伊朗期望沙特解决伊朗朝觐者的复朝问题。朝觐是每位穆斯林必须履行的宗教义务。伊朗作为宗教国家有责任帮助伊朗信众解决朝觐遇到的问题。1987 年朝觐事件后,沙特暂停发送对伊朗的朝觐配额和签证,致使伊朗朝觐者难以访问圣城麦加和麦地那。这对伊朗的穆斯林来讲难以释怀。因此伊朗期望解决信众的朝觐问题,并进而改善同沙特的关系。第三,伊朗期望通过沙特缓和同海合会的关系。1981 年 5 月,沙特等海湾六国成立海合会。海合会主要是为应对伊朗的意识形态和安全威胁。由于沙特在海合会中拥有最大的发言权,因此伊朗如果能改善同沙特的关系就能改善同海合会的关系。

海湾战争期间,伊沙关系取得一定的进展。1991 年 3 月,伊朗外交部长韦拉亚提和沙特王储阿卜杜拉在阿曼马斯科特会晤并取得重大进展:(1)达成朝觐协定。沙特将伊朗的朝觐配额提高到 11.5 万名。沙特特许 5 000 名朝觐事件的死难者的家属参加 1991 年的麦加朝觐;(2)双方就伊朗的朝觐者的行为达成谅解。伊朗承诺朝觐者的活动将限制在沙特安排的伊朗驻地;在朝觐期间不进行大规模示威;不举行公开的什叶派仪式。[25]伊沙两国在朝觐上的谅解为两国关系的改善提供了动力。

1991 年 4 月,伊朗外交部长韦拉亚提应邀访问沙特。韦拉亚提向沙特提议组建伊朗—海合会联盟,或海合会通过扩大成员来吸纳伊朗。韦拉亚提表示这将有助于维护地区和平与稳定,但是并未得到沙特方面的同意。[26]1991 年 6 月,沙特外交大臣费萨尔亲王访问伊朗。费萨尔亲王是革命以来首位访问伊朗的沙特官员和王室成员。1991 年 6 月,伊沙两国双方决定将两国的关系恢复到大使级别。沙特王储阿卜杜拉于 1991 年 12 月访问伊朗,阿卜杜拉也是革命后沙特访问伊朗的最高官员。至此伊沙两国恢复了正常的外交关系,高层互访逐渐正常化。拉夫桑贾尼对海湾国家的缓和外交实现了预期的目标。

综上所述,在海湾危机和海湾战争期间,拉夫桑贾尼政府对海湾国家的外交务实而富有成效,几乎摆脱了伊斯兰革命的影响。伊朗在整个过程中的所作所为更像是一场精心策划的公共外交。伊朗通过斡旋外交改善了自身在海湾国家心目中的形象,拉夫桑贾尼温和务实的外交逐渐被海湾国家所接受。

二、伊朗同苏联(俄罗斯)的战略接近

苏联是伊朗的邻居,也是影响伊朗国家安全最重要的国家之一。革命后的伊朗同苏联的矛盾集中在两点:一是苏联在两伊战争期间向伊拉克出售武器。二是苏联入侵阿富汗。苏伊关系在1988年迎来了转折,苏阿签署的和平协定和两伊战争停火为苏伊两国结束紧张关系扫除了障碍。1989年1月,苏联外交部长谢瓦尔德纳泽访问德黑兰,谢瓦尔德纳泽是革命后首位访问伊朗的苏联高级官员。1989年2月,伊朗精神领袖霍梅尼致信苏共总书记戈尔巴乔夫,称赞后者在苏联进行的改革,鼓励戈尔巴乔夫研读《古兰经》等伊斯兰经典以解决国内问题。霍梅尼表示苏伊如果实现了邦交正常化,将有助于对抗共同的敌人美国。[27]1989年6月,伊朗总统拉夫桑贾尼访问莫斯科,拉夫桑贾尼的访问标志着苏伊两国实现了邦交的正常化。海湾危机期间,苏伊两国外长积极协调彼此的立场,两国都强调以外交手段解决危机,敦促萨达姆从科威特撤军,反对美国通过战争手段解决海湾危机。

1991年12月,苏联宣布解体。这给伊朗的外交和安全带来新的变化。第一,苏联解体让伊朗消除了数十年以来,苏联对伊朗构成的意识形态和安全威胁。而继承苏联衣钵的俄罗斯没有能力奉行对伊朗扩张的对外政策,伊朗安全环境因此得到了改善。第二,苏联解体后,国际格局从美苏争霸的两极格局演变为单极主导的多极格局。格局主导者美国同时加大了对俄伊两国的战略压力,这促使俄伊两国抱团取暖。

对俄罗斯来讲,苏联的解体并未消除美国和北约对俄罗斯的战略顾虑。美国在安全上通过北约东扩压缩俄罗斯的安全空间,在经济上

排斥俄罗斯加入美国主导的国际经济和金融体系。这也让俄罗斯难以实现融入式发展来恢复元气。对伊朗来讲,美国在海湾战争后加大对伊朗的遏制。美国对俄伊两国的压力促使它们抱团取暖,两国在双边关系和地区问题进行积极的协调。俄伊两国的战略接近成为冷战后中东地区形势的重要变化之一。[28]

从双边关系层面上看,冷战后,俄伊两国总体上维持了相对良好的双边关系。俄罗斯成为伊朗最主要的武器供应国。核能成为伊朗同俄罗斯进行双边合作的新领域。1995 年 1 月,伊朗同俄罗斯签署价值 8 亿美元的核能合作合同,俄罗斯承诺为伊朗建设因两伊战争和德国撤资而停止的布什尔核电站项目。[29]即使美国阻挠,俄罗斯仍然坚持同伊朗进行核能上的合作。[30]

俄伊两国还采取协调合作的方式处理中亚等地区的事务:一方面,伊朗尊重俄罗斯在中亚的战略利益,不输出伊斯兰意识形态。伊朗深知中亚地区是俄罗斯颇为看重的战略后院。如果伊朗执意输出伊斯兰,将会危及俄伊之间的良好关系。另一方面,俄伊两国在阻止美国填补中亚的权力真空上存在着共同利益。外高加索—里海—中亚地带位于俄伊之间的中间地带,这为美国等域外国家介入制衡俄伊两国提供了机会。有鉴于此,俄伊两国十分关注外高加索—里海—中亚国家的外交动向,防范他们同美国里应外合损害两国的利益。因此俄伊在阻遏美国等域外国家介入上存在着共同利益,这也使得两国愿意以协调与合作方式解决彼此间的矛盾,以及主张由中亚和周边国家解决地区的矛盾和冲突。这也是俄伊两国积极愿意斡旋塔吉克斯坦内战和纳卡冲突的原因。

三、伊朗稳定同外高加索—里海—中亚国家的关系

1991 年苏联解体后,外高加索—里海—中亚地区增加了一批新独立国家,这也让伊朗在北方一夜之间多了许多邻居。这些国家是:格鲁吉亚、亚美尼亚、阿塞拜疆、土库曼斯坦、乌兹别克斯坦、哈萨克斯坦、塔吉克斯坦、吉尔吉斯斯坦。其中亚美尼亚、阿塞拜疆、土库曼斯坦、哈萨克斯坦同伊朗在陆上接壤。

新独立国家对伊朗国家安全的意义在于：第一，新增加的邻居意味着新的麻烦。独立前，伊朗同这些国家并没有直接的交往，同他们的关系都从属于苏伊两国关系；独立后，伊朗被迫单独同这些国家打交道，这也让之前伊朗同苏联的一对一关系变成了冷战后的一对多的关系。伊朗同阿塞拜疆、亚美尼亚、格鲁吉亚等国家的历史纠葛和现实问题浮现出来。国内的派系斗争、政治动荡，国家间的领土、种族、宗教纠纷，地区内的非传统的恐怖主义，地区国家同域外国家的关系等问题相互交织。伊朗要稳定北方的中亚局势，就要面对这些隐患和挑战。

第二，这一地区成为域外大国争相填补的权力真空。外高加索—里海—中亚地区位于俄罗斯、伊朗等国之间。阿塞拜疆等国的独立是以脱离母体苏联为前提的，因此强烈的离心倾向促使他们在民族国家构建中有强烈的去苏化和去俄化的倾向，为的是摆脱苏联的历史痕迹和俄罗斯对他们的控制。而摆脱俄罗斯的最佳途径是引入域外的第三方，借助外部力量制衡俄罗斯和伊朗。阿塞拜疆等国的第三方外交为美国等域外国家介入里海—中亚的地区事务提供了新的机会。美国期望通过发展同这些国家的经济和安全关系，在这一地区打入楔子，制衡俄伊两国。而伊朗就是尽量实现这一地区的稳定，不给美国介入提供更多的理由和机会。

第三，地区的局势动荡提升了伊朗的发言权和地区大国地位。总体上看，外高加索—里海—中亚地区对伊朗来讲是风险大于机遇。但这也考验伊朗能否化危险为机遇。如果伊朗能够正确处理同周边国家的关系，帮助解决彼此间的纠纷和问题，那么也能提升伊朗在地区的威望和影响力，让这些国家认可伊朗的地区大国作用。事实上伊朗正是本着这一原则来处理这一地区的安全事务，其中外交斡旋和冲突解决是伊朗的政策抓手，这尤其体现在伊朗斡旋塔吉克斯坦内战和纳卡冲突上。

塔吉克斯坦内战的起因是权力分配不均。在塔吉克斯坦的权力分配中，政府权力主要被来自库建德(Khujand)和库拉亚博(Kulyab)的官员所垄断，这遭到来自扎姆(Garm)和高努-巴达克哈山(Gorno-Bada-khashan)地区的反对派的反对。为此，由自由改革派和宗教人士等反对派成立塔吉克反对联合阵线。1992 年 5 月,政府和反对派之间爆发内战,内战一直持续到 1997 年 6 月。[31]

伊朗在塔吉克斯坦内战爆发后积极居中斡旋。伊朗斡旋的成果是 1995 年的休战协定。1995 年,伊朗总统拉夫桑贾尼在塔吉克斯坦国内的两方势力之间居中斡旋,并成功地让塔吉克斯坦总统拉赫马诺夫(Imamali Rahmanov)和反对派领袖阿卜杜拉·努里(Abudul Nouri)就权力分享和政府改组问题达成共识。1995 年,伊朗总统拉夫桑贾尼邀请拉赫马诺夫和努里在德黑兰签署休战协定。协定的内容包括:(1)双方同意仍然由拉赫马诺夫担任总统,塔吉克斯坦将成立过渡临时委员会;双方承诺新政府保证有反对派代表参加;(2)塔吉克斯坦放开党禁,容许政党自由活动;(3)同意将 1994 年的休战协定再延长一年。双方避免采取敌对和极端政策;(4)如需沟通,政府和反对派将在德黑兰和莫斯科交替举行会谈;(5)伊朗和俄罗斯将被指定监督两方的停火和塔吉克斯坦和平进程。[32]

伊朗斡旋塔吉克斯坦内战的积极意义在于:第一,缓和外交是拉夫桑贾尼奉行的外交原则,而斡旋塔吉克斯坦内战是缓和外交的具体体现。第二,同俄罗斯武装干涉塔吉克斯坦内战不同,伊朗的手段是外交斡旋,伊朗的停火斡旋对塔吉克斯坦内战起到降温作用。内战爆发后,俄罗斯支持塔吉克斯坦政府,并联合独联体国家出兵帮助塔吉克斯坦政府阻止反对派通过阿富汗走私武器和政治渗透,但是俄罗斯的武装干涉以失败告终。[33]第三,伊朗的和平斡旋促进了俄伊关系。伊朗斡旋冲突是在俄罗斯武装干涉失败后进行的,伊朗在斡旋中始终强调俄罗斯在塔吉克斯坦和地区的作用。这既保住了俄罗斯的外交颜面,也没有让伊朗的斡旋成为俄伊关系发展的障碍。[34]

斡旋亚美尼亚和阿塞拜疆冲突也是拉夫桑贾尼的外交努力。1988 年亚美尼亚和阿塞拜疆围绕纳戈尔诺-卡拉巴赫自治州(Nagorno-Karabakh,简称纳卡)的归属问题发生了激烈的冲突。纳卡属于苏联的遗留问题。在苏联时期,尽管亚美尼亚人在纳卡自治州占多数,但在行政上归属阿塞拜疆。阿塞拜疆独立后要收回纳卡的自治权,但亚美尼亚人主导的议会却通过决议要纳卡同亚美尼亚合并。阿塞拜疆拒绝承认合并决议和全民公决。1992 年 12 月,阿亚两国围绕纳卡归属问题爆发了战争。[35]

面对近邻阿塞拜疆和亚美尼亚爆发战争,伊朗积极出面斡旋。除了担心冲突将引发难民逃往伊朗之外,伊朗期望这两个同伊朗都存在渊源和联系的国家能够息事宁人结束战争。从族群关系上看,伊朗国内有100万—150万亚美尼亚族人,他们已完全融入伊朗的政治和社会。伊朗的亚美尼亚族人期望亚美尼亚在纳卡冲突中获胜,也期望伊朗在冲突中支持亚美尼亚。从历史上看,阿塞拜疆是伊朗领土的一部分,是被沙俄通过战争和不平等条约所侵占。从宗教联系上看,阿塞拜疆还是中亚地区为数不多的什叶派占多数的国家。在宗教联系上,伊朗似乎更应该支持阿塞拜疆。

但是伊朗担忧阿塞拜疆在战争中取胜将会催化伊朗国内阿塞拜疆省的分离运动,威胁伊朗的国家统一。伊朗还对阿塞拜疆成为美国在中亚的支点国家表示不满。伊朗担心日益密切的美阿关系将危及伊朗的国家安全。因此民族分离和地缘考量超越了宗教因素,让伊朗不敢支持阿塞拜疆,而是选择敦促双方休战停火。

在斡旋纳卡冲突上,伊朗的表现主要包括:一是短暂促成双方停火。1992年末阿亚两国爆发战争后,伊朗提出了冲突解决方案:(1)督促双方先暂时停火,然后过渡到永久停火;(2)伊朗派驻观察员监督停火;(3)双方交换战俘和遇难者的尸体;(4)敦促阿塞拜疆解除对纳卡的经济制裁,开通对纳卡的通信和人道主义通道;(5)组建离散难民者安置委员会,对纳卡地区实行人道主义援助;(6)开展确定纳卡的未来政治地位的谈判。[36]伊朗宣布停火为双方冷却事端建立互信提供了机会。阿亚两方从1994年3月21日开始停火。但是停火维持时间较短。二是签署有关双边停火的《德黑兰声明》。1994年5月,在伊朗总统拉夫桑贾尼邀请和斡旋下,阿塞拜疆代总统马迈多夫(Yakub Mamedov)和亚美尼亚总统派特罗斯延(Levan Ter-Petrosyan)签署了《德黑兰声明》。声明的主要内容包括:(1)双方同意在伊朗总统特使的斡旋下同相关各方谈判;(2)双方确定停火并保证纳卡的交通和通信的畅通;(3)双方同意尊重人权和少数族群的权益,解决难民问题;(4)伊朗观察员、欧安会议观察员和联合国人员将监督停火。[37]

尽管如此,伊朗的停火协定并未成功。亚美尼亚在协定签署当天就破坏停火协定,占领存在争议的舒沙地区。由于伊朗缺乏约束强者和保障弱者的手段,因此军事上处于劣势的阿塞拜疆不再信任伊朗。伊朗并未实现通过斡旋赢得冲突双方对伊朗的善意。战争结束后,亚美尼亚同伊朗关系尚可。[38] 但阿塞拜疆认为俄罗斯和伊朗并不友好,转而更注重发展同美国的关系。

从成果来看,拉夫桑贾尼凭借海湾危机修复同海湾国家的关系较为成功。但在稳定北方的政策上,伊朗的斡旋政策并未真正得到阿塞拜疆、塔吉克斯坦等国家的理解。但不管怎样,无论是对南方还是北方,伊朗基本放弃了对外输出伊斯兰革命,而是以更加务实温和的政策修复同周边国家的关系。在这一点上拉夫桑贾尼的缓和外交值得肯定。

第三节　伊朗同欧盟的关系改善与紧急对话

冷战后,伊朗同欧盟改善关系具有重要的意义。[39] 由于欧盟在国际关系上倡导民主化和多极化,因此伊朗将欧盟视为可以制衡美国的国际力量。另外欧盟是伊朗能源的主要出口国和技术设备的进口国,这对伊朗进行战后重建和突破美国的经济制裁十分重要。因此,如果同欧盟搞好关系,伊朗就找到了经贸合作的好伙伴,并对冲美国制裁所带来的压力。

一、德国同伊朗的关系发展与"紧急对话"的先声

英法德是欧盟最主要的三个国家,因此伊朗期望同英法德入手,改善同欧盟的关系。伊朗的第一目标是德国。德伊关系并未受到伊斯兰革命和两伊战争的影响,德国在两伊战争中的立场是保持中立,不支持一方打击另一方,也不向作战方出售武器。两伊战争期间,伊朗外交部副部长穆萨维(Mir-Hussain Musavi,1981 年)、外交部长韦拉亚提(1983 年)、外交部副部长艾迪比利(Kazempour-Ardabili,1983 年)、议会外交政策委员会主席艾哈迈德·阿齐兹(Ahmad Azizi,1983 年)等官员多次访问德国。1984 年 7 月,联邦德国外交部长根舍访问伊朗,

根舍也是革命后联邦德国和欧洲首位访问伊朗的高级官员。[40]

　　两伊战争结束后,联邦德国同伊朗的关系快速升温。1988 年 12 月,根舍带领联邦德国经贸代表团访问伊朗,并先后会见伊朗外交部长韦拉亚提、议长拉夫桑贾尼和总统哈梅内伊等人。德伊双方就经贸关系、战后重建、人权问题、解救被扣押的联邦德国人质等问题进行了探讨和交流。根舍在访问中公开宣布伊拉克是两伊战争的侵略者,伊朗是被侵略的受害国家。[41]根舍的表态是西方国家首次公开就两伊战争的正义性问题发表的声明。这也体现了联邦德国在外交上对伊朗的支持。

表 2.1 　伊朗同德国之间的主要访问

时 间	出访官员	接待官员	话题或成果
1988 年 12 月	联邦德国外交部长汉斯-迪特里希·根舍(Hans-Dietrich Genscher)	伊朗外交部长韦拉亚提、总统哈梅内伊、议长拉夫桑贾尼等	德伊经贸关系、战后重建、人权问题、德国人质
1989 年 1 月	联邦德国建设部长弗里德里希·齐默尔曼(Friedrich Zimmermann)	伊朗建设部长古拉姆瑞扎·福鲁泽什(Gholamreza Forouzesh)等	战后重建、德伊经济关系
1991 年 2 月	伊朗外交部长韦拉亚提	德国外交部长根舍、总理赫尔穆特·科尔(Helmut Kohl)、总统里夏德·魏茨泽克(Richard von Weizsacker)等	海湾危机、中东地区安全、德伊双边关系
1991 年 5 月	德国外交部长根舍	伊朗外交部长韦拉亚提等	德伊正常化;伊拉克库尔德难民问题
1991 年 10 月	德国议员施塔肯(Starken)	伊朗外交部长韦拉亚提、议长拉夫桑贾尼、议员鲁哈尼等	请求伊朗帮助解救德国在黎巴嫩人质等
1992 年 1 月	德国司法部长克劳斯·金克尔(Klaus Kinkel)	伊朗司法部长伊斯梅尔·舒沙塔里(Esmail Shooshtari)、外交部长韦拉亚提、总统拉夫桑贾尼	扩大德伊关系;人权问题;德国人质;司法备忘录

时　间	出访官员	接待官员	话题或成果
1992 年 5 月	德国国务部长贝恩德·施米德鲍尔(Bernd Schmid-bauer)	伊朗情报部长阿里·法拉希安(Ali Fallahian)、总统拉夫桑贾尼等	情报合作
1992 年 7 月	伊朗外交部长韦拉亚提	德国总理科尔、外交部长根舍、经济部长、国务部长等	德伊双边关系
1992 年 11 月	伊朗司法部长比贾尼(Bijani)	德国司法部长扎比内·施纳伦贝格尔(Sabine Schnar-renberger)等	签署立法司法议定书

资料来源:作者根据新闻材料自制。

　　1991 年 2 月,伊朗外交部长韦拉亚提在德国统一后首次访问德国,并会见了德国外交部长根舍和总理科尔。由于海湾战争迫在眉睫,韦拉亚提向科尔提出伊朗的双撤军方案,即伊拉克从科威特撤军,多国部队从海湾撤军。韦拉亚提还表示海湾安全应由地区国家负责。军事手段只会加剧地区紧张。科尔赞赏伊朗在结束海湾危机所做出的外交努力。[42]此外韦拉亚提还充当德国总统和伊拉克总统萨达姆之间的信使,韦拉亚提向德国总统魏茨泽克转述总统拉夫桑贾尼的口信,魏茨泽克的回应是如果萨达姆不从科威特撤军,美国将打击伊拉克。韦拉亚提回国后将魏茨泽克口信转给拉夫桑贾尼。拉夫桑贾尼又将德国信息传给萨达姆。萨达姆回复称伊拉克准备遵守安理会第 660 号决议从科威特撤军。韦拉亚提得到回复后转给魏茨泽克。[43]韦拉亚提的口信外交也是伊朗为避免海湾战争爆发所做的最后努力。

　　韦拉亚提访德之后,德伊关系进入了快速发展的阶段。这一阶段呈现如下特点:第一,德伊两国官员互访频繁、高度机制化。双边探讨的议题既涉及伊朗的战后重建、解救德国人质等双边问题,也涉及海湾危机、中东安全结构等地区问题。德伊走近对急于摆脱外交孤立的伊朗来讲是巨大的外交鼓励。德伊在外交上还实现了机制化。德伊建立的外交机制包括:外长会晤(1988 年 12 月、1991 年 2 月、1991 年 5 月、1992 年 7 月、1996 年 9 月)、科尔与拉夫桑贾尼的电话外交(1991 年 3

月、1992 年 7 月)、特使机制(德国科尔特使维利·维梅[Willy Wieme],
1996 年 5 月和 8 月)等。

第二,部门间合作是德伊两国交往的亮点。伊朗的电信部长、矿业
部长、重工业部长、司法部长、央行行长等官员都先后访问德国。而德
国的环境部长、议会副议长、新闻署署长等官员也先后访问伊朗。此
外,德伊还注意加深两国间的媒体、语言文化、文化团体、人权组织、妇
女组织之间的交流。这些交流丰富了两国文化交流的内涵,有助于两
国民众间培养信任。德伊两国还签署《德伊文化协定》,但该协定因霍
梅尼签发拉什迪的追杀令而废止。

第三,德伊两国的经贸得到快速发展。德国是伊朗主要的贷款国。
两伊战争后伊朗外债达到 300 亿美元。由于美伊关系紧张,西方国家
不愿得罪美国为伊朗提供债务展期。但德国率先破局为伊朗提供贷
款。1992 年,德国为伊朗提供 45 亿马克的贷款。1993 年,德国西门子
公司同意为伊朗提供 4.3 亿马克的债务延期。1994 年,德国同意伊朗
延期支付 42 亿马克。[44]这些贷款和债务延期为伊朗提供了国家重建需
要的宝贵资金。

第四,人质问题是德伊关切的现实问题。1992 年 1 月,德国司法
部长金克尔向伊朗提出协助解救人质。拉夫桑贾尼表示愿意帮助解救
在黎巴嫩扣押的德国人质。1992 年 6 月,德国人质托马斯·肯普特内
尔(Thomas Kemptner)和海因里希·施特比格(Heinrich Strubig)获
释,德国对此向伊方致谢。[45]

德伊关系的回暖对急于打开国际局面的伊朗来讲意义重大。德国
能够成为伊朗发展同欧盟关系的抓手。而德国通过同伊朗建立起较好
的关系介入中东事务,这也刺激欧盟更积极地介入中东地区的事务。

二、伊朗同法国改善关系

伊朗同法国的双边关系相对复杂。法国在 1978—1979 年曾容留
被流放的宗教领袖霍梅尼。但是革命后法伊关系的发展并不顺畅。法
国对伊拉克军售是法伊关系发展的主要障碍。两伊战争期间,法国是
伊拉克最主要的武器供应国,军售金额高达 55 亿美元。法国向伊拉克

出售幻影-F1战斗机、超级军旗战斗机、飞鱼导弹等武器，在打击伊朗目标上发挥了重要的作用。[46]伊朗对此十分不满。

除了军售问题，法伊之间还存在以下矛盾：第一，伊朗抗议法国容留伊朗前总统和反对派领袖。1981年7月，伊朗前总统巴尼萨德尔、"人民圣战者组织"领袖马苏德·拉贾维（Massoud Rajavi）和玛丽阿姆·拉贾维（Maryam Rajavi）等人被霍梅尼清洗后流亡法国，并将法国作为反对伊朗的大本营。[47]伊朗对此不满。第二，法国指控伊朗策划巴黎连环爆炸案等暴恐和暗杀事件。1985年12月到1986年9月，法国巴黎先后发生13起爆炸案。嫌疑犯在受审时供认他们虽然受黎巴嫩真主党的指挥，但爆炸指令来自伊朗。目的是阻止法国向伊拉克军售。[48]伊朗还涉嫌在法国暗杀伊朗前首相沙普尔·巴赫蒂亚尔（Shapur Bakhtiar）等前政府官员。[49]第三，法国指控伊朗在黎巴嫩绑架法国人质。1986年9月，马塞尔·库德里（Marcel Coudry）等五名法国电视台人员在贝鲁特被绑架。1988年5月，法国记者让·考夫曼（Jean-Paul Kauffman）和社会学家米夏埃尔·瑟拉（Michael Seurat）在贝鲁特被绑架。法国指控伊朗通过杰哈德等组织逮捕上述公民。[50]第四，关于欧洲气体铀浓缩公司的股份问题。欧洲气体铀浓缩公司是由法国、比利时、意大利等国组成的合资公司。巴列维曾经花费10亿美元购买该公司10%的股份。革命后的伊朗向法国索赔但遭到法国拒绝。这也成为影响伊朗同法国关系的障碍。[51]由于存在上述问题，法伊关系发展并不顺畅，法伊两国最终因使馆间谍案在1987年7月断绝外交关系。[52]

尽管伊朗同法国存在诸多矛盾和问题，但是两国也在谋求消除两国间的障碍。有关"人民圣战者组织"问题，1986年法伊两国达成交易。法国驱逐"人民圣战者组织"领导人马苏德·拉贾维等主要成员，伊朗则帮助法国解决在黎巴嫩等国被扣押的法国人质。[53]有关法国的军售问题，1988年两伊战争结束后，法国对伊拉克的军售也不再是法伊两国间的主要障碍。有关欧洲气体铀浓缩公司的问题，1991年10月，伊朗同法国就欧洲气体铀浓缩公司的索赔问题达成协定。这些问题的解决让法伊关系逐渐走向顺畅。

拉夫桑贾尼上台后，伊朗同法国的关系趋暖。1996年美国康菲石油公司因为政府出台《伊朗—利比亚制裁法》被迫退出伊朗的能源开发项目,法国公司道达尔石油公司接盘了上述项目。而且法国还带头抗议美国援引《伊朗—利比亚制裁法》制裁欧洲公司。法国政府表示,法国公司不受美国国内法律的约束。如果美国制裁道达尔等同伊朗存在业务联系的法国公司,法国将上诉世界贸易组织,控诉美国的长臂管辖和霸权行径。[54]

三、伊朗同英国的关系改善与欧盟的"紧急对话"

革命后英国被伊朗视为"小撒旦"和最不受欢迎的国家。1980 年 4 月,英国召回本国驻伊朗大使,断绝同伊朗的外交关系。1988 年 12 月,伊朗同英国恢复外交关系。1989 年 3 月,伊朗因为拉什迪事件同英国断交。而这距离上次英伊恢复外交关系不足三个月。1990 年 9 月,英伊两国再度恢复了外交关系。英伊恢复关系的原因:一是海湾危机让海湾局势骤然紧张,战争一触即发。英伊两国在要求萨达姆撤军问题上立场一致。英国对伊朗开展外交斡旋表示赞赏,肯定伊朗在危机时发挥的积极作用。二是英国解救人质需要伊朗的帮助。约翰·麦卡锡(John McCarthy)、杰基·曼宁(Jackie Manning)、特里·韦特(Terry Waite)等英国公民先后被黎巴嫩真主党扣为人质。英国在人质解救上有求于伊朗。三是罗杰·库珀(Roger Cooper)间谍案事件得到解决。库珀是英国记者,他在以美国麦克德莫特国际公司的雇员身份前往伊朗时,被伊朗警方以间谍罪逮捕判刑。[55]在英国政府的多次要求下库珀被释放。这也让英伊复交成为可能。1990 年 6 月,伊朗北部发生地震,英国向伊朗提供人道主义援助。伊朗对此表示感谢。1990年 9 月,英伊两国同意恢复被断绝的外交关系。

英伊建交后,两国注意解决阻碍两国关系发展的障碍。1991 年,约翰·麦卡锡等 3 名人质在伊朗的协助下被释放。英国伦敦刑事法院撤销对焚毁《撒旦诗篇》书店的伊朗人迈赫达德·考卡比(Mehrdad Kowkabi)的起诉,并将其释放。至此英伊两国解决了阻碍两国关系发展的主要障碍。英伊关系的改善促使欧盟在 1992 年 12 月开启同伊朗的"紧急对话"。

1990 年 10 月,欧盟取消对伊朗的经济制裁,但是人权等问题始终是欧伊之间的重大问题。1991年欧盟通过《人权宣言》，并将其视为欧盟对外关系的核心内容。1992年欧盟提出共同的外交与安全政策，强调欧盟成员国在对外关系上采取一致的立场。1992年欧盟部长会议指出伊朗存在"侵犯人权"、阻碍巴以和平进程、拒撤拉什迪追杀令、支持恐怖主义等问题，并将欧盟同伊朗的经贸关系同伊朗改善人权状况联系在一起。即只有伊朗在人权、恐怖主义、中东和平进程等问题上做出改进之后，欧盟才会发展同伊朗的正常经贸关系。

1992年12月11—12日，欧盟委员会在英国爱丁堡举行峰会。欧盟委员会宣布欧盟在峰会上提出将就人权等问题同伊朗开展紧急对话。爱丁堡峰会通过的决议指出：(1)鉴于伊朗在中东地区的重要性，欧盟将同伊朗在一些重要议题上开展紧急对话，以敦促伊朗做出重大改进。这些议题包括改善人权、撤销拉什迪追杀令、停止支持恐怖主义等。伊朗的改善程度将决定欧盟对伊朗的评估和伊欧关系的发展。(2)欧盟承认伊朗有权发展先进武器来保障国家安全，但伊朗的武器发展不得危及中东地区的安全与稳定。(3)欧盟呼吁伊朗在巴以和平进程上采取建设性政策。[56]爱丁堡峰会决议表明，欧盟已经将人权、中东和平进程、恐怖主义等问题政治化。如果伊朗期望同欧盟进一步发展经贸关系，那么伊朗必须在上述问题上做出改变。[57]

爱丁堡峰会后，欧盟对伊朗的紧急对话主要针对拉什迪追杀令、人权问题、武器问题、巴以和平进程等四项议题。但是紧急对话并未得到伊朗的积极响应。在拉什迪追杀令问题上，伊朗表示，按照什叶派的宗教传统，宗教法令一旦发布，只有发出法令的宗教领袖才有权撤回。由于霍梅尼已经去世，这表明伊朗不愿意撤销拉什迪追杀令。伊朗拉夫桑贾尼政府所做的唯一承诺是不去执行对拉什迪的暗杀行动。伊朗认为人权问题是伊朗的内部事务，绝不容许欧盟指责和干涉。但伊朗表示愿意接受欧盟等第三方调查伊朗的人权状况。在武器问题上，伊朗认为自己向黎巴嫩真主党、杰哈德、哈马斯等组织提供武器和资金是正当合法的，因为他们不是恐怖分子而是为巴勒斯坦事业奋斗的自由战士。伊朗只接受安理会通过的恐怖组织标准，不接受欧盟的恐怖组织标准。在巴以和平进程问题上，伊朗认为美国推动的和谈都是偏袒以色列损害巴勒斯坦。伊朗不接受美欧敦促巴勒斯坦放弃武装斗争赢得和平的提议,伊朗仍将支持巴勒斯坦人民采取各种方式争取民族解放。

　　由于伊欧双方各持己见,欧盟的紧急对话时断时续缺乏突破。1997 年 4 月,德国柏林法院裁定在 1992 年 9 月发生的麦克诺斯餐馆(Mykonos)刺杀事件是伊朗高官参与的有预谋的政治暗杀。暗杀令虽发自伊朗内政部长,但精神领袖哈梅内伊和总统拉夫桑贾尼都了解内情。[58]德国法庭向相关嫌疑犯签发逮捕令,欧盟在柏林法院宣判后暂停同伊朗的紧急对话。

　　柏林宣判和紧急对话暂停也让德伊关系迅速转冷。德国在案件宣判后宣布召回驻伊朗大使,暂停对伊朗的紧急对话并取消德伊间部长级互访。作为回应,伊朗也召回大使、减少了同德国的联系。

　　除了法庭裁决,德伊关系由热转冷的原因在于:第一,伊朗在德国和欧洲从事的暗杀活动和间谍活动危及双边关系。伊朗涉嫌参与的刺杀案包括:发生在维也纳的伊朗库尔德领袖阿卜杜拉·卡西姆鲁遇刺案(Abdul Rahman Ghassemlou Assasination,1989)、发生在瑞典的伊朗库尔德人士卡里姆·穆罕默德扎德赫遇刺案(Karim Mohammedzadeh Assasination,1990)、发生在瑞士的伊朗前驻联合国大使卡泽姆·拉扎维遇刺案(Kazem Rajavi Assasination,1990)、发生在巴黎的伊朗前首相普尔·巴克哈提尔遇刺案(Shapour Bakhtiar Assasination,1991)、发生在波恩的伊朗民权人士法雷杜恩法·法娄卡哈扎德(Fereydoun Farrokhzad Assasination,1992)遇刺案、发生在柏林的库尔德领袖麦克诺斯遇刺案等。第二,德国公民在伊朗拘押受审案件。1992 年德国媒体指责伊朗驻德国大使馆从事间谍活动,为此伊朗先后拘押审判斯兹曼库斯、巴克赫曼、费舍尔、施勒格等德国公民。伊朗以间谍罪起诉伊裔德国公民法拉加·萨尔库赫伊。这些案件影响着德伊关系的发展。[59]第三,伊朗官员在欧洲遭袭让伊朗不满。伊朗的反政府组织"人民圣战者组织"先后在波恩、汉堡、马德里等地袭击伊朗的外交使团、伊朗外交部长、伊朗文化与伊斯兰指导部长,这些恐怖主义袭击让伊朗指责德国等国家有意纵容伊朗反对派在其境内活动,给德伊关系带来不利的影响。第四,欧盟成员国、美国和以色列反对德伊建立特殊关系。欧盟与伊朗的紧急对话搁浅后,英国等欧盟成员国要求德国终止同伊朗的密切关系。德国总理科尔在 1995 年先后出访美国和以色列时,美国总统克林顿和以色列都反对德伊发展更紧密的关系。在欧盟和美以两国的压力下,德国不能单独同伊朗保持密切关系。

尽管如此,欧盟与伊朗的紧急对话还是值得肯定:第一,欧盟肯定了拉夫桑贾尼上台后伊朗在内外政策上所发生的积极变化。欧盟认为霍梅尼去世后,伊朗在外交上走向温和,不谋求改变海湾的地缘政治和地区稳定。对此欧盟应当肯定并采取适当的措施予以鼓励。第二,紧急对话强于美国对伊朗的"遏制政策"。在敦促伊朗改变行为上,欧盟强调说服和接触,以道义和规范促使伊朗改变。这种做法同美国的胁迫外交大相径庭。欧盟明确反对美国的长臂管辖,反对美国违反国际法对欧盟企业和实体进行次级制裁。第三,欧盟对伊朗的认知同美国不同。欧盟将伊朗定位为有缺点的主权国家。欧盟认为尽管革命后的伊朗在内政外交上存在问题,但欧盟仍然认为伊朗是拥有独立主权的平等国家,并可以通过接触和对话帮助伊朗解决问题。但美国从外交上不承认伊朗,也不承认伊朗政权的合法性。对伊朗的认知差异决定美欧对伊朗采取不同的政策。

第四节 "双重遏制"政策与克林顿政府对伊朗的围堵

随着海湾战争的结束,海湾局势逐渐回归常态。但伊朗在海湾危机的外交斡旋和积极作用并未得到持久的回报。美国将伊朗视为同伊拉克等量齐观的国家,需要从外交、经济和安全上加以防范。沙特、科威特等海湾国家也不再将伊朗视为可以解决海湾问题的地区大国,而是选择同美国结盟对抗伊朗。

一、美国克林顿政府的"双重遏制"政策

1993年5月,美国克林顿政府在海湾推出同时遏制伊朗和伊拉克的"双重遏制"政策(the Policy of Dual Containment)。美国国家安全委员会近东和南亚事务主任马丁·因迪克(Martin Indyk)是"双重遏制"政策的首倡者和规划者。因迪克认为,冷战后国际格局和中东地区格局都发生了深刻的变化,美国成为世界上唯一的超级大国,美国有意愿

也有能力推行更坚定的海湾政策,不再需要玩权力制衡的游戏。美国以前曾倚重伊拉克制衡伊朗,但却因为伊拉克侵略科威特而愿望破灭。冷战后美国不再需要倚重他国来制衡伊朗,而是要直接对抗和遏制伊朗。美国遏制伊朗就是要改变伊朗的行为,让伊朗在大规模杀伤性武器、中东和平进程、支持国际恐怖主义、人权等问题上做出重大让步。只要时间足够并且坚持不懈,美国对伊朗的全面制裁就会生效。[60]

与因迪克的政策提议一致,1994 年 4 月,美国总统克林顿的国家安全顾问安东尼·莱克(Anthony Lake)在《外交季刊》上发表文章表示,伊朗是逆时代潮流而动的"恶棍"和"后冲国家"(Backlash State)。在美欧致力于扩展民主、倡导市场经济、推进集体安全的时候,伊朗却在国内实行高压统治,对外输出激进的意识形态,威胁国际安全和地区稳定。因此作为冷战后唯一的超级大国,美国为了海湾石油的自由流动,为了保障美国在海湾的利益和地区稳定,应当以海合会为依托遏制伊朗。不仅如此,美国还肩负着"以压促变"的责任,通过遏制和施压来改变伊朗和伊拉克的行为,让伊朗等国成为能为国际社会做出贡献的建设性成员。[61]

美国克林顿政府推出"双重遏制"政策更像是冷战时期遏制苏联的政策翻版,都是在外交、经济、安全、军事上对目标国家进行全方位的围堵。这一政策旨在遏制在美国看来有称霸诉求的伊朗和伊拉克,伊朗降到了和侵略者伊拉克一样的地位。这意味着,地区大国伊朗要直接面对超级大国美国的遏制和压力。

二、伊朗同海合会国家关系趋冷与海湾的安全构建

尽管伊朗在反对伊拉克侵略和容留科威特难民上赢得过海湾国家的信任,但是当美国通过海湾战争消除了萨达姆的安全威胁后,伊朗同海湾国家一度走近的关系接近了尾声。1992 年伊朗向阿布穆萨岛派兵事件成为海湾安全形势的转折点,事件后海湾国家同伊朗的关系由热变冷,沙特等国又恢复了对伊朗的警惕和不信任。伊朗对此愤愤不平,认为海湾国家在危机时迎合伊朗,危机过后就背信弃义。

导致伊朗同海湾国家双边关系趋冷的主要原因在于:第一,伊朗同

海湾国家之间的结构性矛盾并未消除。霍梅尼去世后,伊朗在改善同海湾国家关系上做出了很多努力,但是伊朗的法基赫制度没有改变,伊朗的"伊斯兰使命观"和"宗教是非观"也没有改变,改变的只是伊朗暂时不对外输出革命。但只要伊朗的伊斯兰政权存在,就会对海湾的君主国家构成意识形态的威胁。伊朗国内的保守势力不时发出刺激性言论,也提醒海湾国家伊朗仍然具有革命的冲动。实力一旦恢复,伊朗仍将对海湾国家构成威胁。

第二,海湾国家在美伊之间选择了美国而非伊朗。从历史上看,海湾国家长期奉行同美国结盟的政策。沙特早在 1945 年就同美国结成同盟关系。同美国结盟一直是沙特王室抵御外部威胁的最可靠的安全保障。[62]冷战时期,阿联酋、巴林、阿曼、科威特出于保障君主统治和防范苏联威胁的需要,容许美国军队在本国领土驻军。美国在海湾的主要军事基地包括:巴林海军支持设施(Naval Support Activity Bahrain,1971 年)、阿曼的图姆赖特空军基地(RAFO Thumrait Air Base,1977年)、阿联酋的扎夫拉空军基地(Al Dhafra Air Base,1983 年)等。海湾国家同美国的结盟关系不会轻易动摇,更不会因为伊朗在海湾危机中的外交斡旋而改变。另外,伊朗的外交斡旋并未解决海湾危机,最终是美国凭借强大的军事实力打败了萨达姆、解放了科威特。

第三,美伊关系的快速恶化让海湾国家必须选边站队。克林顿就任总统后,美国选择性遗忘了伊朗在海湾危机中所发挥的积极作用,转而奉行"双重遏制"政策。美伊关系交恶封堵了海湾国家同时结好美伊的政策选择。海湾国家要选择美国,就必须疏远伊朗。海湾国家甚至还需要通过军售等向美国表达忠诚。反过来,美国拉近同海湾国家的同盟关系的同时也日益孤立和边缘化伊朗。

第四,6+2 机制的失败让海湾国家更依赖美国的安全保护。1991年 3 月,海合会在叙利亚大马士革举行峰会。峰会的主题是海合会引入域外的埃及和叙利亚,建立跨地区的集体安全机制。会后各方签署的《大马士革宣言》提出,未来海湾的安全机制是 6+2 或 GCC+2 模式,由海合会 6 国和埃叙 2 国共同组成。海合会 6 国将在未来 5 年内共向埃叙两国支付 100 亿美元的安全费用,邀请埃叙两国派遣军队维护海湾的安全与稳定。[63]6+2 新机制是海合会国家在安全上的新尝试,性质是花钱买安全,雇用埃叙军队保障海合会国家的安全。但新机制实施所遇到的问题恰恰出在资金上,海合会国家在安全费用分摊上相互推诿难以达成共识。1991 年 5 月,埃及军队先后撤出沙特和科威特,6＋2 机制就此搁浅。新安全机制失败后,同美国结盟保障安全又成了海湾国家的路径依赖和政策首选。[64]

第五,1992 年阿布穆萨事件成为伊朗同海湾国家关系恶化的转折点。1992 年 4 月,伊朗同阿联酋在阿布穆萨岛发生冲突,伊朗驱逐阿联酋的驻守人员并控制了阿方的淡水处理厂等设施。[65]阿布穆萨事件让沙特等国认为伊朗恃强凌弱。阿联酋等国表示要将争议提交给安理会。阿布穆萨事件成为伊朗同海湾国家关系恶化的转折点,伊朗再度被海湾国家视为必须防范的安全威胁。

对美国来讲,从两伊战争到萨达姆入侵科威特再到海湾战争,海湾形势的激烈变动迫使美国思考如何重塑海湾的安全结构。在海湾国家抛弃 6＋2 安全机制后,美国顺理成章地介入海湾安全结构的构建。

1991 年 9 月,科威特同美国签署为期 10 年的《美科防务合作协定》。协定的主要内容包括:(1)提高防务补给和应用的有效性,科威特容许美国在其领土上进行前置军事装备的部署;(2)美国定期向科威特提供防务咨询和情报交流;(3)美科两国将定期举行军事训练和战地演习;(4)科威特容许美国在科驻军。[66]美科协定签署后,巴林、卡塔尔、阿联酋三国在 1991—1994 年也先后同美国签署了双边防务协定。协定为美国在海湾驻军和基地建设提供了法律依据。加上之前的军事基地,冷战后美国在海湾的主要军事基地包括:卡塔尔的乌代德空军基地(Al Udeid Air Base,驻有 1.3 万名美军)、阿联酋的扎夫拉空军基地(Al Dhafra Air Base,驻有 5 000 名美军)、科威特的阿里·萨利姆空军基地(Ali Salem Air Base,驻有 1.3 万名美军)、巴林麦阿麦海军支持设施(驻有7 000 名美军)。在海湾的军事基地成为美国防范两伊和应对地区冲突的前沿部署。

除了军事基地,美国还要求沙特、科威特等国加强自己的军力建设,购买美制武器提高军事装备的水平。海湾战争后,海湾国家掀起购买美制武器的高潮,沙特、科威特、阿联酋、卡塔尔等国成为美国武器最大的买家,每年购置几十亿到数百亿美元的美制武器。这也是海湾国家向美国缴纳的保护费或者说是安全税。"军购换安全"成为美国同海湾国家安全合作的主要模式。[67]通过防务协定和武器购买,海湾在安全上形成美国-海合会同盟对抗两伊的局面。美国助理国务卿理查德·莫菲在 1993 年表示美国不希望任何国家主宰海湾。如果一定要的话,那就是美国。[68]

三、《伊朗—伊拉克不扩散法》与美国阻挠伊朗的核合作

革命后,霍梅尼认为发展核武器有违伊斯兰教的宗教理念,因为核武器能一次消灭数以万计的人口,为此霍梅尼下令终止了国王巴列维在 1957 年开启的核计划。[69]两伊战争期间,伊朗的布什尔核电站两度遭到伊拉克的轰炸袭击。

两伊战争后,伊朗寻找合作伙伴重启布什尔核电站。起初德国的西门子电力公司同意同伊朗合作。但西门子公司在美国的压力下拒绝继续合作。1992 年 8 月,俄罗斯同伊朗签署价值 10 亿美元的布什尔核电站重建合同。1995 年 1 月和 8 月,俄伊两国先后签署首座核反应堆建设合同和核燃料供应合同。根据合同,俄罗斯负责向伊朗核电站提供核电站所需的核燃料棒,并回收可能存在扩散风险的乏核燃料棒。[70]伊朗布什尔核电站因其民用性质被原子能机构纳入监管,核电站启动标志着伊朗进入民用核电开发的阶段。

冷战后美国将大规模杀伤性武器扩散视为美国新的安全威胁,核武器因为比生物武器和化学武器更具威慑力从而成为防扩散的重点。由于核能兼具军民两用的特性,因此伊朗的核计划成为美国严防死守的重点对象。美国一直指责伊朗在以发展民用核能的名义发展核武器。

美国主要从多边和双边两个层面阻止伊朗的核活动。从多边层面,美国的最大努力是完善国际核不扩散机制,敦促中法这两个核国家签署《不扩散核武器条约》。中国于 1992 年 3 月签署《不扩散核武器条约》,加入了美国主导的国际核不扩散机制。法国也于 1992 年 8 月签署了《不扩散核武器条约》。中法两个核国家的加入封堵了国际核不扩

散机制的原有漏洞,也意味着所有核国家都要遵守《不扩散核武器条约》的相关责任和义务,核不扩散机制成为了全球有约束力的国际机制。任何核国家不得向伊朗等无核国家转让核武器以及同核武器相关的核技术、核材料和核设备等。另外,核不扩散机制是一整套的国际多边条约、协定和安排。该机制除了《不扩散核武器条约》,还包括核供应国集团[71]《瓦森纳安排》、无核区条约[72]等,这些涉核的多边公约和条约共同构成了国际核不扩散机制。

在核不扩散机制基础上,美国还将防扩散的理念建构成新的国际规范。1991年4月3日,联合国安理会通过第687号决议宣布禁止伊拉克拥有核武器等大规模杀伤性武器。这一决议剥夺了伊拉克发展核武器的自由。[73]1992年1月31日联合国安理会发表的主席声明提出,包括核武器在内的所有大规模杀伤性武器的扩散是对世界和平与国际安全的威胁。[74]由于联合国成员国的广泛性,联合国第687号决议及主席声明标志着"核扩散威胁国际安全"的国际规范的确立。

防扩散的国际规范对美国的意义在于,美国能够以防扩散的国际规范为工具,制约伊朗等无核国家发展核武器。这样冷战后核不扩散条约体系和防扩散的国际规范一起,从制度约束和道义规范两个层面约束了伊朗等无核国家发展核武器。

从双边层面看,美国主要是阻止中国、俄罗斯等国同伊朗进行任何形式的核合作,美国认为伊朗同其他国家的任何核合作都是为发展核武器收集相关的核技术、核材料和核设备。1992年10月,美国通过《伊朗—伊拉克不扩散法》,反对其他国家向伊朗和伊拉克转让任何与核生化武器和先进武器相关的技术和商品。任何违反上述法律的国家、公司实体和个人都将受到美国的制裁。

冷战后,美国一直敦促中国加入核不扩散机制。1990年,中国同伊朗签署《核合作协定》。美国开始密切关注中国同伊朗之间的核能合作。为防止中国向伊朗转让核技术和核设备,美国利用是否给予中国最惠国待遇地位来阻挠中伊两国的核合作。[75]

为了阻止俄罗斯帮助伊朗开发布什尔核电站项目,1995年1月,美国国防部长威廉·佩里(William Perry)向俄罗斯外交部长安德烈·科济列夫(Anderi Kozyrev)承诺,如果俄罗斯终止布什尔核电站项目,美国将向俄罗斯提供 10 亿美元投资。[76] 1995 年 5 月,美俄两国总统举行会晤,克林顿要求叶利钦取消俄罗斯同伊朗的核电合作项目,但是叶利钦拒绝了美国的提议并表示,俄罗斯向伊朗布什尔提供的核电机组同美国向朝鲜提供的核电机组十分类似,不存在核扩散和让伊朗发展核武器的可能。叶利钦还表示,伊朗作为《不扩散核武器条约》的签署国享有和平利用核能的权利。[77] 美国学者盖里·斯克(Gary Sick)曾指出,美国无视伊朗是《不扩散核武器条约》的创始国和签约国,不惜动用政治和外交权力压迫中俄两国终止同伊朗的核电合作,这是超级大国的恃强凌弱的行为。[78]

四、拉夫桑贾尼对美国的经济外交与《伊朗—利比亚制裁法》

两伊战争结束后,伊朗总统拉夫桑贾尼对外推行缓和外交。尽管拉夫桑贾尼意识到,伊朗要摆脱国际孤立绕不开美国,但是伊朗对美国的外交政策迟迟没有出台。其原因在于:第一,美国外交仍是伊朗外交的政策红线。在后霍梅尼时代,在拉夫桑贾尼的带领下,尽管伊朗的外交政策已经转向务实与缓和,但伊朗国内对美国的认知仍然停留在美国干涉伊朗和两伊战争期间支持萨达姆反对伊朗上。虽然有较好的革命资历,但是拉夫桑贾尼还没有强势到力挽狂澜地将伊朗外交从同美国敌对切换到和解的地步。拉夫桑贾尼突破"不要东方",同俄罗斯走向战略接近已经实属不易。如果再突破"不要西方",拉夫桑贾尼可能会因外交步伐迈得太大而招致批评。

第二,拉夫桑贾尼的外交序列是先周边后中欧。拉夫桑贾尼的外交要务是关注海湾和外高加索—里海—中亚等周边地区,为此总统拉夫桑贾尼需要花费大量的时间和精力在海湾危机、纳卡冲突和塔吉克斯坦内战上。周边地区稳定之后,拉夫桑贾尼又将外交重点投放在中国和欧盟上。拉夫桑贾尼的这种外交序列也是在告诉美国,伊朗在地区和世界上并不缺少友邦和朋友。

第三,克林顿的遏制政策让伊朗缺少推动对美外交的机会。冷战后,美国在推行对伊朗的强硬外交上更有实力和信心。克林顿政府开始污名化伊朗,并从外交、安全、经济等方面围堵伊朗。美国不断收紧的政策让拉夫桑贾尼没有机会推动对美外交。

第四,伊朗以经济外交为突破口,谋求打开对美外交的缺口。尽管美伊断交,但是美国跨国企业比如埃克森美孚、可口可乐、波音、微软等公司都垂涎伊朗国内丰富的资源和巨大的市场,并期望开拓伊朗市场赚取利润。美国跨国公司的逐利特性在拉夫桑贾尼看来是美国的致命弱点,即美国的跨国公司不能忽视人口大国伊朗所具有的经济潜力和发展机会,因此伊朗同美国打交道的最好办法是向美国企业提出激励政策,鼓励他们到伊朗投资。只要伊朗能提供条件优惠和利润优厚的订单,美国公司就会积极发展同伊朗的经济交往。而且获益的美国公司会主动去游说美国政府改变对伊朗的遏制政策。退一步讲,即使美国公司不去游说政府,伊朗也乐见美伊关系维持政冷经热的状态。[79]

1995 年 5 月,伊朗同美国康菲石油公司(Conoco Inc.)签署 10 亿美元的石油合同,容许康菲公司参与开发伊朗萨利-A(Serri-A)和萨利-E(Serrri-E)两个区块的近海油气项目。[80]康菲公司以同美国敌对国家比如利比亚和伊朗开展油气合作而著称。康菲公司早在 1991 年就同伊朗接触,商讨利用美国公司的技术开发伊朗的近海油气项目。这份合同是美伊断交后美国公司在伊朗获得的最大项目。[81]但是康菲公司同伊朗的合作在美国国内遭到严厉的批评。包括美以公共事务委员会等亲犹集团强烈反对美国公司同伊朗进行的能源合作,认为这是伊朗对美国公司采取的经济收买政策。美以公共事务委员会还动用自己的资源游说克林顿政府,要求美国政府出面阻止这项能源合作。[82]

由于受到美国国内的强大压力,美国总统克林顿在 1995 年 5 月 6 日签署第 12959 号总统行政命令。行政命令指出,伊朗在加快发展核计划,并继续支持黎巴嫩真主党和巴勒斯坦地区的吉哈德、哈马斯等激进组织,因此美国政府:(1)禁止美国公司从伊朗购买商品或服务,以及为此提供相关的金融服务;(2)如果美国公司需要购买伊朗的商品或服务或从事转口贸易,必须向商务部申请进口许可证;(3)禁止美国公司对伊朗进行新的投资,防止伊朗获取资金更新日渐老化的石油设施。[83]

克林顿的总统行政命令直接封闭了美国公司和实体投资伊朗的大门。这也宣告伊朗拉夫桑贾尼的经济诱导政策的失败。但是美国国内的反伊势力并未就此止步,而是走得更远。1995 年 12 月,美国共和党参议员阿尔福斯·达马托(Senator Alfonse D'Amato)在参议院提出《伊朗对外石油制裁法案》,法案呼吁美国制裁所有向伊朗出售能源技术的外国公司。1995 年 12 月 20 日美国参议院通过《伊朗—利比亚制裁法》。[84]1996 年 6 月 19 日,美国众议院也通过类似的法案。1996 年 8 月 5 日,美国总统克林顿签署《伊朗—利比亚制裁法》。

《伊朗—利比亚制裁法》的主要条款包括:(1)授权美国总统制裁在伊朗投资金额超过 2 000 万美元的外国公司、实体和个人;(2)禁止美国进出口银行对受制裁的外国公司发放贷款或提供金融服务;(3)禁止美国商业银行在一年之内向受制裁的外国公司提供超过 1 000 万美元的商业贷款;(4)禁止美国向受制裁的外国公司出售军民两用技术和商品等;(5)禁止美国政府购买上述被制裁的外国公司的商品和服务。[85]

表 2.2　美国制裁伊朗的法律和行政命令

时　　间	法律或行政命令	主要内容
1992 年 10 月	《伊朗武器扩散法》	禁止转让与核生化武器相关的两用技术和商品
1995 年 3 月	第 12957 号令	禁止美国居民和公司投资在伊朗的石油项目
1995 年 5 月	第 12959 号令	禁止美国进口伊朗的商品
1996 年 7 月	《伊朗—利比亚制裁法》	惩罚在伊朗能源年投资超过 4 000 万美元的外国公司
1997 年 8 月	第 13059 号令	禁止美国商品、技术和服务对伊朗再出口
2000 年 3 月	《伊朗核不扩散法》	制裁资助伊朗武器发展的国家和公司

资料来源：Hossein Alikhani, *Sanctioning Iran：Anatomy of a Failed Policy*, London and New York：I. B. Tauris Publishers, 2000。

《伊朗—利比亚制裁法》出台后,彻底封堵了美国公司同伊朗进行的潜在合作,特别是能源方面的合作。更重要的是,该法确立的一些原则对美伊关系具有更为深远的意义:第一,该制裁法确立了次级制裁的原则。次级是指非美国的公司、实体或个人。从法律上讲,一国制定的法律只能约束本国的公司、实体和个人。但《伊朗—利比亚制裁法》将制裁的对象延伸到了第三国的公司、实体或个人,并对他们进行制裁。第二,该法律赋予了美国域外管辖权。根据该项法律,美国拥有裁定第三国公司同伊朗从事的经营活动是否合法的权限。这样美国就将自己的法律和裁决延伸到国外,实现了长臂管辖。

对于美国通过的这项涉及域外制裁的法律,法国等欧盟国家立即表示强烈的反对。法国表示法国公司不用理会美国的这项法律。一旦法国公司因为同伊朗合作而被美国起诉,法国将向世界贸易组织申诉。第 12959 号总统行政命令和《伊朗—利比亚制裁法》,只是美国制裁伊朗的缩影,从表 2.2 可以看出,克林顿时期美国还密集出台了一系列制裁伊朗的法律和行政命令。经济制裁成了美国对伊朗关系的重要内容。

五、在国际和地区经贸合作上排斥伊朗

除了阻止经贸合作,美国还阻止伊朗参与国际和地区的合作。在这方面,最突出的事例是里海石油的外输通道问题。苏联解体后,外高加索—里海—中亚的地缘经济价值吸引了世界的广泛关注,这主要是因为国际能源市场在冷战后发生了深刻的变化。随着世界经济的发展和新的全球化浪潮的开始,世界经济对能源的需求不断增加,这也带动了国际油价逐渐攀升。但是与能源需求趋旺相比,国际能源的供给却在萎靡。印度尼西亚、尼日利亚、委内瑞拉、中国等传统产油国的石油产量因为油田老化和过度开发不断下降。国际市场期望发现新油田来补充能源供给的不足,里海石油的勘探开发似乎给世界提供了答案。

表 2.3 里海沿岸国家的能源估算数据

国 家	探明蕴藏量/潜在蕴藏量(亿桶)		EIA 潜在蕴藏量(亿桶)
	EIA	BP 阿莫科	
阿塞拜疆	4—13/11	7/30	32/35
伊 朗	0.1/—0	—/—	15/11
哈萨克斯坦	10—18/65—70	8/65	92/88

（续表）

国　　家	探明蕴藏量/潜在蕴藏量(亿桶)		EIA 潜在蕴藏量 (亿桶)
	EIA	BP 阿莫科	
俄罗斯	2.7/n.a	—/—	14/—
土库曼斯坦	0.6/101	0.5/101	80/159
乌兹别克斯坦	0.6/66	0.6/66	—
总　计	18—34/243—248	16/262	293/300
世　界	1 017/5 150	1 046/5 034	—

资料来源：BP Statistical Review of World Energy 2001；U.S. Department of Energy, Energy Information Administration(EIA). Annual Energy Review 2000, Caspian Sea Region：Tables and Graphs, February 2002；EIA. U.S. Crude Oil, Natural Gas, and Natural Gas Liquids Reserves, 2000 Annual Report。

　　由于具备同海湾相似的地质条件,因此里海的油气蕴藏量被赋予了很高的预期,里海被称为"第二个波斯湾"。从表 2.3 可以看出,国际能源署和 BP 阿莫科公司这样的顶级机构也不能准确估量里海的油气储量。但是这抵挡不住美欧的石油公司开发里海能源的热情。英国石油公司等世界著名石油公司纷纷参与里海油气的勘探开发。

　　有开采就要有运输,由于里海沿岸国家的国内需求量较小,因此里海的油气主要依赖于外销,里海的油气外输就拥有了同石油开采同样的价值。石油管线不仅涉及管线的建设、投资和维护,还牵涉巨额的过境费和物流仓储等下游行业,因此管线走向将决定哪些国家从中受益。此外里海的油气外输还涉及油气开采国同过境国的关系,因此油气外输不仅是地缘经济问题,也是地缘政治问题,管线政治由此浮现。

　　里海油气外输有北线、南线和中线三条路径。北线的倡导者是俄罗斯。俄罗斯倡议修建马查卡拉(Machachala)经塔霍拉斯克(Takhoratsk)到新罗西斯克(Novorossiysk),以及从滕吉兹(Tengiz)油田经阿斯特拉罕(Astrakhan)到塔霍拉斯克(Takhoratsk)再到新罗西斯克(Novorossiysk)。这两条子线路的优势是新旧结合。即将新建设的管线接入俄罗斯旧有的油气管线,从而降低新管线的勘测和建设成本。但是阿塞拜疆和美国并不赞同这条线路,因为这会让里海的油气运输受制于俄罗斯。

南线的倡导者是伊朗。南线就是将伊朗作为里海油气外输的陆上走廊。南线的优势一是距离短、地况好;二是基本上只牵涉伊朗一个国家,能避免管线建设出现的国家纠纷和过境费分成的纠纷;三是只需建设连接性的管线。伊朗在里海和海湾两端的石油设施都较为完善,因此建设连接性的管线就能将里海石油外运到海湾。但是选择南线就意味着选择了伊朗,伊朗将成为里海油气外输的唯一赢家。[86] 正因如此,伊朗一直倡议将南线作为里海油气外输的通道。

中线的倡导者是美国。在里海油气的外输问题上,美国考虑的视角是地缘政治高于地缘经济,美国不希望里海管线受制于俄罗斯和伊朗,更不希望俄罗斯和伊朗从油气外输中获利。因此美国提议放弃北线和南线,另起炉灶在中部修建巴库—第比利斯—杰伊汉(Baku-Tibilis-Ceyhan, BTC)管线。

从经济视角看,伊朗倡导的南部管线在建设周期、造价成本、施工难度、管道安全、配套设施等方面具有明显的比较优势。如果里海油气选择南线出口,伊朗只需另外在境内新建数百公里的陆上管线加装转换泵,就能南北贯通。[87] 优越的枢纽地位和低廉成本是伊朗的最大王牌。这也让伊朗对里海管线志在必得。[88]

如果里海管线选择南部线路,将对伊朗产生重大的意义:第一,伊朗将成为里海能源外输的中继站。伊朗将不仅是国际上能源的重要的生产国和出口国,也将是重要的能源输送国。第二,管线优势将密切伊朗同欧盟的能源和经贸联系。里海能源的主要买家是欧盟。伊朗将凭借所掌控的管线进一步扩大对欧盟的能源出口,加强伊欧之间的经贸联系。第三,管线将推动伊朗在里海的能源开发和能源布局。如果南线开通,伊朗不仅将获得每年数亿美元的过境费,还将改善伊朗的能源布局。便利的能源管线将会降低伊朗的里海能源的外输成本,推动伊朗在里海的能源开发,而且会让伊朗南强北弱的能源布局更趋均衡。伊朗甚至会像新加坡一样,利用能源中转的优势发展仓储物流和炼化工业。第四,南线管线将会让伊朗同世界经济紧密相连。鉴于能源在世界经济中的重要性,伊朗将凭借掌握里海和海湾的能源运力,增加伊朗在国际能源和世界经济中的话语权,对冲美国遏制政策对伊朗的负面影响,甚至让美国的经济遏制失败。

但是对美国来讲,美国并未将能源运输成本放在首要的位置。美国政策主要考虑的是:第一,让能源支持独立。维持外高加索—里海—中亚新独立国家的主权独立对美国巩固冷战成果意义重大。国家独立靠经济,阿塞拜疆等国在能源开发的基础上,如果再有相对独立的外输管线,他们就能够摆脱对俄伊两国的经济依赖,维护自己的经济独立和国家主权。[89]因此里海能源外输要避开伊朗和俄罗斯。

第二,美国要让里海国家成为遏制俄伊两国的支点。由于里海—外高加索—中亚新独立国家位于俄伊两国之间,地缘政治价值十分重要。同阿塞拜疆等国维持良好关系就能够让美国介入里海的地区事务,而能源问题是美国的主要“抓手”,凭借同阿塞拜疆、哈萨克斯坦等国的合作制衡俄罗斯和伊朗。

第三,取道中线服务于克林顿政府遏制伊朗的政策。克林顿政府的遏制伊朗政策是想将伊朗隔绝在国际体系之外。巴库—第比利斯—杰伊汉管线项目就是将伊朗隔离在地区经济一体化和世界经济体系之外。这也是克林顿政府在地区和经济上遏制伊朗的表现形式。

第四,美阿的“世纪协定”为美国筹建里海外输管线提供助力。阿塞拜疆独立后奉行亲美亲西方的政策。1994年9月,美国同阿塞拜疆签署高达75亿美元的石油购销合同,共同开发里海石油,由于合同数额巨大而被称作世纪协定。世纪协定为美阿两国深化经贸和能源合作提供了助力,也为落实巴库—第比利斯—杰伊汉管线打下了基础。[90]

基于以上原因,美国从1997年开始极力推介巴库—第比利斯—杰伊汉管线项目。这条石油管线总长计1 768公里,耗资390亿美元。1999年11月,美国同土耳其签署巴库—第比利斯—杰伊汉管线的建设协定。石油管线从2005年5月开工,直到2006年5月正式开通,日运能220万桶。[91]管线建成后,这一地区分裂为两大集团:一个是美国、阿塞拜疆、格鲁吉亚、土耳其四国组成的巴库—杰伊汉集团,另一个是俄罗斯、伊朗、亚美尼亚三国组成的反对集团。地缘经济问题变成了地缘政治问题。

本 章 小 结

拉夫桑贾尼就任总统后,伊朗开始了第二共和国的新征程。拉夫桑贾尼的外交理念是缓和,外交原则是在平等的基础上同其他国家发展关系。这一政策是为了缓和同南方海湾国家因为输出伊斯兰革命而恶化的国家关系,平息同北方外高加索—里海—中亚新独立国家之间的冲突;修复同欧盟国家特别是英国因为拉什迪事件等造成的紧张关系。这也让拉夫桑贾尼时期的伊朗外交呈现新的特色。平等的外交原则意味着伊朗愿意放弃宗教意识形态上的优越感,按照国际上的通行规则处理同其他国家的关系。

伊拉克入侵科威特所造成的海湾危机为拉夫桑贾尼的缓和务实外交提供了宝贵的机会。伊朗极力向世界证明,是萨达姆而非伊朗才是海湾地区安全和世界和平的真正威胁。伊朗在海湾危机中的斡旋外交得到了科威特、沙特的认可。但是海湾战争和1992年阿布穆萨事件,让海湾国家看到的是美国而非伊朗拯救了科威特,他们也看到伊朗不时显露的牙齿。为了自己的安全,他们向美国寻求更可靠的安全依靠,与伊朗的关系从蜜月期退回到国家间的正常关系。美国克林顿政府推出的"遏制两伊"政策让伊朗在地区内更加孤立,伊朗再度被树为美国在海湾和中东的最大敌人。

在对欧盟国家的政策上,伊朗基本修复了与英法德三国的关系。欧盟对伊朗更加重视,并期望通过紧急对话敦促伊朗在行为上做出改变。但是德国的麦克诺斯餐馆裁决让伊朗同欧盟的关系再次陷入低谷,终结了德伊之间的紧密关系。

伊朗对俄罗斯外交和对华外交都取得了突破。冷战后在美国的遏制下,伊朗同俄罗斯抱团取暖,俄伊战略接近成为冷战后俄伊关系的最大变化。拉夫桑贾尼时期也是中伊关系发展最好的时期。除了建立战略关系之外,中伊两国基本都从两国关系走近中得到了自己想要的东西。

不管怎样,拉夫桑贾尼时期,伊朗的外交政策走向务实甚至具有一定的开创性。在经历残酷的战争洗礼和外交孤立后,伊朗尽力摆脱伊斯兰意识形态给国家利益和外交带来的负面影响。但伊斯兰意识形态由伊朗的国家特性所决定,伊朗不可能完全摆脱。这也决定了拉夫桑贾尼及其继任者推行务实外交的限度和难度。

注释

1. 关于两伊战争中的死亡人数,各方统计并不一致,甚至数据之间存在较大的差异。"战争项目联系网站"(The Corelates of War Project)认为伊朗的死亡人数为 75 万。"战争死亡数据库"(Battle Deaths Dataset)认为伊朗的死亡人数为 50 万。伊朗的巴斯基(Basij)则认为伊朗的战争伤亡和平民伤亡分别为 15.5 万和 1.6 万。参见 Charles Kurzman, "Death Tolls of the Iran-Iraq War," October 31, 2013, http://kurzman.unc.edu/death-tolls-of-the-iran-iraq-war/。

2. 东欧剧变和苏联解体之后,国际学术界和各国政界围绕后两极格局的演化问题展开争论。美国学者威廉·沃尔福思(William Wohlforth)认为,两极之后的国际格局是由美国主导的单极格局,并倡导单极稳定论。参见 William C. Wohlforth, "The Stability of a Unipolar," *International Security*, Vol.24, No.1, Summer, 1999, pp.5—41。但是中国、俄罗斯、欧盟认为,两极格局之后的格局是多极格局。参见邓小平:《国际形势和经济问题》,载《邓小平文选》(第 3 卷),人民出版社 1993 年版;美国学者塞缪尔·亨廷顿则认为新的国际格局是美国主导的多极格局,因为美国在冷战后并不能为所欲为,甚至在地区格局中还需要借助地区支点国家的力量,比如利用埃及制衡利比亚,利用沙特制衡伊朗等。参见 Samuel P. Huntington, "The Lonely Superpower," *Foreign Affairs*, March/April, 1999, pp.35—49。

3. Ruhollah Khomeini, *Imam's Final Discourse: The Text of the Political and Religious Testament of the Leader of the Islamic Revolution and Founder of the Islamic Republic of Iran*, Imam Khomeini, Tehran: Ministry of Guidance and Islamic Culture, 1997, p.45.

4. Christin Marchall, *Iran's Persian Gulf Policy: From Khomeini to Khatami*, New York: Routledge Curzon, 2003.

5. Ali Banuazizi, "Faultering Legitimacy: The Ruling Clerics and Civil Society in Contemporary Iran," *International Journal of Politics, Culture and Society*, Vol.4, No.4, 1995, pp.563—578.

6. Sghar Schirazi, *The Constitution of Iran: Politics and the State in the Islamic Republic*, London and New York: I. B. Tauris, 1997, pp.61—80.

7. David Menashri, *Post-Revolutionary Politics in Iran: Religion, Society and Power*, London and Portland: Frank Cass, 2001, p.18.

8. Mahboubi Mohammad, "Witnesses Narrate the Attemp of Rafsanjani to Pass the Sugguestion of Leadership Council," *Raja News*, http://www.rajanews.com/news/214008.

9. Karim Sadjadpour, "Reading Khomeini: The World View of Iran's Most Powerful Leader," *Carnegie Endowment for International Peace*, 2009, https://carnegieendowment.org/files/sadjadpour_iran_final2.pdf.

10. "Profile: Ayatollah Seyed Ali Khamenei," *BBC News*, June 17, 2009, http://news.bbc.co.uk/2/hi/middle_east/3018932.stm.

11. David Menashri，*Post-Revolutionary Politics in Iran：Religion，Society and Power*，pp.14—17.

12. Shaul Bakhash，*The Reign of the Ayatollahs：Iran and the Islamic Revolution*，New York：Basic Books，1984，pp.240—250.

13. "Islamic Republic of Iran，The Supreme National Security Council，" http：//www.iranonline.com/iran/government/government-branches/islamic-republic-of-iran-the-supreme-national-security-council/.

14. 伊朗有几十家宗教基金会。它们以免税待遇、不受政府监管、拥有众多实体而著称、还广泛涉足种植、酒店、汽车制造、造船等行业。资产规模动辄数百亿美元。其中穆斯塔法基金会(Bonyad-e Mostazafan Foundation)是伊朗仅次于国家石油公司的第二大实体。参见 Suzanne Maloney，"Agents or Obstacles? Parastatal Foundations and Challenges for Iranian Development，" in Parvin Alizadeh ed.，*The Economy of Iran：Dilemmas of an Islamic State*，New York：I.B. Tauris，2000，pp.150—160。

15. 首提这一观点的是学者阿努西拉万·艾特沙米(Anoushiravan Ehteshami)。他从伊朗的最高精神领袖的更替、伊朗的主要目标回归国内重建、拉夫桑贾尼的务实作风等视角阐述伊朗在霍梅尼去世后，奉行相对温和务实的地区和对外政策。因此他将霍梅尼去世后的伊朗称为"伊朗的第二共和国"。参见 Anoushiravan Ehteshami，*After Khomeini：The Iranian Second Republic*，New York and London：Routledge，1995。

16. Rouhollah K. Ramazani，"Iran's Foreign Policy：Both North and South，" *Middle East Journal*，Vol.46，No.3，1992，pp.393—412.

17. "Iran Has Condemned the Iraqi Invasion，" *The New York Times*，August 16，1990，https://www.nytimes.com/1990/08/16/opinion/l-iran-has-condemned-the-iraqi-invasion-creators-of-a-monster-337190.html.

18. Hooshang Amirahmadi，"Iran and the Persian Gulf Crisis，" in Hooshang Amirahmadi and Nader Entessar ed.，*Iran and the Arab World*，New York：St. Martin Press，1993，p.112.

19. Ibid.，p.113.

20. Ibid.，p.108.

21. Ibid.，pp.117—118.

22. John Pilger，"How the Bushes Bribe the World，From Russia to Iran，" *The Newstatesman*，September 23，2002，https://www.newstatesman.com/node/192550.

23. Christin Marchell，*Iran's Persian Gulf Policy：From Khomeini to Khatami*，pp.112—113.

24. "Past Summit of Gulf Cooperation Council，" http://gcc-summit.org/en/past-summit.html.

25. Nikki R. Kiddie and Rudolph P. Matthee ed.，*Iran and Surrounding World：Interactions in Culture and Cultural politics*，Seattle：University of Washington Press，2002，p.365.

26. Peter W. Wilson and Douglas F. Graham，*Saudi Arabia：The Coming Storm*，New York：M. E. Sharpe，1994，p.118.

27. John W. Garver，*China and Iran：Ancient Partners in a Post-Imperial World*，Seattle and London：University of Washington Press，2006，pp.100—102.

28. Mohiaddin Mesbahi，"Iran's Foreign Policy Toward Russia，Central Asia，and the Caucasus，" in John L. Esposito and Rouhollah K. Ramazani ed.，*Revolution at the Crossroads*，New York：Palgrave，2001，pp.149—174.

29. "Iran, Russia Agree on 800 Million Nuclear Plant Deal," *The Washington Post*, January 9, 1995.

30. 由于核能本身的敏感性,俄伊两国的核能合作引起美国的关注。美国的国防部长威廉·佩里(William Perry)曾向俄罗斯外交部长安德烈·科济列夫(Anderi Kozyrev)承诺,如果俄罗斯终止上述布什尔核电项目,美国将向俄罗斯提供 10 亿美元投资。参见 Gawdat Bahgat, *American Oil Diplomacy in the Persian Gulf and Caspian Sea*, Gainesville: University Press Florida, 2013, p.119。

31. 1997 年 6 月,塔吉克斯坦总统埃莫马利·拉赫蒙(Emomalii Rahmon)和反对派领袖阿卜杜拉·努里(Abudullah Nouri)在联合国秘书长特使格尔德·默雷(Gerd Merrem)的斡旋下签署《和平构建协定》(General Agreement on the Establishment of Peace and National Accord in Tajikistan),协定的主要内容是改组政府,保障扎姆和高努-巴达克哈山平等地享有权力,塔吉克斯坦内战才告结束。参见 Qishloq Ovozi, "Tajikistan's Civil War: A Nightmare The Government Won't Let Its People Forget," June 23, 2017, https://www.rferl.org/a/qishloq-ovozi-tajikistan-civil-war/28575338.html。

32. Mutahir Ahmed, "Civil War in Tajikistan: Internal Strife and External Response," *Pakistan Horizon*, Vol.47, No.4, October 1994, pp.87—95.

33. John W. Parker, *Persian Dreams: Moscow and Tehran Since the Fall of the Shah*, Washington D.C.: Potomac Books Inc., 2009, pp.86—103.

34. Shirin Akiner and Catherine Barnes, "Politics of compromise: The Tajikistan Peace Process," *Accord Issue No.10* of *Conciliation Resources*, 2001, https://www.c-r.org/accord-article/tajik-civil-war-causes-and-dynamics.

35. 纳卡冲突爆发后,联合国、欧安会议组织、俄罗斯、哈萨克斯坦、美国、伊朗都出面斡旋。1994 年 5 月,在俄罗斯斡旋下亚阿两国同意双方停火休战。参见 Sergey Markedonov, "Russia and the Nagorno-Karabakh Conflict: A Careful Balancing," *ISPI Paper*, March 12, 2018, https://www.ispionline.it/it/pubblicazione/russia-and-nagorno-karabakh-conflict-careful-balancing-19832。

36. Mahmoud Vaezi, "Karabakh's Crisis: Iran's Mediation and the Aftermath," *Center for Strategic Research*, December 14, 2008, http://www.csr.ir/departments.aspx?lng=en&abtid=07&&depid=74&semid=1387.

37. "Joint Statement of the Heads of State in Tehran," *The Central Asia and the Caucasus Press*, May 7, 1992, http://www.ca-c.org/dataeng/books/book-1/12. appendix-03.shtml.

38. 1994 年 3 月发生过亚美尼亚击落伊朗客机的恶性事件,这给亚美尼亚和伊朗的关系带来一定的负面影响。参见 Ceyhun Mahmudlu and Shamkhal Abilov, "The Peace-Making Process in the Nagorno- Karabakh Conflict: Why did Iran Fail in its Mediation Effort?" *Journal of Contemporary Central and Eastern Europe*, Vol.26, No.1, 2018, pp.33—49。

39. 欧盟的名称几经变化。欧盟的前身是欧洲经济共同体(欧共体)。1992 年欧共体成员国签署《马斯特里赫特条约》,共同体正式更名为欧盟。由于从两伊战争结束到 1997 年拉夫桑贾尼的总统任期结束,跨越了欧盟更名这一节点,因此本书为了叙述方便将欧共体统称为欧盟。特此说明。

40. "West German Official Holds Talks in Teheran," *The New York Times*, July 22, 1984, https://www.nytimes.com/1984/07/22/world/west-german-official-holds-talks-in-teheran.html.

41. Seyyed Hossein Mousavian, *Iran-Europe Relations: Challenges and Opportuni-*

ties, London and New York: Routlege, 2008, pp.19—23.

42. Johannes Reissner, "Europe and Iran: Critical Dialogue," in Richard N. Haass and Meghan L. O'sullivan ed., *Honey and Vinegar: Incentives, Sanctions, and Foreign Policy*, Washington D.C.: Brookings Institution Press, 2000, pp.35—37.

43. Seyyed Hossein Mousavian, *Iran-Europe Relations: Challenges and Opportunities*, London and New York: Routlege, 2008, pp.26—30.

44. Seyyed Hossein Mousavian, *Iran-Europe Relations: Challenges and Opportunities*, London and New York: Routlege, 2008, p.32.

45. Dalal Saoud, "Germans Thomas Kemptner and Henrich Struebig Were Set Free," *UPI News*, June 17, 1992, https://www.upi.com/Archives/1992/06/17/Germans-Thomas-Kemptner-and-Henrich-Struebig-were-set-free/1699708753600/.

46. Bill Gertz, "French Connection Armed Saddam," *The Washington Times*, September 8, 2004, https://www.washingtontimes.com/news/2004/sep/8/20040908-123000-1796r/.

47. "France Ousts Rajavi, Exiled Khomeini Foe," *Los Angles Times*, June 8, 1986, https://www.latimes.com/archives/la-xpm-1986-06-08-mn-9681-story.html.

48. 法国巴黎连环爆炸案共造成 13 人死亡,250 人受伤。参见 Matthew Levitt, *Hezbollah: The Global Footprint of Lebanon's Party of God*, Washington D. C.: Georgetown University Press, 2015, pp.57—61。

49. "Iran Gives Hero's Welcome to Killer of Former Prime Minister Shapour Bakhtiar," *VOA News*, May 18, 2010, https://www.voanews.com/europe/iran-gives-heros-welcome-killer-former-prime-minister-shapour-bakhtiar.

50. Farouk Nassar,"Group Claims Kidnapping of American and Frenchman," *Associated Press News*, September 24, 1986, https://apnews.com/d1899f3398e9e8f87b-8102de2eda6b3d.

51. Steven Greenhouse,"France and Iran Mend Rift Over Loan Granted by Shah," *The New York Times*, October 26, 1991, https://www.nytimes.com/1991/10/26/world/france-and-iran-mend-rift-over-loan-granted-by-shah.html.

52. 1987 年,法国起诉伊朗驻法国大使馆的翻译瓦希德·戈尔吉(Wahid Gorji)涉嫌参与恐怖活动,但伊朗反诉法国驻伊领馆总领事保罗·托里(Paul Torri)从事间谍活动。使馆事件直接造成法伊断交,直到 1988 年 6 月才恢复外交关系。参见 Julian Nundy, "Iran Deallings Label France A Paper Tiger," *Chicago Tribune*, December 13, 1987, https://www.chicagotribune.com/news/ct-xpm-1987-12-13-8704020484-story.html。

53. "France Ousts Rajavi, Exiled Khomeini Foe," *Los Angles Times*, June 8, 1986, https://www.latimes.com/archives/la-xpm-1986-06-08-mn-9681-story.html.

54. "Burned by Loss of Conoco Deal, Iran Says U.S. Betrays Free trade," *The New York Times*, March 20, 1995, https://www.nytimes.com/1995/03/20/business/burned-by-loss-of-conoco-deal-iran-says-us-betrays-free-trade.html.

55. Dee O'Connell, "What happened next?" *The Guardian*, September 21, 2003, https://www.theguardian.com/theobserver/2003/sep/21/features.magazine37.

56. "European Council in Edinburgh," December 11—12, 1992, http://aei.pitt.edu/1445/1/1445.pdf.

57. Matthias Struwe, "The Policy of Critical Dialogue: An Analysis of European Human Rights Policy towards Iran from 1992 to 1997," Centre for Middle Eastern and Islamic Studies, University of Durham, July 1998, http://dro.dur.ac.uk/95/1/60DMEP.pdf?

DDD35.

58. 在麦克诺斯刺杀案中,伊朗库尔德领袖萨迪格·沙拉法坎迪(Sadegh Sharafkandi)、法塔赫·阿卜杜利(Fattah Abdoli)、霍马扬·阿达兰(Homayoun Ardalan)及翻译努里·德科迪(Nouri Dehkordi)等四人在德国柏林麦克诺斯餐馆遇刺。伊朗政府涉嫌参与其中。参见"Details of the Assassination of Four Kurdish Politicans in 1992 at the Mykonos Restaurant in Berlin," *The Refugee World*, November 16, 1999, https://www.refworld.org/docid/3ae6ad824c.html。

59. Reza Afshari, *Human Rights in Iran: The Abuse of Cultural Relativism*, Philadelphia: University of Pennsylvania Press, 2001, pp.220—227.

60. Martin Indyk, "The Clinton Administration's Approach to the Middle East," *The Washinton Institute of Near East Policy Website*, May 18, 1993, www.washinton-institute.org/pubs/soref/indyk.htm.

61. Anthony Lake, "Confronting Backlash States," *Foreign Affairs*, Vol.73, No.2, March/April, 1994, pp.45—55.

62. 美沙两国之间没有公开的同盟条约,但一般认为,沙特国王伊本·沙特同罗斯福在 1945 年会晤是美沙同盟的起点。关于美沙同盟,参见 Naif bin Hethlain, *Saudi Arabia and the US since 1962: Allies in Conflict*, London: Saqi, 2010。

63. Joseph A. Kechichian, *Political Dynamics and Security in the Arabian Peninsula Through the 1990s*, Santa Manta: Rand, 1993, p.90.

64. 汪波:《美国与伊朗构想的海湾安全秩序之争》,载《西亚非洲》2009 年第 9 期,第5—9 页。

65. 阿布穆萨岛(Abu Musa Island)、大通布岛(the Greater Tunbs)和小通布岛(the Lesser Tunbs)是霍尔木兹海峡上的三个岛屿,伊朗和阿联酋在三岛的归属上存在争议。1971 年伊朗国王巴列维派兵占领三岛,但阿联酋认为三岛应当属于自己。参见 Mojtahedzadeh, Pirouz, *Security and territoriality in the Persian Gulf: A Maritime Political Geography*, New York: RoutledgeCurzon, 1999。

66. John Duke Anthony, "The US-GCC Relationship," *Saudi-US Relations Information Service(SUSRIS)*, December 15, 2006, https://ncusar.org/publications/Publications/2006-12-15-US-GCC-Relationship.pdf.

67. Dr. Kenneth Katzman, "Evolution of U.S.-GCC Defense Cooperation," *Gulf International Forum*, November 14, 2018, https://gulfif.org/evolution-of-u-s-gcc-defense-cooperation/.

68. Christin Marschall, *Iran's Persian Gulf Policy: From Khomeini to Khatami*, London and New York: Routledge Cruzon, 2003, p.160.

69. 伊朗开启核进程的标志是 1957 年伊朗同美国签署《核合作协定》。协定签署后,伊朗开始发展自己的核计划。1960 年,伊朗成立德黑兰核研究中心(Tehran Nuclear Research Center),从美国购买实验级核反应堆。1968 年伊朗签署《不扩散核武器条约》。参见"Iran's Nuclear Program," *Iranprimer*, United States Institute of Peace, https://iranprimer.usip.org/resource/irans-nuclear-program。

70. Anton Khlopkov and Anna Lutkova, "The Bushehr NPP: Why Did It Take So Long," Working Paper of Center for Energy and Security Studies, August 21, 2010, http://ceness-russia.org/data/doc/TheBushehrNPP-WhyDidItTakeSoLong.pdf.

71. 核供应国集团防止核扩散的措施主要包括:(1)确定核转让指导原则(Guideline for Nuclear Transfer),成员国只能向无核国家转让与和平利用核能相关的核技术和核材料,禁止成员国向未接受国际原子能机构全面核查的国家转让核材料和核技术;(2)确定触发清单(Trigger List),禁止成员国转让核反应堆、核燃料元件制造、钚处理等涉及铀浓缩设备和敏感的两用技术;(3)确立"不扩散原则"(Non-Proliferation Principle),规定成员国只能在保障转让的技术和材料不会造成核武器扩散时才可转让;(4)军民两用设备、技术、软件和相关技术的转让指导原则(Guidelines for transfers of Nuclear-Related Dual-Use equipment, Materials, Software, and Related Technology)。参见"About The Nuclear Suppliers Group, NSG," *Nuclear Suppliers Group Website*, http://www.nuclearsuppliersgroup.org/en/about-nsg。

72. 当前的主要无核区条约包括《拉丁美洲禁止核武器条约》《南太平洋无核武器区公约》《非洲无核武器区条约》《东南亚无核武器区条约》《中亚无核武器区条约》。参见夏立平:《亚太地区军备控制与安全》,上海人民出版社 2002 年版,第 245—286 页。

73.《联合国安全理事会 1991 年 4 月 3 日第 687(1991)号决议》,http://www.un.org/zh/documents/view_doc.asp?symbol=S/RES/687(1991)。

74. "Presidential Statement of Security Council(UNSC)", S/23500, 31 January, 1992, https://www.securitycouncilreport.org/un-documents/document/PKO% 20S% 2023500.php.

75. "U. S. Pressuring Russia, China to Keep Nuclear Bomb Technology Out of Iran," *The Baltimore Sun*, January 25, 1995, https://www.baltimoresun.com/news/bs-xpm-1995-01-25-1995025196-story.html.

76. Gawdat Bahgat, *American Oil Diplomacy in the Persian Gulf and Caspian Sea*, Gainesville: University Press Florida, 2013, p.119.

77. "Yeltsin Offers Minor Concessions to U.S.," *Los Angles Times*, May 15, 1995, https://www.latimes.com/archives/la-xpm-1995-05-11-mn-65093-story.html.

78. Adam Tarock, *Iran's Foreign Policy Since 1990: Pragmatism Supersedes Islamic Ideology*, Commack and New York: Nova Science Publishers, Inc., 1999, pp.48—49.

79. Ali M. Ansari, *Confronting Iran: The Failure of American Foreign Policy and the Next Great Crisis in the Middle East*, New York: Basic Books, 2006, pp.142—143.

80. "Iran Signs Oil Deal With Conoco, First Since 1980 Break With Iran," *The New York Times*, May 7, 1995, https://www.nytimes.com/1995/03/07/world/iran-signs-oil-deal-with-conoco-first-since-1980-break-with-us.html.

81. Roger K. Parsons, "The Iran-Conoco Affair," October 6, 2000, https://iran-conoco-affair.us/wp-content/uploads/2017/12/Iran-Conoco-Affair.pdf.

82. Paul Richter and Robin Wright, "Clinton Kills Pending Iran-Conoco Oil Deal," *Los Angles Times*, March 15, 1995, https://www.latimes.com/archives/la-xpm-1995-03-15-fi-43080-story.html.

83. "The Presidential Executive Order 12959: Prohibiting Certain Transactions With Respect to Iran," *Federal Register*, Vol.60, No.89, May 9, 1995, https://www.iran-watch.org/sites/default/files/us-wh-eo12959-050695.pdf.

84. Michael S. Lelyveld, "Damto Bill Offers Bill to Discourage Foreign Involvement in Iran Project," September 11, 1995, https://www.joc.com/damato-bill-offers-bill-discourage-foreign-involvement-iranian-projects_19950911.html.

85. Kenneth Katzman, "The Iran Sanctions Act, ISA," CRS Report for the Congress, April 6, 2006, https://fas.org/sgp/crs/row/RS20871.pdf.

86. 赵伟明:《里海开发与美国对伊朗政策》,载《国际观察》1998 年第 5 期,第 17—

19 页。

87. Federick Starr, "Caspian Oil: Pipelines and Politics," *Middle East Policy*, Vol.5, No.4, January 1998, p.28.

88. Adam Tarock, *Iran's Foreign Policy Since 1990: Pragmatism Supersedes Islamic Ideology*, Commack and New York: Nova Science Publishers, Inc., 1999, pp.143—148.

89. Laurent Ruseckas, "US Policy and Caspian Pipeline Politics: The Two Faces of Baku-Ceyhan," *Belfer Center for Science and International Affairs*, https://www.belfercenter.org/publication/us-policy-and-caspian-pipeline-politics-two-faces-baku-ceyhan.

90. Nuri OK and Sinan Kocaman, "The Econmic Relations between the USA-Azerbaijan and Baku-Tbilisi-Ceyhan Project," *The West East Institute*, April, 2013, https://www.westeastinstitute.com/wp-content/uploads/2013/04/ORL13-237-Nuri-OK-Sinan-KOCAMAN1.pdf.

91. 各个股东的分成比例分别是:英国石油公司(30.1%)、阿塞拜疆石油公司(25%)、美国雪佛龙石油公司(8.9%)、埃克森美孚公司(2.5%)、土耳其石油公司(6.53%)。其他股份由挪威、意大利、法国、日本公司瓜分。参见 Patrick Richter, "Agreement signed in Istanbul on US-backed Caspian oil pipeline," *World Socialist WebSite*, November 30, 1999, http://intsse.com/wswspdf/en/articles/1999/11/oil-n30.pdf。

第三章

哈塔米的"文明间对话"与伊朗的软实力战略

总统哈塔米上台后,伊朗以"文明间对话"为"抓手",同沙特、意大利、美国等国家和联合国等国际组织开展软实力外交,哈塔米还以美国有线电视新闻网(下文简称为 CNN)的"文明间对话"访谈对美国进行了外交试探。哈塔米的"文明间对话"促进了伊朗同沙特、欧盟的双边关系,也赢得了世界的普遍支持和赞誉。联合国接受伊朗的提议,将2001 年命名为"文明间对话"年。但是伊朗核问题损害了哈塔米的外交声誉,并让伊朗的外交由主动转为被动。

第一节 "文明间对话"与伊朗改善
同穆斯林国家的关系

拉夫桑贾尼时期,伊朗同沙特等海湾邻国的关系有了一定改善,但是 1992 年阿布穆萨事件让伊朗同海湾国家的关系再度紧张。哈塔米作为继任者,肩负着同海湾和更多穆斯林国家改善关系的责任。哈塔米的胜选及其改革派形象也让沙特等国家对哈塔米的新外交有所期待。

一、1997 年总统选举与哈塔米的胜选

总统拉夫桑贾尼通过缓和外交开启了伊朗新征程。但是拉夫桑贾尼卸任后,伊朗又走到是继续缓和还是回归革命的十字路口,伊朗国内的政治派系围绕 1997 年的总统选举展开激烈的争夺。

1997 年 5 月 23 日,伊朗举行新一轮的总统大选。尽管选举前有

238名候选人登记参选,但是负责资格审查的宪监会最后只批准了四名候选人参选。尽管穆罕默德·哈塔米(Mohammad Khatami)、纳特克·努里(Nateq Nouri)、礼萨·扎维勒里(Reza Zavarei)、穆罕默德·雷沙赫里(Mohammad Reyshahri)四名候选人各具优势,但是此次总统选举实际上是努里和哈塔米之间的对决。努里曾先后担任伊朗的内政部长、议会议长等职务,政治地位仅次于最高精神领袖哈梅内伊和总统。

努里具有以下优势:第一,努里得到了最高精神领袖哈梅内伊的支持,曾担任过哈梅内伊的法律顾问。第二,努里以革命和对美强硬著称,曾经多次表示,如果他当选,他将对美国奉行更加强硬的路线。第三,努里得到保守的宗教人士的支持。努里的政治支持力量包括战斗教士联盟、伊斯兰联合会、库姆神学教士委员会等。这些组织期望在努里当选后,伊朗在内政外交上变得强硬。第四,努里得到宪法监护委员会(以下简称为宪监会)的支持。宪监会在伊朗的选举政治中扮演着重要的角色。宪监会在最高精神领袖的授意下负责审查候选人的参选资格。宪监会的有形之手就像是个调节器,将哈梅内伊和宪监会认为的最适合人选推到政治的前台。在宪监会遴选的四位候选人中,只有努里兼备政治资历和宗教威望,其他三位要么名不见经传、要么过于强硬。因此宪监会的政治意图也是期望努里胜选。[1]

表3.1 1997年伊朗总统大选选情

	政治派系	任职情况	主要支持力量	选票总数	得票率
哈塔米	改革派	文化与伊斯兰指导部长	国家重建党	20 078 187	69.1%
努里	保守派	议会议长、前内政部长	伊斯兰联合社团	7 242 859	24.9%
扎维雷伊	独立	宪监会成员	独立	771 460	2.65%
雷沙赫里	保守派	宗教法庭大法官、前内政部长	捍卫革命价值观联合会	742 598	2.55%

资料来源:"1997 Iranian Presidential Election," https://en.wikipedia.org/wiki/1997_Iranian_presidential_election。

相对于努里而言,哈塔米的优势在于,第一,哈塔米是了解西方的宗教人士。哈塔米出身宗教世家,先后受教于伊斯法罕大学、德黑兰大学、库姆伊斯兰神学院。哈塔米忠于法基赫制度和伊斯兰革命,他还同霍梅尼的儿子关系密切。这也是哈塔米的革命本色。此外,哈塔米在德国汉堡担任过伊斯兰中心主任。由于他了解伊朗也了解西方,被誉为是一只脚跨进西方的伊朗官员。[2]

第二,主张社会开放和媒体自由是哈塔米的优势。哈塔米担任伊朗文化与伊斯兰指导部长期间,放松了对新闻和媒体的控制。但是哈塔米也因为放松对电影、文艺、音乐的审查,遭到议长努里和保守派议员的弹劾并下台。但伊朗民众尤其是年轻人对哈塔米印象深刻。这次选举既是努里和哈塔米的个人对决,也是伊朗走向保守还是改革的对决。

第三,更广泛的支持基础是哈塔米的比较优势。在此次选举中,除了也得到战斗教士联盟的支持之外,哈塔米还得到了极左的伊玛目路线联盟(Coalition of Imam's Line groups)[3]、拉夫桑贾尼的国家重建党,以及伊朗的年轻人、知识分子的支持。而伊朗的年轻人和知识分子投给哈塔米的选票是他超越努里的关键因素。此外,由于哈梅内伊和拉夫桑贾尼分别支持努里和哈塔米,这也让努里和哈塔米的争夺带有两人暗战的政治意味。

在最后的选举中,以改革和媒体自由示人的哈塔米以69％的选票击败竞争对手努里。哈塔米的胜选预示着伊朗在新的政治周期中不会回归革命,而是将继续拉夫桑贾尼开创的缓和之路。1997年8月3日,哈塔米在议会就职演说时表示,"伊朗将继续寻求同外部世界的缓和,同世界上的其他国家进行'文明间对话'"(Dialogue Among Civilizations)。[4]"文明间对话"成为了总统哈塔米的外交标签。

二、哈塔米的外交责任与伊斯兰合作组织德黑兰峰会

拉夫桑贾尼时期,尽管伊朗对海湾国家实行缓和外交战略,但是1992年阿布穆萨事件后,伊朗同海湾国家的关系迅速降温。伊朗和埃及等国的关系依然紧张,这需要继任者哈塔米来缓和关系。伊朗承办

第八届伊斯兰会议为改善同穆斯林国家的关系提供了机会。

1997年12月9日,伊朗承办第八届伊斯兰合作组织峰会(Organization of Islamic Cooperation,OIC),这也是该组织成立后首次在伊朗举行峰会。本次会议有50多个穆斯林国家参加,伊朗总统哈塔米担任会议的轮值主席。伊斯兰合作组织在1969年成立,共有65名会员国。该组织的宗旨是维系穆斯林国家的团结合作、保障伊斯兰圣迹(Holy Sites)、促进巴勒斯坦事业等。[5]本次德黑兰峰会的主题是"尊严、对话与参与"(Dignity,Dialogue and Participation)。这也是总统哈塔米最重要的主场外交。

此次会议有三个亮点:第一,本次会议是伊沙两国关系缓和的继续。本次会议选择在伊朗召开是沙特主动提议才得以确定的。1997年3月,在伊斯兰合作组织伊斯兰堡峰会上,伊朗总统拉夫桑贾尼同沙特王储阿卜杜拉会晤,沙特主动提议由伊朗承办第八届伊斯兰合作组织峰会。[6]沙特派遣重量级的王储阿卜杜拉和外交大臣费萨尔亲王出席此次会议。尽管这并不是沙特王储对伊朗进行的国事访问,但是王储在德黑兰参会体现了沙特对哈塔米的支持和期待,以及沙特愿意同伊朗进一步发展两国关系的良好意愿。

第二,会议通过了《德黑兰宣言》和《德黑兰愿景》两份文件。这两份文件强调:(1)伊斯兰文明应当同其他文明和信仰相互尊重、和平共存,不同文明和信仰之间应当开展建设性的对话;(2)宽容、理解、公正应当是不同文明和文化处理彼此关系的基础。不同文明和文化之间应当强调相互理解和尊重;(3)伊斯兰合作组织的成员国应当积极努力,以实现伊斯兰合作组织所设定的目标和原则,尤其是保持伊斯兰社团的团结和统一,保障伊斯兰价值观和行为准则。[7]

第三,哈塔米发表题为《伊斯兰世界和现代挑战》的重要演讲。在演讲中,哈塔米提出:(1)穆斯林国家的落后和苦难是因为伊斯兰文明的衰落。所有穆斯林国家要与时俱进,既要掌握先进的科技也要发掘伊斯兰的本质和精华;(2)伊斯兰是所有穆斯林共享的历史和精神家园。穆斯林国家不要因为国家、民族和教派的利益相互为敌,也不要听从外部势力的挑唆与蛊惑,而是要以伊斯兰为本源,建立伊斯兰市民社会;(3)哈塔米认为,穆斯林国家应当抓住两极格局向多极格局转变的契机,致力于构建崭新和公正的世界秩序,为此伊斯兰国家应当要增信释疑,注重全面、均衡和可持续的发展;(4)伊斯兰文明内部需要进行文明对话。伊朗在同其他非伊斯兰文明对话之前,应当先同穆斯林国家开展伊斯兰文明内的对话;[8](5)伊斯兰合作组织应当成为穆斯林国家相互尊重和沟通的平台,为实现"参与、对话、安全、发展"的目标而努力。[9]

从哈塔米的演讲中,我们可以看出伊朗新总统要表达的思想:第一,哈塔米演讲中的关键词是文明、交流、团结。哈塔米期望伊斯兰文明内部能够相互尊重、求同存异,实现伊斯兰国家之间的团结与友爱。这表明哈塔米已经不再坚持伊朗是例外国家和唯一合法的国家的革命言论,而是承认了伊朗和沙特、埃及都是平等的国家。第二,伊斯兰市民社会的性质是想象的共同体。尽管伊斯兰市民社会具有明显的理想主义成分,但是这一提法和哈塔米的温和语调能够引起穆斯林国家的共鸣。即便沙特等国家认为,伊斯兰认同不能超越国家、民族和教派,但他们理解哈塔米言辞之外的含义。从这个意义上讲,这也是穆斯林国家之间的对话和伊斯兰文明内部的对话。第三,哈塔米提出伊斯兰应当成为穆斯林国家维系关系的纽带。既然伊朗和沙特、埃及等国一样,都信奉真主、《古兰经》和《圣训》,都认可先知穆罕默德提出的伊斯兰社团,那么穆斯林国家之间要团结一致,不能依附西方,也不能受西方的挑唆和破坏。按照这种逻辑,伊朗不应该受到沙特、埃及等国的歧视,不应该被隔离在伊斯兰世界之外。

此次伊斯兰合作组织德黑兰峰会举办得十分成功,颇有文化搭台、外交唱戏的意味。哈塔米的演讲更是为会议增添光彩。沙特等穆斯林国家通过会议看到了总统哈塔米比前任更温和、更富亲和力。哈塔米富有诚意和强调尊重的演讲向与会代表和世界表达了伊朗新政府与邻国修好、与世界对话和交流的愿望。会议期间,沙特、阿联酋、巴林等与会国代表都称赞哈塔米奉行的文明间和文明内的对话。哈塔米还利用会议的间隙密集会见沙特王储阿卜杜拉、巴林外交部长谢赫·穆罕默德、阿联酋外交部长谢赫·拉什迪·纽阿米等来宾。巴林外交部长表示,阿拉伯国家相信哈塔米推行的政策,这有助于伊朗和阿拉伯国家消除彼此间的误会和分歧。

以本次峰会为契机,伊朗继续推进伊斯兰文明间的对话。1998 年
3 月,伊斯兰合作组织举行外长会议,主题是"文明间对话"。此次会议
的轮值主席伊朗外交部长卡迈勒·哈拉齐(Kamal Kharrazi)表示:"伊
斯兰间的对话与文明间对话同等重要,两者都是为鼓励相互理解推进
合作。伊朗将积极推进伊斯兰文明内的国家间对话,致力于消除穆斯
林国家间的所有分歧。"10

三、伊朗密切同沙特的关系

拉夫桑贾尼时期,伊朗为改善伊沙关系做了许多努力,解决了恢复
伊朗朝觐和两国复交两大问题。哈塔米所做的就是进一步推动伊朗同
沙特的关系。

伊斯兰合作组织德黑兰峰会为伊沙两国的高级官员会晤提供了机
会。会议召开期间,伊朗总统哈塔米和沙特王储穆罕默德就伊朗朝觐
问题达成新的协定,协定内容主要包括:(1)沙特同意将伊朗朝觐人数
的配额从 6.5 万名提高到 9.2 万名,增幅近 40%。11(2)沙特同意让伊
朗参与朝觐问题的决策。此前沙特曾长期坚持朝觐是沙特不容动摇的
主权。朝觐决策只能由沙特自主决定,拒绝其他国家参与决策。(3)沙
特同意伊朗朝觐者在朝觐期间可以在沙特举行政治集会。但前提条件
是伊朗的政治集会只限于伊朗朝觐者参加,不得串联他国的朝觐者。12
从协定可以看出,沙特对伊朗的朝觐政策更加宽容,特别是在朝觐与政
治方面,沙特不再严格坚持朝觐同政治分开的原则,给予伊朗朝觐者一
定的政治自由。沙特在朝觐决策分享上也有所松动,满足了伊朗在朝
觐决策分享上的关切。

德黑兰峰会之后,伊沙关系进入快速发展的阶段。伊沙两国也愿
意就国际油价、双边关系、反恐等双方关心的议题进行交流和探讨。
1997 年 12 月,由于国际油价低迷,沙特采用倾销石油的做法抢占市场
份额,但是沙特的石油倾销造成国际油价进一步下跌。1998 年 1 月,
国际油价跌至每桶 12 美元。伊朗存在着油田老化和投入不足的问题,
不能通过增产倾销的方式挽回损失。因此伊朗在这轮油价下跌中损失
惨重。为了防止事态更加恶化,1998 年 2 月,伊朗前总统拉夫桑贾尼

带领伊朗石油部长哈比卜拉·比塔拉夫（Habibollah Bitaraf）、最高国家安全委员会秘书哈桑·鲁哈尼（Hassan Rouhani）访问沙特，商讨石油的限产提价问题，伊沙双方最终达成限产提价的协定。[13]

1998年3月，沙特王子兼内政大臣穆罕默德·纳耶夫（Prince Mohammed Nayef）宣布，沙特结束对1996年霍巴尔（Khobar）美国爆炸案的调查。美国一直指责爆炸案是伊朗政府唆使在沙特的黎巴嫩真主党发动的恐怖主义袭击。[14]沙特在公布的案件调查中没有明确爆炸案的幕后主使，仅仅表示此案是沙特嫌犯在他人帮助下进行的爆炸案件。[15]沙特此举用意明显，有帮伊朗解围的含意，调查结果为伊朗减少了一条恐怖主义指控，也清除了伊沙关系发展中的重要障碍。美国对沙特的调查结果提出异议，认为沙特是在帮助伊朗开脱罪名。

1999年5月，哈塔米访问沙特并同沙特王储阿卜杜拉和国王法赫德会晤。双方探讨的议题包括海湾地区安全、国际油价提价、伊拉克局势等。王储阿卜杜拉在接待哈塔米时高度评价伊沙两国的关系称："伊朗的安全意味着沙特的安全，反之沙特的安全也意味着伊朗的安全。"[16]受到伊沙关系升温的影响，1999年7月，沙特国王法赫德在沙特舒拉委员会上呼吁海湾国家改善同伊朗的关系，他表示，改善同伊朗的关系符合所有海湾国家的利益，其他海湾国家应当效仿沙特同伊朗进一步改善关系。[17]2001年4月，伊沙两国的内政部长在德黑兰签署《反恐和反毒品的安全条约》。条约表示，伊沙两国愿意就推进双边关系和伊斯兰领域的合作进行政策协调；两国承诺将在伊拉克局势稳定、阿富汗和平进程、打击恐怖主义、打击毒品走私、反洗钱方面开展合作。[18]

哈塔米的第一任期，是革命后伊朗同沙特关系最好的时期。伊沙两国不仅实现了高级官员互访经常化和机制化，哈塔米同阿卜杜拉之间良好的工作关系也成为两国关系发展的重要推动力。伊沙两国愿意就麦加朝觐、油价稳定、反恐反毒等重大问题进行磋商并开展合作。

四、伊朗同埃及的关系

1980年伊朗同埃及断绝了外交关系，伊埃两国的关系为此维持在利益代表处水平。伊埃关系的障碍体现在以下几个方面：第一，埃及容留伊朗前国王巴列维。伊朗的伊斯兰政府是以否定巴列维统治为合法性的,支持巴列维就是与伊朗为敌。革命后埃及容留流亡的巴列维,这必然为伊朗所不容。第二,伊朗强烈反对埃及"亲美和以"的政策。1979年3月,埃以两国在美国的斡旋下签署《埃以和平条约》,埃及从此走上了"亲美和以"的道路。革命的伊朗将美以两国看作"撒旦"。因此伊朗反对"亲美和以"的埃及。第三,埃及同萨达姆为伍反对伊朗。两伊战争中,埃及为萨达姆提供武器并派遣军事顾问。伊朗认为埃及是助纣为虐,图谋颠覆革命。第四,"哈立德·伊斯兰布里事件"阻碍了伊埃关系的发展。哈立德·伊斯兰布里(Khalia al-Islambuli)因刺杀总统萨达特,被埃及定为恐怖分子予以处决。[19]但是伊朗将伊斯兰布里奉为烈士,埃及对此表示强烈抗议。[20]

哈塔米上台后奉行的"文明间对话"引起埃及的关注。伊埃两国的关系开始有所缓和。1997年12月,埃及外交部长阿米尔·穆萨(Amir Moussa)参加伊斯兰合作组织德黑兰峰会,并同伊朗总统哈塔米举行了会谈。哈塔米在会谈时表示:"埃及和伊朗是伊斯兰文明的两翼,两国都是有着悠久历史和灿烂文化的国家。伊朗对埃及怀有特殊敬意。埃及有自己独特的外交理念和政治主张,但这不会削弱伊埃间的伊斯兰的内涵和共性。伊埃两国能够通过对话谈判解决彼此分歧,伊朗在改善两国关系上富有诚意。"[21]伊朗外长哈拉齐向穆萨表示:"伊埃两国都是有着丰富的文化遗产和地区影响力的国家,合作是地区的共同基础,伊埃两国应当为促进两国关系和地区合作做出努力。"[22]

德黑兰峰会后,伊埃关系取得了一些进展。1998年,伊朗倡议建立伊斯兰合作组织议会联盟,埃及对此表示支持并作为创始国签字。2000年伊朗获准加入"发展中国家15国集团"(Group of Developing Nations, G15),埃及总统穆巴拉克专门就此事打电话向哈塔米表示祝贺。此次通话是伊斯兰革命后伊埃两国领导人首次直接交流。[23]2001年2月,伊朗外交部长哈拉齐出席在埃及开罗举行的八国发展中国家经济合作组织(D-8 Organization for Economic Cooperation, D-8)部长会议。[24]埃及外交部长穆萨专门前往开罗机场迎接伊朗外长哈拉齐。哈拉齐在会议上发言表示,在经济全球化和各国合作加深的情况下,提高发展中国家地位将有助于世界和平与地区稳定。[25]2003年12月,伊朗总统哈塔米和埃及总统穆巴拉克出席在日内瓦举行的联合国技术峰会(UN Technology Summit),并举行非正式会谈,伊埃双方表示愿意密切交往,在伊斯兰世界共同发挥重要的作用。这也是革命后伊埃两国领导人首次进行面对面的会谈。[26]在经贸关系和文化交流上,伊朗商会在1998年7月同埃及工业联合会签署合作协定。2000年7月,伊朗的政治与国际问题研究所同埃及艾哈拉姆战略研究中心举行联合会议。[27]2001年1月,埃及阿扎哈大学派代表团访问伊朗。

尽管如此,但伊埃两国的关系缓和并没有带来外交等级的提升,仍然是利益代表处的水平。2003年埃及外交部长艾哈玛德·马赫尔(Ahmed Mahir)访问伊朗时称伊埃两国恢复正式外交关系的时机尚不成熟。[28]2003年1月,埃及总统穆巴拉克表示:"埃及不会同用萨达特刺杀者命名街道并容留埃及恐怖分子的国家建交。"[29]德黑兰市政部门在2004年将哈立德·伊斯兰布里路更名为起义路,但是这也没有推动伊埃关系的正常化。[30]

第二节　"文明间对话"与伊欧关系的发展

克林顿上台后,美国对伊朗实行"双重遏制"政策并出台限制第三国在伊投资的制裁法,这给伊朗造成了新的外交压力。德国的麦克诺斯裁决让伊欧之间的紧急对话搁浅。这也让伊朗利用欧盟缓冲美国压力的构想遭受挫折。对此,新任总统哈塔米要寻找新的路径破除伊朗面临的外交困局。哈塔米的做法是以"文明间对话"为抓手,发展同意大利的关系,并以此为突破口改善同欧盟的关系。

一、"文明间对话"与意伊关系的改善

意大利的国家地位比不上英法德三国,但在欧盟中也算是重要的国家。在伊朗同英法德三国的关系遇冷的情况下,伊朗对意大利的外交却呈现转机。哈塔米在就职演说和CNN访谈中提出的"文明间对话"引起意大利的关注。哈塔米有关波斯文明同古希腊古罗马文明的文化同源的说法更是引起意大利的共鸣。总理普罗迪(Romano Prodi)

认为意大利应当抓住契机,推进意伊关系的发展和基督教同伊斯兰教之间的交流。1998 年 7 月,意大利总理普罗迪对伊朗进行国事访问。这是伊欧关系中断后首位访问伊朗的欧盟国家领导人。意大利的友善举动对伊朗来讲十分及时,这将有助于伊朗扭转外交上的被动局面。[31]

1999 年 3 月 8—11 日,伊朗总统哈塔米应邀对意大利进行国事访问。"文明间对话"是哈塔米此次出访的标签。哈塔米对普罗迪表示:第一,意伊两国文化同源。意大利是欧洲文艺复兴的摇篮,伊朗也创造了灿烂的波斯文明。意伊两国在文明上的联系将带动两国关系的发展。第二,意伊两国的发展有助于伊斯兰教和基督教之间的交流。伊朗是重要的伊斯兰教国家,意大利是重要的基督教国家,意伊两国关系的发展将为两大宗教之间的交流搭建起桥梁。第三,意伊两国能够成为彼此发展地区关系的桥头堡。伊朗愿意成为意大利同中东中亚的连接桥梁。伊朗也期望意大利能够成为伊朗发展同欧盟关系的桥梁。第四,经济互补能够推动意伊两国经济的发展。意大利需要伊朗的石油,伊朗需要意大利的资金和技术。意伊两国能够在互惠互利的基础上建立战略伙伴关系。第五,意大利的开创精神让伊朗收益。历史上,意大利的埃尼公司(Ente Nazionale Idrocarburi)打破了石油公司的利润垄断,给伊朗提供 50% 的高额分成。当前在伊朗同欧盟关系遇冷的情况下,意大利也能够发挥开创精神,发展同伊朗的全面关系。[32]

在哈塔米和普罗迪的推动下,伊斯法罕同佛罗伦萨结为了友好城市。伊斯法罕曾经是波斯萨法维王朝的首都,佛罗伦萨是欧洲文艺复兴时期的发祥地。两个城市结为友好城市象征着伊斯兰教和基督教、伊斯兰文明和基督教文明、东方和西方之间的沟通和交流。

哈塔米的访问推动了两国经贸关系的发展。1998 年 10 月,埃尼石油公司与法国的埃尔夫石油公司(ELF)同伊朗国家石油公司签署价值 10 亿美元合同,合作开发伊朗近海的多鲁德油田(Dorood Oilfield)。[33]这一能源合作是对美国的《伊朗制裁法》的有力回击。在金融合作上,意大利国家保险局和伊朗中央银行签署协定,意大利保险局为伊朗的 90% 欠款提供展期担保。在油价暴跌的背景下,意大利的债务展期为伊朗解了燃眉之急。伊朗外交部长哈拉齐表示:"哈塔米访问意大利向美国传递了伊欧正在改善关系的强大信号。现在需要美国做出决定,是要适应还是抗拒这个变化。如果美国改变对伊朗的遏制政策,伊朗也会同美国改善包括双边贸易在内的所有关系。"[34]

顺访梵蒂冈也是哈塔米此行的亮点。1999 年 3 月 11 日,哈塔米访问天主教教皇国梵蒂冈并拜会了教皇保罗二世。由于两人的身份独特,因此这一会晤本身就体现了"文明间对话"和"宗教间对话"。哈塔米赞赏教皇在基督教世界所承担的责任,并提出两大宗教应当为促进世界和平做出贡献。哈塔米表示:"当前世界上所有冲突的根源是没有在公正的基础之上建立和平。尽管西方战胜了法西斯主义和专制独裁,但是并没有根除歧视和偏见。人类要实现永久的和平,所有国家和人民必须根除所有的歧视和不公。在这方面,神圣的宗教在世界公正治理上能够发挥先锋模范的作用。"[35]哈塔米访问梵蒂冈和哈塔米同教皇保罗二世的会晤在西方基督教世界引起了较好的反响,并在一定程度上回应了冷战后兴起的文明间必然冲突的论断和思潮。[36]

二、伊朗同英法改善关系

改革派总统哈塔米上台为英伊关系的改善也带来了机遇。英伊关系改善的起点是英伊两国外交部长在第 53 届联合国大会期间举行的非正式会谈。1998 年 9 月,伊朗外交部长哈拉齐和英国外交大臣罗宾·库克(Robin Cook)都出席了第 53 届联合国大会,两人在会议期间就拉什迪事件和英伊关系问题举行了非正式会谈。

伊朗外交部长哈拉齐向库克承诺,总统哈塔米表示拉什迪事件已经彻底结束。伊朗不会对拉什迪及其他人员采取危及他们生命和财产的行动,伊朗不会鼓励和煽动其他人采取类似的举动。尽管伊朗的宗教基金会仍在悬赏追杀拉什迪,但他们是非政府组织,与伊朗政府无关。伊朗政府也不会支持类似的举动。对哈拉齐的保证,英国外交大臣库克回应称,英国政府意识到伊斯兰教对伊朗的民众生活发挥着至关重要的作用。英国政府认识到《撒旦诗篇》伤害了伊朗也伤害了世界穆斯林,英国对此深表歉意。英国同意在解决拉什迪事件的基础上提升英伊两国的外交级别,英国也愿意同伊朗发展建设性的关系。[37]

1999 年 5 月,英伊两国将双边关系从代办级别提高到大使级别。

英伊两国再次跨越困难恢复了正常的外交关系。2000 年 1 月和 2001 年 9 月,伊朗外交部长哈拉齐和英国外交大臣约翰·斯特劳(John Straw)先后进行了互访。斯特劳也成为革命后英国首位访问伊朗的外交大臣。[38] 英伊两国恢复正常的外交关系后,双方在经济金融、文化交流、打击毒品走私等方面上开展合作。2002 年 12 月,英国出口信贷保障部为伊朗伊玛目霍梅尼港石化项目提供信贷担保,这也是 20 年来英国首次为伊朗提供信贷支持。[39] 英国还向伊朗提供排雷方面的技术支持。

哈塔米上台后,伊朗同法国的关系有了进一步的发展。1998 年 8 月,法国外交部长赫伯特·维德林(Hubert Védrine)访问伊朗,并邀请总统哈塔米对法国进行国事访问。[40] 1999 年 2 月,伊朗外交部长哈拉齐访问法国。并为伊朗总统正式访问法国做准备。[41] 1999 年 10 月,哈塔米访问法国,这被认为是伊朗摆脱国际孤立所采取的重要举措。[42] 哈塔米访问法国期间,里昂信贷银行、兴业银行等法国四家银行为伊朗提供了 20 亿美元的信贷,法国银行间的巴黎俱乐部愿意为伊朗债务提供信贷保障、化解违约风险,这实际为伊朗提供了强大的信用支持。[43] 1999 年 11 月,法国的道达尔公司获得伊朗 25 亿美元的油气合同。法国道达尔公司和意大利埃尼石油公司合资投标竞逐伊朗 8.5 亿美元油气合同。法国航空公司开通了德黑兰和巴黎之间的定期航班。[44]

三、欧盟同伊朗启动"全面对话"

欧盟在 1997 年 8 月哈塔米当选伊朗总统后重新启动对伊朗的接触政策,并以全面对话取代之前的紧急对话。欧盟期望通过全面对话解决伊欧之间存在的重大问题。与紧急对话相比,全面对话还增加了核不扩散议题。这表明欧盟开始关注伊朗的核问题。

1998 年 5 月,欧盟外交与安全政策高级代表(以下简称为"欧盟外长")同伊朗外长在布鲁塞尔举行会晤,这次会晤也开启了欧盟同伊朗的全面对话。在此次会议上,双方的外长确定,在伊欧全面对话上,欧盟的英法德三国同伊朗每年至少举行两次副部长级的会议,双方将就恐怖主义、中东和平进程、人权问题、大规模杀伤性武器等四个重大议

题进行谈判。在经过数轮的谈判后,伊欧之间的全面对话从 2002 年
12 月开始分成三个部分,即伊欧贸易合作协定谈判、伊欧政治合作协
定谈判和伊欧人权对话。[45]

　　伊欧贸易合作协定谈判主要聚焦于伊欧之间的经济金融合作和贸
易自由化问题。鉴于伊朗想加入世界贸易组织,伊欧约定双方将按照
世界贸易组织的规则进行谈判。双方谈判的主要内容包括:(1)欧盟对
伊朗的最惠国待遇、国民待遇、非歧视原则等贸易地位将参照世界贸易
组织执行;(2)欧盟支持伊朗按照世界贸易组织规则对知识产权保护、
政府采购、行业标准做出改进;(3)伊朗将在能源、交通、环境、毒品控
制、难民等问题上开展密切合作;(4)欧盟支持伊朗在人权领域进行改
革,特别是要加强法治尊重人权。[46]

　　伊欧政治合作协定谈判主要涉及伊欧之间的政治关系、伊朗与国
际组织的关系等议题。截至 2003 年 6 月,伊欧之间先后举行了三轮政
治议题的谈判,双方同意将就能源、交通、环境、毒品控制、难民等问题
开展更密切的合作。伊朗也认可伊欧政治合作协定谈判有助于帮助伊
欧开展经济合作,加强伊朗的政治经济改革。[47]

　　伊欧之间的人权对话主要涉及伊朗的国内民主和人权状况问题,
双方就伊朗的不同人权问题每年举行两次会谈,参加者包括伊欧双边
的官员和人权人士。欧盟同伊朗的人权对话主要涉及:死刑、非法拘
禁、歧视妇女、宗教和种族少数群体、迫害民权人士、劳动权益保护等议
题。[48]但是总体上伊朗对人权对话持排斥的立场,认为欧盟是借人权问
题干涉伊朗的内政。伊欧双方就人权问题先后在德黑兰(1998 年 6
月)、维也纳(1998 年 12 月)、德黑兰(1999 年 5 月)、赫尔辛基(1999 年
12 月)、德黑兰(2000 年 6 月)进行了数次会谈,但是并未取得积极的
成果。

　　尽管初衷良好,但是总体上,伊欧贸易合作协定谈判、伊欧政治合
作协定谈判和人权对话乏善可陈。双方的谈判更多是在为自己辩护,
并期望对方接受自己观点和要求,彼此缺乏互相妥协的意愿和诚意。
鉴于伊朗在人权、核扩散等领域缺乏进展,欧盟在 2003 年 6 月暂停双
方进行的全面对话。直到 2005 年 1 月,欧盟才重新启动伊欧贸易合作
协定谈判。[49]欧盟暂停全面对话的另一个原因是伊朗核问题取代政治

和经贸问题成为欧伊之间最突出的议题。

第三节　哈塔米的联大演讲与伊朗的多边外交

哈塔米时期，伊朗积极谋求在多边舞台上推行"文明间对话"，向联合国等多边组织表达伊朗期望同世界对话的意愿。哈塔米的多边外交主要集中在伊斯兰合作组织、联合国大会和经济合作组织，并将其看作推行"文明间对话"和展示伊朗温和形象的舞台。由于前面章节已经阐述伊朗在伊斯兰合作组织的表现，这里不再赘述，本节侧重于联合国大会和经济合作组织。

一、哈塔米的联大演讲与伊朗的联合国外交

1998 年 9 月 21 日，哈塔米前往美国纽约参加第五十三届联合国大会并发表重要演讲。此次参会并非革命后伊朗官员在联合国大会上的首次亮相。伊朗外交部长韦拉亚提曾先后出席第四十一届等五次联合国大会。[50]但是哈塔米在联和国大会的演讲却是革命后伊朗在联合国舞台发表的最重要的演讲。

由于哈塔米是改革派领袖和首位在联合国大会发表演讲的伊朗总统，因此哈塔米在联合国大会的亮相和发言备受关注。如果说哈塔米的 CNN"文明间对话"访谈是提议美伊两国互相尊重的话，那么哈塔米的联合国大会演讲就是向全世界宣称，伊朗愿意在平等的基础上同其他文明的国家发展良好的关系。

哈塔米在联和国大会演讲的要点包括：（1）20 世纪是人类暴力与自由、苦难与救赎相伴而生的世纪，各国人民在经历苦难的同时并未停止对独立、自由和解放的追求。反对殖民主义、寻求民族解放是 20 世纪的光荣和进步。（2）哈塔米自称来自诞生过伟大文明的东方和伊朗。东方曾先后诞生了亚伯拉罕、摩西、耶稣、穆罕默德等宗教领袖。伊朗也孕育了伟大的波斯文明。伊斯兰革命后，伊朗推翻了国王的专制统治，将历史宗教遗产、革命经验和当代文明成果相结合，进行伟大的伊斯兰革命实践。（3）联合国代表性不足需要改革。联合国诞生于人类

的至暗时刻,代表着人类的救赎与解放。但联合国现在已蜕变为少数强大国家统治世界的工具。全世界穆斯林的人口超过十亿,但没有一个穆斯林国家获得常任理事国席位。联合国特别是安理会需要改革以让其更具有代表性。(4)国家之间应当通过"文明间对话"建立和平与信任。和平、安全、发展与繁荣是所有国家的共同夙愿。政治的本质应当是同情和公正,并通过"文明间对话"来体现。所有国家应当摒弃冷战思维,不搞霸权主义和单边主义。(5)哈塔米提议联合国应当将2001年定为"文明间对话"年。人类在进入千禧年后应当更加智慧和进步,应当反对暴力和敌对,提倡政治、经济和文化上的对话和交流。因此哈塔米提议联合国将2001年定为"文明间对话"年,期望通过这样的对话,在全世界实现公正和自由。[51]

从哈塔米演讲的要点我们可以看出:第一,哈塔米认为21世纪和20世纪存在着根本不同。他认为千禧年是人类的新千年和新世纪,人类应当更理智、更智慧,能够通过"文明间对话"实现世界公正与和平。为此国家之间要摒弃20世纪普遍存在的相互敌对和恃强凌弱。哈塔米的指向性相当明显,就是期望美国等西方国家放弃对伊朗的制裁和遏制,采用公平合理的方式对待伊朗。

第二,哈塔米在演讲中用两分法将世界分成东方和西方、伊朗和其他国家。东方出圣人,为人类贡献了宗教和智慧,西方出科技,为人类贡献了现代生产力。东方只是在同西方的冲突和对抗中逐渐衰落的。但是东西方之间的关系不应该全是战争和冲突,也不应当总是通过弱肉强食侵略另一方来发展自己,东西方之间更需要交流和对话。东方吸收西方的先进科技和生产力发展自己,西方也需要平等公正地对待东方。这也是文明之间需要对话的原因。伊朗是东方文明的重要代表,伊斯兰革命是伟大的创举。美国等西方国家应当承认伊斯兰革命、接受伊朗。

第三,哈塔米以伊斯兰视角切入联合国改革颇具新意。联合国在成立半个多世纪后,联合国改革特别是安理会改革成为热议的话题。日本和德国认为第二次世界大战后的常任理事国机制不能反映国际上新的权力结构变化而不具有代表性,因此德日两国期望入常成为新的常任理事国。但哈塔米提出的是伊斯兰视角。他认为穆斯林人口占世界的近三分之一,穆斯林国家占世界的四分之一,但是没有穆斯林国家入常影响了安理会的代表性。相对而言,这比德国和日本强调经济实力更具有说服力。

第四,哈塔米的"文明间对话"是对文明冲突论的回应。20 世纪 90 年代初,亨廷顿以文明冲突论来解释国际关系中的矛盾和冲突,认为伊斯兰文明和西方文明之间的矛盾不可调和。[52]尽管备受争议,但文明冲突论仍用来解释国际上的冲突和战争。但是冲突和合作、战争与和平是孪生兄弟,不得过于偏颇或以强调一个方面来否认另一个方面。文明和国家之间除了冲突和战争,也有交流与合作。哈塔米阐述的是文明之间相互交流与合作的方面。不可否认,哈塔米的"文明间对话"存在着理想主义成分,但它也许更代表文明和国家的发展方向,就像联合国诞生于黑暗的 20 世纪一样。

1998 年 11 月 4 日,哈塔米有关"文明间对话"的提议被联合国正式采纳。联合国将千禧年的第一年即 2001 年定为"文明间对话"年。在伊朗提议被采纳的新闻发布会上,来自埃及、叙利亚、伊斯兰合作组织的代表先后发言支持开展文明间和国家间的对话。[53]伊朗外交部长哈拉齐表示:"文明间对话是全新的范式。它包括国家、地区和文明在各个层面的交流和互动。联合国、联合国教科文组织和地区组织都应当积极推动文明间对话。"[54]伊朗驻联合国大使穆罕默德·扎里夫(Mohammad-Javad Zarif)表示,哈塔米提出"文明间对话"是在告诫世界,多样性文化不是人类分歧的根源,而是人类发展的源泉。[55]

除了在联和国大会发表演讲之外,伊朗总统哈塔米多次出席联合国教科文组织举办的国际会议,阐述他对"文明间对话"的见解和伊朗的外交理念。1999 年 10 月,哈塔米在巴黎举行的联合国教科文组织年会上发表演讲,他表示:第一,20 世纪是刀剑交锋的武力世纪,21 世纪应当是对话的世纪。冲突和战争只会让人类受苦,只有对话和交流才能让人类受益。第二,傲慢自负的国家阻碍了当前的"文明间对话"。他们只相信物质实力,只相信征服、统治和欺骗。如果他们不改变政策,那么武力也会反噬他们,让他们成为权力的牺牲品。第三,改变贫富差距和不平等才能推进"文明间对话"。"文明间对话"是在和平与互相尊重的基础之上推进的,但是当前国家的内部和国际社会的贫富差距都在扩大。所有国家需要采取措施改变国内和国际上存在的贫富差距和不平等现象,只有这样才能真正推进"文明间对话"。[56]

2000年9月,伊朗与联合国教科文组织联合举行"文明间对话"国际研讨会。哈塔米在发言中表示:(1)全球化促进"文明间对话"。当前全球化趋势的形成为"文明间对话"提供了良好的机遇。不同的文明和文化只有在积极的碰撞和交流中才能够保持活力,否则将会逐渐衰亡。(2)"文明间对话"应当取代权力成为国际关系的新范式,现有国际关系的主导范式是以权力话语为基础,未来需要以"文明间对话"新范式取代旧的权力范式,让同情和怜悯取代暴力和仇恨。伊朗呼吁各国政府遵循"文明间对话"原则,发展国家之间的关系。(3)伊朗在"文明间对话"上能够发挥主导的作用。伊朗不仅连接远东、中东、中亚和印度次大陆,也连接亚洲文明和欧洲文明。独特的地理位置让伊朗处在政治风暴、经济交往和文化交流的中心。[57]需要指出的是,美国国务卿奥尔布赖特(Madeleine Albright)也出席了本次会议。尽管并未在会上发言,也没有同哈塔米进行提问互动,但是奥尔布赖特的出席本身就具有特殊的意义,表明美国对伊朗改革派总统哈塔米及其"文明间对话"外交的关注。

在强权政治和霸权主义依然盛行,以及贫富差距和不平等日益加深的国际背景之下,哈塔米提倡文明间的交流与对话。尽管哈塔米的"文明间对话"理念充满了理想主义色彩,但也蕴含着可以吸取的价值。至少"文明间对话"为国际社会解决现实问题提供了一种思路。世界需要和平,文明需要传承,国家需要发展,这也让文明和国家之间的对话和交流更显重要。

二、伊朗与经济合作组织(ECO)的关系

经济合作组织(Economic Cooperation Organization, ECO)也是哈塔米在多边外交上推介"文明间对话"的舞台。伊朗曾对经济合作组织寄予厚望,期望将它培养成为伊斯兰国家相互合作和地区一体化的平台,摆脱对世界大国和国际组织的经济依赖。

经济合作组织的前身是伊朗、土耳其和巴基斯坦在1985年创建的地区发展合作组织(Regional Cooperation for Development),总部设在

伊朗首都德黑兰。1992 年该组织在扩员后拥有 11 个会员。[58]共同的伊斯兰认同、非阿拉伯穆斯林国家,以及地理上的邻近成为经济合作组织的维系纽带。该组织的目标是促进成员国之间的经济合作和科技文化交流,并成为中东和中亚在地区合作上的典范。

1998 年 5 月 11 日,哈塔米出席第五届经济合作组织首脑峰会并发表演讲。哈塔米在演讲中表示:第一,经济合作组织成员国拥有共同的文化和历史,成员国在保留共同的文化遗产和价值观的前提下,在政治和经济上充分发展自己;第二,经济合作组织应当认真考虑成员国所共享的文化遗产,解决成员国之间和地区内所共同面临的政治、经济和安全挑战。[59]

尽管被伊朗寄予厚望[60],但是该组织远未发展成为类似欧盟或东盟那样的地区组织,更没有实现让伊朗借此摆脱对国际经济和金融体系的依赖。成员国合作仍是该组织的最大短板。第一,从成员结构上看,该组织呈现出大国不强和弱国更弱的特性。经济合作组织内没有世界性大国,伊朗、土耳其、哈萨克斯坦是地区大国。尽管它们的经济结构和发展水平尚可,但仍然没有达到能够为经济合作组织和其他成员国提供公共产品的程度。伊朗和哈萨克斯坦等国自己也是百业待兴,需要引进外资发展自己的能源、交通等基础设施。巴基斯坦、吉尔吉斯斯坦、阿富汗受到人口负担和经济落后的拖累,经济发展面临更大的阻力。

第二,从经济结构上看,互补性不强让该组织难以实现内聚型发展。伊朗、阿塞拜疆、哈萨克斯坦属于产油国,但它们的原油更多是外销到域外而不是提供给其他成员国。阿富汗等国有需求但没有购买力,因此成员国在经济上的各自为政让经济合作组织难以在成员国内部形成聚合机制。表 3.2 可以看出,即使到了 2012 年,经济合作组织成员国之间的经贸合作仍不紧密。

第三,从经济和安全上看,成员国更热衷于同域外国家建立更为紧密的联系。从经济上看,只有土耳其对经济合作组织成员国的贸易依存度较大,进出口占比分别为 55.2% 和 34.9%,即便如此,土耳其在经济上还在积极向西看,谋求加入欧盟。伊朗、阿塞拜疆、哈萨克斯坦、土库曼斯坦四国对经济合作组织的依赖度较低,在 2%—23% 之间。阿富汗、塔吉克斯坦、乌兹别克斯坦、吉尔吉斯斯坦四国对经济合作组织

表 3.2　2012 年经合组织的进出口额及地区份额列表（单位：亿美元）

国　　家	出口价值	出口份额	进口价值	进口份额	ECO 所占出口份额	ECO 所占进口份额
伊　　朗	1 040	35.4%	570.9	64.6%	23.8%	13.3%
阿富汗	3.7	93.7%	55	6.3%	0.1%	1.3%
阿塞拜疆	326.3	24.2%	104.1	75.8%	7.5%	2.4%
哈萨克斯坦	922.8	32.6%	445.3	67.4%	21.1%	10.4%
吉尔吉斯斯坦	18.9	73.9%	53.7	26.1%	0.4%	1.3%
土库曼斯坦	165.0	37.5%	99.0	62.5%	3.8%	2.3%
塔吉克斯坦	13.5	73.6%	37.7	26.4%	0.3%	0.9%
乌兹别克斯坦	108.3	51%	112.9	49%	2.5%	2.6%
巴基斯坦	245.6	64.3%	441.5	35.7%	5.6%	10.3%
土耳其	1 524	60.8%	2 365.4	39.2%	34.9%	55.2%

资料来源：Muhammad Ali and Noreen Mujahid，"An Analytical Study of Economic Cooperation Organization（ECO）：Challenges and Perspectives，" *European Academic Research*，Vol.2，No.11，February，2015。

的依赖基本可以忽略不计。在安全领域，土耳其是北约成员国，中亚五国同上海合作组织的联系远大于同该组织的联系。这种眼光向外的安全和经济导向减弱了成员国对经合组织的认同和参与。

第四，阿富汗和中亚五国对伊朗和土耳其的防范制约了经济合作组织的发展。中亚五国是在苏联解体后成立的。苏联从阿富汗撤军让阿富汗和中亚五国形成权力真空。美国、欧盟、沙特等争相填补这一权力真空。伊朗和土耳其也通过文化合作等隐形方式进行文化输出。对此，阿富汗和中亚五国对沙特、土耳其、伊朗也心存戒备，防范后者的宗教和文化渗透，这制约了它们在经济合作组织框架下发展同伊朗和土耳其的关系。

第四节　哈塔米的"文明间对话"
访谈与美伊的隔空互动

克林顿政府对伊朗的遏制政策在实行过程中受到了质疑。质疑的声音认为现在的伊朗不同于霍梅尼时期的伊朗，已经不再谋求输出革命。美国不应该视伊朗为敌人并加以遏制，相反美国应当采取务实政策接触伊朗。哈塔米也在 CNN 等多种场合表示,伊朗不寻求同美国的对抗,而是要进行对话。在美国国内的不同声音和伊朗立场软化的双重作用下,敌对的美伊关系正在发生新的变化。

一、哈塔米对美外交与在 CNN 发表的"文明间对话"

1998 年 1 月 7 日,哈塔米在美国纽约接受 CNN 的访谈。访谈的主旨是强调美伊之间要开展"文明间对话",消除两国之间的敌视之墙。在 CNN"文明间对话"的访谈是哈塔米成为伊朗总统后在对美外交上所采取的重大举措。

哈塔米在上台后不久就接受 CNN 的访谈,阐述自己的"文明间对话"理念和伊朗的对外政策。这一举动也是在进行外交试水,试探美伊两国的国内政治对美伊关系缓和的态度。哈塔米对美外交的展开基于如下背景:第一,哈塔米代表了伊朗国内务实派的想法。在拉夫桑贾尼通过经济外交同美国建立联系未果后,伊朗国内务实派和改革派仍在寻求同美国接触。伊朗副议长拉里贾尼(Muhammad Larijani)表示:"减少同美国的紧张关系符合伊朗的国家利益。有些国家尽管相互斗争但是他们保持了外交关系。"[61]伊朗外长哈拉齐表示:"伊朗准备同任何国家发展良好关系,只要他们愿意在互相尊重的基础上同伊朗发展关系。"[62]伊朗左派报纸《萨拉姆报》(Salam)提出:"我们能够同英国保持外交关系,那么我们为什么不能同美国保持外交关系?"[63]哈塔米以文明和文化为切入点,政治风险更小,如果遭遇阻力也能从接触美国的立场退回。

第二,哈塔米对美外交有自己的优势。哈塔米是改革派领袖,有在欧洲任职的经历并在伊朗担任文化与伊斯兰指导部长,他既了解西方也忠于伊朗的伊斯兰体制。他能够使用美国和西方所接受的方式表达伊朗对美国的立场。

第三,哈塔米提出"文明间对话"有部分回应"文明冲突论"的意味。美国学者塞缪尔·亨廷顿先后在 1993 年和 1996 年发表文章和著述,阐述国家间的冲突和战争源自异质文明之间的冲突。[64]这似乎影射了美伊关系。如果亨廷顿的说法正确则意味着美伊关系不可调节,哈塔米以文明间交流为切入点,强调文明之间可以对话,美伊之间也可以交流对话甚至和平相处。哈塔米希望通过美伊间的文明平等来寻求国家的平等。伊朗在对美外交中能够赢得美国尊重的可能不是依靠霍梅尼所倡导的伊斯兰,而是伊朗的波斯文明。美国的文明和文化发源于古希腊古罗马文明。哈塔米理解美国只尊重平等的对手,以文明为切入点,能够赢得美国的共鸣。伊朗作为波斯文明的传承国在时间上要早于美利坚文明,因此哈塔米期望美国能像尊重波斯文明一样尊重伊朗。

哈塔米的访谈内容大致分为文明间对话和伊朗的外交政策两部分。有关文明间对话,哈塔米的主要观点包括:(1)他尊重美国民众和美国的文明,美国文明建立在理性、远见和清教徒的宗教自律之上,是西方文明的代表;伊朗文明与古希腊古罗马文明是同根同源。伊朗民众的才能智慧和伟大的伊斯兰相结合创造了伊朗的奇迹,伊朗文明是伊斯兰文明的重要组成部分。他也期望美国尊重伊朗和伊朗的文明。(2)同美国一样,伊朗也为争取国家的独立、人民的民主自由和崇高的生活方式而奋斗。伊朗追寻的独立自由恰恰是美国的先驱曾为之奋斗的目标。就像美国通过独立战争赢得独立一样,伊朗的独立也是通过革命来实现的。相似的奋斗历程让伊朗对美国倍感亲近并怀有敬意。(3)第二次世界大战时期美国所制定的政策是为了争取民主、自由和尊严,但是第二次世界大战后美国外交开始追求世界霸权。这严重损害了世界上受剥削、受压迫国家和民众的利益,粉碎了殖民地的民众对美国的信任和希望。美国是以民主自由的名义做伤害他国民众利益和感情的事情。尽管冷战已经结束,但美国仍在寻找和制造新的敌人,将伊朗作为敌人并加以遏制和制裁。(4)美国使馆人质事件让美国和伊朗之间严重对立。美国认为人质事件伤害了美国,但它表达了伊朗民众对美国剥削压迫伊朗的强烈愤慨。美国应当从伊朗的历史发展和革命语境中理解这一事件。就像越战一样,美国民众需要责怪的不是伊朗而是美国的政客,是他们将美国拖入了美伊的敌对。(5)文明和文化对话能够冲破美伊之间的敌视之墙。"文明间对话"主要是美伊两国的知识分子和思想家的对话,通过他们的对话能够推动美伊之间的相互理解。哈塔米建议通过增加美国和伊朗的学者、记者、艺术家和游客之间的交流,增加美伊之间的交流和理解。但是"文明间对话"不是政治对话。在两国政治关系上,美国只有消除阻碍两国关系发展的因素和根源,美伊关系才会实现正常化。(6)焚烧美国国旗和"让美国去死"的口号并不是伊朗人民对美国心存恶意,而是针对美国政客表态推翻伊朗政府、美国击落伊朗客机和国会拨款颠覆伊朗的回应。[65]

有关伊朗的对外政策,哈塔米表示:(1)伊朗谴责任何形式的恐怖主义。伊斯兰教禁止滥杀无辜,但伊朗会支持被占领领土的人民争取民族解放。(2)伊朗反对中东和平进程。伊朗不会将自己的想法强加给他人,也不会妨碍他国推进和平进程。但巴勒斯坦民众有民族自决权,他们有权争取民族解放和国家独立。美国的中东政策是为以色列而不是为美国服务,美国不应当被以色列左右。(3)伊朗是《不扩散核武器条约》签字国和国际原子能机构的会员国。国际原子能机构的核查人员曾多次核查伊朗的核设施,并公开表示伊朗只是在和平利用核能,没有发展核武器。伊朗不是核国家也不寻求发展核武器。[66]

美国政府对哈塔米的CNN采访反应冷淡,仅仅表示哈塔米的"文明间对话"访谈只是伊朗的政策宣传。如果伊朗总统真的能够化言辞为行动,那么美国将以行动对行动,为美伊关系的正常化创造机会。美国欢迎伊朗在恐怖主义、核问题、中东和平进程等问题上做出改变。如果伊朗改变,美国将做出妥协与和解。[67]

不管怎样,哈塔米的"文明间对话"访谈具有重要意义:第一,哈塔米向美国展示了改革派领袖的形象。1980年美伊关系断交后,两国先后经历了美国使馆人质事件、两伊战争、"双重遏制"政策等阻碍两国关系发展的重大事件,哈塔米能够在这个相互敌对的背景下前往纽约接受美国知名媒体的访谈,这一突破性行动本身就具有象征意义。第二,对恐怖主义等问题的回应体现了哈塔米政府有解决问题的意愿和态度。哈塔米在访谈中没有回避问题,直接就敏感问题表达了伊朗的政治立场。哈塔米还试图以文明为基础,通过公共外交和民众交往培养两国间的信任,为未来的美伊关系缓和做好准备。

尽管如此,哈塔米的访谈也存在着相当的局限:第一,哈塔米的"文明间对话"不是对话更像是伊朗政策的自我解释。哈塔米把访谈的重点放在伊朗的政策解释和自我辩护上,对使馆人质事件、恐怖主义、核问题、中东和平进程等问题的回答存在偏颇之处,很难说服美国的政客和民众,也不会得到美国的理解和共鸣。后续的核问题就是验证。第二,哈塔米的"文明间对话"强调的是文明和文化上的交流,而非政治对话。这对尖锐对立的美伊关系而言,有回避主要问题和避实就虚之嫌。美伊两国关系走出相互敌对的恶性循环,只能通过两国之间的政治谈判和对话加以解决。脱离政治对话来谈论"文明间对话"不能解决本质问题。哈塔米提出扩大民众交流也是虎头蛇尾,缺乏后续的联系机制和可操作的路线图。第三,美伊文明上的平等不等于国家上的平等。革命后伊朗一直指责美国是傲慢的帝国,哈塔米将伊朗文明提高到和美国文明等同的高度,姑且不论两大文明可否等量齐观,但在政治上,美国只尊重和它一样有实力的对手。由于美伊两国在国家实力和国际地位上存在着巨大差距,美国不可能真正平等地对待伊朗。至少在美国看来,哈塔米提出的平等尊重是不自量力和伊朗式的傲慢。

二、美国对伊朗的"摔跤外交"

1998年2月17日,美国摔跤运动员参加在德黑兰举行的塔赫提杯(Takhti Cup)摔跤锦标赛。[68]这是伊斯兰革命后美国运动员首次访问伊朗。根据锦标赛赛制的规定,在摔跤比赛期间,所有参赛国的国旗都将悬挂在举行摔跤比赛的主体育场。在比赛之余,美国运动员还前往德黑兰的巴扎市场购物,并受到德黑兰市民的热烈欢迎。

这一事件在伊朗和美国两国引起截然不同的反应。伊朗国内的保守派在赛前就强烈反对美国运动员来伊参赛。伊朗议员穆罕默德·法克尔(Mohammad-Reza Faker)表示:"活动主办方要在会场悬挂美国国旗演奏美国国歌,这是在打伊朗的脸。"其他议员附和高喊"让美国去死!"[69]伊朗最高精神领袖哈梅内伊在比赛之前离开德黑兰,以表达他对美国体育代表团来访的不满。在1月17日美国代表团抵达德黑兰的当天,哈梅内伊还发表演讲,攻击美国是殖民主义者并谴责美国在两伊战争中向伊拉克提供情报。哈梅内伊还表示,伊朗决不惧怕任何国家的恫吓和威胁,"撒旦国家"敌视伊朗是害怕伊朗所拥有的强大的伊斯兰理念。[70]

与伊朗相反,美国高度评价美国运动员访问伊朗。1998年3月13

日,美国总统克林顿在白宫接见访问伊朗回国的摔跤运动员,感谢他们对伊朗进行了破冰之旅。克林顿还鼓励其他美国人参加同伊朗的各种交流。1998年3月22日,克林顿在伊朗新年诺鲁孜节时表示他很欣赏伊朗的传统文化,并希望美国有一天同伊朗再次友好相处。哈梅内伊对美国官方对摔跤运动员访伊的表态表示不屑。"伊朗现在每个角落都在谈论伊朗同美国的外交,好像伊朗除了改善同美国的关系之外,没有其他出路一样。"71

1998年6月克林顿签署行政命令,取消美国对伊朗地毯、开心果等商品的进口禁令。2000年5月19日,世界银行批准对伊朗的贷款,这也是克林顿上台后伊朗获得的第一笔世界银行的贷款,此前伊朗的贷款申请因为美国的反对被两度推迟表决。但是美国摔跤运动员访伊没有成为两国间的"乒乓外交"。两个敌对国家走向和解不仅需要两国间的民众交流,更需要两国领导人的政治引领和推动和解的意愿,后者甚至比前者更重要。显然在这方面,伊朗领导人并未准备从政治上推进美伊之间的和解进程。

三、奥尔布赖特同哈拉齐在亚洲协会上的隔空回应

针对伊朗总统哈塔米在CNN发表的美伊"文明间对话"的访谈,1998年6月17日,美国国务卿奥尔布赖特在亚洲协会上发表演讲做出回应。她的演讲内容主要包括:第一,承认伊朗的历史和地区地位。奥尔布赖特表示,伊朗是古老的国家,文明具有持续性。伊朗是海湾中心并在地区发挥着至关重要的作用。第二,奥尔布赖特简要谈及了美伊交恶的历史但并未评价。奥尔布赖特表示,第二次世界大战后美国在苏伊边界冲突和苏联在伊驻军问题上支持伊朗。美国支持伊朗国王巴列维是为了抵抗苏联极权主义的扩张。1979年国王巴列维被推翻后,伊朗发生包围美国大使馆并扣押人质的恶性事件并导致两国断交。第三,伊朗总统哈塔米给美伊关系带来了新变化。克林顿总统欢迎这次的伊朗总统大选,美国希望伊朗能变得更自由、更法治和更文明。如果伊朗放弃利用恐怖主义等手段拓展国家利益,国际上就能消除对伊朗的安全关切。美国期望伊朗在内政和外交上发生变化。第四,美国

期望两国能够为民众和学术交流创造有利的条件。美国支持美伊间开展学术与文化交流,并愿意为伊朗公民赴美提供便利,美国也期望伊朗能考虑类似的行动和步骤。一旦时机成熟,美国将同伊朗探讨建立正常外交关系的途径。美伊之间的 20 年敌对鸿沟不会一夜消失,但现在已到了探讨跨越鸿沟可能性的时候。[72]

在奥尔布赖特亚洲协会演讲后的第二天,克林顿在 1998 年 6 月 18 日表示,在改革派总统哈塔米的带领下,伊朗正在发生着积极的变化,美国正在寻求同伊朗"真正和解"。在历史问题上,美伊两国都应当承担自己在美伊敌视中应该承担的责任。美国对伊朗的政策原则是互动互惠。只要伊朗不再支持恐怖主义、不发展扩散大规模杀伤性武器、不再反对中东和平进程,美国就能够同伊朗实现真正的和解。[73]

对美国国务卿奥尔布赖特和总统克林顿所释放的"暖意",伊朗外交部长哈拉齐表示:"在美伊实现关系正常化之前,美国必须先结束对伊朗的敌对政策。但是美国在里海能源外输管线上的举动说明美国依然在敌视伊朗。"[74] 1998 年 9 月 28 日,哈拉齐也选择通过在亚洲协会演讲回应美国的表态。哈拉齐表示:第一,奥尔布赖特 6 月 17 日亚洲协会的演讲是美国对伊政策变化的新开始,但言辞的变化并不代表美伊关系的实质变化。美国国内遏制伊朗的声音并未消失。伊朗在独立平等和互相尊重的基础上发展同其他国家的关系,任何国家如果违背上述原则,伊朗都不能接受。第二,奥尔布赖特对美伊历史的表态是在为美国辩护。即使美国支持巴列维专制统治是为遏制苏联极权主义,但是 1953 年政变又让伊朗多经受了 20 多年的奴役和压迫。伊朗不能接受美国以冷战为由为自己开脱。第三,美国政策具有两面性和虚伪性。美国一边强调伊朗在地区的地位和影响力,一边又在遏制伊朗。美国阻碍第三国同伊朗发展正常的经贸关系,阻止国际机构向伊朗提供资金和技术。第四,伊朗愿意通过民众对话消除美伊间的敌视和错误认知。伊朗不再阻碍美国企业投资伊朗,伊朗也愿意在恐怖主义、大规模杀伤性武器扩散、毒品走私方面同美国合作。[75]

2000 年 3 月 17 日,奥尔布赖特出席亚洲协会和美伊委员会共同举办的会议,并就美伊关系发表演讲。她发言的主要内容包括:第一,她预祝伊朗民众诺鲁孜节快乐[76],并期望美伊两国共同播撒发展良好关系的种子。第二,美伊关系应当从恶性互动走向良性互动。使馆人质事件让美国痛恨伊朗,伊朗支持恐怖主义、发展核武器等行为进一步恶化了美伊关系。既然伊朗认为美国是"撒旦",那么美国也将伊朗视为威胁;如果伊朗改变,美国也会做出改变。第三,美伊都不应该忘却历史。1953年美国出于战略考量推翻伊朗摩萨台内阁,阻碍了伊朗的民主发展进程。这在伊朗看来美国是在粗暴干涉伊朗内政;但是使馆人质事件让美国遭受耻辱,也是所有美国民众心中难以磨灭的伤痛。第四,美国密切关注哈塔米当选给伊朗和美伊关系带来的积极变化。美国欢迎伊朗国内发生自由、民主和开放的变化。美国欢迎哈塔米提出的民众对话,美国将允许进口伊朗的地毯和食品,加强美伊间的专家学者、艺术家、运动员和非政府组织之间的交流。第五,美国重视美伊官方之间的政治对话。美伊存在着发展正常关系的可能性。伊斯兰同美国也不冲突。美伊在遏制萨达姆侵略、打击毒品走私等问题上存在共同的利益。美国期望采取措施改善伊朗的安全环境,也愿意通过政治接触和谈判来解决彼此间的矛盾和问题。[77]

应当说,在历史问题上,奥尔布赖特3月17日的演讲比美国之前的表态更加具体、更加客观。她特别指出,1953年政变是美国粗暴干涉了伊朗的内政,但她同时也认为美伊两国在历史上是在冤冤相报和互相伤害。对奥尔布赖特在亚洲协会上的演讲和道歉,雷·塔基亚(Ray Takeyh)认为,美国对伊朗的道歉太少,而更重要的是太迟。美国应在1997年哈塔米当选时发表类似演讲并向伊朗正式道歉。[78]另外,奥尔布赖特对哈塔米的民众对话做了回应,美国不仅愿意在民众交流上配合伊朗,也愿意同伊朗进行官方政治对话,探讨美伊改善关系的可能性。这实际将皮球又踢到伊朗一边。但是非常可惜,伊朗在民众交流和政治对话方面再未做出积极回应。

四、美国同伊朗的秘密外交

除了美伊的隔空互动,美国还试图通过秘密管道联系伊朗。时任国家安全委员会近东南亚事务高级主任兼克林顿总统特别助理布鲁斯·里德尔(Bruce Riedel)曾披露美国同伊朗接触的秘密管道和交往细节。

美国对伊朗接触的秘密管道主要包括：(1)瑞士管道。1997年10月，美国总统克林顿通过瑞士驻德黑兰大使馆向伊朗传递消息，邀请伊朗官员同美国政治事务助理国务卿托马斯·皮克林(Thomas R. Pickering)、总统特别助理布鲁斯·里德尔、美国助理国务卿帮办戴维·韦尔奇(David Welch)三人进行不设前提条件的会谈。但是伊朗对此并未回应。(2)沙特管道。1998年6月，美国副总统戈尔访问沙特，请求沙特王储阿卜杜拉居中协调促成美伊直接对话。但伊朗拖延回复，并强调美伊在官方接触之前先启动两国的民众交流。(3)阿富汗管道。1999年7月，在联合国的斡旋下，有关阿富汗问题的6+2会谈在乌兹别克斯坦首都塔什干举行，与会的是阿富汗的6个邻国和美国、俄罗斯。联合国代表向美国保证伊朗代表确定会出席会议，为此美国国务卿奥尔布赖特决定出席会议，目的是促进美伊间的高层对话。但伊朗代表并未与会。(4)阿曼管道。1999年6月，美国派里德尔和因迪克通过阿曼外交大臣约瑟夫·阿拉维(Yusef bin Alawi)向伊朗总统哈塔米传递信件，要求后者调查伊朗革命卫队涉嫌制造的沙特霍巴尔爆炸案。1999年9月，哈塔米回复称美国指责革命卫队制造爆炸案是对伊朗的无端指责。美国更应反思1988年伊朗民航客机被击落事件。[79]

尽管美国几次试图接触伊朗，但是伊朗都没有做出积极的回应。里德尔觉得是伊朗国内的政治斗争阻止了哈塔米政府推进美伊政治会谈。但是伊朗不谈判、不接触的做法无论是授命于哈塔米还是哈梅内伊，其结果都是使伊朗错失了同美国进行面对面政治对话的机会。其实对伊朗来讲，谈比不谈要好，早谈比晚谈要好。

五、哈塔米对美外交的简短评价

在美伊对立近20年之后，哈塔米在改善对美关系上提出了"文明间对话"，强调以文明之间的对话交流来解决两国间的敌对关系。哈塔米推出的文明间对话就像个探测气球，既探测美伊关系缓和存在的可能性和风险，也探测伊朗国内的反应。"文明间对话"激发了美伊官员有问有答的隔空互动，美国摔跤运动员也以公共外交的方式参与进来。

这也是伊斯兰革命后美伊两国最有可能走近的阶段。但是非常遗憾，美伊之间没有发生类似"乒乓外交"的事件，也没有出现类似基辛格访华的行动，美伊两国在谨慎的相互试探后又回到了敌对的原点，没有在双边关系上实现突破。

造成上述结果的原因包括：第一，美伊在1953年政变和使馆人质事件等历史问题上各执一词、不愿妥协。在历史问题上，美伊双方都有强烈的受害者心理，并选择性忽视自己带给对方的伤害。对历史问题的认知分歧和不愿妥协制约美伊关系走向缓和。

第二，"美热伊冷"使双方难以形成行动对行动的良性机制。在实现路径上，伊朗强调"文明间对话"和民众交流，拒绝政治对话；美国重视民众交流，但更强调政治谈判。在改变方式上，伊朗强调美国先放弃遏制再改善关系；美国强调以渐变求突变，以行动对行动。但从进程发展上看，伊朗在推进民间外交上没有采取行动，对美国的运动员来访、秘密外交等也置之不理。这不是谁走第一步和如何互动的问题，而是伊朗决策层并未准备同美国改善关系。

第三，总统哈塔米在伊朗政治体系中缺乏能动性。理论上讲总统哈塔米是伊朗权力结构中的第二号人物，但他不是伊朗外交的最终决策人，他需要听命于精神领袖哈梅内伊。在伊朗的权力结构中，哈塔米更像是一位有良好理念和思路的技术官僚，他对美伊关系有良好的愿景和期待，但他没有力挽狂澜的能力，没能推动伊朗改善同美国的关系。当国内的保守势力没有准备同美国和解，哈塔米即使提出同美国和解也不能付诸实施。这也可以解释为什么在CNN访谈之后哈塔米对美国外交再也没有任何实质性的举措。

第五节　哈塔米时期伊朗的核外交

伊朗总统哈塔米在第二任期迎来了美国共和党总统小布什。小布什在上台后并未继续克林顿执政后期对伊朗的缓和政策。"9·11"事件之后，美国不惜发动战争来消除恐怖主义和核武器扩散对美国的国家安全所造成的威胁。伊朗秘密核设施在2002年被曝光让美国更加坚信伊朗一直是在发展核武器，伊朗核问题迅速成为激化美伊关系的重大事件,伊朗哈塔米政府的外交被迫从"文明间对话"转到应付伊朗核危机。

一、美国小布什政府的两场战争与"政权改变"政策

2001 年 9 月 11 日,美国本土的世贸大厦、五角大楼等目标先后遭受恐怖主义袭击,这是第二次世界大战后美国首次遭受的重大打击。恐怖袭击事件发生后,世界各国的领导人先后发表谴责恐怖袭击的声明。2001 年 9 月 27 日,伊朗的哈梅内伊和哈塔米发表声明谴责恐怖袭击。"9·11"事件彻底激发了美国的强烈报复心理,美国在认定"基地"组织头目本·拉登是恐怖袭击的策划者后,勒令阿富汗的塔利班政权交出本·拉登,否则美国将对阿富汗发动战争。

2001 年 10 月 7 日,美国发动了对阿富汗战争,打击"基地"组织及帮助"基地"组织的塔利班政权。[80] 最终美军推翻了塔利班政权并清除了"基地"组织在阿富汗的主要势力。2001 年 12 月 22 日,美国支持组建由哈米德·卡尔扎伊(Hamid Karzai)为临时总统的阿富汗过渡政府。[81]

"9·11"事件发生后,伊朗在反恐问题上向美国提供了一定的帮助。伊朗的帮助主要包括:(1)协助美国打击"基地"组织。"9·11"事件后,伊朗逮捕数百名从阿富汗入境的恐怖嫌疑分子,并将其中的 300 多份护照复印件通过联合国秘书长安南转交给美国。伊朗还同意美国审讯部分恐怖嫌疑分子。(2)协助美国推翻塔利班政权。(3)为北方联盟提供帮助。(4)伊朗参加波恩会议,帮助卡尔扎伊组建新政府。(5)遣返 100 万在伊朗的阿富汗难民。[82] 尽管伊朗在阿富汗战争中帮助过美国,但是美国并未对伊朗有所回报。

2002 年 1 月 29 日,美国总统小布什在国会参众两院发表演讲。由于这是美国总统在"9·11"事件和阿富汗战争之后发布的首次两院联合演讲,因此演讲能够透露出美国外交的未来动向。在这次演讲中,小布什将伊朗、朝鲜、伊拉克定性为"邪恶轴心",并指出这些国家支持恐怖主义、发展大规模杀伤性武器、在国内"压制人权"。它们对美国的国家安全构成了威胁。为此美国将采取包括军事手段在内的所有政策

选项抗击上述的威胁。2003年3月20日,美国以萨达姆发展核武器、支持"基地"组织等为借口发动了伊拉克战争,并用了两个多月的时间推翻了伊拉克的萨达姆政权。

从阿富汗到伊拉克,美国在不到两年的时间内发动了两场战争。如果说美国发动阿富汗战争尚可以理解的话,那么伊拉克战争则让世界看到了美国好战的本性。美国为了追求自己的绝对安全,不顾国际原子能机构对伊拉克大规模杀伤性武器的核查结果,也不顾法德等国家的坚决反对,在没有获得安理会授权的情况下发动了伊拉克战争。美国这种强调单边主义和先发制人的做法更让国际社会担心。"小布什主义"让美国成为穷兵黩武的美利坚帝国。

除了小布什主义,小布什的"政权改变"(Regime Change,相对于"行为改变"[behavior change])政策也令人担心。小布什政府认为要解决大规模杀伤性武器扩散、"国家恐怖主义"、"压制人权"等问题,根本的方法是改变"无赖国家"的政权。政权改变政策还会产生多米诺骨牌效应,当第一个"无赖国家"的政权倒掉后将引发其他"无赖国家"的政权接连崩溃。[83]布什政府的国防部长唐纳德·拉姆斯菲尔德(Donald Rumsfeld)、国防部副部长保罗·沃尔福威茨(Paul Wolfowitz)、美国驻联合国大使约翰·博尔顿(John Bolton)等新保守派都是政权改变政策的积极拥护者。

阿富汗和伊拉克两次战争的迅速取胜,让美国迷信凭借武力能解决所有问题。2003年5月1日,小布什在西点军校宣布伊拉克战争胜利,小布什发表演讲表示:"推进民主将是打击恐怖主义最稳妥的战略。美国将采用包括武力在内的一切手段捍卫民主。任何支持恐怖组织和寻求发展大规模杀伤性武器的政府都对文明世界构成了严重的威胁,美国将义不容辞予以反击。"[84]这意味着如果认定某个国家支持恐怖主义或发展大规模杀伤性武器,美国将采取包括军事手段在内的一切手段消除威胁。

两场战争也让伊朗感受到来自美国的强大压力。阿富汗战争和伊拉克战争都发生在伊朗的周边。美国在战争结束后并未从阿伊两国撤军,而是以维持局势稳定等理由继续向阿富汗和伊拉克增派兵力。美国发动阿富汗战争时军力不足1万人,但战后美国在阿富汗的维稳兵力增加到 2.3 万人。[85]发动伊拉克战争时美军的兵力为 13 万。在伊拉克维稳的兵力在 15 万左右,高峰时超过 18 万。[86]如果再算上美国在海湾和中亚的驻军,美军有 20 多万士兵驻守在伊朗的周边。美军的兵力从不同方向形成对伊朗的包围态势。而且美国在两次战争中所展示的无人机、斩首行动等新型武器和战术更具有杀伤力和威慑力。美国作为伊朗最强劲的敌人,在伊朗周边部署重兵让伊朗感到了强大的压力。

不仅如此,在美国的黑名单中,同时拥有支持恐怖主义和发展大规模杀伤性武器两项罪名的国家除了伊拉克就是伊朗。2002 年 8 月伊朗的秘密核设施被曝光,这似乎验证了美国此前对伊朗发展核武器的指责,这为美国发动对伊朗的战争提供了有利的证据。伊朗成为美国下一个打击目标的正选对象。

二、从秘密核设施被曝光到核问题的全面暴露

2002 年 8 月 15 日,伊朗的反政府组织"人民圣战者组织"的领袖阿里礼萨·贾法扎德(Alireza Jafarzadeh)向《纽约时报》揭露伊朗在纳坦兹(Natanz)和阿拉克(Arak)秘密建造两处核设施。2002 年 12 月,美国科学与国际安全研究所公布了纳坦兹和阿拉克两处核设施的卫星图片。[87]伊朗核问题由此浮出水面。"人民圣战者组织"是当年被霍梅尼清洗出局的反对派组织,曝光伊朗核设施是他们对伊朗进行的政治报复。[88]

2002 年 12 月,伊朗外交部对秘密核设施事件做出回应称:"这些核设施完全出于和平目的,并接受国际原子能机构的定期核查。伊朗不会做出任何违背国际规则的行为,现在不会、将来也不会。"[89]为了表示诚意,伊朗表示将邀请国际原子能机构的核查人员前往纳坦兹和阿拉克调查。2003 年 6 月,核查人员获准对纳坦兹和阿拉克两处核设施进行核查,但核查结果远远超过预期。伊朗在核问题上存在着大量的隐瞒和欺骗的事实。

伊朗存在的问题主要包括:(1)伊朗隐瞒了一大批应当申报但从未申报的核设施。这包括伊斯法罕燃料生产厂(Isfhan Fuel Manufacturing Plant, FMP)、纳坦兹铀浓缩厂、纳坦兹中试燃料生产厂(Natanz Pilot

Fuel Enrichment Plant，PFEP)、阿拉克核研究反应堆、阿拉克重水厂
(Arak Heavy Water Plant)、阿拉克 40 兆瓦重水反应堆(Arak Heavy
Water Reactor-40，IR-40)、德黑兰支博哈亚多功能实验室(Jabr Ibn
Hayan Multipurpose Laboratories，JHL)等。[90](2)纳坦兹铀浓缩厂、卡
雷耶电气公司等处存在几种不同浓度的浓缩铀颗粒污染,这些核污染
的来源有待调查。(3)伊朗隐瞒进口核材料。从 1991 年起,伊朗秘密
进口 1 000 千克六氟化铀,400 千克四氟化铀,400 千克二氧化铀核材
料。伊朗隐瞒了上述行为并始终没有向原子能机构申报。(4)伊朗从
国际核黑市秘密购买 P-1 型、P-2 型铀浓缩气体离心机的设计图纸,并
秘密进口 P-1 型离心机转子等主要部件。伊朗也没有向原子能机构报
告。(5)德黑兰核研究中心秘密进行实验级浓缩铀分离活动,也没有向
原子能机构申报。[91]伊朗上述行为都是在过去近 20 年内秘密进行的。
可以肯定,如果伊朗的秘密核设施一直未被披露,伊朗将会建设更多的
核设施,进行更敏感的核活动。

不仅如此,伊朗对国际原子能机构的回应也是前后矛盾,甚至采取
欺骗、销毁证据等方式规避国际原子能机构的核查。比如 2003 年 10
月,国际原子能机构询问伊朗是否有 P-2 型离心机计划时,伊朗一开始
予以否认。2004 年 1 月 20 日,伊朗向国际原子能机构承认,伊朗在
1994 年从国外购买过 P-2 型离心机图纸,并在空机状态下对国产离心
机转子进行了性能测试。但是伊朗没有从国外进口任何离心机及部
件,因为伊朗已经能够在国内生产所有的气体离心机部件。[92]2004 年 6
月 1 日,伊朗又改口承认伊朗从一家亚洲供应商购买过 P-2 型离心机
环形磁铁,并向国际原子能机构提供了进口环形磁铁的数量。伊朗表
示离心机复合转子是在军方的国防工业公司(Defense Industry Organ-
ization，DIO)的车间组装。伊朗还表示,虽然获得了 P-2 型离心机图
纸,但直到 2002 年才开始进行 P-2 型复合转子的性能测试。在被问及
此前询问时没有提供上述信息的原因时,伊朗的答复是因为时间紧迫,
而且《国际原子能机构安全保障协定》(IAEA Safeguard Agreement)没
有要求伊朗必须申报 P-2 型离心机的情况。[93]

拉维赞军事基地(Lavizan Military Base)是伊朗销毁证据的例证。
2005 年 5 月,国际原子能机构要求伊朗澄清媒体披露的有关拉维赞进

行核活动的传闻,并要求准许核查人员进行实地核查。但是伊朗以拉维赞是军事基地为由加以拒绝,并表示媒体披露的场所只是一座仓库。2005年6月,核查人员获准进入拉维赞核查,发现该仓库已经被粉刷一新。核查人员要求进行空气采样但又被伊朗拒绝。数周后,核查人员再次获准进入拉维赞时并准备进行空气采样时,发现该仓库已被铲平。仓库附近的所有地面建筑和植被也被彻底清除,另外这一区域的土壤也被挖走,回填的土壤厚约1.8米。伊朗给国际原子能机构的解释是这一区域被德黑兰市政部门征用并用于公园绿地的开发。但是国际原子能机构从德黑兰市政部门获取的土地文件却证实伊朗官方的解释并不真实。[94]

　　伊朗还有其他出尔反尔和前后矛盾的事例。如果伊朗的核活动完全出于和平目的,伊朗没有必要向国际原子能机构刻意隐瞒。考虑到伊朗的经济在美国制裁下增长缓慢,但伊朗却愿意拿出数十亿美元甚至更多的资金兴建秘密核设施,其动机令人怀疑。即使伊朗发展核工业是出于经济发展和产业调整,伊朗也没必要采取秘密方式进行。在同国际原子能机构的关系上,如果完全清白的话,伊朗无须阻挠核查人员进行核查,也没有必要隐瞒事实、销毁证据。因此国际社会怀疑伊朗发展核能的意图并不是完全出于和平利用核能。

三、从《德黑兰声明》到《巴黎协定》

　　由于国际原子能机构发现伊朗存在大量未申报的核设施和核活动,而且伊朗的许多回应与核查人员收集的信息严重不符。2003年9月12日,国际原子能机构理事会通过决议(GOV/2003/69)向伊朗发出最后通牒,要求伊朗在2003年10月31日之前彻底公布伊朗所有隐瞒的核设施和核问题,并且对过去存在的所有重大问题做出澄清,以证明伊朗核进程完全出于和平的目的,否则国际原子能机构将采取包括将核问题提交联合国安理会等进一步的行动。[95]国际原子能机构的摊牌让伊朗核问题陷入了僵局。

　　在伊朗核问题不断发酵的过程中,正值美国结束伊拉克战争并跃跃欲试地寻找下一个敌人之际,伊朗核问题正好为美国提供了绝佳的借口。小布什政府不断声称绝不容许伊朗发展核武器,如果伊朗不配合核查并彻底澄清事实,伊朗就会遭受美国的军事打击。

在国际原子能机构的最后通牒和美国军事威胁不断升级的双重夹击之下,伊朗哈塔米政府陷入了空前的外交危机。一方面伊朗不能拒绝国际原子能机构的核查,否则将会让国际原子能机构和国际社会认定伊朗是在发展核武器。然而配合核查则意味着伊朗核问题所暴露的问题将越来越多,伊朗潜在的核计划也会完全被暴露。另一方面,美国已经死死盯住伊朗及其核问题,敦促国际原子能机构要彻底核查。美国的目的就是要借核问题向伊朗发难。因此如果伊朗不能在核问题上给国际原子能机构以令人信服的交代,美国对伊朗的军事打击有可能难以避免。鉴于美国强大的军事实力和在阿富汗战争及伊拉克战争上的表现,伊朗直接对抗美国毫无胜算,甚至不排除美国借机推翻伊朗的伊斯兰政府。

在巨大的外交压力之下,伊朗选择引入欧盟来缓解危机。2003年10月20日,伊朗邀请英法德三国外长访问德黑兰,期望在国际原子能机构设定的最后通牒之前与欧洲三国达成谅解,并期望借助伊朗同英法德的谈判规避来自美国的外交和军事压力。10月21日,伊朗同英法德三国外长达成有关解决核问题的《德黑兰声明》。

《德黑兰声明》的主要条款包括:(1)伊朗决定与原子能机构充分合作,解决伊朗核问题中存在的突出问题,回应原子能机构提出的所有质疑,纠正所有伊朗此前存在的错误和矛盾。(2)为了增信释疑,伊朗决定签署原子能机构的《国际原子能机构安全保障协定附加议定书》(Additional Protocol to the IAEA Safeguard Agreement,以下简称为《附加议定书》)并尽快完成议定书生效的相关法律程序,在伊朗议会批准议定书之前,伊朗将自愿履行《附加议定书》的相关要求。(3)伊朗决定自愿暂停所有铀浓缩和钚提取等敏感核活动。(4)欧盟确认伊朗作为《不扩散核武器条约》的签字国享有和平利用核能的权利。欧盟表示《附加议定书》决不意味着削弱伊朗的国家主权与和平利用核能的权利。(5)英法德三国政府相信此次会谈和达成的协定将为欧伊之间的长期合作开辟道路。[96]

同欧盟三国签署的《德黑兰声明》让伊朗避免了一次可能蕴含更大

风险的危机。这一声明的最大意义在于：第一，伊朗在国际原子能机构的最后通牒前同欧盟三国达成了核暂停协定，避免了伊朗同国际原子能机构关系恶化和事态的急转直下。第二，伊朗以谈判和协定规避了美国可能的军事打击。《德黑兰声明》签署之前，伊朗核问题的事态相当危急但并未到不可收拾的地步。伊朗利用外交技巧引欧盟入局，通过签署协定表达伊朗的最大诚意。因为伊欧之间存在着谈判和达成协定的空间，伊朗核问题就未到让美国使用武力解决的地步。协定签署后，国际原子能机构欢迎伊朗通过对话和谈判解决核问题。但是美国对《德黑兰声明》表示谨慎。

尽管如此，《德黑兰声明》并未解决所有问题。其中较突出的一个问题是，伊朗以私人合同为由，并没有完全停止铀浓缩气体离心机的生产。此外，随着美国军事打击的压力因为伊拉克维稳逐渐减弱，伊朗多次表示要重新启动敏感的铀浓缩研究等，伊朗国内保守派开始指责《德黑兰声明》损害了伊朗的国家利益。这也让伊朗同欧盟之间矛盾逐渐升级。为了保障《德黑兰声明》的积极成果，欧盟开始同伊朗进行新一轮谈判，并在 2004 年 11 月 14 日签署《巴黎协定》。

《巴黎协定》的主要内容包括：(1)伊朗表示为了进一步建立国际信任，伊朗决定在自愿的基础上，继续暂停与铀浓缩和钚提取等所有敏感的核活动；(2)欧盟承认伊朗的核暂停是自愿的，不具有法律约束力；(3)协定将为伊朗核计划是完全出于和平目的提供客观的保证，同样也为伊朗的核权利、伊欧之间的技术和经济合作提供客观的保证；(4)一旦伊朗在铀浓缩等方面的核暂停得到确认后，欧盟将与伊朗重启贸易合作协定谈判，欧盟将积极支持伊朗加入世界贸易组织的谈判。[97]在性质上，《巴黎协定》是《德黑兰声明》的再确认。欧盟确认伊朗继续维持核暂停，伊朗确认欧盟保障伊朗的核权利并重启伊欧贸易协定谈判。

对伊朗来讲，从《德黑兰声明》到《巴黎协定》，伊朗的哈塔米政府基本遵循了以谈判解决核问题的路径，谈判和签署协定是伊朗在承受外交和军事压力之下的被动之选，协定本身有特事特办的意味。

在达成上述两个协定后，伊朗同国际原子能机构在核查问题上相对配合。国际原子能机构通过核查较深入地了解了伊朗核发展的程度。伊朗在危急之际获得了宝贵的喘息时间。随着美国因陷入伊拉克泥潭而逐渐减弱对伊朗的军事威胁,事态朝着有利于伊朗的方向发展。伊朗国内开始认为协定束缚了伊朗的核进程。2005年的伊朗总统大选为伊朗同各方开启的新一轮博弈拉开了序幕。

本 章 小 结

哈塔米的外交理念是"文明间对话"。哈塔米期望通过"文明间对话"发展同其他国家的关系。哈塔米的"文明间对话"有回应亨廷顿"文明冲突论"的意味。在上述理念的指导下,哈塔米政府以互相尊重作为伊朗的外交原则。伊朗尊重沙特、埃及等国家是伊斯兰文明内的重要国家,也尊重美国是西方文明的代表,反过来哈塔米期望他们也尊重伊朗,将伊朗视为东方文明和伊斯兰文明内的重要国家,而不是"无赖国家"。哈塔米的"文明间对话"颇具文明搭台、外交唱戏的意味,凸显了伊朗较为成熟的外交理念和思路。"文明间对话"为哈塔米和伊朗赢得了外交声誉,甚至被称作伊朗外交的范式变化。

尽管如此,哈塔米政府的外交呈现高开低走的态势。高开主要是指哈塔米上任后就高调提出"文明间对话",这也是哈塔米的外交顶峰。哈塔米的"文明间对话"既针对不同文明间的美国和欧盟,也针对伊斯兰文明内的沙特和埃及。特别是哈塔米在美伊关系上主动提出了"文明间对话"。哈塔米向美国传递的信息是,美伊分别是西方文明和伊斯兰文明的继承者,美伊两国要互相尊重,要通过"文明间对话"来解决矛盾和分歧。哈塔米在伊斯兰合作组织、联合国大会等多边场合也宣传文明间对话并得到认可。联合国将2001年设定为"文明间对话"年更是对哈塔米的肯定。

低走有两层含义:一是指哈塔米的"文明间对话"并未解决伊朗面临的所有问题。埃及、欧盟和美国对伊朗仍有戒备和防范,它们认为哈塔米的改变只是伊朗在外交策略上的改变,是在革命输出碰壁后被迫进行的政策收缩。而且哈塔米的"文明间对话"并没有得到国内保守派的支持,最终以虎头蛇尾告终。二是指伊朗核问题有损哈塔米的外交形象。伊朗核设施被曝光让哈塔米政府陷入西方媒体曝光、国际原子能机构核查和美国武力威胁的压力,哈塔米陷入疲于应对的外交窘境。

"文明间对话"与伊朗核问题的关联存在着三种可能：一是哈塔米在推动对话时对核问题毫不知情；二是哈塔米知晓伊朗核计划，但仍真诚地推动对话；三是以对话掩盖核问题。但是无论哪种情况都只会证明，哈塔米是伊朗外交决策的参与者而非决定者，他的所作所为都是为了维护伊朗的伊斯兰政权。

注释

1. "Moderate Clinches Victory in Iran Presidential Election," *CNN News*, May 24, 1997, https://edition.cnn.com/WORLD/9705/24/iran.elex/.

2. David Menashri, "Whither Iranian Politics: The Khatami Factor," in Patrick Clawson ed., *Iran Under Khatami: A Political Economic, and Military Assessment*, *Washington Institute Monograph*, 1998, pp.43—47, https://www.washingtoninstitute.org/uploads/Documents/pubs/IranUnderKhatami.pdf.pdf.

3. 伊玛目路线联盟在经济上主张私有化，强调社会公正、平等分配社会财富、国家通过补贴和配给制控制经济。在外交上，该组织支持对外输出革命和同美国直接对抗。这一联盟的主要会员包括伊朗伊斯兰革命人民圣战者组织（Mojahedin of the Islamic Kevolution of Iran Organization）、伊朗伊斯兰医疗协会（Islamic Association of Iranian Medical Society）、伊斯兰工程师协会（Islamic Association of Engineers）等。参见 "Coalition of Imam's Line groups," https://en.wikipedia.org/wiki/Coalition_of_Imam%27s_Line_groups。

4. "President Khatami Takes Oath of Office After 3-day Constitutional Crisis in Iran," *The Wall Street Journal*, August 8, 1997, https://www.wsj.com/articles/SB997271058573458936.

5. Toni Johnson, "The Organization of the Islamic Conference," *Backgrounder of Council on Foreign Relations*, June 29, 2010, https://www.cfr.org/backgrounder/organization-islamic-conference.

6. Nikki R. Kiddie and Rudolph P. Matthee, *Iran and Surrounding World: Interactions in Culture and Cultural politics*, Seattle: University of Washington Press, 2002, p.365.

7. "Islamic Summit Conference: Tehran Declaration, December 11, 1997," *International Legal Materials*, Vol.37, No.4, 1998, pp.938—941.

8. Edward Wastnidge, *Diplomacy and Reform in Iran: Foreign Policy under Khatami*, London and New York: I.B. Tauris, 2016, p.70.

9. 关于哈塔米在伊斯兰会议上的演讲，参见 Iranian President Seyyed Muhammad Khatami, "The Islamic World and Modern Challenges," *Al-Islam*, https://www.al-islam.org/islam-dialogue-and-civil-society-khatami/islamic-world-and-modern-challenges。

10. Kamal Kharrazi's Speech to the 25th OIC Foreign Minister Summit, March 15, 1998.

11. Kina Kamran, "Khatami's Landmark Visit to Saudi Arabia Reinforces Him at Home," *Iran Press Service*, May 15, 1999.

12. "Iran Moves to Tone Down Hajj Demonstrations," *Associated Press*, March

4，1998.

13. Adam Tarock，*Iran's Foreign Policy Since 1990*：*Pragmatism Supersedes Islamic Ideology*，New York：Nova Science Publishers Inc.，1999，p.21.

14. 1996年6月，位于沙特境内的霍巴尔美军空军宿舍遭受恐怖主义袭击，袭击共造成19名美国士兵和1名法国士兵死亡，以及498人受伤。美国指责是伊朗通过黎巴嫩真主党在沙特策划的恐怖主义袭击。爆炸案的14名涉案人员中有13名沙特人和1名黎巴嫩人。参见"Saudi Arabia Said to Arrest Suspect in 1996 Khobar Towers Bombing," *The New York Times*，August 26，2015，https：//www.nytimes.com/2015/08/27/world/middleeast/saudia-arabia-arrests-suspect-khobar-towers-bombing.html。

15. Patrick Clawson，"Khobar Towers' Lessons for Counterterrorism and Gulf Policy," *Policy*，No.323，June 24，1998，https：//www.washingtoninstitute.org/policy-analysis/view/khobar-towers-lessons-for-counterterrorism-and-gulf-policy.

16. "President Khatami to Visit Syria，Saudi Arabia，Qatar," *Tehran Times*，May 4，1999，https：//www.tehrantimes.com/news/35426/President-Khatami-to-Visit-Syria-Saudi-Arabia-Qatar.

17. "Middle East Saudi King Urges Rapprochement with Iran," *BBC News*，6 July 1999.

18. Khaled Al-Maeena，"Kingdom，Iran Sign Historic Agreement," *Arab News*，April 18，2001，http：//www.arabnews.com/node/211187.

19. 1981年，埃及总统萨达特在10月的胜利日阅兵仪式上遇刺身亡。伊斯兰布里是刺杀事件的策划者和参与者，事后被逮捕并处决。伊斯兰布里是埃及的军官和激进分子，他表示自己的刺杀动机是强烈反对萨达特同以色列签署《埃以合约》，以及萨达特的国内改革计划。伊斯兰布里被伊朗等穆斯林国家宣布为烈士。参见 Martin Kramer，"Nation and Assassination in the Middle East," *Middle East Quarterly*，Vol.11，No.3，pp.59—63。

20. Ian Black，"The Presidents and the Mural," *The Guardian*，February 5，2008，https：//www.theguardian.com/world/2008/feb/05/iran.egypt.

21. Edward Wastnidge，"Détente and Dialogue：Iran and Organization of Islamic Conference," *Politics*，*Religion and Ideology*，Vol.12，No.4，2011，pp.413—431.

22. "Foreign Minister Kharrazi Comments on Ties and Dialogue with Saudi，Egypt，Europe，USA，" *BBC*，December 22,1997.

23. 发展中国家15国集团在1989年成立，主要包含亚洲、非洲和拉丁美洲的发展中国家。成员国包括：阿尔及利亚、埃及、肯尼亚、尼日利亚、塞内加尔、津巴布韦、印度尼西亚、马来西亚、斯里兰卡、巴西、阿根廷、智利、牙买加、墨西哥、委内瑞拉。伊朗在2000年加入后让成员国扩充到16个。参见"Group of 15," *Wikipedia*，https：//en.wikipedia.org/wiki/Group_of_15♯Members_countries_and_organizations。

24. D8集团于1996年在土耳其伊斯坦布尔成立。成员国包括：土耳其、巴基斯坦、孟加拉国、印度尼西亚、马来西亚、埃及、尼日利亚和伊朗。参见"D-8 Organization for Economic Cooperation," https：//en.wikipedia.org/wiki/D-8_Organization_for_Economic_Cooperation。

25. "D-8 Foreign Ministerial Meeting Begins Economy," *Tehran Times*，February 25，2001，https：//www.tehrantimes.com/news/59382/D-8-Foreign-Ministerial-Meeting-Begins.

26. "Khatami，Mubarak to meet in Geneva" *Aljazeera News*，December 10，2003，https：//www.aljazeera.com/archive/2003/12/2008410163514557581.html.

27. "Iran-Egypt Relations Benefit Whole Region," *Ettelaat International*, July 12, 2000, http://www.ettelaat.com/etbarchive/1996-2014/2000/07/12/P8.pdf.

28. "Egypt to Attend Meeting in Tehran but Says Any Normalization Premature," *Agence France Press*, May 6, 2003.

29. "Mubrak Ruled Out Normal Ties Until Iran Get Rid of Terrorists," *Agence France Press*, January 28, 2003.

30. Brian Whitaker, "Iran and Egypt to resume ties," *The Guardian*, January 7, 2004, https://www.theguardian.com/world/2004/jan/07/iran.brianwhitaker.

31. "Prodi Comments on Historic Visit to Iran Next Week," *Xinhua News Agency*, June 30, 1998.

32. Muriel Mirak-Weissbach, "Iran's President Khatami Pursues Dialogue of Civilizations," *Executive Intelligence Review*, Vol.26, No.13, March 26, 1999, pp.39—41.

33. Bhushan Bahree, "Elf and ENI Near Deal Over Iranian Oil Field," *The Wall Street Journal*, October 21, 1998, https://www.wsj.com/articles/SB908920012221745000.

34. Muriel Mirak-Weissbach, "Iran's President Khatami Pursues Dialogue of Civilizations," *Executive Intelligence Review*, Vol.26, No.13, March 26, 1999, p.39.

35. President Khatami, "We must Better Understand Each Other," Muriel Mirak-Weissbach, " *Executive Intelligence Review*, Vol.26, No.13, March 26, 1999, p.41.

36. 美国学者塞缪尔·亨廷顿提出文明冲突论之后,文明成为解释国家矛盾和战争发生的重要视角。这在一定程度上验证了冷战前后发生的海湾战争、巴以冲突等事件。参见[美]塞缪尔·亨廷顿:《文明的冲突与世界秩序的重建》,周琪译,新华出版社1996年版。

37. Barbara Crossette, "Iran Drops Rushdie Death Threat, And Britain Renews Teheran," *The New York Times*, September 25, 1998, https://www.nytimes.com/1998/09/25/world/iran-drops-rushdie-death-threat-and-britain-renews-teheran-ties.html.

38. "Timeline: Iran and UK relations 20," *BBC News*, August 2015, https://www.bbc.com/news/uk-15949285.

39. Christopher Rundle, "Iran-United Kingdom Relations Since the Revolution: Opening Doors," in Anoushiravan Ehteshami and Mahjoob Zweiri ed., *Iran's Foreign Policy: From Khatami to Ahmadinejad*, Berkshire: Ithaca Press, 2008, pp.55—73.

40. "France Relations with Persia Since 1918," http://www.iranicaonline.org/articles/france-iv-relations-with-persia-since-1918.

41. "Kharrazi Invited to Visit France," *Tehran Times*, May 26, 1998, https://www.tehrantimes.com/news/11042/Kharrazi-Invited-to-Visit-France.

42. "Khatami's Visit to France Is Regarded as Step Forward," *The New York Times*, October 27, 1999, https://www.nytimes.com/1999/10/27/news/khatamis-visit-to-france-is-regarded-as-step-forward.html.

43. Michael Rubin, "Europe's Critical Dialogue with Iran: An Assessment," *Policy Watch No.433 of the Washington Institute*, January 10, 2000, https://www.washingtoninstitute.org/policy-analysis/view/europes-critical-dialogue-with-iran-an-assessment.

44. Afshin Molavi, "Iran Mends Ties with Europeans," *Washington Post*, December 10, 1999, https://www.washingtonpost.com/archive/politics/1999/12/10/iran-mendsties-with-europeans/20181acc-b706-4909-8440-c72dc6b3365/? utm _ term =. 61e341f04723.

45. Bernd Kaussler, "European Union Constructive Engagement with Iran, 2000—

2004：An Exercise in Conditional Huiman Right Diplomacy，" *Iranian Studies*，Vol.41，No.3，2008，pp.269—295.

46. Michael Axworthy，"Diplomatic Relations Between Iran and the United Kingdom in the Early Reform Period，1997—2000，" in Anoushiravan Ehteshami and Mahjoob Zweiri ed.，*Iran's Foreign Policy：From Khatami to Ahmadinejad*，Berkshire：Ithaca Press，2008，pp.105—113.

47. "EU-Iran：Launch of Negotiations on New Agreements with Iran，" December 11，2002，http：//europa.eu/rapid/press-release_IP-05-18_en.htm.

48. "Briefing paper for the EU-Iran human rights dialogue，" November 20，2017，https：//www.fidh.org/IMG/pdf/20171117_iran_eu_dialogue_bp_en.pdf.

49. "EU/Iran Negotiations for Trade & Cooperation Agreement to restart on 12 January，" http：//europa.eu/rapid/press-release_IP-05-18_en.htm.

50. Ali Akbar Velayati，"Iranian Foreign Affairs Minister Address on the UN Assembly，" *C-Span*，September 24，1990，https：//www.c-span.org/video/?14354-1/iranian-foreign-affairs-minister-address.

51. "Statement by President H.E. Mohammad Khatami before the 53rd Session of the United Nations General Assembly，" *The Pars Times*，September 21，1998，http：//www.parstimes.com/history/khatami_speech_un.html.

52. ［美］塞缪尔·亨廷顿：《文明的冲突与世界秩序的重建》。

53. "United Nations Year of Dialogue Among Civilizations，2001 Launched with Headquarters Round Table Discussion，" *United Nations Website*，September 5，2000，https：//www.un.org/press/en/2000/20000905.ga9747.doc.html.

54. Kamal Kharrazi，"Iran's Foreign Policy on the Eve of New Millennium，"转引自 Edward Wastnidge，*Diplomacy and Reform in Iran：Foreign Policy under Khatami*，London and New York：I.B. Tauris，2016，p.103。

55. Edward Wastnidge，*Diplomacy and Reform in Iran：Foreign Policy under Khatami*，p.102.

56. President Muhammad Khatami，"Dialogue and the New Millennium，" in *Islam*，*Dialogue and Civil Society*，Canberra：Australian National University，2000，pp.26—40.

57. "United Nations Year of Dialogue Among Civilizations，" *The United Nations Website*，September 5，2000，https：//www.un.org/press/en/2000/20000905.ga9747.doc.html.

58. 该组织的会员包括伊朗、土耳其、巴基斯坦、阿富汗、阿塞拜疆、哈萨克斯坦、乌兹别克斯坦、土库曼斯坦、吉尔吉斯斯坦、塔吉克斯坦、北塞浦路斯。参见"Economic Cooperation Organization，" http：//www.eco.int。

59. Muhammad Khatami，Speech to the fifth ECO Summit May 11，1998，http：//www.ecosecretariat.org/.

60. 经济合作组织相继成立了首脑峰会、交通铁路部长会议、经贸合作部长会议、央行行长会议、资本市场监管会议等磋商机制，还横向拓展了同国际组织和地区组织的联系。经合组织是联合国、世界贸易组织、伊斯兰合作组织的观察员，同东盟、南亚地区合作协会建立部长级的非正式对话机制等。参见 Muhammad Ali and Noreen Mujahid，"An Analytical Study of Economic Cooperation Organization(ECO)：Challenges and Perspectives，" *European Academic Research*，Vol.2，No.11，February，2015，http：//euacademic.org/UploadArticle/1330.pdf。

61. "Iran's Larijani Calls for Improved Relations With West，" *Jomhuri-ye Islami*，

November 13，1997.

62. "Iran's Kharrazi：Ball'in U.S. Court to Improve Relations，" *IRNA*，December 23，1997.

63. David Menashri，"Whither Iranian Politics：The Khatami Factor，" in Patrick Clawson ed.，*Iran Under Khatami：A Political Economic，and Military Assessment*，*Washington Institute Monograph*，1998，pp.43—47，https://www.washingtoninstitute.org/uploads/Documents/pubs/IranUnderKhatami.pdf.

64. Samuel P. Huntington，"The Clash of Civilizations?" *Foreign Affairs*，Vol.72，No.3，Summer 1993，https://www.foreignaffairs.com/articles/united-states/1993-06-01/clash-civilizations.

65. "Transcript of Interview with Iranian President Mohammad Khatami，" *CNN News*，January 7，1998，http://www.cnn.com/WORLD/9801/07/iran/interview.html.

66. Ibid.

67. Robert Mason，*Foreign Policy in Iran and Saudi Arabia：Economics and Diplomacy in the Middle East*，London and New York：I.B. Tauris，2015，pp.29—31.

68. 美国代表团由5名美国摔跤选手和体育官员组成。美方5名摔跤运动员分别是约翰·朱拉(John Giura)、齐克·琼斯(Zeke Jones)、肖恩·查尔斯(Shawn Charles)、凯文·约翰逊(Kevin Johnson)、梅尔文·道格拉斯(Melvin Douglas)。参见"U.S. Wrestlers Venture into Tehran's Streets and Receive Warm Welcome，" *Chicago Tribune*，February 18，1998，https://www.chicagotribune.com/news/ct-xpm-1998-02-19-9802190140-story.html。

69. Ibid.

70. Yvette Hovsepian-Bearce，*The Political Ideology of Ayatollah Khamenei out of the Mouth of the Supreme Leader of Iran*，New York and London：Routledge，2016，pp.182—186.

71. Ibid，p.188.

72. Secretary of State Madeleine K. Albright，"Remarks at 1998 Asia Society Dinner，" *Global Security*，June 17，1998，https://www.globalsecurity.org/wmd/library/news/iran/1998/980617a.html.

73. Brian Knowlton，"Clinton Offers Genuine Reconciliation to Iran，" *The New York Times*，June 18，1998，https://www.nytimes.com/1998/06/19/news/clinton-offers-genuine-reconciliation-to-iran.html.

74. Yvette Hovsepian-Bearce，*The Political Ideology of Ayatollah Khamenei：Out of the Mouth of the Supreme Leader of Iran*，London：Routledge，2016，pp.182—186.

75. "Remarks by H.E. Dr. Kamal Kharrazi at Asia Society，" *Asia Society*，September 28，1998，https://asiasociety.org/remarks-he-dr-kamal-kharrazi.

76. 诺鲁孜节(Nowruz, Iranian New Year)是伊朗新年,时间是每年的春分(通常是3月21日)。伊朗认为春分代表着春天的来临和新的一年的开始。参见"Nowruz (Persian New Year) Observances，" https://www.timeanddate.com/holidays/iran/nowruz。

77. "Secretary of State Albright Announces Easing of U.S. Trade Ban on Iran，" *CNN Edition*，March 17，2000，http://edition.cnn.com/TRANSCRIPTS/0003/17/se.01.html.

78. Lionel Beehner，"Timeline：U.S.-Iran Contacts，" *The Council on Foreign Relations*，March 9，2007，https://www.cfr.org/backgrounder/timeline-us-iran-contacts.

79. Bruce O. Riedel, "The Clinton Administration," *Iran Primer*, https://iranprimer.usip.org/resource/clinton-administration.

80. 美国对阿富汗的军事行动被称作"持久和平行动"（Operation Enduring Peace），参与其中的国家还包括英国、加拿大、澳大利亚等。参见 Brian Knowlton, "U.S. and U.K. Bomb Targets in Afghanistan: Bush: 'Battle Joined'," *The New York Times*, October 8, 2001, https://www.nytimes.com/2001/10/08/news/us-and-uk-bomb-targets-in-afghanistan-bushbattle-joined.html。

81. "Afghan Interim Administration," https://en.wikipedia.org/wiki/Afghan_Interim_Administration.

82. "Iran Gave U.S. Help On Al Qaeda After 9/11," *CBS News*, October 7, 2008, https://www.cbsnews.com/news/iran-gave-us-help-on-al-qaeda-after-9-11/.

83. 关于政权改变政策，参见赵建明：《试析布什政府的政权改变政策》，载《现代国际关系》2006 年第 5 期，第 7—11 页。

84. "President Bush Announces Major Combat Operations in Iraq Have Ended," *White House Website*, May 1, 2003, https://georgewbush-whitehouse.archives.gov/news/releases/2003/05/20030501-15.html.

85. "A Timeline of U.S. Troop Levels in Afghanistan Since 2001," *Military Times*, July 6, 2016, https://www.militarytimes.com/news/your-military/2016/07/06/a-time-line-of-u-s-troop-levels-in-afghanistan-since-2001/.

86. "Iraq War in Figures," BBC News, December 14, 2011, https://www.bbc.com/news/world-middle-east-11107739.

87. Julian Borger, "US Accuses Iran of Secret Nuclear Weapons Plan," *The Guardian*, December 14, 2002, https://www.theguardian.com/world/2002/dec/14/iraq.iran.

88. "人民圣战者组织"是伊朗反对派于 1981 年在法国巴黎成立的伞形组织。该组织旗下除了伊斯兰马克思主义伊朗"人民圣战者组织"（MEK）之外，还包括伊朗库尔德民主党（The Democratic Party of Iranian Kurdistan, KDPI）、全国民主阵线（National Democratic Front)等。参见"National Council of Resistance of Iran: The Viable Democratic Alternative," https://www.ncr-iran.org/en/alternative。

89. David Ensor, "U.S. has Photos of Secret Iran Nuclear Sites," *CNN News*, December 13, 2002, https://www.cnn.com/2002/WORLD/meast/12/12/iran.nuclear/.

90. IAEA Director General's Report, "Implementation of the NPT Safeguards Agreement in the Islamic Republic of Iran," July 6, 2004, Gov/2003/40, Annex.p.1.

91. Implementation of the NPT Safeguards Agreement in the Islamic Republic of Iran, June 6, 2003, GOV/2003/40, p.6.

92. IAEA Director General's Report, "Implementation of the NPT Safeguards Agreement in the Islamic Republic of Iran," June 1, 2004, Gov/2004/34, p.8.

93. IAEA Director General's Report, "Implementation of the NPT Safeguards Agreement in the Islamic Republic of Iran," February 24, 2004, Gov/2004/11, p.8.

94. IAEA Director General's Report, "Implementation of the NPT Safeguards Agreement in the Islamic Republic of Iran," September 1, 2004, Gov/2004/60, Annex p.10.

95. IAEA Director General's Report, "Implementation of the NPT Safeguards Agreement in the Islamic Republic of Iran," September 12, GOV/2003/69, pp.2—3, https://www.iaea.org/sites/default/files/gov2003-69.pdf.

96. Joint statement at the end of a visit of the Islamic Republic of Iran by the Foreign

Ministers of Britain, France and Germany, Tehran, October 21, 2003, *Iran's Nuclear Programme: A Collection of Documents*, London: the Stationery Office, 2005, pp.41—42.

97. "Paris Agreement Between the Islamic Republic of Iran and France, Germany and the United Kingdom, With the Support of the High Representative of the European Union," November 15, 2004, *Iran's Nuclear Programme: A Collection of Documents*, pp.152—153.

第四章

伊朗核进程的发展与艾哈迈迪内贾德的强硬战略

哈塔米政府通过"文明间对话"外交缓和了伊朗同沙特、欧盟等国的关系,但核问题却让哈塔米疲于应对,只能通过同欧盟三国签署核协定暂时缓解国际压力。但是哈塔米的核暂停被国内保守派指责为软弱无能。在新的政治周期内,伊朗保守派全面掌权。继任者艾哈迈迪内贾德采取同哈塔米完全不同的外交政策,强硬迫使国际社会接受伊朗的核立场,这也开启了伊朗同国际社会新一轮恶性关系互动。

第一节　国内政治保守倾向与 2005 年伊朗总统大选

在国家的发展方向上,自许为伊斯兰革命创建者和维护者的伊朗保守派一直想牢牢抓住伊朗的权柄。但是在拉夫桑贾尼和哈塔米时期,他们在同务实派和改革派的竞争中落了下风。伊朗核问题导致哈塔米在国内的声望下降,这让伊朗保守派看到了机会和希望。随着 2004 年议会选举和 2005 年总统选举的到来,伊朗保守派开始利用宪法监护委员会的权力打击改革派,以期在新的政治周期夺回权力。

一、伊朗保守派对改革派的反击

哈塔米当政以来,伊朗的保守派敌视哈塔米和他的自由化改革。在他们看来,哈塔米对外同美国缓和与对内的自由化改革是要改变伊朗的革命精神和底色,是要以世俗主义取代伊斯兰统治。[1] 1998 年 1月,伊朗司法部长穆罕默德·亚兹迪(Mohammad Yazdi)怒斥哈塔米上

台后实行的媒体自由。此前被查禁的《伊斯兰世界》(*Jahan-e Eslam*,
World of Islam,1997 年 10 月)、《学生信息》(*Payam-e Daneshju*,
Students' Message,1997 年 11 月)、《太阳轨道》(*Aftab-Gardoun*,
Orbit of the Sun,1997 年 11 月)在哈塔米上台后重新获准经营,自由
主义思潮在伊朗兴起。亚兹迪表示:"是谁让你们获准营业,你们凭什
么天天抨击政府揭露社会黑暗。是谁给你们的权力?"[2]亚兹迪的强硬
表态预示着保守派开始向改革派发起反击。

伊朗保守派的反击并不是直接对哈塔米动手,而是将目标对准了
哈塔米的助手,即德黑兰市长卡尔巴斯基和内政部长努里。[3]戈拉姆侯
赛因·卡尔巴斯基(Gholamhossein Karbaschi)曾先后担任伊斯法罕省
省长、德黑兰市长等职务,他担任德黑兰市长时倡导媒体自由化等做法
受到民众的欢迎。卡尔巴斯基还创办了两份改革派报纸《公民同胞》
(*Hamshahri*,*Fellow citizen*,1998 年)和《同胞》(*Ham-Mihan*,*Com-
patriot*,2000 年)并担任主编。在政治派系上,他同前总统拉夫桑贾尼
和哈塔米的关系较为密切,担任拉夫桑贾尼创建的重建党(Excutives
of Reconstruction Party)[4]的秘书长。他还在 1997 年总统选举中支持
哈塔米并帮助他赢得选举。

1998 年 4 月,卡尔巴斯基被保守派以挪用公款罪和受贿罪起诉并
被判处五年有期徒刑。[5]卡尔巴斯基指责法庭不公,因为公诉人和法官
都是保守的宗教人士。其他改革派人士也谴责保守派滥用权力、践踏
法律。法庭审判的不是卡尔巴斯基,而是伊朗的改革。[6]伊斯法罕周五
祈祷会领宣人改革派人士阿亚图拉赛义德·塔赫里(Ayatollah Seyyed
Jalal ul-din Taheri)表示:"卡尔巴斯基案件是针对哈塔米的第二次霍
尔达德运动[7],是 100%的政治陷害。"[8]

1998 年 6 月,改革派内政部长阿卜杜拉·努里(Abdollah Nouri)
被保守派议员弹劾被迫辞职。早年阿卜杜拉·努里是坚定追随霍梅尼
的革命人士,深得霍梅尼的信任并多次被任命为领袖代表。哈梅内伊
也时常在重要问题上咨询努里的建议。阿卜杜拉·努里辞职的性质更
加严重。第一,阿卜杜拉·努里倡导改革和自由。他是"战斗教士联盟
会"成员,也是拉夫桑贾尼的政治盟友。努里在 1997 年创建改革派报
纸《霍尔达达报》(*Khordada*),宣传伊斯兰民主和人权自由。第二,努

里担任内政部长具有政治风向标的意义。内政部长在革命后的伊朗是位高权重的职务，更多被保守派所把持。努里曾先后在拉夫桑贾尼和哈塔米两届政府担任内政部长，让努里担任内政部长具有言论自由和社会开放的象征意义。[9]保守派打击努里就是要警告努里身后的哈塔米和拉夫桑贾尼：无论资历有多深，只要支持哈塔米和改革运动，都会在政治上身败名裂。

阿卜杜拉·努里和卡尔巴斯基的政治遭遇并非个案。1998年，伊朗一批改革派和自由派人士遭到杀害，其中包括：哈米德·哈吉扎德（Hamid Hajizadeh）、马苏迈赫·穆苏德格赫（Masoumeh Mosaddegh）、帕尔瓦纳·伊斯坎达里（Parvaneh Majd Eskandari）、达里什·福鲁哈尔（Dariush Forouhar）等。[10]1998年9月10日，伊朗副总统阿卜杜拉·努里和文化与伊斯兰指导部长阿塔奥拉·莫哈杰拉尼（Ataollah Mohajerani）在出席纪念两伊战争殉难者祈祷会时被暴徒殴打。莫哈杰拉尼在担任伊朗文化与伊斯兰指导部部长时曾高调表示赞同文化宽容（Cultural Tolerance）。[11]此外，哈塔米的政治盟友赛义德·哈贾里安（Saeed Hajarian）遇刺受伤。伊朗的改革派人士穆赫辛·萨扎加拉（Mohsen Sazagara）、阿巴斯·阿卜迪（Abbas Abdi）、记者阿克巴·甘吉（Akbar Ganji）、伊马德丁·巴格赫（Emadedin Baghi）先后被捕入狱。知名政治活动家兼大学教授哈希姆·阿加贾里（Hashem Aghajari）被判死刑。[12]

在媒体方面，哈塔米上台后，大量曾获得营业执照的改革派和自由派媒体先后被关闭。1997年9月，《明日伊朗》（Iran-e Farda，Tomorrow's Iran）杂志社被伊朗真主党冲击洗劫。1998年4月，《星期四》（Panshambehah，Thursdays）、《每日报道》（Gozaresh-e Rouz Daily Report）、《家园》（Khanneh，Home）等刊物先后被禁，主编和记者被逮捕。1999年《霍尔达达报》被关闭，主编入狱。1998年4月，伊朗议会通过《禁止剥削妇女法案》，禁止媒体以维护妇女权益制造事端，禁止媒体刊载妇女不戴面纱的照片。

学生是伊朗改革派的重要支持者，但也成为权力斗争的牺牲品。1999年7月8日，伊朗德黑兰200多名学生静坐示威，要求政府履行民主、自由、多元的诺言，释放政治犯，解决社会不公等问题。7月9日，静坐学生遭到军警袭击,5名学生遇害,10多名学生受伤。2003年6月10日,德黑兰大学爆发持续10多天的示威,遭到政府的强力打压,4000多名学生被捕传讯。[13]总统哈塔米对保守派打击改革派采取的暴力行为十分愤慨。1998年9月10日,哈塔米在阿卜杜拉·努里和莫哈杰拉尼殴打事件发生后表示,政府在处理这种破坏自由法治的丑陋行为时要毫不留情。

哈塔米的表态并未起到制止暴力事件的作用,反而激起保守派更严厉的回击。1998年9月15日,伊朗精神领袖哈梅内伊公开反对哈塔米的上述言论:"独立媒体是危险和潜伏的文化运动,他们反对伊斯兰。如果总统哈塔米不能让独立媒体沉默,我们将采取行动让他们沉默。制止这类有害行为并非难事,我也不在乎国际组织会怎么说。伊朗也从来没在意过他们说什么。"[14]哈梅内伊的表态掀起了新一轮打击自由媒体的浪潮。1998年9月16日,《图斯》(Tous)遭到查禁,经理哈米德·贾雷伊普尔(Hamid Jalei-Pour)和穆罕默德·哈萨尔(Mohammad Sadegh Javadi Hessar)、主编玛沙拉·沙姆索瓦兹因(Mashallah Shamsolvaezin)等人以违背国家安全和人民利益的罪名被捕。此外,先后被查禁的还包括独立媒体《新的道路》(Rah-e No,New Way)、《能力》(Tavana,Capable)、《健康社会》(Jame'eh Salem,Healthy Society)、《伊斯法罕箴言》(Navid Esfahan,Gospel of Isfahan)、《公告者》(Mubayyin,Announcer)、《星期五》(Adineh,Friday)等。

1998年11月26日,哈塔米在媒体主编和出版社出席的会议上表示,媒体和媒体人要遵守伊朗现在的法律,言论自由可能在短期内受阻,媒体应当自律并理解当下正处于敏感时刻。[15]哈塔米的表态意味着他对伊朗保守派的反击无能为力,甚至是向以哈梅内伊为代表的保守派屈服。2000年4月,又有20个亲改革派的刊物以反革命、反伊斯兰的罪名被查禁关闭。2001年8月,亲改革派的报纸《联系报》(Hamba-stegi,Correlation)被查禁。至此在保守派的反击下,哈塔米上台后推行的社会自由化和媒体革命基本上偃旗息鼓。伊朗国内政治中保守派逐渐占据上风。

二、2004 年议会选举

除了打击哈塔米的政治盟友和关闭改革派等自由媒体之外,伊朗的保守派还积极备战伊朗的政治选举,目标是赢得 2004 年议会选举和 2005 年的总统选举,清除改革派在伊朗政坛的影响。

伊朗的议会选举和总统选举尽管采取直选制,议员和总统由选民直接选出,但资格审查是伊朗选举的重要环节。资格审查由伊朗的宪法监护委员会(Guardian Council,简称宪监会)负责,他们会以政治忠诚等标准筛除掉他们认为不称职的候选人。[16]伊朗宪监会由 6 名通晓沙里亚法的高级教士和 6 名法官组成。高级教士由最高精神领袖任命,法官则由司法部长提名并得到议会批准。由于哈梅内伊能够任命宪监会的半数人选,加上司法部长职位特殊,是由精神领袖直接任命,因此宪监会成员的产生机制决定了它将听命于精神领袖及其保守性。由于宪监会的作用独特,它成了精神领袖调控选举的手段。精神领袖的政治倾向会通过宪监会传递,从而决定某些政治派系的得势或失势。保守派希望利用宪监会的资格审查权排斥更多的改革派候选人。

在 2004 年的议会选举中,宪监会的资格审查成了保守派阻击改革派的政治行动。宪监会最后裁定,在总数 8 145 名的候选人中,有三分之一的候选人不具备参选资格。改革派候选人的落选人数超过了 2 000 名,落选人数相对于上届增加了 4 倍。改革派落选候选人中还包括 100 多名改革派现任议员和同情改革派的议员。哈塔米的弟弟穆罕默德·哈塔米(Muhammad Reza Khatami)、副议长贝赫扎德·纳巴维(Behzad Nabavi)、穆赫辛·米尔达马迪(Mohsen Mirdamadi)、穆赫辛·阿明(Mohsen Armin)等知名议员都名列其中。对此穆罕默德·哈塔米表示:"保守派采取这种方式选举是非法的,这是要发动清除改革派的政变,是要终结伊朗的改革运动。"[17]米尔达马迪(Mohsen Mirdamadi)在参选资格被否决后表示:"宪监会以资格审查取消候选人参选是民事政变(Civilian Coup Detat),目的是为保守派候选人清理道路并赢得议会选举。这不是选举而是政治筛选。"[18]

宪监会的资格审查在伊朗社会引起轩然大波。改革派人士指责保守派利用程序打击政敌窃取选票。从 2004 年 1 月 11 日开始,伊朗有

100 多名议员在议会大厅举行为期 3 周的静坐示威,另有 123 名议员提出辞呈。此外还有数十名议员在德黑兰海达尼亚运动馆(the Haydania Sports Gym)等场所静坐示威,这些议员抗议表示:"如果伊朗议会不能捍卫人民的权利,如果民众不能选出自己的代表,我们就不能在伊朗议会工作。"议员的静坐示威还引发省级和内阁官员的静坐示威。亲改革派学生也在伊朗各地示威游行。

对于宪监会的资格审查和由此引发的社会不满,哈塔米和卡鲁比出来平息事态。他们指责宪监会大规模取消改革派的参选资格没有道理,同时也呼吁示威者和支持者保持冷静,不要采取引发局势紧张的过激行动。改革派议长迈赫迪·卡鲁比(Mehdi Karoubi)表示,他和总统哈塔米已经就此事上诉哈梅内伊,要求精神领袖介入来平息社会不满。[19]

最终在最高精神领袖哈梅内伊的干预下,宪监会恢复了部分议员候选人参选资格。[20]尽管如此,在争夺 285 个议席(另外 5 席是保留席位)的议会选举中,改革派阵营只能推举出 191 名候选人参选。[21]候选人的人数不足让改革派在此次议会选举中成了输家。

表 4.1 伊朗 2004 年第 7 届议会选举结果

候选人政治取向	席位(首轮)	席位(次轮)	席位总数	比例
保守派	156	40	196	67.58%
改革派	39	8	47	16.21%
独立人士	31	9	40	13.79%
派系未定	—	2	2	0.69%
保留席位	5	—	5	1.73%
总 计	231	59	290	100%

资料来源:"2004 Iranian legislative election," https://en.wikipedia.org/wiki/2004_Iranian_legislative_election.

在最后的议会选举结果中,保守派总计获得 196 席,比例是67.58%,牢牢掌控了伊朗议会。改革派遭遇惨败仅获得了 47 席,比例仅为 16.21%。宪监会的资格审查帮助保守派赢得了第 7 届议会选举。由于伊朗议会选举时间是在总统选举的前一年,因此议会选举通常被看作伊朗总统大选的风向标。保守派在议会选举中的取胜也意味着伊朗的政治生态走向保守,这为强硬派艾哈迈迪内贾德上台奠定了基础。[22]

三、2005 年伊朗总统大选

2005 年 6 月 17 日,伊朗举行总统大选,共有七名候选人进入最后的角逐,分别是来自保守派的穆罕默德·艾哈迈迪内贾德(Mahmoud Ahmadinejad)、穆罕默德·盖巴夫(Mohammad Ghaibaf)和阿里·拉里贾尼(Ali Larijani),改革派的迈赫迪·卡鲁比、穆斯塔法·穆因(Mustafa Moeen)和穆赫辛·迈赫拉里扎德赫(Mohsen Mehralizadeh),以及务实派的拉夫桑贾尼。[23]从七位候选人的政治派系看,保守派和改革派旗鼓相当,各有三位候选人参选。

伊朗《总统选举法》规定,任何候选人在选举中能够获得半数以上的选票将直接当选为伊朗总统。如果没有候选人在首轮选举中获得半数以上的选票,那么在首轮选举中前两名候选人再进行第二轮选举,票数多的候选人将成为伊朗的下一届总统。[24]

在 2005 年伊朗的总统选举中,七名总统候选人在首轮选举中都没有赢得半数以上的选票,因此前两名候选人艾哈迈迪内贾德同拉夫桑贾尼进行第二轮选举的对决。最终强硬派候选人德黑兰市长艾哈迈迪内贾德击败确定国家利益委员会主席(Chairman of Expediency Discernment Council)、前总统拉夫桑贾尼,当选为伊朗新一届总统。

从整个选情来看,2005 年大选具有以下特点:第一,选票分散。本届总统大选是经过两轮对决之后才得出最后的结果。在第一轮的选票中,排名第一的拉夫桑贾尼(21.13%)的得票率距离法定的 50%还有相当大的距离。其他候选人的得票率更是惨淡,分别为:艾哈迈迪内贾德(19.43%)、卡鲁比(17.34%)、盖巴夫(13.93%)、穆因(13.89%)、拉里贾尼(5.83%)、迈赫拉里扎德赫(4.38%)。选票分散的原因在于本届选举的候选人除了拉夫桑贾尼外,其他候选人都不是家喻户晓的政治明星,这也让总统选举缺乏民众归心的一致预期。但是拉夫桑贾尼在担任伊朗总统时的政治表现不能让民众满意,不时被披露的家族腐败也让其政治口碑下滑。

表 4.2　2005 年伊朗大选的候选人情况（票数：万张）

候选人	派系	身份	首轮	比率	次轮	比率
艾哈迈迪内贾德	强硬派	德黑兰市长	571	19.43%	1 728	61%
拉夫桑贾尼	务实派	前总统	621	21.13%	1 004	35%
卡鲁比	改革派	议会议长	507	17.24%	—	—
盖巴夫	保守派	警察总署署长	409	13.93%	—	—
穆因	改革派	科学部长	408	13.89%	—	—
拉里贾尼	保守派	广播局长	171	5.83%	—	—
迈赫拉里扎德赫	改革派	副总统	128	4.38%	—	—

资料来源："2005 Iranian Presidential Election," https://en.wikipedia.org/wiki/2005_Iranian_presidential_election。

　　第二，改革派因部分资格被取消和各自为战而失去本次大选。保守派为赢得大选取消了多名改革派候选人的竞选资格，本次大选也被改革派称作"颠覆宪法的政变"[25]。伊朗的诺贝尔和平奖得主希琳·阿巴迪（Shirin Ebadi）表示："伊朗的总统选举不是自由选举，因为候选人资格是由宪监会决定。选举不自由，结果不可能公正。"[26]在伊朗政治氛围明显右转的情况下，改革派候选人卡鲁比、穆因和迈赫拉里扎德赫首轮出局并不意外。

　　但是改革派在大选中的竞选策略值得商榷。与拉夫桑贾尼（21%）和艾哈迈迪内贾德（19%）相比，卡鲁比（17%）和穆因（13%）的得票率不算太差。如果我们以结果反推到竞选策略，假设改革派阵营能通盘考虑，让穆因（13%）和迈赫拉里扎德赫（4%）退选并支持卡鲁比，那么卡鲁比将以34%的得票率名列第一并进入第二轮。总统将在卡鲁比和拉夫桑贾尼之间产生，这将让伊朗产生改革派或务实派的总统。从这个角度看，改革派因竞选策略问题失掉选举。鲁哈尼在2013年总统大选中获胜正是汲取这次失败的教训。

　　第三，小布什的刺激性言论促成了强硬派艾哈迈迪内贾德上台。大选前夕，伊朗面临的主要挑战是破解进退两难的核困境，应对美国的战争威胁和国际原子能机构的核查。伊朗大选前，美国总统小布什发表不合时宜的言论抨击伊朗，"伊朗需要真正的民主，但伊朗权力掌握在不受选举限制的少数压迫者手里。他们一边传播恐怖主义，一边通过程序民主来维持权力,忽视伊朗民众的民主和基本人权"[27]。在美国总统的外部刺激下,伊朗更需要能够抵抗压力提振士气的候选人。

第四,策略成功是艾哈迈迪内贾德赢得大选的主要原因,他的主要策略包括:(1)将自己塑造成底层民众的代表。草根、贫寒出身、工程师、衣食简朴、节俭亲民成为了艾哈迈迪内贾德的竞选符号。这种平民定位为他赢得了中下阶层民众的支持。艾哈迈迪内贾德还强烈抨击竞争对手的腐败。第二轮选举变成了草根艾哈迈迪内贾德同亿万富翁拉夫桑贾尼的对决。[28](2)自我标榜为反美和反西方的斗士。在对美问题上,艾哈迈迪内贾德是七名人选中唯一公开反美的候选人。在核问题上,他强调其他国家必须尊重伊朗和平利用核能的权利。此外艾哈迈迪内贾德还反对联合国安理会五大常任理事国拥有的否决权,认为联合国不具有代表性,是片面的和反伊斯兰的。

第五,艾哈迈迪内贾德得到革命卫队和巴斯基民兵的支持,他同革命卫队之间存在着利益输送。艾哈迈迪内贾德主政德黑兰期间,革命卫队得到了许多德黑兰市政工程订单,有多名革命卫队将领离职进入市政府。利益关系让艾哈迈迪内贾德得到了革命卫队的支持。在第二轮大选中,30万巴斯基民兵被要求每人动员20人投票支持艾哈迈迪内贾德。拉夫桑贾尼指责艾哈迈迪内贾德利用巴斯基的600万选票作弊。[29]卡鲁比也指责艾哈迈迪内贾德动员清真寺、革命卫队和巴斯基民兵力量赢得大选。

第六,同美国缓和是拉夫桑贾尼的最大弱点。拉夫桑贾尼是这届最有竞争力的候选人。选举期间,拉夫桑贾尼接受美国有线电视新闻网(CNN)记者采访时表示:(1)在对美关系上,他愿意且有能力同美国改善关系。由于哈塔米的能力有限并缺乏灵活性,让伊朗在1997年和2001年错失了同美国改善关系的机会。(2)伊朗的长期利益是同世界合作而非对抗。(3)伊朗将同西方就核问题达成协定。这也意味着,如果拉夫桑贾尼当选,新总统更可能采取协调方式处理对美国的关系,并在核问题上寻求和解与妥协。[30]但是拉夫桑贾尼的这些政见反而让他最终落选。

不管怎样,强硬派候选人艾哈迈迪内贾德赢得了伊朗总统大选的胜利。他将此次胜选称作"新伊斯兰革命"(A New Islamic Revolution)。[31]通过议会和总统选举,伊朗的立法和行政部门全部由保守派控制。在经历拉夫桑贾尼和哈塔米的缓和自由阶段之后,伊朗的政治生态转向保守。

第二节　艾哈迈迪内贾德的核冒进政策与联合国制裁

艾哈迈迪内贾德上任后,当务之急是处理进退两难的伊朗核问题。艾哈迈迪内贾德在核问题上完全抛弃前任哈塔米和解求全的做法,转而采取强硬核政策,同国际原子能机构和联合国开展针锋相对的对抗。艾哈迈迪内贾德时期是伊朗核进程发展最快的时期,但这是以损害伊朗经济和国际声望为代价的。

一、哈塔米的核困局与艾哈迈迪内贾德时期伊朗的核进展

伊朗核问题被曝光后,哈塔米政府采取以谈避战、以欧制美和配合原子能机构核查等策略,同英法德三国签署《德黑兰声明》和《巴黎协定》,让伊朗暂停了浓缩铀的研发和生产,然而配合国际原子能机构核查却发现伊朗核问题越查越多。哈塔米以谈止战的做法并不成功,美国仍然通过军事威胁逼迫伊朗在核问题上就范。此外欧盟还提高要价,要求伊朗永久停止敏感的核活动。伊朗预期的贸易合作协定谈判无果而终。

哈塔米政府的核政策所换回的是伊朗处处被动,这引发国内强硬势力的抬头。保守派先后赢得 2004 年议会选举和 2005 年总统选举的胜利。国内政治转向保守也带动了伊朗核政策的变化。艾哈迈迪内贾德上台后,伊朗转而采取激进冒险的行动推进核计划,同国际社会开启了一系列的恶性互动。

2005 年 8 月 3 日,艾哈迈迪内贾德就任总统,伊朗宣布即将恢复铀转化生产。8 月 5 日,伊朗拒绝欧盟提出以经贸和政治合作换取伊朗永久停止铀浓缩项目的提议,理由是欧盟违背《巴黎协定》有关伊朗核暂停的相关条款。[32]8 月 8 日,伊朗宣布揭开国际原子能机构的封

条,正式恢复铀转化生产。

8月11日,国际原子能机构对伊朗重启伊斯法罕铀转化项目表示严重关切。8月15日,国际原子能机构呼吁伊朗暂停铀转化,并督促国际原子能机构总干事穆罕默德·巴拉迪(Mohamed Baradei)在2005年9月3日递交有关伊朗核计划的核查报告。[33]2005年9月2日,巴拉迪在向国际原子能机构提交的报告中指出,伊朗并未完全提供国际原子能机构所关心的伊朗核活动的资料,比如1991年伊朗天然铀的进口和转移加工问题、卡拉耶电气公司的六氟化铀离心机试验情况等。此外伊朗拒绝核查人员对拉维赞(Lavizan)、帕尔钦(Parchin)军事基地等场所的核查。因此,国际原子能机构没有完全弄清伊朗核问题的突出事项。原子能机构需要伊朗进行完全透明的合作。[34]

2006年2月,伊朗宣布结束之前自愿履行暂停铀浓缩的承诺,恢复纳坦兹的浓缩铀生产。2006年4月,伊朗成功地通过164台离心机生产出工业级的浓缩铀。2006年4月11日,伊朗宣布纳坦兹铀浓缩工厂生产出丰度3.5%的浓缩铀。伊朗总统宣布伊朗将成为国际核技术俱乐部的成员。2006年4月29日,伊朗宣布生产出丰度4%的浓缩铀。2007年4月,伊朗宣布开始向3 000台离心机内灌注用于铀浓缩的六氟化铀气体。之后,伊朗宣布未来将在纳坦兹安装5万台铀浓缩气体离心机的计划。

面对国际社会的激烈反应和巨大压力,内贾德政府表现得异常强硬。2005年8月15日,艾哈迈迪内贾德任命新的伊朗核谈判代表和最高安全委员会秘书,以强硬的阿里·拉里贾尼取代温和的鲁哈尼。伊朗在核问题上形成以总统艾哈迈迪内贾德、外交部长穆塔基和首席核谈判代表拉里贾尼组成的强硬三角。2005年9月17日,艾哈迈迪内贾德出席联合国大会并发表演讲,阐述伊朗的核政策:第一,每个国家都在所有领域有权利追求科技进步,尤其在民用核燃料的生产技术上。这种权利不应当被少数国家通过经济垄断来独享,并以此剥夺大多数国家和平利用核能的权利。第二,当前世界上的两大威胁一是核武器及其扩散,二是有权势的大国利用强制性的隔离机制阻碍无核国家和平利用核能。第三,核不扩散机制的本质是核隔离(Nuclear Apartheid),是为防范无核国家获得核材料、核技术和核设备。第四,伊朗的核立场是不发展核武器,这有违伊朗的宗教原则;国际核不扩散机制应当打击核扩散和废除核隔离;获得核燃料循环是伊朗不可剥夺的权利,伊朗将同国际原子能机构开展技术和法律合作。[35]

2005年9月25日,国际原子能机构理事会通过决议,认为伊朗隐瞒核进程是威胁国际和平与安全的重大事件,要求伊朗暂停所有敏感核活动。这项决议距离将伊朗核问题提交联合国又进了一步。伊朗外交部长马努切赫尔·穆塔基(Manouchehr Mottaki)声明:"伊朗绝不会停止伊斯法罕的铀转化。伊朗期望同国际社会在伊朗核问题上实现双赢。任何将伊朗核问题提交联合国的行动都缺乏法律基础,也是双输的局面。"[36] 2005年10月9日,阿里·拉里贾尼在德黑兰大学演讲时声称:"美国实行的是政治法西斯主义。合法与否完全是由美国说了算。美国声称伊朗没有拥有核燃料循环的权利,但是我要告诫美国:伊朗在核问题上决不低头。"[37] 2007年2月25日,艾哈迈迪内贾德在德黑兰发表讲话称,伊朗的核进程就像是没有刹车的列车。伊朗不会因西方的压力而退却。[38]

面对外界不断升级的压力,伊朗甚至表示可能会退出《不扩散核武器条约》。2005年9月20日,拉里贾尼威胁称:"伊朗并不希望让事情变得更加复杂。但是如果你们威胁使用武力的话,为了保障伊朗取得的核成果,伊朗除了退出《不扩散核武器条约》和《国际原子能机构安全保障协定》之外别无选择。"[39] 2007年3月21日,哈梅内伊在伊朗新年致辞中警告西方:"到目前为止,伊朗一直在遵守国际规则。但如果西方不按规则行事,伊朗也可以采取不合规则的行动。"[40] 2007年9月2日,艾哈迈迪内贾德宣布伊朗将启动3 000台铀浓缩离心机,并最终完成5万台离心机的运行。如果伊朗实现这一宏伟的计划,伊朗核工业的规模和水平将大大提升。

2009年9月,伊朗福尔多铀浓缩厂被曝光,这也是伊朗的第二座秘密铀浓缩厂。福尔多铀浓缩厂建在库姆山区的地下掩体中,并拥有坚固的掩体和完善的防空设施。福尔多铀浓缩厂主要是生产丰度为3.5%、4%和20%等多种类型的浓缩铀。[41] 福尔多铀浓缩厂被曝光再度引发世界对伊朗核意图的忧虑。从2011年8月开始,伊朗逐渐将较高丰度的浓缩铀生产从纳坦兹转移到福尔多,运转效率更高的P-2型离心机也安装在了福尔多工厂。[42] 2012 年 1 月，国际原子能机构确认福尔多铀浓缩厂的存在，表示福尔多厂主要生产丰度 20％以上的浓缩铀。[43]

二、伊朗核问题被提交到安理会

2006 年 2 月 17 日，国际原子能机构理事会通过决议，决议指出伊朗核问题存在着严重的安全问题和扩散隐患。鉴于伊朗核问题已经超出国际原子能机构只监管民用核设施的权限，理事会决定将伊朗核问题提交联合国安理会处置。[44]

伊朗核问题被提交到安理会的严重性在于：第一，伊朗核问题已不再是民事和技术层面的违规和过失，而将被视作威胁国际和平与安全的重大问题。因为国际原子能机构及其 35 国理事会的权限只限于民用核能的监管与核查，接受成员国的民用核设施的申报备案，以及对后续核材料的加工、购买、处理（包括核废料）进行全过程监管。第二，国际原子能机构不具有处置权。国际原子能机构只是涉及技术监管的职能部门，其权限包含评估成员国的核设施是否存在核扩散的风险，但它没有核扩散的处置权。一旦核扩散被定性为威胁国际和平与稳定的重大事件，理事会只能将其提交至联合国安理会。核问题被提交至安理会意味着，伊朗核问题将从纯粹的技术问题变成重大的安全问题，将从伊朗对国际原子能机构核查人员的应对变成伊朗同联合国安理会五大常任理事国之间的博弈。一旦伊朗核问题被安理会认定为核扩散，就会受到安理会的制裁。

受理伊朗核问题后，为阻止伊朗推进核进程，联合国安理会于 2006 年 7 月 31 日首次通过第 1696 号制裁决议，此后相继通过第 1737 号决议（2006 年 12 月 24 日）、1747 号决议（2007 年 3 月 24 日）、1803 号决议（2008 年 3 月 3 日）、1835 号决议（2008 年 9 月 27 日）、1929 号决议（2010 年 6 月 9 日），要求伊朗暂停铀浓缩等敏感的核活动，解决伊朗核问题中有待澄清的重大问题。决议还表示如果伊朗不予遵守，联合国安理会将出台经济惩罚措施制裁伊朗。

尽管伊朗核问题被提交至联合国，而安理会也表示要制裁伊朗，但是艾哈迈迪内贾德政府不为所动,无惧联合国制裁并继续推进核进程。伊朗表示,安理会的制裁决议完全被大国所主导,毫无公正可言,因此伊朗将不遵循联合国安理会通过的任何决议。2007 年 10 月 25 日,艾哈迈迪内贾德更是声称安理会制裁决议是张"废纸",对伊朗根本没有约束力。[45]

三、艾哈迈迪内贾德时期伊朗的核进程

联合国安理会先后通过的 7 个决议和多个单边制裁法律并未阻止伊朗核发展的脚步,伊朗一边同联合国进行针锋相对的斗争,一边推进自己的核进程。艾哈迈迪内贾德同国际社会尖锐对抗的 8 年也是伊朗核发展最快的 8 年。

在艾哈迈迪内贾德政府的推动下,伊朗已经建有纳坦兹铀浓缩厂、福尔多铀浓缩厂、阿拉克重水反应堆、德黑兰核研究中心、布什尔核电站等核设施。伊朗基本建立起相对完善的核工业体系,掌握从铀矿开采、铀转化、铀浓缩、核废料处理等核燃料循环技术。[46]就浓缩铀相关的研发和生产能力来看,伊朗能够独立制造 P-1 型、P-2 型等铀浓缩气体离心机及主要部件,生产 3%、4.5%、5%、20% 等不同丰度的低浓缩铀。根据 2013 年 5 月国际原子能机构披露的信息,伊朗在纳坦兹铀浓缩厂安装并运转的气体离心机超过 13 000 台。福尔多铀浓缩厂安装的铀浓缩离心机数量为 2 976 台,专门生产丰度 5% 以上的浓缩铀,而且大多是运转效率更高的 P-2 型离心机。伊朗累计生产了丰度 5% 的六氟化铀 8 960 千克和丰度 20% 的六氟化铀 324 千克。伊朗表示未来将再建设 10 座铀浓缩厂。[47]

如果说上述伊朗的核活动还算是民用的话,那么下述项目则超出民用核能的范畴:第一,伊朗的"阿马德计划"核武项目,这个项目主要涉及四氟化铀的研发生产(绿盐项目)[48]、高能炸药实验和导弹核载荷等。(1)军方的绿盐项目。国际原子能机构认为伊朗军方的基米亚·马丹公司(Kimia Maadan company)涉嫌从事将二氧化铀转化为四氟化铀的项目,并认为军方的绿盐项目是应急性的替代计划,即如果伊斯法罕铀转换设施遭受袭击,伊朗还能保留四氟化铀的生产。对此,伊朗表

示自己在能够生产六氟化铀后,根本没有必要从事四氟化铀的生产。
(2)伊朗涉嫌开发与核试爆相关的雷管点火装置和内爆型核装置。伊朗涉嫌实验多点起爆和半球体爆炸研究,涉嫌开发球形内爆系统,并将起爆桥丝雷管纳入起爆半球状高能炸药载荷系统,进行全尺寸实验。这些实验被认为是伊朗在为核试爆做准备。[49](3)导弹核载荷实验。伊朗被指控重新设计可容纳核弹头的流星-3型导弹。伊朗表示有关的阿马德项目的所有指控都不属实,伊朗从未从事同核武器相关的准备工作。[50]

第二,帕尔钦军事基地涉嫌从事核武试验。根据国际原子能机构获得的情报,2000年,伊朗在帕尔钦军事基地建造了一个用于流体力学实验的大型爆炸安全壳。这类实验将是伊朗发展核武器的重要指标。2011年,该容器在帕尔钦场址上的位置得到确定。[51]但是伊朗以涉及国家安全为由拒绝核查人员进入帕尔钦核查。2012年1月,当国际原子能机构向伊朗通报并要求准入核查后,帕尔钦被卫星发现发生了大量的活动和变化。这包括:有大量液体从容纳该容器的建筑物中流出;有设备被露天存放在该建筑物之外;有轻重型车辆出入帕尔钦。2012年5月,该场所的另外五座建筑物被拆除,输电线、围墙和道路均被清除。该场所及周围区域被发现进行了地面刮擦和景观美化工作并铺设了新的泥土路。[52]但伊朗否认对帕尔钦的所有指控。

第三,伊朗军方同核项目存在着密切联系。伊朗军方对核问题的参与主要包括:(1)人员参与。有数百名隶属革命卫队的高级科学家涉嫌参与P-2型离心机开发,且工作主要集中在革命卫队的拉维赞军事基地。[53](2)项目参与。伊朗一些被曝光的重要核活动是在军事基地进行的。其中包括涉及生产离心机部件的霍拉桑冶金工业公司(Khorasan Metallurgy Industries),组装离心机、进行激光浓缩技术的新技术防务技术中心(the Center of New Technology Defense),涉嫌进行点火装置研究和核试爆活动的拉维赞和帕尔钦军事基地。另外,伊朗的物理研究中心(the Physics Research Center, PHRC)、应用物理机构(the Institute of Applied Physics, IAP)和教育研究机构(the Education Research Institute, ERI)等军事机构也参与了核活动,其性质有待确认。[54](3)伊朗军方开设的许多空壳公司(Front Company)涉嫌参与购买和走私核技术与核材料。[55]这些空壳公司包括:从事离心机生产的霍拉桑冶金工业公司和帕尔斯废品公司(Pars Trash Company),涉及弹道导弹项目的埃特哈德技术集团(Ettehad Technical Group)、萨纳姆电气公司(Sanam Electrics Company)、乔扎工业公司(Joza Industrial Co.)等。[56]

尽管伊朗始终否认伊朗发展核武器或军方拥有发展核武器的计划,但是伊朗军方同核项目存在的密切联系本身就值得关注,这可能意味着伊朗军方将核技术纳入自己的国防和安全议程。[57]伊朗一些官员发出的言论也令外界猜测不已。2005年,精神领袖哈梅内伊在伊朗媒体上表示:"当今世界只有获得先进武器才能够获得安全、遏止傲慢国家的邪恶想法。"[58]2006年4月,伊朗总统艾哈迈迪内贾德表示,伊朗有能力很快成为超级大国。伊朗在和平利用核能上的成就非常重要并将改变世界的平衡。[59]但是哈梅内伊没有解释什么是伊朗的先进武器。艾哈迈迪内贾德也没有解释民用核能如何能把伊朗塑造成为超级大国并改变世界的现有平衡。这也让国际社会怀疑伊朗通过谋求发展核武器来提高伊朗的国际地位并改变同外部世界的力量均衡。

在伊朗看来,伊朗在艾哈迈迪内贾德政府的引领下,凭借娴熟的谈判技巧、边缘政策和示强外交提升了民族自信心和国际影响力。哈梅内伊表示,伊朗和平利用核能展现了伊朗民族的士气和希望,它是伊朗走向民族复兴、自由独立和科学进步的历程中必须拥有的权利。[60]更重要的是,艾哈迈迪内贾德通过斗争重新定义了伊朗的核权利,即在本土拥有自主核研发和生产能力是伊朗不可剥夺的权利。这比哈塔米要求伊朗和平利用核能的权利更具体也更进一步。它是伊朗对核权利的自我表达,也成为伊朗其他领导人必须遵循的重要标准。

四、陷入僵局的联合国制裁与美欧的单边制裁

伊朗核问题在提交联合国之后,联合国安理会为了逼迫伊朗停下脚步,先后通过第1737号决议、1747号决议、1803号决议、1835号决议、1929号等决议。这些决议主要涉及冻结伊朗从事核活动的公司、实体和个人等。

但是在第 1929 号决议之后,由于内部出现严重的分歧,安理会再未能通过新的制裁决议。分歧主要体现在中俄两国和英法美三国之间。英法美三国认为,伊朗不仅没有澄清在核问题上存在的重大问题,反而执意推进核进程。伊朗的核进程并没有被证明完全是出于和平目的,因此联合国必须对伊朗实施更严厉的制裁。只有制裁才是唯一让伊朗回到谈判桌的手段。但是中俄两国认为,联合国制裁只是手段而不是目的,为的是敦促伊朗同国际社会配合。伊朗核问题不能被政治化,不能让联合国制裁成为某些国家打击伊朗的工具。因此中俄两国反对对伊朗采取更严厉的制裁。联合国五个常任理事国之间的分歧使联合国制裁陷入僵局。

鉴于联合国安理会难以进一步推出打击伊朗的制裁决议,美国开始加大单边制裁伊朗的力度。2010 年 7 月,美国出台《对伊朗全面制裁、问责和撤资法》(the Comprehensive Iran Sanctions, Accountability and Divestment Act of 2010, CISADA)。美国犹太压力集团和国会议员深信,伊朗国内的精炼油严重依赖进口,而且进口渠道单一。只要针对这一薄弱环节加以制裁,美国就能够迫使伊朗在核问题上就范。[61]

除了精炼油制裁,美国还对伊朗实施了金融制裁。2011 年 12 月 31 日,美国总统奥巴马签署《2012 财年美国国防授权法》,这一授权法附有针对伊朗的金融制裁法案。新的金融制裁法规定:美国不仅要制裁伊朗的中央银行和金融组织,也将处罚同伊朗的中央银行从事交易的外国公司和银行。美国与石油相关交易的制裁将在法律签署后 6 个月起生效;对其他非石油交易的制裁在签署后 60 天起生效。受到制裁的外国公司和银行将不得进入美国的金融市场融资或从事交易。法案赋予总统以豁免权,总统可以豁免那些大幅降低从伊朗进口石油的国家或公司。制裁法容许其他国家的银行和公司及时、分阶段地撤出伊朗并免于处罚。出于美国国家利益和能源市场稳定的需要,总统可以放弃制裁个别国家或公司。[62]

这一法律被称为美国版的石油禁运,也是美国再一次将自己的国内法凌驾于国际法之上。该法蕴含的站边原则迫使第三国必须在美伊之间做出选择。[63]尽管如此,美国的经济和金融制裁并未让伊朗屈服,伊朗仍然按照自己的计划和节奏推进核进程。美国的制裁伊朗的政策并未取得预期的效果。

表 4.3　联合国安理会制裁伊朗决议的主要内容

决　　议		内　　容
资产冻结	1737；1747；1803；1929	冻结涉核公司、实体、个人的资产
旅行限制	1737；1747；1803；1835；1929	禁止为被制裁人员提供入境旅行或签证服务
武器禁运	1737；1747；1835；1929	禁止向伊朗军售；禁止出售与核和导弹有关的两用技术；禁止出售限制级武器系统
弹道导弹	1929	要求伊朗不再发展与核相关的弹道导弹
海外投资	1929	禁止伊朗投资铀矿和涉核涉弹项目
银行交易	1929	限制同被点名的伊朗银行从事交易
国际信贷	1929	对伊贸易相关的国际信贷保持警惕
国际运输	1929	呼吁检查伊朗航空和伊朗船运公司

资料来源：作者根据联合国决议内容自制。

第三节　艾哈迈迪内贾德时期伊朗的对抗政策

总统艾哈迈迪内贾德上台后，伊朗推动核进程招致了美欧等国家的强烈反对，并开启了伊朗同各方在核问题上的恶性互动。为了规避国际社会的压力，伊朗通过争夺外交话语主动权、以伊拉克制衡美国、发展导弹计划、能源外交等手段对抗美欧，并进而缓解自己的外部压力。

一、伊朗以"反以"和刺激性言论掌握外交话语权

美国和以色列对伊朗核问题虎视眈眈，当艾哈迈迪内贾德政府不顾压力而坚决推进核进程后，美国和以色列加大了对伊朗的外交压力，多次发表单边打击伊朗核设施的言论，美国甚至表示将动用战术核武器打击伊朗的核设施。但是伊朗认为，美国图谋推翻伊斯兰政权由来已久，核问题只不过是美国打击伊朗的借口。如果美国新保守派已经决定对伊朗发动军事行动的话，没有国家能够阻止。但问题是美国未必已经下定决心打击伊朗。因此伊朗强硬派要针锋相对，让美国知道

任何对伊朗的军事行动都将带给美国沉重的代价。[64]

艾哈迈迪内贾德发表大量针对美以战争威胁的强硬言论,目的是在外交心理战和口水战中争取主动,抢占话语权。其中艾哈迈迪内贾德反对以色列的言论最引人注目。表4.4是艾哈迈迪内贾德所发表的一部分"反以"言论。从这些言辞中可以看出,艾哈迈迪内贾德极度仇视以色列并对西方支持以色列表现出强烈的愤慨。

但是以色列同犹太人问题并不等同。国际社会对纳粹屠杀犹太人的事实和性质都已经有定论,艾哈迈迪内贾德否认犹太人大屠杀(Jewish Holocaust)明显是不顾历史真相,违背了国际通行的人权规范和基本道义。此外,艾哈迈迪内贾德将联合国大会作为展现伊朗外交和自己政见的重要场合。他每年都出席在纽约举行的联和国大会并发表演讲。如果说哈塔米以"文明间对话"赢得了尊重的话,那么艾哈迈迪内贾德的言论却招致了非议。

表 4.4　艾哈迈迪内贾德的反以色列言论

时　　间	"反以"内容
2005 年 12 月 8 日	如果德奥对大屠杀负有责任,以色列应该搬到欧洲
2005 年 12 月 14 日	犹太人制造了"大屠杀神话"
2006 年 1 月 6 日	诅咒以色列总理沙龙去死
2006 年 4 月 14 日	将以色列从地图上抹去,以色列将成为历史
2006 年 10 月 19 日	以色列政权不合法,不能在世界上存在
2007 年 1 月 3 日	犹太人大屠杀是西方的"捏造"
2007 年 6 月 3 日	以色列毁灭倒计时,黎巴嫩和巴勒斯坦将摧毁以色列
2007 年 8 月 5 日	呼吁以色列搬家以便让巴勒斯坦建国
2007 年 8 月 18 日	以色列是"为魔鬼扛旗"的人,不久将瓦解
2007 年 10 月 5 日	以色列应当搬到欧洲或者美国的阿拉斯加

资料来源:赵建明:《伊朗国家安全战略的动力分析》,新华出版社 2010 年版,第 237 页。

艾哈迈迪内贾德在联合国大会上的发言有三个观点引发非议:第一,他认为国际社会对伊朗实行核隔离政策(Nuclear Apartheid)。[65]这里的隔离(Apartheid)一词专指南非白人政权对黑人民众实行的歧视性种族隔离政策,艾哈迈迪内贾德使用这一名词特指核国家对伊朗进行的核封锁,为的是阻止伊朗掌握核技术,并永远接受核国家的剥削和压迫。[66]但是核技术同核武器存在本质上的差别。国际社会重点防范的是伊朗发展核武器而不是获得核技术。当前防核扩散理念成为冷战后通行的国际规范,在伊朗存在明显核扩散迹象的情况下,伊朗总统的说法难以令人信服。

第二,他攻击"9·11"事件是彻头彻尾的阴谋。艾哈迈迪内贾德在联合国大会上有关"9·11"事件的表态包括:(1)"9·11"事件阴谋论,认为"9·11"事件是美国政府自导自演的恐怖袭击,为的是通过战争挽救经济危机和重塑中东格局。他还认为美国大多数民众和世界上大多数国家都接受他的"9·11阴谋论"。[67](2)石油控制论。他认为美国炮制恐怖事件是为了发动阿富汗战争和伊拉克战争,控制中东和石油。(3)他认为"9·11"事件是世界之谜,不确定是否真正存在过。[68]当恐怖主义成为了世界公害,本·拉登袭击美国都是不争的事实的情况下,艾哈迈迪内贾德的"9·11阴谋论"挑战了人们的认知底线。

第三,否认第二次世界大战时期的犹太大屠杀。艾哈迈迪内贾德在联合国大会上先后表示,犹太大屠杀是"编造的传奇"(2005年)和"彻头彻尾的谎言"(2006年),美欧是以大屠杀为借口偿还对犹太复国的赎金(2011年)[69]等。当反对种族屠杀已经成为国际道德准则时,伊朗总统发表否认犹太大屠杀的言论挑战了西方和国际社会的道德底线和价值观。为此,时任联合国秘书长潘基文表示,承认犹太大屠杀应当成为国际上被尊重的基本原则。[70]2005年9月,联合国大会为此专门出台决议谴责任何质疑犹太大屠杀的言行。[71]美国驻联合国发言人马克·考恩布劳(Mark Kornblau)表示:"艾哈迈迪内贾德发表恶毒的阴谋论和'反闪米特'言论,这种言论真是痴心妄想和令人作呕。"[72]

二、美国的伊拉克泥潭与伊朗的"可控的混乱战略"

萨达姆倒台后,伊拉克旧有的秩序完全被打破。但是伊拉克并未迎来美国所期望的伊拉克民众欢呼美国军队的盛景,相反伊拉克立即陷入教派冲突和恐怖主义肆虐的内战之中。伊拉克维稳成为美国最为棘手也最难解决的问题。

伊拉克的混乱主要体现在:第一,国家失序造成的社会动荡和混乱。萨达姆倒台后,伊拉克政权更替并未实现国家功能的顺利切换。从盟军临时权力机构到伊拉克临时管理委员会[73],从伊拉克临时政府到正式民选政府,什叶派、逊尼派和库尔德人三方势力在政治上争权夺利。基层的安全和经济形势堪忧。美国在伊拉克的驻军和伊拉克安全部队难以平息各方连绵不绝的恐怖袭击和教派冲突。战后伊拉克难以向民众提供经济上的保障,医疗设施、基础设施在战争和战后的教派冲突与恐怖袭击中屡遭破坏,可谓民不聊生。

第二,萨达姆旧部发动恐怖袭击。萨达姆政权被推翻后,保罗·布雷默(Paul Bremer)领导的盟军临时权力机构在伊拉克强制推行复兴党政策,数以万计的公务员和50万军人被强制解职。许多被逼上绝路的萨达姆旧部和旧军人,通过自我组织和参加恐怖组织的方式展开疯狂的报复,对美军、伊拉克政府官员和平民发动恐怖袭击。[74]

第三,什叶派同逊尼派之间爆发激烈的教派冲突。伊拉克的教派冲突分为教派间冲突(Inter Sectarian)和教派内部(Intra Sectarian)冲突两种。萨达姆倒台后,伊拉克的教派关系发生逆转,由萨达姆时期逊尼派占主流转变为战后的什叶派占据主流。什叶派和逊尼派的关系逆转直接造成伊拉克的教派紧张。这主要体现在以下方面:(1)什叶派激进分子纷纷抢占萨达姆建造的逊尼派清真寺。齐巴阿清真寺(al-Qibaa Mosque)、穆萨纳清真寺(al-Muthana Mosque)、穆达拉尔清真寺(al-Mudalal mosque)先后被什叶派抢占。这是引发什叶派和逊尼派教派冲突的直接原因。[75](2)逊尼派激进分子试图挑起伊拉克的教派冲突。逊尼派激进分子对什叶派占据主流心怀不满,他们在2003年8月袭击纳杰夫的伊玛目阿里清真寺,试图煽动伊拉克国内的教派冲突。(3)什叶派激进分子袭击逊尼派清真寺。什叶派激进分子通过策划和发动迪亚拉的乌姆·阿扎姆清真寺爆炸案(Umm al-Adham Mosque)、迪亚拉的逊尼派穆萨·本·奥马尔清真寺屠杀(Musab bin Omar Mosque Massacre)制造事端挑起教派冲突。[76](4)逊尼派和什叶派内部各派系争权夺利,制造教派冲突。伊拉克在2006年到2008年间陷入教派冲突的深渊,每天约有数十名到数百名教徒和平民在教派冲突中丧生。[77]

第四,伊拉克武装力量同美军发生正面冲突。2003年5月,伊拉克开始出现针对打击美国占领军的扰袭行动。扰袭最早发生在巴格达、法鲁赫(Fallugeh)、提克里克(Ticrik)等逊尼派地区,之后也蔓延到伊拉克南部的什叶派地区。2004 年 4 月,伊拉克什叶派领袖穆克塔达·萨德尔(Muqtada al-Sadr)发动起义并组建迈赫迪军对抗美军。2004 年 6 月,美军和迈赫迪军在纳杰夫等地激烈交火。

由于伊拉克的混乱涉及消灭萨达姆残余势力、打击反美武装、国家重建、教派冲突等多重问题,而且这些问题还经常相互交织,这需要综合性手段和方法,远非美国凭借武力能够解决。伊拉克维稳成为美国最为头疼的问题。时任美国国防部长拉姆斯菲尔德等官员一直指责伊朗在伊拉克奉行"可控的混乱战略"(A Strategy of Managed Chaos)[78],指责伊朗通过在伊拉克培养亲伊的武装组织牵制美国。

伊拉克亲伊朗的民兵组织总数约 6 万名,他们通过基层动员等方式在伊拉克的基层尤其是什叶派社区有相当大的影响力。他们成为美国在伊拉克维稳过程中最大的障碍。伊朗支持的民兵组织包括萨德尔的迈赫迪军、[79]"正义联盟"(Asa'ib Ahl al-Haq, League of the Righteous)[80]、"真主党旅"(Kataib Hizballah, Hezbollah Brigades, KH)[81]、赛义德烈士营(The Kata'ib Sayyid al-Shuhada, The Battalion of the Sayyid Martyrs or KSS)[82],同伊朗存在密切关系的伊拉克民兵组织还有"真主贵族党运动"(Harakat Hezbollah al Nujaba HHN, or Movement of the Party of God's Nobles)、伊玛目阿里旅(Kataib al-Imam, Ali, the Imam Ali Brigades)等[83]。

时任美国国防部长拉姆斯菲尔德指责伊朗为伊拉克的民兵组织和激进组织提供用于恐怖袭击的自制炸弹、弹射爆弹、路边炸弹和其他轻重型武器。[84]时任英国首相托尼·布莱尔指责伊朗煽动伊拉克南部的逊尼派武装力量袭击伊拉克南部的英国士兵,布莱尔认为伊朗就是要让以美国为首的联军从伊拉克狼狈撤军。

伊朗不愿维持伊拉克的完全稳定,因为伊朗认为一旦伊拉克完全稳定,伊朗将成为美国打击的下一个目标。因此伊朗在伊拉克奉行的是"可控的混乱战略"。[85]"伊朗就是要在伊拉克的混乱和内战之间维持脆弱的平衡,尽管伊朗并不知道混乱和内战的平衡点到底在哪里。"[86]伊拉克什叶派领袖西斯塔尼的代表曾表示:"伊朗在伊拉克的政策是100％错误的。因为伊朗在试图让美国忙于伊拉克维稳的同时,也在让普通的伊拉克民众遭受苦难。伊朗将失去伊拉克民众的信任。"[87]

尽管如此,伊朗否认卷入伊拉克的教派争端和向伊拉克亲伊朗武装提供资金和武器。伊朗外交部副部长穆罕默德·维伊兹(Mhammad Veazi)表示:"伊朗不想在挑动伊拉克混乱上做任何事情。但我们感谢伊拉克人民已经狠狠地教训了美国。美国不可能通过武力得到自己想得到的任何东西。美国在伊拉克的战后维稳做得很差,不需要伊朗来煽动混乱。伊朗也不会出面帮助稳定伊拉克局势。"[88]

但不管怎样,局势混乱的伊拉克让美国无暇旁顾,伊拉克非但没有成为美国打击伊朗的跳板,反而成为伊朗的缓冲区和制衡美国的重要筹码。更重要的是,伊朗同伊拉克什叶派民兵组织的联系成为伊朗构建的秘密阵线,一旦美国和伊朗关系紧张,伊朗就能够启动在伊拉克的亲伊朗武装,让他们成为牵制美国的重要力量。

三、伊朗的军事演习和导弹发展计划

除了外交口水战和打伊拉克牌之外,伊朗也在积极地进行军事演习和发展军事实力。伊朗大多是在重要的时间节点前后进行军事演习,表现出明显的示威意图。而提高军事实力尤其是提高伊朗的导弹研发生产能力,则是为了防范美国和以色列可能发动的军事打击。

伊朗举行军事演习的时机耐人寻味。2006年8月19日,伊朗进行的"佐洛菲卡尔打击"军事演习距离8月22日伊朗答复"六国解决方案"的最终期限仅有3天的时间。2006年12月23日,联合国安理会通过第1737号决议之际,伊朗再次进行了导弹演习。2007年2月19日,伊朗举行军事演习,这是安理会第1737号决议要求伊朗中止铀浓缩活动最后期限的前一天。[89]2007年2月,在美军向海湾增派兵力的情况下,伊朗在军事演习中成功试射了从俄罗斯进口的先进道尔-M1防空导弹。

除了进行军事演习之外,伊朗还大力发展军事工业。艾哈迈迪内贾德时期是伊朗导弹快速发展的阶段。一方面战争准备刺激了伊朗军事工业发展。外部压力和可能发生的军事冲突迫使伊朗要为最坏的情势做最好的准备,导弹作为最主要的打击力量而成为伊朗优先发展的军事门类。导弹已经成为伊朗常规威慑的重要武器。另一方面,艾哈

迈迪内贾德政府将导弹发展视为对外示强和展示武力的王牌。伊朗频繁地进行导弹试射和军事演习也是在警告美以等国,伊朗不是伊拉克也不是纸老虎,强大的武装力量和军工后盾是伊朗对抗强敌的底气,不要在打击伊朗问题上心存侥幸。伊朗在建国阅兵仪式等场合经常在导弹弹身刷有"让美国去死"等宣传口号。

表 4.5　伊朗导弹的主要类型

导弹类型	名　称
短程弹道导弹	流星 1 型(Shahab-1)、起义 1 型(Qiam-1)、征服者(Fateh)-110型、波斯湾型(Khalij-e Fars)
中程弹道导弹	支柱(Emad)、流星 1 型、黎明(Fajr)3 型、密度(Ghadr)-110型、泥石 1 型(Sejjil-1)、阿舒拉型(Ashoura)、霍拉姆沙赫尔(Khorramshahr)、迪兹富勒型(Dezfal)
中远程弹道导弹	流星 5 型(Shahab-5)、库萨计划(Project Koussar)
地对空导弹	米萨格赫 1 型(Misagh-1)和 2 型、赛义德 1 型(Sayeed-1)、流星(Shahab)、拉阿德型(RAAD)
反直升机导弹	沙希(Qa'em)、拉阿德
反坦克导弹	萨格赫(Saegheh)、图番(Toophan)、陶山(Towsan)、德赫拉维亚赫(Dehlaviyeh)、陶达(Tondar)、萨迪德 1 型(Sadid-1)
反舰导弹	贾法尔(Zafar)、加迪尔型(Ghadir)、卡德尔型(Qader)、诺里型(Noor)、纳赛尔 1 型(Nasr-1)、考撒尔(Kowsar)、拉阿德型、萨迪德 1 型
巡航导弹	Kh-55、宏维耶扎赫(Hoveyzeh)、索玛尔、亚阿里型(Ya Ali)
空对地导弹	沙法克(Shafaq)、沙贺因 3 型(Shahin-3)、撒特尔(Sattar)、阿萨勒 67 型(Asre-67)、宾纳(Bina)、萨迪德 1 型
空对空导弹	法特尔型(Fatter)、泥石 1 型、法库尔 90 型(Fakour-90)
反舰弹道导弹	波斯湾型(Khalij-e Fars)、霍尔木兹 1 型和 2 型(Hormuz-1/2)

资料来源:Michael Eisenstadt, The Role of Missiles in Iran's Military Strategy, November 2016, https://www. washingtoninstitute. org/uploads/Documents/pubs/ResearchNote39-Eisenstadt.pdf; "Aerospace Force of the Islamic Revolutionary Guard Corps," Wikipedia, https://en. wikipedia.org/wiki/Aerospace_Force_of_the_Islamic_Revolutionary_Guard_Corps#Missile_forces; "Missile of Iran," CSIS Missile Defense Project, https://missilethreat.csis.org/country/iran/。

伊朗的导弹工业的发展呈现几个特点:第一,导弹门类相对齐全。从表 4.5 可以看出,除了远程弹道导弹之外,伊朗的导弹基本涵盖了从空对地、空对空、地对空到海基潜射，从巡航到弹道导弹等主要类型，这说明伊朗的导弹系统已经发展成为较为齐全的军工门类。第二，伊朗在中程导弹上发展迅速。流星-5、泥石-1、索马尔、红灯系列成为伊朗中远程弹道导弹的代表。第三，伊朗的导弹绝大多数都是伊朗自主研发制造，导弹工业成为伊朗军工的重要支柱。

但是导弹发展给伊朗带来新的问题：第一，以色列担心伊朗的导弹威胁。伊朗的导弹发展缩短了空间距离，以色列进入伊朗有能力打击的射程内。理论上，所有射程超过1 500千米的伊朗导弹都能够打击到以色列领土。这在某种程度上也验证了伊朗有能力"将以色列从地图上抹去"。不仅如此，导弹转让成为伊朗维系同叙利亚、黎巴嫩真主党等抵抗阵线的重要纽带。伊朗通过向叙利亚、黎巴嫩真主党转让短程导弹建立起这些国家对伊朗的依赖。未来一旦伊以发生战争，伊朗可以通过他们牵制以色列并给伊朗解压。

第二，导弹与核的结合最令国际社会担忧。核武器是国家的战略武器，这种战略武器通常由中远程导弹作为运载工具。伊朗一边快速推动核进程，一边不断提高导弹的性能和射程，这种两轮驱动模式更像是伊朗为发展核打击力量做准备。如果运载工具准备就绪，伊朗再跨过核门槛，伊朗将成为具有核打击能力的核国家，其后果难以想象。

总之，在艾哈迈迪内贾德政府的不懈努力之下，伊朗形成了较为完善的对抗策略：即以能源外交拴住中国等能源消费国，以"反以"言论压制美以的战争叫嚣，以"可控的混乱战略"让美国陷入伊拉克维稳泥潭，以导弹计划增强军事实力。伊朗核态势由此进入伊朗主导和可控的节奏。

伊朗同外界也形成了较为独特的政策循环，即先是伊朗宣布新的核进展，然后联合国安理会出台制裁决议，接着伊朗通过能源外交缓解压力，然后美国和以色列发出军事威胁，最后伊朗以导弹试射和军演予以反击。这种政策可以循环往复。似乎总是伊朗牢牢掌握政策循环的主动权。这一政策循环直到欧盟改变政策才彻底被打破，伊朗也从主动转为被动。

第四节　艾哈迈迪内贾德时期伊朗的能源外交

为了缓和因为推进核进程导致的国际压力,伊朗开始以石油为武器,利用国际油价高企的有利形势开展能源外交,期望通过能源外交在能源进口国和美欧之间打入楔子,让能源进口国不参与美欧对伊朗的各类制裁。但是不断提速的伊朗核进程将欧盟推到美国一边,美欧的联合制裁让伊朗的能源外交归于失败。

一、伊朗核问题与伊朗能源外交的向度

伊朗是欧佩克组织成员国和世界主要石油生产国和出口国,伊朗的石油日出口量在 200 万—250 万桶。当核问题成为伊朗同美欧等大国之间不可调和的争议时,伊朗期望利用能源联系将能源消费国拉到自己一边,远离美欧及其对伊朗实施的经济制裁。

伊朗能源外交存在三个向度。第一个向度是中国、印度等能源消费国。中国和印度是伊朗能源的进口大国,中国还是联合国安理会常任理事国,能够在国际原子能机构理事会和联合国安理会表决上发挥重要的作用。事实上,随着美欧与中俄在联合国安理会制裁问题上的分歧逐渐浮出水面,伊朗开展能源外交的指向性更加明显,就是期望中俄印成为伊朗规避美欧压力的屏障,即"以东制西"。[90] 与中印情况相似,日本和韩国也是伊朗重要的能源进口国。但由于日韩两国是美国坚定的盟国,在外交与安全上唯美国马首是瞻。因此伊朗不敢对日韩两国寄予更大的期望,也不敢奢望它们在伊朗核问题上做出有利于伊朗的选择。高油价造就的卖方市场增加了伊朗同中国、印度、日本、韩国等能源进口国之间的议价能力。

第二个向度是同情伊朗、反对美国的亚非拉国家。这类国家的代表是委内瑞拉、白俄罗斯。2007 年 5 月,伊朗同白俄罗斯结成"战略伙伴关系",容许后者参与开发伊朗的油田项目。2006 年 2 月,伊朗总统艾哈迈迪内贾德同委内瑞拉总统乌戈·查韦斯(Hugo Chavez)签署 20 多项双边贸易和相互投资的协定。查韦斯还表示:"一旦美国攻打伊

朗,委内瑞拉将减少对美国的能源出口来打击美国。"2005年9月,国际原子能机构理事会就伊朗核问题提交联合国安理会表决时,委内瑞拉是15个理事国中唯一投反对票的国家。伊朗发展同委内瑞拉的关系还包含革命意图,即被剥削被压迫的国家联合起来反对霸权国家。尽管如此,伊朗同委内瑞拉和白俄罗斯等国的能源外交,更多是为了外交造势,摆脱伊朗的国际孤立。

第三个向度是俄罗斯、卡塔尔等国。伊朗期望同俄罗斯、卡塔尔等能源输出国组建能源联盟,在弃用美元结算和组建天然气卡特尔上做出尝试,打破西方在国际能源市场和能源定价权上的垄断。2008年10月,俄罗斯、伊朗、卡塔尔三国效仿欧佩克建立天然气卡特尔组织(Gas Cartel),协调三国间的天然气生产和销售。俄伊卡三国控制着世界天然气蕴藏量的60%,也是世界天然气出口的前三位国家。三国同意一年举行3—4次会晤,讨论三国与世界能源相关的共同利益。俄罗斯表示"天然气卡特尔的成立是因为三国拥有最丰富的天然气资源、共同的战略利益和巨大的合作潜力"[91]。天然气卡特尔的成立被西方解读为俄伊两国以能源为手段来实现政治目标。伊朗打天然气牌是期望高油价刺激天然气的消费增长,缓和天然气消费国对伊朗核问题的立场。[92]

伊朗能源外交的主要形式是政要出访和签订石油订单。伊朗的能源外交同核压力呈现正相关的关系,伊朗在核问题上的压力越大,伊朗的能源外交就越频繁。2005年8月1日,国际原子能机构通过决议,要求伊朗停止所有铀浓缩活动。8月26—27日,伊朗最高国家安全委员会秘书兼首席核谈判代表阿里·拉里贾尼同印度外交部长辛格实现会晤。拉里贾尼出访一是探讨伊印双边能源合作,重启伊巴印天然气管线。二是期望印度在核问题上支持伊朗。伊巴印管线是将伊朗南帕斯的天然气经巴基斯坦输送给印度。项目建成后不仅能给伊朗带来数十亿美元的收益,也能将印度同伊朗捆绑在一起。[93]拉里贾尼这次出访印度的时间距离国际原子能机构停止铀转化最后期限仅有3天。拉里贾尼在出访时表示,伊朗核问题是美国要剥夺伊朗和平利用核能的权利,伊朗在核问题上决不妥协,也有信心化解伊朗核僵局。[94]

2006年2月17日,国际原子能机构决定将核问题提交联合国安理会。2006年1月,伊朗最高国家安全委员会秘书兼首席核谈判代表阿里·拉里贾尼访问中国,寻求中国对伊朗立场的支持。拉里贾尼同中国国务委员唐家璇和外交部长李肇星分别会晤。[95]2006 年 3 月,伊朗总统特使贾瓦德·拉里贾尼访华。5 月,伊朗总统艾哈迈迪内贾德出访印度尼西亚,此前印度尼西亚外交部表示伊朗将在印度尼西亚油气工业投资 6 亿美元。[96]6 月 20 日,中国石油化工集团有限公司同伊朗签订价值 100 亿美元的正式协议,勘探开发伽姆萨(Garmsar)油气田,这距离联合国安理会第 1696 号决议(2006 年 7 月 31 日)出台不足 40天。第 1696 号决议是联合国安理会出台的第一个制裁伊朗的决议。这也足以表明伊朗签署这些石油订单的政治动机。[97]

2006 年 12 月 23 日,联合国安理会通过制裁伊朗的第 1737 号决议。为了对冲压力,伊朗开始新一轮的能源外交。2007 年 1 月 4—5日,阿里·拉里贾尼以伊朗总统特使身份访问中国,双方就双边关系、伊朗核问题等问题交换意见。[98]2007 年 1 月 14 日,伊朗总统艾哈迈迪内贾德访问委内瑞拉,艾哈迈迪内贾德和查韦斯表示将共同抗击美国帝国主义。[99]此后两人在共同反美问题上遥相呼应。

除了出访协调立场,签署能源协定也是伊朗能源外交的主要表现。联合国安理会通过第 1696 号决议后,伊朗已经意识到未来的联合国安理会制裁将会涉及伊朗的能源合作。为此伊朗采取以先签约后履行的方式规避联合国安理会对伊朗能源合作的制裁。2006 年 6 月 20 日,伊朗同中国石油化工集团有限公司签署协定,共同开发伊朗伽姆萨油气田。2006 年 12 月 23 日,联合国安理会通过第 1737 号决议之前,中伊两国签署了两个能源订单:一是 2006 年 12 月 4 日,中国石油天然气集团公司(中石油)同伊朗签署为期 25 年的天然气供应协定,中国将每年从伊朗进口 300 万吨液化天然气。[100]二是 2006 年 12 月 20 日,伊朗同中国海洋石油集团有限公司(中海油)签署价值 160 亿美元的开发伊朗北帕斯气田项目的合同。[101]2007 年 1 月,伊朗同马来西亚签署开发伊朗格兰山和法多斯气田项目。马来西亚外交部副部长表示:"伊朗和平利用核能的权利应当得到尊重,马来西亚将一直支持伊朗的和平利用核能。"[102]2007 年 1 月,中国石油天然气集团公司与伊朗签署价值36 亿美元的合作协议,开发伊朗南帕斯气田。

值得注意的是,尽管伊朗这一阶段在核问题上面临巨大压力,但在能源外交上并未表现出明显的被动,主要原因是油价暴涨让国际能源市场转为卖方市场,这给伊朗以极大的议价权和谈判主动性,让伊朗在能源外交上有了更大的底气。从 2004 年开始,国际能源市场进入为期 10 年的牛市,石油价格从 2001 年 11 月每桶 28.11 美元一路攀升,在 2008 年更是摸高到 147.27 美元的历史高位。除了 2008 年 6 月到 2009 年 7 月期间从 147 美元急挫到 50 美元之外,大多时间国际油价大致维持在 80—120 美元的高位。[103] 毋庸置疑,10 年的国际能源牛市除了同世界经济的发展所带动的能源需求有关,也同地缘政治紧张直接相关。这一阶段国际石油价格上涨正好与伊拉克战争和伊朗核危机等地缘政治紧张相契合。艾哈迈迪内贾德发表的"将以色列从地图上抹去"等过激言论,美国的军事威胁和对海湾的排兵布阵,伊朗的军事演习等都刺激油价大幅走高。国际市场普遍担忧,如果伊朗同美国和以色列发生冲突,霍尔木兹海峡有可能被封锁,造成国际能源供应的短缺或中断,国际油价将因为供应短缺和供需失衡而飙升。

表 4.6　伊朗能源合同对比表(金额:亿美元)

时　间	国家	公　司	合　　　同	金额
2005 年 1 月	印度	—	开发伊朗 2 个油田和 1 个气田项目	400
2005 年 9 月	印度	—	伊朗—巴基斯坦—印度天然气管线	74
2005 年 6 月	印度	印度燃气公司(GAIL)	为期 25 年,年购 500 万吨液化天然气	220
2006 年 5 月	土耳其	—	天然气购买合同	250
2006 年 12 月	中国	中石油	每年向中石油供应 300 万吨液化天然气	130
2006 年 12 月	中国	中海油	开发伊朗北帕斯气田	160
2007 年 1 月	马来西亚	—	戈兰山和法多斯气田	160
2007 年 1 月	中国	中石油	南帕斯气田	36
2007 年 1 月	西班牙、英国、荷兰	西班牙雷普索尔公司、壳牌	液化天然气项目	100

资料来源:根据新闻报道综合整理。

油核联动使伊朗成为核对抗的真正赢家:一方面,国际油价攀升大幅增加了伊朗的石油收入和财政收入,伊朗的石油收入从 2005 年的 483 亿美元提高到 2012 年的 1 014 亿美元,增长了一倍以上。[104]另一方面,伊朗核进程突飞猛进,在离心机运行数量、浓缩铀丰度等方面不断取得突破。2009 年 9 月,伊朗第二座铀浓缩厂福尔多铀浓缩厂被曝光。2010 年 6 月,伊朗宣布浓缩铀丰度提高到 19.75%。2011 年 11 月,国际原子能机构详细披露了伊朗可能涉及核武器的核活动,包括伊朗军方的绿盐计划、阿马德计划、与核武器相关的高能炸药引爆装置等。[105]

更关键的是,在地缘政治、国际油价、伊朗石油收入和伊朗核强硬政策之间形成了微妙的助推关系:即伊朗采取核强硬政策促使地缘政治紧张,地缘政治紧张推高国际油价增加了伊朗石油收入,石油收入增加增强了伊朗采取核强硬政策的底气。换言之,只要地缘政治紧张继续推高油价,只要伊朗的能源出口不受到损害,伊朗的核强硬政策就可以一直持续,伊朗的能源外交就会有施展的空间和存在的理由。

二、中间国家的立场变化

油价上涨让艾哈迈迪内贾德政府在推进核进程问题上更有底气、更有恃无恐。伊朗的行为分化了处于美伊之间的中间国家,中间国家开始在伊朗核问题和能源之间进行取舍和安排。[106]

中间国家的分化分为几个层次:第一,美国的盟国日本、韩国、土耳其并未完全追随美国制裁伊朗。原因在于,油价牛市和供应趋紧迫使日韩土三国不敢贸然得罪伊朗,以免造成本国能源的断供。因此尽管美国一再施压,日本财政大臣安住淳在美国财政部长蒂莫西·盖特纳(Timothy Geithner)造访时(2012 年 1 月)答应大幅削减从伊朗的石油进口,但是首相野田佳彦和官房长官藤村修随后予以否认,表示日本尚未就削减伊朗石油进口做出最终决定,而且日本政府需要征询企业和政界人士的意见。[107]日本最终答应美国会大幅度减少从伊朗的能源进口,但是拒绝退出在伊朗的能源投资项目。从 2010 年 9 月开始,日本从伊朗进口数量从每天 32.5 万桶降低到 19 万桶,降幅为 41.5%。但是日本政府没有叫停国际石油开发帝石控股公司(INPEX)在伊朗开发的价值 200 亿美元的阿扎德干油田的项目。2012 年 1 月,韩国总统李明博表示,减少伊朗的石油进口将会在韩国引发经济危机。韩国企划财政部长朴宰完表示,韩国将采取渐进方式减少伊朗的石油进口,但是这需要更多的时间和政策协调。[108]2012 年 1 月 13—14 日,伊朗议长拉里贾尼出访土耳其,探讨双边经贸合作和核问题。[109]土耳其能源和自然资源部部长塔纳·伊尔迪兹(Taner Yildiz)在 2012 年 1 月表示:"只有联合国安理会的制裁决议才对土耳其有约束力,美国的单边制裁对土耳其没有约束力。土耳其仍会继续进口伊朗的石油,也不想改变自己的石油路线图。"[110]

第二,印度在美伊之间采取"骑墙"政策。印度主要看中伊朗提供的能源折扣、卢比结算等优惠条件,在能源卖方市场的情况下,伊朗的这些条件对印度很有诱惑力。因此印度尽管也反对伊朗出现核扩散,但并不愿放弃同伊朗的能源联系。2012 年 1 月,印度表示不会限制国内企业从伊朗进口石油,印度通过土耳其银行进行的油款结算仍将正常进行。印度也不会向美国寻求豁免。[111]印度还同伊朗探讨使用印度卢比结算石油贸易的问题。印度表示,印度将尽量保持现有的能源政策,保持印伊之间的经贸关系符合印度的国家利益。但如果美国升级对伊朗的制裁,伊朗或许会接受印度提出的卢比结算方式。[112]

第三,中国和俄罗斯反对美国单边制裁伊朗。2012 年 1 月,中国外交部发言人表示,中国和伊朗将保持正常、透明的经贸和能源合作。中国反对美国将国内法置于国际法之上的做法。施压和制裁不利于伊朗核问题的解决,中国主张通过对话与协商解决国际争端。[113]总体上,中国是伊朗最为可靠的经济伙伴。相对于日韩的犹豫不决和印度的"趁火打劫",中国同伊朗的能源联系是相当稳固的。尽管俄罗斯同伊朗不存在像中伊之间的能源联系和合作关系,但俄罗斯同样反对美国制裁伊朗。正是由于中国和俄罗斯反对,英法德美难以在联合国安理会层面推进对伊朗的制裁。

第五节　美欧的联合制裁与欧盟
在伊朗核问题中的角色

联合国对伊朗制裁失败后,艾哈迈迪内贾德在推进核进程的道路上越走越远。这也将欧盟推到了美国的一边。美欧为此走上了共同遏制伊朗核进程的道路上来。美欧的目的就是逼迫艾哈迈迪内贾德改变在核问题上的强硬政策,避免伊朗滑向更危险的境地。

一、联合国制裁与欧盟的外交安全困境

艾哈迈迪内贾德上台伊始就在核问题上采取强硬政策。从 2005 年 8 月重启铀转化到 2006 年 2 月重启铀浓缩,艾哈迈迪内贾德政府彻底撕毁同欧盟达成的核暂停协定。此后伊朗在核道路上也越走越远。伊朗连续不断地将铀浓缩丰度提高到 2.5%、3%、3.5%、5%的水平,不断增加在纳坦兹铀浓缩厂安装的离心机数量,宣布自主生产功效更好的 P-2 型离心机。

艾哈迈迪内贾德政府的核升级行动意味着欧盟"以触促变"政策的破产,也意味着伊朗将欧盟推到了美国一边。欧盟开始利用联合国制裁来驯服伊朗。从 2006 年 12 月到 2010 年 6 月,联合国安理会通过了第 1737 号(2006)、1747 号(2007)、1803 号(2008)、1835 号(2008)、1929 号(2010)等制裁决议,制裁内容涉及资产冻结、旅行限制和银行制裁等。

尽管如此,联合国制裁并未起到阻止伊朗核进程的作用:第一,制裁决议在效用上不足以改变伊朗的对外政策和行为;第二,以寻求最大公约数为特征的联合国安理会表决机制存在制度缺陷。尽管联合国安理会的制裁决议需要 15 个理事国投票表决,但是五大常任理事国的立场具有决定性。由于制裁表决的过程已超越核问题本身而具有明显的国家竞争和地缘博弈的意味,因此制裁越是走向深入、走向具体,对伊朗的制裁共识就越难达成。第三,联合国安理会分裂的两大阵营制约了制裁走向深入。伊朗核进程的不断推进客观上需要联合国安理会进

行更严厉的制裁决议。但在第 1929 号决议之后,联合国安理会实际上分裂为以英法美为一方的制裁深入派和以中俄为另一方的制裁反对派,难以提出更加深入而具体的制裁决议。

如果欧盟不能推出有力的遏制措施,伊朗将在核发展的道路上越走越远。2011 年 11 月,英国制裁伊朗银行招致伊朗冲击英国使馆成为欧盟制裁伊朗的导火索。[114]制裁伊朗被提上欧盟的议事日程。

二、欧盟的内部协调与欧盟对伊朗的制裁

伊朗是一个能源大国,其经济高度依赖能源的出口。欧盟是伊朗重要的石油出口市场。伊朗对欧盟出口的 90% 为石油,2011 年伊朗对欧盟出口的石油为 60 万桶。对欧盟出口约占伊朗能源出口的 18%。[115]鉴于伊朗对能源的高度依赖,能源制裁无疑是最具针对性、收效最明显的方式。

然而欧盟要制裁伊朗并非易事。在欧盟成员国中,购买伊朗石油较多的是意大利、西班牙和希腊,意西两国从伊朗进口的石油占欧盟总量的 70%。2010 年意大利进口伊朗石油占其石油进口总量的 13%,西班牙为 14.6%。尽管希腊从伊朗进口的石油逐年下降,但 2009 年和 2010 年分别达到 23.8% 和 13.8%。[116]此外希腊还从伊朗享有 60 天信贷无银行担保的优惠。欧盟对伊朗制裁总体上经历了英法德三国自我改变、三国引领制裁、说服意西希三国、出台制裁决议四个阶段。

第一阶段:英法德内部的政治变化。制裁前,亲美反伊成为三国国内政治的主流,反美的施罗德—希拉克组合一去不复返。英国方面,2010 年英国组建保守党和自由党的联合政府,首相戈登·布朗(Gordon Brown)强调英美特殊关系,主张对伊强硬。美国 2010 年通过《对伊朗全面制裁、问责和撤资法》后,英国也在 2011 年推出制裁伊朗的法律。这直接触发了伊朗攻击英国驻德黑兰使馆,导致英伊关系迅速恶化。法国方面,2007 年上任的总统尼古拉·萨科齐(Nicolas Sarkozy)是第二次世界大战后法国最亲美的总统。在伊朗问题上,萨科齐认为伊朗是国际安全和法国的最大隐患,主张对伊朗实行经济制裁。2007 年,法国表示将阻止本国的能源巨头道达尔公司投资伊朗的南帕斯气田,

并呼吁其他国家停止对伊朗的能源投资。[117]继任者弗朗索瓦·奥朗德(Francois Hollande)基本继承了萨科齐对伊朗强硬的政策。德国方面,2005年执政的默克尔总理奉行大西洋主义,但在外交决策上受到来自社会民主党的外交部长弗兰克·施泰因迈尔(Frank Steinmeier)的制衡。2010年,主张对伊朗实行强硬政策的吉多·韦斯特韦勒(Guido Westerwelle)接任施泰因迈尔担任外长,德国外长的更替让德国内部达成了对伊强硬的政策共识。[118]

第二阶段:引领欧盟制裁决议。法国早在2009年就提议欧盟在联合国之外单独制裁伊朗。2011年11月,法国认为联合国制裁没有效果,建议欧盟对伊朗实行原油禁运,并表示考虑法国单独实施制裁的可能性。随后法国收回对伊单边制裁的提议,表示将法国方案纳入欧盟的整体制裁中。[119]英国支持法国的制裁提议,并愿意推动欧盟对伊朗实施新一轮的制裁。德国总理默克尔随后表示支持英法的制裁提议,德国还禁止本国企业向伊朗提供能源技术和设备。[120]这样英法德三国在制裁伊朗问题上达成新的一致。这为欧盟制裁伊朗奠定了基础。

第三阶段:说服意西希三国。由于欧盟共同外交与安全政策建立在成员国达成一致共识和共同行动的基础上,因此英法德三国需要说服其他成员国,特别是意西希三国制裁伊朗。说服意西希三国并非难事:第一,意西希三国是欧债危机最严重的国家,三国在债务问题上有求于德国和美国。以希腊为例,欧盟对希腊提供的1 100亿欧元应急债务信贷对希腊具有相当的影响力。[121]这也是改变希腊对伊政策的重要保障。第二,意西希三国都认可核武器是欧盟的安全威胁,签署过《欧盟反大规模杀伤性武器扩散战略》(EU Strategy Against the Proliferation of Weapons of Mass Destruction)等文件。意大利还是西方七国集团的成员,七国集团多次将伊朗核问题视为重大的安全威胁。因此意西希三国有责任履行维护国际核不扩散的承诺。第三,西班牙国内政治发生了有利于制裁的变化。2011年12月,西班牙人民党党魁马里亚诺·拉霍伊(Mariano Rajoy)出任西班牙总理后,高度依赖德法等国的经济支持来渡过危机。[122]西班牙在伊朗与欧盟之间放弃了伊朗。第四,意西希三国获得了制裁豁免。欧盟同意意西希三国在制裁伊朗后仍可购买一定数量的伊朗石油并免于处罚。[123]制裁豁免为意西希三国提供了政策便利,并让欧盟达成制裁上的共识。

第四阶段:出台制裁伊朗的决议。欧盟对伊朗的制裁主要包含石油禁运和金融制裁两部分。2012年1月23日,欧盟理事会一致通过制裁伊朗的决议,决定对伊朗实施原油禁运、金融制裁和其他制裁。主要措施包括:(1)2012年7月1日开始欧盟对伊朗实行原油禁运,禁止成员国从伊朗进口石油。(2)禁止欧盟企业投资伊朗的能源行业。(3)禁止欧盟进口伊朗的石油制品和石化产品,禁止提供与运输和购买伊朗石油相关的保险服务。(4)禁止向伊朗提供短期出口信贷、贷款、保险和再保险、油轮和货轮的理货服务。(5)冻结伊朗央行在欧盟的资产。[124]

2012年3月15日,欧盟理事会通过对伊朗的SWIFT禁入决议。欧盟禁止环球银行金融电信协会(Society for Worldwide Interbank Financial Telecommunication,以下简称为SWIFT)向伊朗受制裁的个人和实体提供金融传输服务。[125]SWIFT随后表示,该协会及其会员银行将不会参与欧盟所禁止的金融交易。[126]SWIFT于3月18日拔掉该公司同伊朗的连接接口,切断与伊朗相关的国际转账和清算等通信服务。公司首席执行官拉扎罗·坎波斯(Lazaro Campos)表示:"切断行动对公司来说是史无前例的。这是金融上多边制裁伊朗的直接结果。SWIFT作为一家欧洲公司要遵守欧盟的法律,是欧盟决议迫使公司采取的行动。"[127]

1973年成立、总部设在比利时的SWIFT是为国际金融结算和跨国支付提供支付信息的服务商。尽管并不提供转账、保管客户资金或提供清算结算服务,但它可以让用户安全可靠地进行自动和标准化的金融信息交流,减少操作风险,提高效率。SWIFT由此被称为银行体系的胶水。全球几乎所有银行的支付信息都通过该公司来实现,每年大约传输约50亿条银行间信息,涉及的交易金额超过60 000亿美元。[128]

在2010年,伊朗的19家银行和25家附属机构通过SWIFT进行200多万次的跨境支付,其中包括被美国指责资助核计划和恐怖主义的伊朗邮政银行(Post Bank of Iran)、伊朗国民银行(Bank Mellat)、伊朗出口银行(Bank Saderat Iran)和伊朗赛帕银行(Bank Sepah)。SWIFT是覆盖面广泛的全球便利工具。不使用该公司的服务,国际金融结算几乎寸步难行,特别是对石油等大宗商品的交易来讲更是不可想象。因此在SWIFT切断服务后,伊朗难以进行国际支付和清算。在国际金融严重依赖银行间电子支付的情况下,这相当于将伊朗隔绝在国际金融体系之外。[129]

从《德黑兰宣言》到《巴黎协定》,再到能源禁运和金融制裁,欧盟对伊朗的政策从签署协定走到了制裁。欧盟三国是在伊欧间的核暂停协定被废止和联合国制裁无果的情况下才走到了同美国联手制裁的道路。欧盟与美国的政策协调使得欧盟的制裁效用最大化。一方面,如果没有欧盟,美国对伊朗的制裁效果只算独角戏,美国构建对伊朗的制裁联盟将无从谈起。欧盟的能源禁运和切断SWIFT正是美国所缺少的。另一方面,如果没有美国,即使拥有强大的切断SWIFT的王牌,欧盟仍无力承担维护国际核不扩散机制的责任。正是美国在制裁伊朗上的推动,辅之以欧盟的配合,美欧对伊制裁才发挥了最大的效用。

三、欧盟制裁的意义与影响

欧盟的石油禁运和金融制裁对制裁伊朗具有特别的意义:第一,欧盟的能源禁运和金融制裁对伊朗造成了沉重的打击。从贸易上看,能源禁运意味着伊朗失去了欧盟这一客户,欧盟从伊朗的能源进口约占伊朗出口的18%—20%。能源禁运迫使伊朗要为这18%—20%的石油份额寻找新的买家,否则伊朗将无法处置剩余的产能。从投资上看,欧盟禁止投资伊朗能源行业,意味着伊朗将缺少来自欧盟的资金和技术。

制裁实施后,伊朗被欧盟冻结的资金高达2 000亿美元,这对年国民生产总值约4 100亿美元的伊朗来讲是沉重的打击,更对伊朗的外汇收支平衡、经济发展、物价稳定具有极大的负面影响。更重要的是,欧盟的金融制裁意味着伊朗国际贸易的通道被彻底切断,其直接后果就是,伊朗即使卖出了石油也收不到货款。对动辄数亿美元的石油交易而言,没有哪个进口国能使用现金同伊朗结算。因此切断伊朗SWIFT通道意味着伊朗被隔离在国际金融体系之外。[130]切断SWIFT

是比能源禁运更可怕的杀手锏。

第二,欧盟制裁对构建以美国为主的制裁联盟至关重要。长期以来,美国是制裁伊朗的先行者。除了《伊朗—利比亚制裁法》(1996)、《伊朗制裁法》(2006、2011)之外,美国在2010年通过了更严厉的《对伊朗全面制裁、问责和撤资法》及第13599号和第13608号行政制裁命令。[131]尽管美国要求日本、韩国、欧盟同步制裁伊朗,但除日本外很少有盟国响应。制裁几乎是美国的独角戏。[132]欧盟加入制裁后让局面大为改观。欧盟的制裁具有某种程度上的示范效应,日本、韩国和土耳其随后跟进制裁。2012年6月韩国表示将在次月暂停购买伊朗石油,韩国成为首个暂停购买伊朗石油的亚洲国家。[133]日本的INPEX也宣布放弃在伊朗的油气开发项目。土耳其石油公司宣布停止销售用伊朗石油加工的汽油。更多国家的加入让制裁从美国的独角戏演变成了制裁联盟。

第三,欧盟易帜对伊朗的第三方外交和能源外交是巨大的打击。伊朗核危机爆发以来,伊朗娴熟地运用第三方外交和能源外交拓展自己的外交空间。第三方外交是指伊朗以欧制美以及以东制西,在美国与欧盟之间、在中俄与美欧之间制造嫌隙来为自己争取更大的外交空间的手段。能源外交指伊朗以能源为筹码拉拢中国、印度、日本和韩国。毋庸置疑,在高油价和伊朗愿意在核问题上合作的情况下,伊朗的第三方外交和能源外交相当有效。但当艾哈迈迪内贾德政府采取核强硬政策迫使欧盟等国家接受伊朗的核现状时,伊朗就把欧盟推到了美国一边。随着欧盟、日本、韩国、土耳其等国加入制裁联盟,伊朗丧失了制衡美国最重要的外交手段。伊朗的第三方外交和能源外交遭到重创,伊朗暴露在美欧的联合制裁之下。

在欧盟转变立场后,美国开始向中国和印度施压,要求中印不要因经济利益放弃核不扩散的责任和义务。[134]美国总统、国务卿以及国务院和财政部的官员多次要求中国参与美欧的联合制裁,并使用"长臂管辖"援引美国国内法律制裁昆仑银行、珠海振戎公司等。[135]2012年1月,中国从伊朗进口的石油相对2011年的日均进口量55万桶削减了50%。印度也将从伊朗进口的石油从2012年的日均31.5万桶下降到2013年的19.5万桶。[136]此外美国还向阿联酋施压,打击伊朗在阿的货币汇兑和结算,防止伊朗在阿联酋的外汇黑市获得外汇。[137] 2013年1月阿联酋在美国的施压下终止伊朗里亚尔的外汇汇兑。停兑让伊朗减少了通过阿联酋获得硬通货的机会。[138]

美欧的联合制裁让伊朗的压力陡然增加,伊朗被迫采取措施加以应对:首先,留住中印两大客户,防止伊朗的石油无处可卖。伊朗为此采取原油折价、软币结算、弹性付款、易货贸易等做法拉住中印客户。2012年1月,伊朗同印度达成协定,同意两国间45%的石油贸易使用印度卢比结算,剩余的55%用印度的商品结算。卢比结算能够让印度节省大量的外汇,易货贸易则促进了印度对伊朗的商品出口。2012年5月,伊朗同意中石化和珠海振戎公司购买伊朗石油时使用人民币结算。[139]其次,节省外汇,采取易货贸易。2014年8月,伊朗同俄罗斯达成易货协定,伊朗以每天50万桶的石油换取俄罗斯等额的商品。2015年4月,两国再次确认该交易。[140]俄伊两国还签署开展石油互换的协定。再次,同意外汇的转移支付。2013年10月,伊朗议长拉里贾尼访问中国时签署协定,允许中国欠伊朗的220亿美元的油款转为对伊朗的投资。[141]协定解决了中伊之间货款滞留与支付问题,是伊朗在急需外汇和投资的情况下采取的次优选择。

但上述措施的收效相当有限。伊朗的宏观经济暴露出严重的问题:第一,伊朗的国民经济因为石油收入减少而收缩。欧盟对伊朗制裁后,伊朗的石油日出口量从2011年的220万桶降低到2013年5月的70万桶,之后维持在80万—120万桶的水平,伊朗的石油收入从2011年的1 000亿美元下降到2013年的350亿美元。[142] 2013年1月,伊朗承认,伊朗在2012年损失了约260亿美元的石油收入。[143]

第二,伊朗出现严重的货币贬值和外汇出逃。由于伊朗在欧盟的2 000亿美元资产被冻结,伊朗对中印的能源出口难以收回外汇,这种情况直接造成伊朗的外汇短缺和币值暴跌。从2012年1月到2014年1月,伊朗货币里亚尔对美元比价暴跌了56%,官方比价为1美元兑换2.7万里亚尔,黑市价格达到惊人的3.7万里亚尔。官方与黑市的巨大差价刺激了套汇和套利行为,加速了伊朗的外汇出逃和外储下降。里亚尔贬值也造成伊朗的通货膨胀和物价上升。本币贬值和国内通胀反过来促使民众和企业抛售本币购买外币避险,这又造成伊朗外储下降,外汇储备减少和外汇紧张必然促使伊朗政府进行外汇管制,而管制外汇又加速外汇外逃。这一串连锁反应使伊朗陷入困境。[144]

第三,伊朗的民众和企业苦不堪言。为应对制裁,艾哈迈迪内贾德政府削减食物补贴和汽油补贴,伊朗许多低收入家庭买不起鸡肉和羊肉。从制裁开始到 2014 年 5 月,伊朗的电价增长了 25%,水价增长了 30%,汽油价格增长了 75%,银行利率上调了 25%。伊朗中小企业的税负加重,经营愈发困难。[145]

伊朗在经济制裁和外交孤立之下迎来了 2013 年的总统大选。在美欧的制裁下伊朗民心思变,普通民众和宗教政治精英都期望新一任总统能帮助伊朗摆脱经济制裁,使伊朗焕发新生。

本 章 小 结

艾哈迈迪内贾德的外交理念是先发制人,即伊朗通过坚定推进核进程迫使世界接受伊朗的核现实,为此伊朗不惜恶化同其他国家的关系,宁愿忍受制裁和孤立。艾哈迈迪内贾德的外交原则是捍卫伊朗本土研发生产浓缩铀的核权利。

与哈塔米相似,艾哈迈迪内贾德政府的外交也呈现高开低走的态势。在 2012 年之前,艾哈迈迪内贾德政府采用强硬冒进的方式推进核进程。但由于伊朗在澄清核问题重大事项前就加速推进核进程,因此伊朗的核进程招致了国际制裁。联合国安理会从 2006 年开始先后通过了多项制裁决议。而伊朗也采取能源外交等方式应对外部压力。伊朗同美欧之间的恶性互动加剧了地缘政治紧张,刺激国际油价不断攀升,这也让伊朗在推进核进程的同时享受了高油价带来的石油收益。

艾哈迈迪内贾德的强硬外交并没有帮助伊朗摆脱美欧等国的追击。在 2012 年之后,事态朝着不利于伊朗的方向发展,美欧绕过联合国的多边制裁转向了联合制裁。欧盟在 2012 年的能源禁运和切断 SWIFT 制服了伊朗,伊朗陷入了有油卖不出和收不到款的窘境。要核还是要经济成为伊朗面临的政治选择。

在艾哈迈迪内贾德对抗美欧等国的过程中,伊朗的两个想法先后破灭:一是石油是无往不胜的武器。国际市场的能源牛市曾让伊朗一度成为赢家,既推进了核进程又获得了超额石油收益。但是欧盟的能源禁运和结算切断让伊朗立即陷入窘境。2014 年 5 月油价暴跌更让伊朗彻底失去了对外博弈的主动权。二是有核就有安全。核问题被曝光打乱了伊朗秘密推进核进程的盘算。核问题由此成为伊朗最难解决的麻烦。每届政府的外交几乎都围绕核问题来展开。从哈塔米到艾哈迈迪内贾德,伊朗先后采取的刚柔相济政策并未帮助伊朗摆脱美欧的追击,苦心要保留的核进程并未成为伊朗可依赖的核技术威慑。艾哈迈迪内贾德任期后期,由于经济制裁和外交压力不断增大,核与经济的矛盾难以调和,而这只能留给继任者去解决。

注释

1. Amir Taheri, "Why Ahmadinejad Fears Khatami," *Asharq Al-Awsat*, December 19, 2008, https://eng-archive.aawsat.com/amir-taheri/opinion/why-ahmadinejad-fears-khatami.

2. "The Press Under President Khatami," https://www.hrw.org/reports/1999/iran/Iran99o-02.htm#P68_13988.

3. Patrick Clawson, Michael Eisenstadt, Eliyahu Kanovsky and David Menashri, *Iran Under Khatami: A Political, Economic, and Military Assessm*ent, The Washington Institute for Near Middle East Policy, 1998, pp.39—41.

4. 重建党是 1996 年由包括时任议长拉夫桑贾尼等 16 名议会议员成立,卡尔巴斯基担任首任秘书长。该派系在经济上支持伊朗的市场经济和工业化,并认为经济自由同文化自由和政治自由紧密相连,并同国家的发展不存在冲突,政治上主张逐渐实现政治自由化和民主化,主张伊朗通过对外开放甚至同美国改善关系等方式实现伊朗的发展。该派系也是伊朗改革派伞形组织改革阵线协调委员会(Council for Coordinating the Reforms Front)的会员。参见"Executives of Construction Party," Wikipedia Website, https://en.wikipedia.org/wiki/Executives_of_Construction_Party。

5. Douglas Jehl, "Uproar Over Jailing of Teheran Mayor Reveals Political Divisions in Iran," *The New York Times*, April 8, 1998, https://www.nytimes.com/1998/04/08/world/uproar-over-jailing-of-teheran-mayor-reveals-political-divisions-in-iran.html.

6. 案件最初判处卡尔巴斯基 5 年有期徒刑,但在卡尔巴斯基提出抗诉和其他改革派人士、媒体和民众的反对下,最终改判 2 年有期徒刑。参见 Elaine Sciolino, "The Case of the Teheran Mayor: Reform on Trial," *The New York Times*, July 1, 1998, https://www.nytimes.com/1998/07/01/world/the-case-of-the-teheran-mayor-reform-on-trial.html。

7. 霍尔达德起义是指当年霍梅尼反抗国王巴列维,代表着伊斯兰革命的开端。第 2 次霍尔达德运动通常是指以哈塔米为代表的伊朗 18 个谋求建立伊斯兰民主的派系联盟。改革派使用该名称也表示,改革是伊斯兰共和国的第二次革命。参见"The Second of Khordad Movement," https://en.wikipedia.org/?title=2nd_of_Khordad_

Movement&.redirect=no/。

8. Patrick Clawson, Michael Eisenstadt, Eliyahu Kanovsky and David Menashri, *Iran Under Khatami*: *A Political*, *Economic*, *and Military Assessment*, The Washington Institute for Near Middle East Policy, 1998, p.39.

9. A. W. Samii, "The Contemporary Iranian News Media, 1998—1999," *Middle East Review of International Affairs*, Vol.4, No.4, pp.1—10.

10. Muhammad Sahimi, "The Chain Murders: Killing Dissidents and Intellectuals, 1988—1998," PBS Report, January 5, 2011, https://www.pbs.org/wgbh/pages/frontline/tehranbureau/2011/01/the-chain-murders-killing-dissidents-and-intellectuals-1988-1998.html.

11. "The Press Under President Khatami," https://www.hrw.org/reports/1999/iran/Iran99o-02.htm.

12. Douglas Jehl, "Iran Closes a Leader Newspaper and Arrests Top Editors," *The New York Times*, September 18, 1998, https://archive.nytimes.com/www.nytimes.com/library/world/mideast/091898iran-press.html.

13. Robin Wright, "Reform or Revolution in Iran?" Jun 11, 2001, https://www.project-syndicate.org/commentary/reform-or-revolution-in-iran?barrier=accesspaylog.

14. Keyhan, September 20, 1998.转引自"The Press Under President Khatami," https://www.hrw.org/reports/1999/iran/Iran99o-02.htm。

15. Iran, November 26, 1998, p.2.转引自"The Press Under President Khatami," https://www.hrw.org/reports/1999/iran/Iran99o-02.htm。

16. "Guardian Council," Iran Data Portal, https://irandataportal.syr.edu/the-guardian-council.

17. Nazila Fathi, "One-Third of Iranian Parliament Quits in Protest," *The New York Times*, February 2, 2004, https://www.nytimes.com/2004/02/02/world/one-third-of-iranian-parliament-quits-in-protest.html.

18. "Iran Reformists' Protest Continues," *CNN News*, January 12, 2004, http://www.cnn.com/2004/WORLD/meast/01/12/iran.walkout/.

19. Ibid.

20. Ghoncheh Tazmini, *Khatami's Iran*: *The Islamic Republic and the Turbulent Path to Reform*, New York and London: I. B. Tauris, 2009, pp.115—118.

21. "2004 Iranian Parliamentary Election," *Iran Data Portal*, February 20, 2004, http://irandataportal.syr.edu/2004-parliamentary-election.

22. Ali Gheissari and Vali Nasr, "The Conservative Consolidation in Iran," *Survival*, Vol.47, No.2, Summer, 2005, pp.178—181.

23. 拉夫桑贾尼的政治标签是务实派,也有媒体将他列为跨党派人士,理由是他得到了保守派组织"战斗教士联盟"(Combatant Clergy Association)和温和发展党(Moderation and Development Party)的支持,也得到了改革派伊朗重建党(The Party of the Executives of the Reconstruction of Iran)和伊斯兰工人党(Islamic Labor Party)的支持。

24. "Presidential Electoral Law of the Islamic Republic of Iran," https://irandataportal.syr.edu/wp-content/uploads/presidential_electoral_law.pdf.

25. Richard Dalton, "Iran: Election or Coup?" *Chatham House Paper*, June 15, 2009, https://www.chathamhouse.org/media/comment/view/163683.

26. Kasra Naja, *Ahmadinejad: The Secret History of Iran's Radical Lead*, Berkeley and Los Angeles: University of California Press, 2008, p.63.

27. "Bush Says Iranian People Deserve Genuinely Democratic System," June, 16, 2005, http://london.usembassy.gov/iran12.html.

28. 拉夫桑贾尼家族财富在伊朗一直备受争议。拉夫桑贾尼父亲依靠囤积科尔曼省的土地积累了大量财富。拉夫桑贾尼次子迈赫迪·拉夫桑贾尼(Mehdi Hashemi Rafsanjani)多次传言卷入石油腐败案。参见"Son of Former Iranian President Jailed for Corruption," *Reuters News*, March 16, 2015, https://www.reuters.com/article/us-iran-rafsanjani-son/son-of-former-iranian-president-jailed-for-corruption-idUSKBN0MB0SF20150315。

29. Kasra Naja, *Ahmadinejad: The Secret History of Iran's Radical Lead*, pp.78—81.

30. "Akbar Rafsanjani's Interview with Christiane Amanpour," *CNN Edition*, June 14, 2005, https://edition.cnn.com/2005/WORLD/meast/06/14/iran.rafsanjani/index.html/.

31. "Iran's Ahmadinejad Looks to Export 'New Islamic Revolution'," *The Daily Star*, June 30, 2005, www.dailystar.com.lb/News/Middle-East/2005/Jun-30/67489-Iran-ahmadinejad-look-to-export-islamic-Revolution.ashx.

32. Ahto Lobjakas "Europeans Urge Iran Not To Jeopardize Nuclear Talks," *Radio Free Europe*, August 1, 2005, https://www.rferl.org/a/1060334.html.

33. "IAEA Draft Resolution Expresses 'serious Concern' Over Iran's Nuclear Activities," *Radio Free Europe*, August 11, 2005, https://www.rferl.org/a/1060593.html.

34. "Implementation of the NPT Safeguards Agreement in the Islamic Republic of Iran," GOV/2005/57, September 2, 2005, https://www.iaea.org/sites/default/files/gov2005-67.pdf.

35. "Address by H.E. Dr. Mahmood Ahmadinejad President of the Islamic Republic of Iran Before the 60th Session of the United Nations General Assembly," September 17, 2005, https://www.un.org/webcast/ga/60/statements/iran050917eng.pdf.

36. "Iran Won't Suspend Nuclear Work," *CNN News*, September 25, 2005, https://www.cnn.com/2005/WORLD/meast/09/11/iran.nuclear/index.html.

37. 王晋燕:《拉里贾尼:站在美伊核风暴的中心》,载《环球》2006年第6期,第29页。

38. Parisa Hafezi, "Iran's Atomic Work Has No Reverse Gear," *Reuters News*, February 25, 2007, http://uk.reuters.com/article/topNews/idUKBLA53622220070225.

39. 王晋燕:《拉里贾尼:站在美伊核风暴的中心》,第29页。

40.《哈梅内伊:别逼伊朗"违规"》,新华网,2007年3月23日。

41. "IAEA: Iran Starts Enriching Uranium at Fordo Facility," *Iranian Mehr News*, January 9, 2012, http://www.mehrnews.com/en/newsdetail.aspx?NewsID=1505776.

42. "Iran Transferring Centrifuges to Fordo," *Iranian Ettelaat News*, August 24, 2011, http://www.ettelaat.com/index2.asp?code=endisplay&fname=/ettelaat/etbupload/data/2011/08/08-23/15.htm&title=Iran%20transferring%20centrifuges%20to%20Fordo%20.

43. "Iran Enriching Uranium at Fordo Plant Near Qom," *BBC News*, January 10, 2012, https://www.bbc.com/news/world-middle-east-16470100.

44. "Implementation of the NPT Safeguards Agreement in the Islamic Republic of Iran," GOV/2006/15, February 27, 2006, https://www.iaea.org/sites/default/files/gov2006-15.pdf.

45.《伊朗总统将安理会制裁决议斥之为"废纸"》,人民网,2007 年 10 月 25 日,http://world.people.com.cn/GB/6429329.html。

46. 核燃料循环是指核燃料的获得、使用、处理、回收利用的全过程。燃料循环通常分成前端和后端两大部分。前端包括铀矿开采、矿石加工、铀提取、铀提纯、铀转换和铀浓缩;后端包括对乏燃料元件进行铀钚分离的后处理和核废物处理、贮存和处置。参见《核燃料循环》,中国原子能机构网站,http://www.caea.gov.en/science/science_show.asp?id=470&BigClassID=11。

47. "Implementation of the NPT Safeguards Agreement and Relevant Provisions of Security Council Resolutions in the Islamic Republic of Iran," GOV/2013/27, May 22 2013, p.12, https://www.iaea.org/sites/default/files/gov2013-27.pdf.

48. 绿盐的学名是四氟化铀,它是铀化合物转化为六氟化铀的中间物质,因是绿色的颗粒状晶体而得名。参见 IAEA Director General's Report, "Implementation of the NPT Safeguards Agreement in the Islamic Republic of Iran," GOV/2006/15, February 27, 2006, p.8, https://www.iaea.org/sites/default/files/gov2006-15.pdf。

49. IAEA Director General's Report, "Implementation of the NPT Safeguards Agreement in the Islamic Republic of Iran," GOV/2011/29, May 29, 2011, p. 9, https://www.iaea.org/sites/default/files/GOV2011-29.pdf.

50. IAEA Director General's Report, "Implementation of the NPT Safeguards Agreement in the Islamic Republic of Iran," GOV/2008/15, May 26, 2008, p.5.

51. "Implementation of the NPT Safeguards Agreement and Relevant Provisions of Security Council Resolutions in the Islamic Republic of Iran," GOV/2013/27, May 22, 2013, https://www.iaea.org/sites/default/files/gov2012-37.pdf.

52. "Implementation of the NPT Safeguards Agreement and Relevant Provisions of Security Council Resolutions in the Islamic Republic of Iran," GOV/2012/37, May 22, 2013, https://www.iaea.org/sites/default/files/gov2012-37.pdf.

53. "Supervision of Military Organs on Mullahs' Nuclear Weapons Program," *Iran Watch*, April 28, 2004, http://www.iranwatch.org/privateviews/NCRI/perspex-ncri-militarynuclear-042804.htm.

54. IAEA Director General's Report, "Implementation of the NPT Safeguards Agreement in the Islamic Republic of Iran," GOV/2008/15, May 26, 2008, p.7.

55. 空壳公司是由"front company"意译而来,主要指的是伊朗在海外开设的公司或机构,其实际业务和目的是为在海外获得与核发展相关的材料或技术,与经营公司的业务范围相去甚远甚至毫无关系。有的空壳公司完全是虚假公司,为的是规避或欺骗监管。

56. "Resolution 1803 Resolution 1803 (2008) Adopted by the Security Council," March 3, 2008, http://www.un.org/gal search/view_doc.asp?symbol=S/RES/1803 (2008), 2008-03-03.

57. Alireza Jafarzadeh, *The Iran Threat: President Ahmadinejad and the Coming Nuclear Crisis*, New York: Palgrave Macmillian, 2007, pp.125—127.

58. Ray Takeyh, "Iran Made the Bomb," *Survival*, Vol.46, No.4, Winter, 2004/05, p.56.

59. "Ahmadimejad Says Iran Can Be a Superpower," *Agence France Presse*, April 28, 2006.

60. "The Supreme Leader's View of Nuclear Energy," http://farsi.khamenei.ir/speech-content?id=101442.

61. 关于此项制裁,参见赵建明:《美国犹太组织与奥巴马政府对伊朗的政策》,载《美国研究》2011 年第 1 期,第 45—68 页。

62. Laura MacInnis, "U. S. Imposes Sanctions on Banks Dealing with Iran," *The Huffington Post*, December 31, 2102, http://www.huffingtonpost.com/2011/12/31/iran-sanctions-banks-n-1177913.html.

63. "Obama Freezes Iranian Government Assets under Mandate Passed by Lawmakers," *Bloomberg News*, February 2, 2012, http://www.bloomberg.com/news/2012-02-06/obama-orders-freeze-on-iranian-government-s-assets-in-cluding-central-bank.html.

64. Omid Memarian, "Tehran's Chess Game: The Threat of an American Strike", *Islam on Line*, http://www.islamonline.net/servlet/Satellite? c = Article _ C&cid = 1195032361524&pagename=Zone-English-Muslim_Affairs%2FMAELayout.

65. 有关南非的种族隔离,参见"A History of Apartheid in South Africa," https://www.sahistory.org.za/article/history-apartheid-south-africa。

66. "Address by H.E. Dr. Mahmood Ahmadinejad President of the Islamic Republic of Iran before the 60th Session of the United Nations General Assembly," *The United Nations Website*, September 17, 2005, https://www.un.org/webcast/ga/60/statements/iran050917eng.pdf.

67. "U.N. Delegates Walk Out During Iranian President's Speech," *CNN News*, September 23, 2010, http://www.cnn.com/2010/POLITICS/09/23/un.ahmadinejad.walkouts/index.html.

68. "Ahmadinejad Speech Triggers Walkout at UN Assembly," *Deutsche Welle News*, September 22, 2011, https://www.dw.com/en/ahmadinejad-speech-triggers-walkout-at-un-assembly/a-15410247.

69. "Iran's Ahmadinejad attacks West, prompts walk-out," *Reuters News*, September 22, 2011, https://www.reuters.com/article/us-un-assembly-iran/irans-ahmadinejad-attacks-west-prompts-walk-out-idUSTRE78L4XR20110922.

70. "UN Assembly Condemns Holocaust Denial by Consensus," *UN News*, January 26, 2007, https://news.un.org/en/story/2007/01/207002-un-assembly-condemns-holocaust-denial-consensus-iran-disassociates-itself.

71. "Resolution Adopted by the General Assembly on the Holocaust Remembrance, A/RES/60/7," *UN Website*, November 1, 2005, https://www.un.org/en/holocaustremembrance/docs/res607.shtml.

72. "U.N. Delegates Walk Out During Iranian President's Speech," *CNN News*, September 23, 2010, http://www.cnn.com/2010/POLITICS/09/23/un.ahmadinejad.walkouts/index.html.

73. 保罗·布雷默主导成立以教派和种族为基础的 25 人伊拉克临时管理委员会。这些代表分别来自:什叶派(13 人)、逊尼派(5 人)、库尔德人(5 人)、土库曼人(1 人)和阿塞利安人(Assyrian,1 人)。13 名什叶派代表组成的什叶派集团(Al-Bayt al-Shii, Shia House)超过委员会的半数。这也意味着如果涉及简单多数的提案或决定,什叶派集团只要协调立场就能让提案通过。参见 Tareq Y. Ismael and Jacqueline S. Ismael, *Iraq in the 21st Century: Regime Change and the Making of a Failed State*, London and New York: Routledge, 2015, pp.84—89。

74. Conrad Crane and Terrill W. Andrew, "Reconstructing Iraq: Insights, Challenges, and Missions for Military Forces in a Post-Conflict Scenario," *Strategic Studies Institute Paper*, February 2003, https://publications.armywarcollege.edu/pubs/1492.pdf.

75. "Investigation: Shiitization of Sunni Endowment Properties in Nineveh: The Full Story," *The Noon Post*, July 11, 2014, https://medium.com/noonpost/investigation-shiitization-of-sunni-endowment-properties-in-nineveh-the-full-story-8758673078e.

76. Fanar Haddad, "Sectarian Relations in Arab Iraq: Contextualising the Civil War of 2006—2007," *British Journal of Middle Eastern Studies*, Vol. 40, No. 2, 2013, pp.115—138.

77. Toby Dodge, "The Causes of US Failure in Iraq," *Survival*, 2007, Vol. 49, No.1, pp.85—106.

78. "Iran in Iraq: How Much Influence?" International Crisis Group Middle East Report, March 21, 2005, https://www.crisisgroup.org/middle-east-north-africa/gulf-and-arabian-peninsula/iran/iran-iraq-how-much-influence.关于众多西方媒体刊载关于美国对伊朗干预伊拉克的指责,参见"American Defense Minister Rumsfield: Iran Aids Rebel," The Washington Times, August 10, 2005, https://www.washingtontimes.com/news/2004/sep/8/20040908-123001-6570r/。

79. 迈赫迪军的创立者为萨德尔(Mohammad Baqir al-Sadr)。迈赫迪军有核心战士5 000人。萨德尔主张在伊拉克建立伊斯兰政权,使用暴力手段将美国从伊拉克赶走。2003年4月,伊朗的宗教人士阿亚图拉卡扎姆·哈伊里(Ayatollah Kazem Haeri)任命萨德尔为其驻伊拉克的代表,这被认为是伊朗结好萨德尔的举措。2008—2011年,萨德尔接受伊朗革命卫队的资金支持和人员培训。萨德尔也曾前往伊朗的宗教中心库姆学习。但是2009年后萨德尔同伊朗的关系开始疏远。参见Michael Young, "Does Muqtada al-Sadr Pose a Threat to Iran's Influence in Iraq?" *Carnegie Middle East Center*, June 14, 2018, https://carnegie-mec.org/diwan/76573。

80. 该组织于2006年成立,其领导人是奎斯·哈扎里(Qais al-Khazali),这是伊拉克亲伊朗的民兵组织,为此伊朗选派"圣城旅"和黎巴嫩真主党前指挥官阿里·达克杜克(Ali Musa Daqduq)负责"正义联盟"的人员培训。"正义联盟"的民兵规模约为5 000—10 000名。"正义联盟"完全对伊朗效忠,认可伊朗的法基赫制度。该组织每月从伊朗领取150万—200万美元的资助经费。"正义联盟"被美国认为是伊朗伊斯兰革命卫队"圣城旅"在伊拉克的分支,并对美国和联军目标发起过6 000多起袭击。该组织在2011年12月宣布参加伊拉克的政治进程,并得到总理马利基的支持。参见Michael Eisenstadt, Knights Michael and Ali Ahmed, Iran's Influence in Iraq: Countering Tehran's Whole-of-Government Approach, Washington, D.C.: Washington Institute for Near East Policy, 2011, https://www.washingtoninstitute.org/policy-analysis/view/irans-influence-in-iraq-countering-tehrans-whole-of-government-approach。

81. 该组织于2007年在伊朗革命卫队"圣城旅"的支持下成立,其领导人是贾马尔·易卜拉欣(Jamal al Ibrahimi)。易卜拉欣曾是伊朗革命卫队"圣城旅"司令苏莱曼尼的顾问。"真主党旅"也被认为是苏莱曼尼和伊拉克总理马利基之间的联系人。"真主党旅"的民兵规模约为3 000名。它和"正义联盟"一样被视为伊朗革命卫队的直属组织。参见Babak Dehghanpisheh, "Iran's Men in Baghdad: Three Iranian-Backed Shi'ite Militias Have Together Become the Most Powerful Military Force in Iraq," Reuters News, November 12, 2014, http://graphics.thomsonreuters.com/14/11/MIDDLEEAST-CRISIS:IRAN.pdf。

82. 该组织于2013年成立,其主要任务是保卫什叶派圣陵(Holy Shrines)、维持伊拉克统一和结束教派冲突。该组织大约有2 000名民兵。赛义德烈士营曾接受伊朗革命卫队的资助和支持,并同革命卫队"圣城旅"和其他伊拉克什叶派民兵组织关系密切并进行组织协调。但之后赛义德烈士营易帜,从遵从伊朗最高精神领袖改宗为真主党领袖纳斯鲁拉和前大阿亚图拉穆罕默德·萨德尔（Grand Ayatollah Mohammed Baqie al-Sadr）。参见 Garrett Nada, "Iran's Role in Iraq," *Policy Paper of Wilson Center*, April 26, 2018, https://www.wilsoncenter.org/article/part-1-irans-role-iraq。

83. Michael Eisenstadt, Knights Michael and Ali Ahmed, *Iran's Influence in Iraq: Countering Tehran's Whole-of-Government Approach*, Washington, D.C.: Washington Institute for Near East Policy, 2011, https://www.washingtoninstitute.org/uploads/Documents/pubs/PolicyFocus111.pdf.

84. Lionel Beehner, "Iran's Goals in Iraq," *Council on Foreign Relations Backgrounder*, February 23, 2006, https://www.cfr.org/backgrounder/irans-goals-iraq.

85. Crisis Group interview with Nassir al-Chadirchi, leader of the National Democratic Party, Baghdad, 17 October 2004.转引自"Iran in Iraq: How Much Influence?" *International Crisis Group Middle East Report*, March 21, 2005, https://www.crisisgroup.org/middle-east-north-africa/gulf-and-arabian-peninsula/iran/iran-iraq-how-much-influence。

86. Crisis Group interview with senior EU diplomat, Tehran, 19 October 2004.转引自"Iran in Iraq: How Much Influence?"。

87. Crisis Group interview, Mashhad, 2 November 2004. 转引自"Iran in Iraq: How Much Influence?"。

88. "Iran in Iraq: How Much Influence?" *International Crisis Group Middle East Report*, March 21, 2005, https://www.crisisgroup.org/middle-east-north-africa/gulf-and-arabian-peninsula/iran/iran-iraq-how-much-influence.

89. "Iran Launches Research Rocket," *Iran Daily*, February 25, 2007, http://www.iran-daily.com/1385/2791/html/index.htm.

90. Lauren Dickey and Helia Ighani, "Iran Looks East, China Pivots West," *The Diplomat*, August 25, 2014, https://thediplomat.com/2014/08/iran-looks-east-china-pivots-west/.

91. Terry Macalister, "Russia, Iran and Qatar Announce Cartel that will Control 60% of World's Gas Supplies," *The Guardian*, October 21, 2008, https://www.the-guardian.com/business/2008/oct/22/gas-russia-gazprom-iran-qatar.

92. Ibid.

93. 这条管线的起点是伊朗的阿萨鲁耶(Asalouyeh)，后经巴基斯坦的毗卢支到达印度的德里。管线全长2 775公里，预算造价73亿美元。早在1995年就提议修建，但在美国阻挠下迟迟没有执行。参见"The Proposed Iran-Pakistan-India Gas Pipeline: An Unacceptable Risk to Regional Security,"*The Report of the Heritage Foundation*, May 30, 2008, https://www.heritage.org/asia/report/the-proposed-iran-pakistan-india-gas-pipeline-unacceptable-risk-regional-security。

94. "Larijani: Iran's New Initiative can Break the Deadlock," *Mehr News Agency*, August 26, 2005.

95.《外交部发言人孔泉就拉里贾尼等在例行记者会上答记者问》，外交部网站，2006年1月26日，https://www.fmprc.gov.cn/web/gjhdq_676201/gj_676203/yz_676205/1206_677172/fyrygth_677180/t232951.shtml。

96. Breffni O'Rourke, "Iran finds an ally in Indonesia," *The Asian Times*, May 16, 2006, http://www.atimes.com/atimes/Middle_East/HE12Ak02.html.

97. 赵建明:《伊朗国家安全战略的动力分析:1953—2007年》，第235—240页。

98.《伊朗领袖和总统特使访华 料谈天然气协议问题》，凤凰网，2007年1月5日，http://news.ifeng.com/mainland/detail_2007_01/05/586768_0.shtml。

99. Simon Remero"Iranian President Visits Venezuela to Strengthen Ties," *The New York Times*, January 14, 2007, https://www.nytimes.com/2007/01/14/world/americas/14iran.html.

100. 王欢：《中国能源巨头在伊朗的风险之旅》，新浪财经，2007 年 1 月 24 日，http://finance.sina.com.cn/g/20070124/12103277730.shtml。

101.《中海油签 160 亿美元大单，将开发伊朗第二大气田》，人民网，2006 年 12 月 22 日，http://finance.people.com.cn/GB/67723/5204069.html。

102. "Iran-Malaysia Ties," The Iran News Agency（IRNA），April 25, 2007, http://www2.irna.com/en/news/view/menu-237/0704256490161336.htm.

103. Rebekah Kebede, "Oil hits record above $147," *Reuters News*, July 11, 2008, https://www.reuters.com/article/us-markets-oil/oil-hits-record-above-147-idUST14048520080711.

104. "OPEC Member's Values of Petroleum Exports," in Annual Statistical Bulletin 2015, *OPEC Website*, http://asb.opec.org.

105. "Implementation of the NPT Safeguards Agreement and Relevant Provisions of Security Council Resolutions in the Islamic Republic of Iran," GOV/2011/65, November 8, 2011, https://www.iaea.org/sites/default/files/gov 2011-65.pdf.

106. 赵建明：《制裁、反制裁的博弈与伊朗的核发展态势》，载《外交评论》2012 年第 2 期，第 79—94 页。

107. Martin Fackler, "Japan Delays Decision on Iran Oil Sanctions," *The New York Times*, January 13, 2012, http://www.nytimes.com/2012/01/14/world/asia/japan-delays-decision-on-iran-oil-sanctions.html.

108. "S. Korea Says It will Take Time to Join Iran Sanctions," *North Korea Times*, January 31, 2012, http://story.northkoreatimes.com/index.php/ct/9/cid/3f5c98640a497b43/id/203074281/.

109. "Ali Larijani is Visiting Turkey amid Rising Tensions between the Neighbors," *Iranian News*, January 11, 2012, http://www.iranian.com/main/news/2012/01/11/ali-larijani-visiting-turkey-amid-rising-tensions-between-neighbours.

110. Daniel Dombey, "Turkey Defiant on Iran Sanctions," *Financial Times*, January 12, 2012, http://www.ft.com/intl/cms/s/0/f4f74cba-3d46-11e1-8129-00144feabdc0.html#axzz1lZnRJE6i.

111. "Major Asian States Rebuff U.S. Call to Limit Iran Oil Imports," *Tehran Times*, January 14, 2012, https://www.tehrantimes.com/news/395796/Major-Asian-states-rebuff-U-S-call-to-limit-Iran-oil-imports.

112. Sadruddin Mousav, "India and Anti-Iran International Sanctions," February 2, 2012, http://irdiplomacy.ir/en/news/68/bodyView/1897550/India.and.anti.Iran.International.Sanctions.html.

113.《外交部回应欧盟制裁伊朗：一味施压非建设性做法》，中国新闻网，2012 年 1 月 26 日，http://www.chinanews.com/gn/2012/01-26/3623738.shtml。

114. 2011 年 11 月 28 日，数百名伊朗人攻击英国驻德黑兰使馆，抗议英国对伊朗银行进行单边制裁。事件中有 6 名英国使馆人员一度被扣为人质并造成财产损失。参见 Saeed K. Dehghan, "Hague Says Iran will Face Serious Consequences over Embassy Attack," *The Guardian*, November 29, 2011, http://www.theguardian.com/world/2011/nov/29/iranian-students-storm-british-embassy?intcmp=239。

115. "Statistics: The Trade Relationship between European Union and Iran in

2011," http://exporthelp. europa. eu/thdapp/display. htm; jsessionid = 30A1631D1D3-AF16D352A76A12552E674? page = st％ 2fst _ Statistics. html&-docType = main&-languageId =en.

116. "Greece Presses EU to Ease Iran Oil Sanctions," *Financial Times*, January 20, 2012; "Glencore and Vitol Fuel Greece after Iran Oil Ban," *Reuters News*, May 31, 2012.

117. Peggy Hollinger and Pan Kwan Yuk, "France Calls for Iran Investment Boycott," *Financial Times*, September 16, 2007.

118. Helga A. Welsh, "Germany: Ascent to Middle Power," in Ronald Tiersky and John Van Oudenaren, eds. *European Foreign Policies: Does Europe Still Matter?* Lanham: Rowman and Littlefield, 2010, p.211.

119. Javier Blas, Roula Khalaf and Kiran Stacey, "France Pushes for Iranian Oil Embargo," *Financial Times*, November 24, 2011, http://www.ft.com/intl/cms/s/0/ac75d732-16c6-11e1-bc1d-00144feabdc0.html♯axzz3i9n9wQ1P.

120. Ruairi Patterson, "EU Sanctions on Iran: The European Political Context," *Middle East Policy Council*, Vol.XX, No.1, Spring 2013, http://www.mepc.org/journal/middle-east-policy-archives/eu-sanctions-iran-european-political-context?print.

121. "Paris and London to Press EU for Oil Ban," *Financial Times*, December 5, 2011.

122. 西班牙新任总理拉霍伊就任后不久就首访德国。默克尔希望西班牙能够在削减财政赤字、进行结构改革、提高就业率等敏感问题上做出努力,以期保留西班牙继续留在欧盟的资格。参见"Merkel Praises Spain Reform Drive as Rajoy Visits," *Yahoo News*, January 26, 2016, https://www. yahoo. com/news/merkel-praises-spain-reform-drive-rajoy-visits-134146354.html; "Spain's PM Rajoy: Bank Rescue Deal is 'Victory for Euro'," *Euro News*, June 10, 2012, http://www.euronews. com/2012/06/10/spain-s-pm-rajoy-bank-rescue-deal-is-victory-for-euro。

123. Ewa Krukowska and Jonathan Stearns, "EU Said to Weigh Iran Oil Embargo Exemptions for Member States," *Bloomberg News*, January 10, 2012, http://www. bloomberg. com/news/articles/2012-01-10/eu-said-to-weigh-iran-oil-embargo-exemptions-for-member-states.

124. "Council Conclusions on Iran 3142th Foreign Affairs Council Meeting Brussels," January 23, 2012, http://www.consilium.europa.eu/uedocs/cms_data/docs/pressdata/EN/foraff/127446.pdf.

125. "Council Decision 2012/152/CFSP of 15 March 2012," http://eur-lex.europa.eu/LexUriServ/LexUriServ.do?uri=OJ:L:2012:077:0018:0018:EN:PDF.

126. "SWIFT Instructed to Disconnect Sanctioned Iranian Banks Following EU Council Decision," March 15, 2012, http://www. swift. com/news/press _ releases/SWIFT_disconnect_Iranian_banks. http://www. swift. com/news/press_releases/SWIFT_disconnect_Iranian_banks♯sthash.ufOkOBSF.dpuf.

127. Philip Blenkinsop and Sebastian Moffett, "Payments System SWIFT to Cut Off Iranian Banks," *Reuters News*, March 15, 2012, http://www. reuters. com/article/2012/03/15/us-eu-iran-sanctions-idUSBRE82E0VR20120315.

128. "Council Elaborates EU Sanctions against Iran," March 15, 2012, http://www.consilium. europa.eu/uedocs/cms_data/docs/pressdata/EN/foraff/128959.pdf.

129. Indira Lakshmanan "Sanctioned Iran Banks Being Cut Off from Global Net-

work," *Bloomberg News*, March 15, 2012, http://www. bloomberg. com/news/articles/2012-03-15/swift-will-halt-financial-messaging-for-sanctioned-iranian-banks.

130. Mahdieh Aghazadeh, "A Historical Overview of Sanctions on Iran and Iran's Nuclear Program," *Academic Digest*, No.56, pp.153—154.

131. "Executive Order 13608: Prohibiting Certain Transactions with and Suspending Entry Into the United States of Foreign Sanctions Evaders With Respect to Iran and Syria," May 1, 2012, http://www.presidency.ucsb.edu/ws/index.php?pid=100725. "Executive Order 13599(Blocking Property of the Government of Iran and Iranian Financial Institutions)," February 2, 2012, http://www. treasury. gov/resource-center/faqs/Sanctions/Pages/faq_iran.aspx#eo13599.

132. 日本对美国压力采取弹性处理的方式,即大幅降低从伊朗的能源进口,但是拒绝退出对伊朗的能源投资项目。2010 年 9 月开始,日本从伊朗进口石油的数量从每天 32.5 万桶降低到 19 万桶,降幅为 41.5%。但是日本拒绝美国要求国际石油开发帝石控股公司(INPEX)停止开发价值 200 亿美元的伊朗阿扎德干油田的提议,参见 Thomas Strouse, "Japan-Iran Oil Ties Go Dry," *PBS News*, October, 8, 2010, http://www. pbs. org/wgbh/pages/frontline/tehranbureau/2010/10/japan-iran-oil-ties-go-dry.html。

133. Song Jung-a and Javier Blas, "South Korea Suspends Iranian Oil Imports," *The Financial Times*, June 26, 2012, http://www. ft. com/intl/cms/s/0/af64ab9a-bf5d-11e1-a476-00144feabdc0.html.

134. Erica Downs and Suzanne Maloney, "Getting China to Sanction Iran The Chinese-Iranian Oil Connection," *Foreign Affairs*, Vol. 90, No. 2, March/April, 2011, Vol.90, No.2, pp.15—21.

135. "U.S. Announces Actions to Enforce Iran Sanctions," *The New York Times*, April 29, 2014, http://www.nytimes.com/2014/04/30/world/middleeast/us-announces-new-enforcement-of-iran-sanctions.html.

136. Sumitha Narayanan Kutty, "When Iran Sanctions Bite," *Pragati*, September 29, 2014, http://pragati.nationalinterest.in/2014/09/when-iran-sanctions-bite/.

137. Philip Blenkinsop and Sebastian Moffett, "Payments System SWIFT to Cut Off Iranian Banks," *Reuters News*, March 15, 2012, http://www. reuters. com/article/2012/03/15/us-eu-iran-sanctions-idUSBRE82E0VR20120315.

138. 关于阿联酋停兑伊朗货币的影响,参见"Iran's Banks to Be Blocked from Global Banking System," *BBC News*, March 15, 2015, http://www.bbc.com/news/business-17390456。

139. "China Buying Oil from Iran with Yuan," *BBC News*, May 8, 2012, http://www.bbc.com/news/business-17988142.

140. "Iran Hopes to Begin Russia Oil-for-Goods Exports This Week," *Reuters News*, June 7, 2015.

141.《中国与伊朗就 220 亿美元石油欠款达成协议》,载《环球时报》2013 年 11 月 4 日。

142. Clara Portela, "The EU's Use of 'Targeted' Sanctions Evaluating effectiveness," *CEPS Working Document*, No.391, March 2014, http://aei.pitt.edu/50141/1/WD391_Portela_EU_Targeted_Sanctions.pdf, p.35.

143. "What has been the effect of the sanctions in Iran?" *BBC News*, March 30, 2015, http://www.bbc.com/news/world-middle-east-15983302.

144. Rod Mamudi, "Evaluating Iranian Sanctions, Two Years On," *The Huffington*

Post，June 24，2014，http：//www.huffingtonpost.com/rod-mamudi/evaluating-iranian-sancti_b_5524328.html.

145. Simon Tisdall，"Iran is at Breaking Point Under US Sanctions，and its Leaders Feel the Heat," *The Guardian*，May 18，2014，http：//www.theguardian.com/world/2014/may/18/iran-us-sanctions-economy-nuclear-programme.

第五章

伊朗核协议与鲁哈尼的良性互动战略

伊朗总统哈桑·鲁哈尼(Hassan Rouhani)受命于危难。前任艾哈迈迪内贾德强行推进伊朗核进程招致了美欧的能源禁运和金融制裁,石油出口锐减和收不到油款的困境要求鲁哈尼政府在核与油的问题上必须有所取舍。鲁哈尼的方法是通过同美国开展建设性互动,签署伊朗核问题全面协议来破局。伊朗核协议帮助伊朗解开了困扰十多年的问题,伊朗由此迎来了生机。但是这一境况仅维持了一年有余。特朗普上台后,美国退出伊朗核协议并对伊朗实施"极限施压",这重创了鲁哈尼倡导的互动外交和复兴伊朗经济。美国同伊朗之间开始新一轮的恶性互动。

第一节　2013 年总统大选及其对伊朗核问题的影响

2013 年伊朗的总统大选是在伊朗内外政策都呈现紧张局面的背景下举行的,这一特性让这次大选成为管窥伊朗政治变化的风向标,也使得 2013 年伊朗总统大选备受瞩目。最终温和保守派和改革派推选的鲁哈尼赢得了伊朗 2013 年总统大选。这也让伊朗外交出现新的转折。

一、2013 年伊朗大选选情与特性

这次大选是在伊朗面临深刻而复杂的国际和国内压力之下举行的。从国际因素看,伊朗面临的外部压力与日俱增。第一,欧盟对伊朗能源部门实施精准打击。伊朗以能源立国,其石油收入占出口总额的

80％左右。动摇了伊朗的能源部门就等同于动摇了伊朗的国民经济命脉。艾哈迈迪内贾德政府采取激进对抗的核政策招致了国际制裁。2011年底美国宣布对伊朗实行金融制裁。[1]为配合美国,欧盟表示从2012年7月起对伊朗实行石油禁运。因此欧盟选取了伊朗的能源部门作为制裁对象。一方面禁运伊朗石油,使伊朗陷入有油卖不出的困境;另一方面切断对伊朗的SWIFT服务,造成伊朗即使能够卖出石油也收不回货款的窘况。环球银行金融电信协会是国际金融通信行业必不可少的环节,欧盟切断SWIFT同伊朗银行的联系,这给伊朗的能源结算造成巨大困难。制裁和禁运导致伊朗赖以维系的能源出口下降了三分之一。[2]对伊朗能源部门的双重制裁很快扭转了伊朗在石油贸易中的优势地位,伊朗被迫采取石油折价、软币结算、弹性付款、易货贸易等措施挽救颓势。尽管如此,伊朗的国民经济仍遭受重创,石油收入从2011年的1 000亿美元下降到2013年的350亿美元,加上资产冻结造成通货膨胀,伊朗民众的生活陷入困顿。欧盟对伊朗能源部门的制裁,进而导致的伊朗国民经济的衰败,是2013年伊朗国内政局变动的重要原因。[3]第二,美国陈兵波斯湾和以色列的战争叫嚣让伊朗倍感军事压力。在实施经济制裁的同时,为防范伊朗采取过激行动,美国2012年初连续向波斯湾派驻航母战斗群,同时美国表示:伊朗拥有核武器和封锁霍尔木兹海峡是美国的政策红线;一旦触及,美国将采取军事行动予以打击。[4]以色列也多次表示,一旦美国难以约束伊朗拥有核武器,以色列将对伊朗采取单边行动。[5]第三,中东变局引起盟友叙利亚的局势动荡,叙利亚成为伊朗同美欧、沙特、卡塔尔角力的竞技场。西方媒体披露,伊朗向叙利亚派驻4 000名革命卫队士兵支持巴沙尔·阿萨德(Bashar Assad)。[6]而近期美国提出的有限打击叙利亚又使叙利亚政府压力陡升。

从国内因素看,伊朗面临着各种经济问题、政治问题、社会矛盾的相互交织:美、欧制裁使伊朗能源出口下降,进而导致货币贬值、物价飞涨、外汇紧张;伊朗的政治派系面临新的分化重组,艾哈迈迪内贾德政府不仅与穆萨维等改革派关系紧张,也因其同哈梅内伊围绕内政部长任命等问题进行的权力斗争挑战了哈梅内伊的最高权威,最终失宠并遭受打压。[7]

内外交困使 2013 年的选举承载着不同的政治预期:民众和宗教精
英期望未来总统能够有效应对伊朗的各种挑战。伊朗民众期望当选总
统对内能够复兴经济、推进民主,对外解决因核问题导致的经济制裁和
同国际社会的紧张关系。因此,伊朗民众期望通过自己手中的选票表
达意愿和政治预期,改变伊朗的政治走向。因此这次选举,民众踊跃参
与。5 050 万选民中有 3 670 万参与投票,投票率高达 72.7%。[8]而以哈
梅内伊为代表的宗教精英鉴于艾哈迈迪内贾德的"犯上"之鉴,期望新
当选的总统既要具备解决问题的能力,还要顺从而不"犯上"。民众与
宗教人士在预期上存在着交集,即都期望未来总统能够有效应对伊朗
面临的内外挑战。具体到伊核问题上,伊朗民众和宗教精英都期望新
总统在外交上有所作为,带领伊朗走出核问题的阴影,改变伊朗当前国
际孤立的现状,改善同国际社会的关系。这也使得核问题成为本次大
选的重要议题,并成为每名候选人必须回答的问题。[9]

表 5.1　2013 年伊朗总统候选人的基本情况与结果

竞选人	任职情况	所在派系	竞选口号	得票率
鲁哈尼	最高安全委员会秘书	温和发展党(Moderation and Development Party)	务实和有希望的政府	50.71%
卡利巴夫	德黑兰市长	进步正义阵线(Progress and Justice Population)	改变、生活、民众	16.56%
贾利利	前核问题首席谈判代表	伊斯兰革命阵线(Front of Islamic Revolution Stability)	—	11.34%
雷扎伊	前革命卫队总司令	抵抗阵线(Resistance Front)	向生活问好	10.58%
韦拉亚提	前外交部长	伊玛目及领袖路线追随者阵线(Front of Followers of the Line of the Imamand the Leader)	完善政府	6.17%
格雷兹	前石油部长	独立	反对通胀	1.22%

资料来源:"2013 Iranian Presidential Election," https://en.wikipedia.org/wiki/2013_Iranian_presidential_election。

正是因为上述内外挑战,本次总统选举吸引了众多重量级政要参
与。得到务实派、温和保守派和改革派支持的鲁哈尼则成为大选中的
最大黑马,以 50.71% 的选票赢得首轮选举。其胜选原因有多重,其中

值得关注的是,鲁哈尼以温和为纲,提出了一些务实政策,强调对内发展经济、对外通过解决核问题来缓和伊朗同国际社会的紧张关系。[10]这些主张符合伊朗民众的政治预期。

二、鲁哈尼解决伊朗核问题的理念和思路

当伊朗核问题进入第二个十年,伊朗在哈塔米和艾哈迈迪内贾德之后迎来了鲁哈尼总统。从伊朗的政治周期来看,刚柔并济更符合伊朗的政治变化周期律。此前改革派和强硬派政府尽管行为方式不同但目标一致,都以不同方式拓展了伊朗的核利益。两大派系刚柔并济、殊途同归。鲁哈尼当选有望让伊朗核问题脱离前任艾哈迈迪内贾德的强硬轨道,回归温和合作的起点,利于伊朗在同国际社会的核博弈中掌握主动。而且鲁哈尼也释放了期望同国际社会开展建设性互动、在核问题上将更透明的信号。[11]这也给解决积重难返的核问题带来期待。

鲁哈尼的个人优势及其核理念包括以下几个方面。第一,鲁哈尼深耕伊朗政坛多年,人脉资源丰富。鲁哈尼属于亲改革派的温和保守派,在此次竞选中得到温和保守派拉夫桑贾尼和改革派哈塔米的支持。[12]鲁哈尼曾是哈梅内伊任命和信任的首位核谈判代表。在伊朗竞争激烈的派系斗争中,鲁哈尼能够独树一帜,既同艾哈迈迪内贾德为首的强硬派拉开距离,又同改革派拉近关系,也能够得到传统保守派的认可,实属难能可贵。丰富的人脉资源是鲁哈尼推行温和核政策的有利因素。[13]

第二,核谈判经验是鲁哈尼相对于其他候选人所具有的优势。鲁哈尼曾在2003—2005年期间担任伊朗首席核谈判代表,以推行核缓和政策而著称,这是除贾利利之外其他候选人所不具备的条件。在核问题上鲁哈尼灵活务实,能够兼顾外交的灵活性与原则性。鲁哈尼曾担纲签署《德黑兰声明》和《巴黎协定》,协定避免了核问题被提交至联合国安理会和可能遭受的美国军事打击,维护了伊朗的国家利益。而且鲁哈尼的谈判能力和在核问题上坚持的灵活开放立场,赢得了欧盟的尊重和认可。这是贾利利等人所不具备的优势。[14]

第三,鲁哈尼秉承改革派的理念,期望与国际社会建立开放合作关

系。温和路线成为鲁哈尼竞选和当选后反复强调的关键词。鲁哈尼表示，他当选后，伊朗将奉行温和外交。温和外交必须以国家实力和国内能力为基础，建立在理想主义、价值观、自尊和独立之上，温和外交不是投降、冲突，也不是被动或对抗，而是同国际社会有效开展建设性互动的现实主义，但互动与对话必须在平等的基础上进行。[15]鲁哈尼的当选及表态，得到中国、德国、意大利等国和联合国秘书长潘基文的欢迎。美国也表示，美国愿意同伊朗就核问题展开直谈，期望鲁哈尼关注民意，做出有利于创造伊朗和人民的美好未来的选择。[16]

第四，鲁哈尼是国家最高安全委员会的主席，该委员会是具体负责处理核问题的重要机构。其成员构成包括：行政、司法、立法部门的首脑，伊朗联席参谋会议主席、规划与预算组织主席、两名哈梅内伊选派代表、外交部长、内政部长、相关的部门部长、伊斯兰革命卫队司令、伊朗正规军司令等成员。[17]持温和立场的鲁哈尼总统凭借国家最高安全委员会主席的身份和地位有资格表达核主张，甚至说服哈梅内伊，让自己的观点成为主流观点。[18]

从担任首席核谈判代表和竞选言论来看，鲁哈尼的核理念可以概括为几点：第一，保障伊朗和平利用核能的核权益。鲁哈尼强调和平利用核能是伊朗的天然权利，伊朗拥有自主核研发和生产的能力应当受到保障。第二，核要成为促进而非损害国家利益和伊斯兰政权的工具。当两者发生严重冲突，伊朗可以策略性调整核政策，甚至做出重大妥协。鲁哈尼在总统辩论时表示："2003—2005年，伊朗的核暂停计划是消除威胁、化危为机的一个重要举措，避免伊朗成为下一个阿富汗和伊拉克，也证明伊朗发展核武器是彻底的谎言。"[19]第三，注重沟通，重视核谈判，期望在核问题上与国际社会重建信任。核谈判是鲁哈尼应对外部压力、探讨核问题解决之道、避免彼此误判的途径。以和平合作方式解决核问题，并最终实现美、欧等国放弃对伊朗的单边和多边制裁的目的。第四，强烈反对西方的经济制裁。鲁哈尼表示，欧美等国对伊朗制裁是非法的，伊朗没有犯下任何应当遭受国际制裁的错误。制裁是国际关系中早已过时的工具，相对于给伊朗经济造成的混乱，它对西方的损害更大。[20]

三、两位前任的核遗产与鲁哈尼的可能作为

但是艾哈迈迪内贾德的核对抗带来了严重的回火效应。第一,欧盟从中间力量和伊朗可资利用的第三方转投美国,并加入美国的制裁联盟。欧盟的转向让伊朗丧失了以欧制美的倚重工具。第二,美国的金融制裁迫使更多国家站在美国这边。[21] 2012年美国出台的金融制裁法律,赋予美国制裁同伊朗从事能源贸易的第三国的权力。这一具有治外法权意味的法律迫使其他国家必须在伊朗和美国之间做出权衡。站边选择让伊朗更加孤立,也降低了伊朗此前奉行的第三方外交和能源外交的效用。第三,经济制裁恶化了伊朗经济。欧盟的能源禁运导致伊朗赖以维系的能源出口大幅下降。尽管伊朗当前的经济形势远未到两伊战争时期难以为继的地步,但是制裁的累加效应将不断显现。[22]

综上所述,两届政府不同的核政策暴露出伊朗的核困境,也让继任者鲁哈尼面临艰难的抉择。第一,核与经济的两难选择。对伊朗来讲,要核、不要制裁是最理想的结果,但是核问题让经济制裁更趋严厉。核与制裁的伴生关系必然决定,伊朗要想解除制裁就必须按照美欧意愿证明核意图的和平目的。但是国际原子能机构和美欧等国的穷追不舍,以及在彻查前不给回报的做法让伊朗无路可退,要核还是要经济成为伊朗必须做出的单选题。

第二,核路线的艰难选择。在应对外部压力上,两届政府采取截然相反的核政策,但是不同政策的效果差强人意。哈塔米的暂停与缓和政策并未得到相应的善意和回报,艾哈迈迪内贾德的重启和对抗举措让伊朗遭受更严厉的制裁。因此,无论是合作还是对抗,似乎都难以让国际社会满意,国际社会的严格要求简直让伊朗无所适从。尤其当艾哈迈迪内贾德将核进展推到前所未有的高度之后,如何在高位接盘,采取符合伊朗国家利益的核路线,将是鲁哈尼必须考虑的问题。[23]

第三,在核问题上伊朗与国际社会恶性互动。哈塔米和艾哈迈迪内贾德在伊朗与国际社会的核互动上并不成功。哈塔米政府的暂停妥协并未收获回报。核暂停变成了永久停止,伊欧的贸易框架协定谈判也最终落空;艾哈迈迪内贾德政府改弦更张,但他强推核进程招致了严

表 5.2　哈塔米与艾哈迈迪内贾德政府核政策比较

	哈塔米政府	艾哈迈迪内贾德政府
核政策	暂停	重启;推进核进程
核立场	伊朗依法拥有和平利用核能的权利	从事浓缩铀研发生产是不可剥夺的权利
具体策略	核谈判;第三方外交;能源外交	边缘政策;以谈判换时间策略;军演示强;抢占话语权;伊拉克制衡
政策特征	委曲求全;处处被动	强行推进核进程,无惧制裁和威胁
国际互动	未得到欧盟经济回报;美国制裁依旧	第三方外交和能源外交失效
经济影响	美国制裁依旧	制裁加剧;影响能源出口
核影响	核暂停的长期化和永久化	不断取得核进展
国内影响	损害伊朗国民自信和大国情结;引发强硬势力抬头	提升伊朗国民自信和大国情结;引发制裁和军事打击的担忧

资料来源:笔者总结与绘制。

厉制裁,让伊朗蒙受经济损失。因此鲁哈尼需要改变外交颓势,推动伊朗同国际社会的良性互动,这将直接影响核问题的走势。

上述问题也构成了鲁哈尼必须要积极开展对美外交的背景。第一,鲁哈尼要帮助伊朗解决艾哈迈迪内贾德留下的核困境。在艾哈迈迪内贾德时期,伊朗不顾美国等国家的反对执意推进伊朗的核进程,并因此遭受了美欧的联合制裁。对鲁哈尼来讲,上台后的首要任务是核与经济兼顾,即既要为伊朗保留现有的核权利,也要让美欧解除对自己的经济制裁,以便恢复伊朗的经济活力。在这方面,伊朗要拿出让美欧尤其是让美国信服的核妥协政策,否则美国不会解除制裁。

第二,鲁哈尼要打破核问题同美伊关系之间的闭环关系。核问题同美伊关系之间存在着相互加强的关系,即伊朗核问题恶化美伊关系,而恶化的美伊关系又促使伊朗加快推进核进程。鲁哈尼要成功开展对美国的外交,必须在核问题上给美国以交代,表明伊朗并没有发展核武器。只有美国认可了鲁哈尼民用核能上的立场,美伊关系才有可能改善。只有美伊关系得到改善,伊朗核问题才可能得到相对满意的解决。

第三,美国总统奥巴马倡导同伊朗的关系缓和。尽管奥巴马 2010

年出台对伊朗的新制裁法，但是他对伊朗也有强调关系调和的一面。2009 年 6 月，奥巴马在开罗发表演讲称，如果某些国家(指伊朗)松开紧握的拳头，美国也愿意向它伸出双手。[24] 2013 年鲁哈尼在出席联合国大会时同美国总统奥巴马通电话，讨论核问题的解决。2015 年 4 月，美国推出同敌对国家缓和的"奥巴马主义"，伊朗和古巴、缅甸都位列其中。正是奥巴马对伊朗的政策松动激发了鲁哈尼和伊朗的政治高层对美国开展缓和外交。

第二节　鲁哈尼—奥巴马间的良性战略互动与伊朗核协议

在经历艾哈迈迪内贾德强行推行核进程，并遭受美欧的严厉制裁之后，伊朗总统鲁哈尼的上任，让伊朗核问题迎来新的转机。美伊两位总统都谋求伊朗核问题的解决和双边关系缓和，这也为解决伊朗核问题打开了机会之窗。正是在两位总统的推动下，国际社会在 2014 年 11 月 24 日见证了有关伊朗核问题中期协定和最终协定的签署。

一、伊朗核问题的双边博弈和核僵局

伊朗核问题让本已势同水火的美伊关系更加恶化。艾哈迈迪内贾德时期采取核对抗政策的目的是强迫国际社会接受伊朗的核现实，但这招致了美欧的严厉制裁。制裁和对抗的直接结果是美伊在核问题上形成难以化解的僵持局面。对双方来说，要改变现状，美国要么采取更多的制裁，要么寻求和谈破解；伊朗则是要么继续推进核进程，要么寻求对话改变对抗局面。

冷战后，美国在拥有核武器问题上刻意树立防扩散的国际制度和国际规范。这些制度和规范在维持国际和平与地区稳定的同时，也成为美国打击异己、维持霸权的理由。[25] 伊朗秘密核设施在 2002 年 10 月被曝光，这部分验证了美国此前对伊朗发展核武器的指责。此后国际社会开始向伊朗施压，迫使伊朗弃核。由于伊朗核问题被曝光恰逢伊

拉克战争之际,美国趁胜利之威发表的战争叫嚣给伊朗造成空前的外交压力。为此,伊朗希望利用欧美分歧,以欧制美。通过同欧盟达成两个暂停协定,以期缓解美国军事打击的压力。

但在2005年伊朗强硬派总统艾哈迈迪内贾德上台后,完全颠覆了前任的核发展暂停政策,转而采取对抗政策推进伊朗的核进程。在总统艾哈迈迪内贾德的推动下,伊朗逐步生产IR-2型等先进离心机,加工3%—20%丰度的浓缩铀。伊朗投入运营的离心机在纳坦兹铀浓缩厂有15 420台,在库姆铀浓缩厂有2 976台。[26]这些重要核设施的建立,标志着伊朗基本建立起完整的核工业体系。

美伊两国的立场对立主要集中在拥有浓缩铀等敏感核计划发展的真实目的上。伊朗坚称自己的核计划是用于和平目的,但美国认为,伊朗像印度、巴基斯坦、朝鲜一样,以和平利用核能的名义发展核武器。[27]伊朗在国际原子能机构的有关核查中表现出的隐瞒掩盖、前后矛盾、拒绝核查等行为就是在掩盖伊朗发展核武器的真实目的。

针对伊朗艾哈迈迪内贾德政府的对抗政策,2012年美国构建了以SWIFT为核心的金融制裁措施。美国金融制裁的政治逻辑是迫使第三国在美伊之间作出抉择,不从者将不得准入美国市场。以SWIFT为核心的金融制裁,导致伊朗货币结算困难,同时欧盟也对伊朗实施能源禁运。但是,美国以制裁的方式迫使伊朗暂停核进程的努力并未成功,其制裁传导机制并未明显见效。因此美国面临的选择是,若相信以压可以促变,那么就必须在制裁上继续加码。而如果制裁加码,那么其他制裁参与方的态度就难以预料。如果制裁再度失效,美国的政策选择似乎只剩下军事打击。由此看来,武力非但不能完全清除伊朗核设施,相反会坚定伊朗拥有核武器的决心,因此最好方法是让伊朗不突破拥有核武器的红线。[28]

伊朗推进核进程带来的经济损失和国际孤立趋势日渐明显。经济制裁带来的累积效应在逐渐显现。伊朗的能源出口由于制裁下降了60%,财政收入减少了800多亿美元,还有数千亿美元的货款没有到账。[29]伊朗在欧佩克的地位由此前的第二位下降到第六位。而且核对抗直接将欧盟推向了美国,压缩了伊朗的战略空间。伊朗这种自我孤立正中美国下怀。如果经济下滑尚能忍受的话,那么伊朗的孤立状况更为可怕。

经济损失和国际孤立倒逼着伊朗的政策选项。面对制裁和孤立,伊朗面临弃核或拥核的选择更显迫切。这种非此即彼的单选处境让伊朗陷入了两难境地。选择弃核意味着伊朗在越发严厉的国际核查面前无路可退,很可能像伊拉克和利比亚那样推倒重来;选择拥核同样面临变数。抛开伊朗是否存在技术障碍不谈,拥核本身就存在非议,给美国寻求联合国安理会的打击授权提供了最大理由。一旦遭受打击,伊斯兰政府可能被推翻。这样核进程走向了政策初衷的反面。[30]

由于上述问题都相当迫切,因此维持核僵局现状对美伊两国都不现实。对美国来讲,伊朗核问题已进入第二个十年,解决核问题在时间上有相当的迫切性。伊朗跨越核门槛的阴影同样也在提醒着事态的严重性。由于核进程和时间的掌控在伊朗这边,现状的持续化、既成事实化让伊朗核问题在短时期内难以解决。在制裁持续和升级带给伊朗更大的经济损失的情况下,伊朗新任总统有责任应对压力、解决问题,消除核问题给伊朗在外交和经济上造成的被动局面。[31]

面对核僵局,美伊两国都在谋求改变现状,让事态发展朝着有利于自己的方向发展。对于美国来讲,一是按照现有趋势和惯性,推进制裁,加大军事威胁力度,并辅之以"震网"(Stuxnet)病毒破坏等手段,以寻求事态朝着有利于美国的方向发展。[32]二是跳出现有的政策惯性,通过和谈改变现状。美国现在不具有将伊朗核问题完全推倒的现实条件,因此谋求通过和谈改变现状,也不失为一种可行的方法和策略,这不仅可以探讨外交解决核问题的可能性,同时也可以测试伊朗的诚意和妥协程度。

对伊朗来讲,改变现状同样存在着两条途径:一是继续推进核进程,因为拥有核武器能部分缓解伊朗的安全问题。这种做法的缺陷在于,伊朗要为此承受制裁加剧所造成的更严重的经济困难甚至是军事打击。二是坚持和平利用核能,以和谈解决核问题。在艾哈迈迪内贾德时期伊朗核进程取得巨大进步的情况下,必须在核问题上表现出足够的诚意和妥协,取得美欧等国的谅解。在保障有关核权利前提下解决核问题,并以此推动美伊关系的改善。[33]

二、破解伊朗核问题的现实路径与《日内瓦协定》

核问题已成为美伊难以绕开的重大问题,但并非无解。和平利用核能、重视谈判、合作和妥协、关系解冻是美伊两国可以在谈判中达成的共识。只要美伊双方能够各让半步,在严防核扩散的前提下尊重伊朗的民用核能权益,并遵循透明换解禁、渐进与行动对等原则,美伊之间就有可能破解核僵局。而《日内瓦协定》(Geneva Agreement)则是上述行动的具体化。

尽管美伊关系剑拔弩张,在核问题上针锋相对,但是美伊之间仍然存在谈判的基础和共识。第一,和平利用核能是核问题谈判的基础。和平利用核能是伊朗始终坚持并反复强调的权利,认为加入《不扩散核武器条约》和《国际原子能机构安全保障协定》赋予了伊朗和平利用核能的天然权利。伊朗需要在得到欧盟承认之后,让美国也承认伊朗在本土拥有自主研发生产浓缩铀的核权利。[34] 保障和平利用核能与限制伊朗跨越核门槛应当并行不悖。美国反复强调的是,不容许伊朗拥有核武器。对此,伊朗总统鲁哈尼也表示,核武器在伊朗国家安全中不占据任何地位。[35] 因此不拥有核武器成了美伊核谈判的重要基础。尽管不容许伊朗拥有任何形式的核活动是治本之法,但由于美国有心无力,难将伊朗的核计划完全推倒,因此只能将精力集中在防范伊朗拥有核武器上。[36]

第二,美伊都重视双边谈判。无论是为拖延时间还是期望解决问题,美国和伊朗都强调谈判对解决问题的重要意义。在核进程、经济制裁及武力威胁不断升级的情况下,谈判是美伊破解核僵局的重要途径。谈判能起到试探对方的底线与意图、避免误判与缓和关系的作用。倘若缺乏谈判平台,战争的风险将大幅上升。正因如此,双方都不愿关闭和谈的沟通之门。更重要的是,鲁哈尼上台伊始就在维也纳会谈中提出了令人兴奋的提案,提出伊朗削减离心机数量、暂停 20% 丰度的浓缩铀生产等内容,为谈判和核问题的和平解决打下了基础。

第三,以双边关系改善推动核问题的解决。核僵局增强了美伊之间的敌对,反过来美伊敌对加大了核问题解决的难度。因此,核问题应当纳入美伊关系的大框架下理解和解决。如果美伊两国关系破冰,将为解决核问题创造良好的机会和氛围。温和派鲁哈尼的当选及其表现出的透明开放立场，为解决核问题带来新的契机。伊朗国内政治的良性变化和核问题的迫切性促成了美伊两国总统的电话会谈。[37]美伊总统通话的积极意义在于，在敌对的大背景下谋求建立双方的信任，尽管信任仍很脆弱，但只有将其作为解决核问题的基础，才能使美伊关系朝着和解的方向发展。

在解决核僵局上，谈判为伊朗核问题的解决提供了现实路径，而以下内容和方式则是解决问题的重点和关键：第一，限制伊朗的核规模。伊朗核问题中的一种倾向是伊朗不断扩充核设施进行敏感的核活动。有鉴于此，首先，限制伊朗核规模让其同伊朗的实际需求相匹配。伊朗民用核能的生产总量，尤其是浓缩铀等敏感材料的生产不能超出实际需求。其次，伊朗不能搞体外循环，在监管外拥有独立的核循环体系。伊朗要彻底公布所有的秘密核设施，这才能保障伊朗和平利用核能的权利而又不会跨过核门槛。再次，伊朗要配合国际原子能机构的监管。伊朗适度的核规模应当在国际原子能机构更有效和更严格的监管之下得以实现，而这又与伊朗2005年未批准签署的《国际原子能机构安全保障协定附加议定书》直接相关。有理由相信，敦促伊朗签署《附加议定书》将成为双方的争执重点。[38]

第二，重点防范核武器。伊朗的核武倾向始终让国际社会担忧。国际原子能机构尽管没有定论，但在报告中提及阿马德计划、绿盐计划、革命卫队介入核计划等重大问题，透露出国际原子能机构对伊朗核意图和发展方向的忧虑。[39]因此，防止和防范伊朗核武化，切断民用核能同武器发展之间的联系具有特别重大的意义。这一问题的最终解决需要国际原子能机构和联合国安理会的大力敦促与伊朗的积极配合，最终在伊朗核武器问题上做到完全的、可验证的、不可逆的弃核。[40]

第三，以核透明政策换取制裁解除，重建彼此信任。无论是安理会的多边制裁还是美欧的单边制裁，都是国际社会敦促伊朗弃核最主要的手段。正因制裁与弃核相伴生，那么伊朗必须在核问题上做出重大让步，才能换取美欧和国际社会部分或完全解除对伊制裁。这是让核问题走出恶性循环和建立信任的重要步伐。

第四，以渐进和行动对行动为原则，防止谈判进程的倒退。以渐进和行动对行动为原则是避免谈判失败和各方受损的重要举措。伊朗期望制裁完全解除,并保留更多的核权益,而美国期望伊朗彻底放弃敏感核活动,这两者之间存在巨大分歧。这就需要双方的良性互动,对对方的善意做法给予回馈,以避免一方蒙受损失。只有这样,才能在两国之间寻找达成交易的现实路径。[41]

2013年,在美伊总统9月下旬的电话会谈的推动下,联合国安理会五大常任理事会和德国同伊朗在日内瓦于10月15—17日、11月7—9日和11月20—24日进行了三轮密集的核谈判。双方能够以务实和严肃立场推进谈判的重要理由在于:鲁哈尼表现出开放立场,伊朗愿意采取合作和透明政策解决核问题。美国等国也认为,以部分解除制裁、鼓励伊朗进行核合作是正确之举。合作和透明政策换取制裁解除成为日内瓦谈判的基本原则和内容,并促成了协定的最终签署。[42]

《日内瓦协定》的全称是《有关伊朗核问题的联合行动计划中期协定》(Joint Plan of Action Interim Agreement),由于这一协定是在瑞士的日内瓦签署,所以也被称作《日内瓦协定》。它在本质上是过渡性和阶段性的,但它仍然具有重要的意义。协定的主要条款包括:(1)伊朗同意暂停生产5%以上丰度的浓缩铀生产,并中和现有的20%丰度的浓缩铀;(2)伊朗同意不再安装新的离心机;(3)伊朗暂停阿拉克核反应堆建设,不得为阿拉克的重水式核反应堆装设燃料;(4)国际原子能机构能够查阅阿拉克核设施设计图样等文件。伊朗将允许国际原子能机构对纳坦兹和福尔多的铀浓缩厂进行检查。作为交换条件,美国等六国同意:(1)在未来6个月内暂时解除对伊朗汽车、石化等行业的制裁,并不实施新的制裁措施,但对伊朗出售石油仍将继续限制;(2)伊朗能够得到150亿美元的贸易收入,分期领取42亿美元石油收入;(3)伊朗的石油收入将要存放在受限制的银行账户内禁止提取。伊朗1000亿美元外汇也将不得支取。[43]

三、"奥巴马主义"与伊朗核协议

2015年4月,美国总统奥巴马提出接触伊朗、缅甸、古巴等敌对国家的"奥巴马主义"。相对于古巴和缅甸,伊朗的战略地位更为重要。

具体到伊朗,"奥巴马主义"包含的内容主要包括:第一,接触伊朗是"奥巴马主义"的核心。美国就是要以接触作为新的政策工具,测试接触实现战略目标的可能性。第二,接触政策具有试探性和条件性。接触是美国在保持现有军事威慑和制裁机制的前提下发生的政策变化。美国要让伊朗改变行为,只能依赖军事打击和外交接触。即使抛开财政和军费缩减因素及军事打击的有效性不谈,在尚未尝试接触和解之前就贸然动用军事手段,显然有违政策升级和美国对外政策的通行做法。而且即使接触失败,美国也没有损失。[44]第三,接触伊朗是在美国具备实力优势的情况下所进行的接触。以美伊的实力差异来看,伊朗无论是在国民生产总值、军费预算、国际竞争力上,都与美国相差悬殊。伊朗不足 300 亿美元的国防预算仅相当于美国 6 000 亿美元国防预算的1/20。强大的实力让美国在接触伊朗问题上拥有足够的信心和底气。

第四,美国接触伊朗是要改变伊朗的行为。美国期望通过接触改变伊朗的对外行为,将伊朗从"麻烦制造者"和"破坏者"转变为利益攸关者和建设者。此外,接触伊朗也是为了表达美国对伊朗民众的善意,防止出现可能的制裁后遗症,即制裁将伊朗民众推到伊朗政府一边,民众即使心怀不满但也倾向于将其根源归结于外部制裁。第五,接触是为更好地和顺利地解决伊朗核问题。核问题是美伊关系中的重中之重。鉴于美伊关系与核谈判之间在伊朗总统鲁哈尼上台后呈现良性互动,因此美国在这个时间点推出接触政策有助于通过外交与和谈方式解决伊朗核问题。同时,美国强调防范伊朗发展核武器应通过全程监控核循环体系、严格的国际核查,以及制裁解除的可撤销性。

由于美国总统奥巴马和伊朗总统在核问题的解决路径上存在着相似的认知,因此在美伊总统的积极推动下,美国会同其他五方同伊朗签署《日内瓦协定》。在《日内瓦协定》的基础上,经过美国国务卿约翰·克里(John Kerry)、伊朗外交部部长穆罕默德·扎里夫(Mohammad Zarif)和其他国家官员的共同努力,伊朗与联合国安理会五大常任理事国和德国,于 2015 年 7 月 14 日在维也纳签署具有历史意义的伊朗核问题全面协议(Joint Comprehensive Plan of Action, JCPOA,以下简称为伊朗核协议)。这给拖延十年多的伊朗核问题画上了较为圆满的句号。

伊朗核协议的基本交易模式是以伊朗的核暂停换取其他六方解除

对伊朗涉及核问题的经济制裁和金融制裁。其中的主要条款包括:伊朗同意:(1)将现有的库存为 10 000 千克的浓缩铀减少到 300 千克,并维持 15 年,且浓缩铀的丰度维持在 3.67% 的水平;(2)将铀浓缩离心机的数量从原来安装的 19 000 万台调减到 6 104 台。具体而言,纳坦兹铀浓缩厂的离心机数量不得超过 5 060 台并维持 10 年;福尔多铀浓缩厂将改建为核物理技术中心,并将只能运行 1 044 台离心机用于农业、医学、工业和科研用途。在上述的基础上,伊朗将对超标的浓缩铀库存进行丰度降低、氟化等。离心机方面,纳坦兹运行的离心机只能是 5 000 台 R-1 型离心机,剩余的 13 000 台将被拆除用作所需的配件。阿拉克重水厂将被重新设计改建,将生产的钸数量降到最低水平。

与伊朗暂停核活动相对应,联合国安理会五大常任理事国和德国在解除制裁问题上同意:(1)所有联合国涉核的制裁将被全部解除;(2)美国解除制裁同伊朗存在业务关系的本国和其他国家企业的禁令;(3)欧盟将全部解除针对伊朗的经济制裁和金融制裁。上述制裁将在协议签署后的 4—12 个月内全部解除。同时在核查与透明问题上,国际原子能机构将有权进入并核查所有包括铀浓缩厂、核计划和铀矿产业链在内的核设施。一旦国际原子能机构认定伊朗违背协议的话,除伊朗之外的 6 个签字国将恢复原有对伊朗的制裁。[45]

伊朗核协议签署后,伊朗同国际原子能机构达成谅解备忘,伊朗同意按照协议的路线图配合国际原子能机构的各项核查。国际原子能机构总干事天野之弥对此表示欢迎,并将敦促伊朗尽快签署《国际原子能机构安全保障协定附加议定书》。[46]2016 年 1 月 16 日,在国际原子能机构认可伊朗履行协议的主要条款后,伊朗核协议进入正式实施的阶段。联合国安理会在 2015 年 7 月 20 日一致批准伊朗核协议,这也让该协议成为国际上普遍认可的多边协议。

伊朗核协议对各方的意义在于:第一,通过谈判让中东和国际社会避免了可能发生的核扩散。需要指出的是,这种防止核扩散的方式是以暂停和降级方式实现的,让伊朗的核活动维持在国际社会能够接受的范围内,也给包括美国在内的各方赢得了时间。协议中规定的缓冲期是 10—15 年,这既是各方认可的期限,也是各方继续努力防范未来可能的核扩散的时间。

第二,协议的履行基本采取行动对行动的方式开展。伊朗核协议的交易内容或模式是伊朗以核暂停换取各方的制裁解除。为此各方采取行动对行动的方式,即在国际原子能机构的监督和核查下,各方承诺遵守各自的行动:伊朗施行降低浓缩铀丰度等措施;六国解除制裁、对伊朗贸易投资恢复正常化。总之,谈判双方各取所需,通过讨价还价实现了双赢。

第三,伊朗核协议为中东和世界拆除了一枚定时炸弹。因为牵涉反美的伊朗可能拥有核武器的重大问题,因此伊朗核问题被曝光后在国际社会引起轩然大波。围绕核问题的解决路径,美国欧盟都给出过自己的方案,但总体上,伊朗核问题加剧了中东的混乱和紧张,特别是美国与以色列提出的军事解决方法更让中东上空笼罩着战争的阴云。核问题能够以谈判方式解决算是拆除了一枚定时炸弹,避免让中东更加混乱和失序。

第四,伊朗核协议是鲁哈尼政府的重大成就。鲁哈尼通过良性的战略性互动,通过美伊关系的缓和推动核问题的解决,反过来以核问题上的妥协来改善伊朗同国际社会的关系。而且从整个进程来看,鲁哈尼基本实现了上述既定目标,向世界展示了伊朗政府和平合作的外交形象。伊朗重新引起国际社会的关注,并成为经贸合作和投资的重点。

第五,鲁哈尼和扎里夫打开了伊朗对美国外交的大门。革命后,美伊敌对成为伊朗外交既定的状况和原则。从拉夫桑贾尼到哈塔米,伊朗对美国有所接触但并未认真推行下去。革命后,只有鲁哈尼才真正打开了伊朗同美国接触的大门。这也是伊朗首次直面美国,并通过推动解决美伊主要矛盾来解决其他矛盾。尽管这一时间窗口从开启到关闭不足两年,但这并不能否定鲁哈尼的政治智慧和远见。

伊朗核协议签署后,伊朗作为中东重要的石油出口国和巨大市场,立即激发各方的投资与合作热情。伊朗核协议的签署为伊朗打开了制裁的大门,美伊关系的缓和解除了美国对其他国家对伊朗的贸易和投资禁令。由此,伊朗核协议的签署为伊朗带来了短暂的经贸和投资的繁荣。[47]需要指出的是,对伊朗的经贸和投资繁荣延续到2017年,直到特朗普宣布退出伊朗核协议。

在石油生产方面,从2016年2月开始,伊朗开始恢复对法国、西班牙和俄罗斯的能源出口。这也是自从欧盟 2012 年对伊朗实行联合制裁以来的首次出口。2017 年伊朗的石油日出口量基本恢复到 210 万桶的水平，这一数字接近伊朗正常的出口水平。[48] 在行业投资上，外资对伊朗能源行业投资从 2015 年的 20.5 亿美元迅速提高到 33.75 亿美元，增长率高达 64%。[49] 综合来看，伊朗石油的日平均生产量从 2015 年 12 月的 330 万桶提升到 2017 年 1 月的 430 万桶，2017 年 8 月更是增加到了 446 万桶。这一石油产量已经超过 2005 年制裁时的 414 万桶。伊朗石油的日平均出口量从 2011 年的 260 万桶降到 2013 年的 120 万桶和 2014 年的 140 万桶，到了 2017 年 8 月，伊朗的石油平均日出口量恢复到 220 万桶。[50] 尽管伊朗的石油生产和出口的增加正好赶上国际油价下降，但伊朗的石油和天然气的收入还是增加了 66%，从 2015 年 4 月到 2016 年 3 月的 335.6 亿美元增加到 2016 年 4 月到 2017 年 3 月的 557.5 亿美元。

在经济增长方面，制裁解除后，大概为伊朗释放了 1 000 多亿美元在海外被冻结的石油资金。这些资金分散在中国、印度、日本、韩国、土耳其等伊朗能源进口国，在 2012 年后先后被冻结。[51] 从伊朗核协议签署后到 2017 年 10 月，伊朗获得的外商直接投资从 2015 年的 20.5 亿美元提高到 2016 年的 33.7 亿美元，增长率高达 64%。受到油价暴跌和经济制裁的双重影响，2015 年伊朗经济的年度增长和非油经济增长分别为 −1.3% 和 −2.8%。但是在 2016 年伊朗的经济和非油经济出现报复式增长，分别达到 13.4% 和 3.3% 的水平。[52] 伊朗核协议签署和执行之后，伊朗开始大规模地引进外资。众多的欧洲和亚洲投资者涌到德黑兰商讨投资和合作。在 2015 年到 2017 年的三年间，伊朗的非油出口分别增长了 23.63%、25.18% 和 24.26%，伊朗进口则分别增长了 24.08%、23.62% 和 26.92%。

在信贷合作方面，2016 年 2 月，日本同伊朗签署备忘录设立 100 亿美元基金用于伊朗的国内项目。2017 年 5 月，中国国家发展银行同伊朗商业银行（Tejarat Bank）签署合作协定，为后者提供 3 亿美元信贷，用作伊朗通信公司（Telecommunications Company of Iran）项目支持。2017 年 8 月，韩国愿意提供 130 亿美元用以支持在伊朗的项目，同时韩国进出口银行（South Korea's Exoprt-Import Bank，KEXIM）愿意提供 94 亿美元资助伊斯法罕炼油厂和阿萨鲁耶（Asalouyeh）的 8 个石油天然气项目。2017 年 9 月,中国国家发展银行同伊朗签署了价值 150 亿美元的贷款备忘录。2017 年 9 月,丹麦丹斯克银行（Danske Bank）同伊朗签署 5.98 亿美元的信贷。2017 年 9 月,法国国家投资银行（BPI France）向愿意投资伊朗的法国公司提供 5.98 亿美元信贷支持。2017 年 9 月,奥地利奥伯银行（Oberbank AG）将提供 10 亿美元用以资助奥地利企业在伊朗的项目。2017 年 11 月,中国的中信集团向伊朗提供了价值 100 亿美元的信贷,用以投资伊朗的水资源、交通、能源等基础社会设施项目。[53]

在油气合作方面,2016 年 12 月,英荷壳牌公司同伊朗签署备忘录,评估伊朗的三大油气田运营状况。2017 年 3 月,伊朗同韩国现代工程公司签署 32 亿美元协定,用以资助建设坎甘石油精炼复合体二期（Kangan Petro Refining Complex）。2017 年 7 月,伊朗国有石油公司和帕斯石油公司同日本丰田工程公司签署协定,开发波斯湾近海油气资源。2017 年 8 月,伊朗大不里士石油精炼公司同韩国 SK 工程建筑公司签署价值 16 亿美元合同,升级精炼设备。2017 年 9 月,法国索菲天然气工程公司（Sofregaz）同伊朗国家石油公司签署价值 4 200 万美元合同,用作南帕斯气田天然气回收和再利用项目。2017 年 10 月,意大利安萨尔多能源公司（Ansaldo Energia）同伊朗签署南帕斯气田第 12 期的石油尾气回收。2017 年 11 月,伊朗同挪威近海资源集团（Norway's Offshore Resource Group）签署备忘录,探讨萨达尔·詹加尔油气田（Sardar-e Jangal oil and gas field）和伊朗的近海能源开发。2017 年 12 月法国道达尔公司同伊朗签署价值 50 亿美元的能源合同,开发南帕斯气田项目。[54]

在交通和汽车方面,2016 年 12 月,伊朗同欧洲空中客车公司和美国波音公司分别签署价值 200 多亿美元合同,购买 140 架波音飞机和 100 架空客飞机。2017 年 3 月,伊朗科尔曼公司（Kerman）同韩国现代汽车签署协定用以生产现代伊兰特汽车。2017 年 5 月,德国西门子公司同伊朗荣耀公司（Iran Khodro）签署备忘录开发合资产品。2017 年 5 月,法国的雷诺公司宣布在伊朗追加投资,增产 35 万辆汽车。同月,法国标致雪铁龙公司同伊朗塞帕公司（SAIPA）和伊朗荣耀公司签署价值

7.68亿美元的合同,在伊朗增产汽车。2017年7月,德国大众公司同伊朗马穆特荣耀公司(Mammut Khordro)签署合同,销售大众两款汽车。此外,伊朗同欧洲、日本、韩国、中国等国的公司还在交通、太阳能、航空等领域签署众多的合同。[55]

总之,伊朗核协议签署后,鲁哈尼以核妥协换来了国际社会同伊朗积极开展贸易和投资的机会,伊朗这一阶段的对外贸易和引进外资都进入良性发展的轨道。从这个意义上讲,鲁哈尼达到了政策预期。但是这一状况在美国总统特朗普上台后完全反转。

第三节　伊沙关系恶化与美以沙战略三角的形成

继1988年伊朗与沙特断交之后,2016年两国再一次断交,时隔近30年后伊沙两国再度走向对抗,这一事件已成为继"阿拉伯之春"、"伊斯兰国"之后中东的重大事件。本节将考察伊朗和沙特之间的结构性矛盾,以及沙特同伊朗走向战略对峙的内在动因。

一、战略对峙与伊沙的结构性矛盾

伊朗和沙特的对峙并非由来已久,伊沙两国的关系在20世纪50—70年代相当融洽,伊朗和沙特都同美国结盟并成为尼克松时期美国在海湾的战略支柱。但1979年伊斯兰革命后霍梅尼在伊朗建立伊斯兰政府,两国的内政外交出现严重分歧,伊沙之间的结构性矛盾开始出现。除了第一章涉及的两国在伊斯兰政府同君主制政府之间的差异,以及宗教与政治的结合形式、圣城护持资格、对美外交等方面的矛盾外,还有两点新元素。

第一,伊沙两国的教派冲突和教缘冲突。从教派上看,除了什叶派和逊尼派的差异之外,伊朗主要信奉十二伊玛目教派,沙特信奉瓦哈比教派。[56]十二伊玛目教派除了崇拜真主和先知穆罕默德之外,也信奉十二伊玛目。瓦哈比教派起源于阿拉伯半岛的内志地区,是由谢赫·穆罕默德·瓦哈比(Sheikh Mohammed Wahhabi)创建。瓦哈比教派自称是逊尼派正统,是伊斯兰教最本真、最纯粹的信仰代表。在教义上,瓦哈比派强调"万物有主唯有真主",要求信众要严格遵循《古兰经》和《圣训》,遵循先知穆罕默德时代的制度、意识形态、宗教习俗。在宗教礼仪上,瓦哈比派要求只崇拜真主,禁止任何多神教和圣人崇拜,认为这些都是离经叛道。瓦哈比派尤其反对什叶派的伊玛目信仰,认为信众对伊玛目的崇拜亵渎了对真主的崇拜。为此瓦哈比派焚毁了什叶派在沙特境内的 4 座什叶派伊玛目圣陵(第二伊玛目哈桑、第四伊玛目阿里、第五伊玛目穆罕默德·阿里、第六伊玛目贾法尔)。沙特除了焚毁伊玛目圣陵,还谴责什叶派信众在什叶派阿尔拜恩朝觐(The Arbaeen Pilgrimage)。[57]

从教缘冲突上看,伊朗是什叶派大国,国内什叶派信众人数近 6 500万,国内占比 90%—95%。沙特是逊尼派大国,信众接近 2 500 万,国内占比约 85%—90%。此外,其他海合会成员信奉逊尼派,地理的邻近性增加了两个教派大国伊朗和沙特冲突的可能性。沙特镇压国内什叶派的政策经常受到伊朗的指责,而沙特则以干涉内政回应。

第二,伊沙两国之间的地区主导权之争。两国的地区主导权争夺主要体现在三个方面:一是海合会—美沙同盟组合对抗什叶派联盟。沙特长期奉行以海湾为内环、以阿拉伯国家为中环、以伊斯兰世界为外环的"三环稳定"政策。[58]沙特通过海合会和美沙同盟来实现上述稳定,并实现地区的主导权。从国王巴列维到伊斯兰共和国,伊朗一直谋求海湾和中东的主导权,海湾被伊朗称为波斯湾(the Persian Gulf)。革命后伊朗以什叶派为纽带,谋求在叙利亚、黎巴嫩、巴林、也门、伊拉克构建什叶派联盟。伊朗强烈反对美国干涉海湾事务。伊沙两国各自依托自己的安全平台,对周边巴林、也门等弱小邻国开展争夺。二是常规军备竞争。沙特长期坚持在常规军备上全面超越伊朗的优势战略,每年数百亿美元的军购既是美沙同盟的维系纽带,也是沙特为超越伊朗而采取的必要行动。沙特在战斗机、主战坦克等硬件上远远领先于伊朗。伊朗则谋求错位发展,专注于发展导弹、常备军素质、武器国产化。伊朗是中东极少数军事工业相对完善的国家。三是围绕巴勒斯坦议题的竞争。巴勒斯坦问题已蜕变为中东大国抢占意识形态高地和话语权的议题。伊朗的"以色列是小撒旦""将以色列从地图上抹去"等过激言辞,以及沙特 2002 年提出的"阿拉伯和平倡议"都具有倾轧对手、争夺话语权的意味。[59]

二、"奥巴马主义"、中东的地缘政治变化与伊沙对峙

两伊战争失利和霍梅尼去世终结了伊朗的伊斯兰革命输出。之后伊朗总统拉夫桑贾尼和哈塔米奉行同海湾国家改善关系的缓和战略,伊沙的结构性矛盾因两国关系改善而暂时被遮盖。但是随着海湾地区地缘形势的变化,尤其是伊朗核问题、"奥巴马主义"、中东变局再度激活了伊朗和沙特两国既有的结构性矛盾。2016年沙特处死什叶派教士,引发了伊朗民众冲击沙特使馆和伊沙断交事件等连锁反应,伊朗同沙特的矛盾陡然尖锐。如果说此前萨达姆在革命后起到遏制伊朗的作用的话,那么这次是沙特冲到了前台。伊沙关系再度走向了对峙。

第一,奥巴马的战略收缩导致伊沙对峙。2013年伊朗总统鲁哈尼就任后对美奉行"建设性互动"政策,以核问题的解决推动美伊关系的缓和。美国也推出了"奥巴马主义",改善同伊朗的关系,并在2015年7月同伊朗签署伊朗核协议。[60]"奥巴马主义"对伊沙对峙的影响是,"奥巴马主义"颠覆了美以沙三国的战略同一性,打击伊朗不再是三国的共同目标。在"奥巴马主义"之前,美国、沙特、以色列将伊朗视为共同的敌人。而美国作为格局主导国,在经济制裁、安全遏制上冲在最前面,沙特、以色列则搭美国的安全"便车"。但当奥巴马改善同伊朗关系时,沙特却因结构矛盾和核问题而视伊朗为最大威胁。美沙两国逆向调整政策,导致沙特只能自己上阵面对伊朗的威胁。从2013年美伊两国磋商《日内瓦协定》开始,沙特的外交风格发生突变,开始积极干涉地区事务。[61] 2016年沙特更是走到同伊朗断交的地步。

第二,伊朗核问题引发的伊沙矛盾和对峙。2002年被曝光的伊朗核问题让沙特大为震惊。如果伊朗的意图是为和平利用核能,那么伊朗将率先成为海湾地区首个拥有完整核工业体系的国家。如果是为发展核武器,一旦伊朗拥核,核武器所具有的杀伤力和战略威慑将让沙特的常规军备优势完全失去意义。更让沙特难以容忍的是,尽管伊朗核问题危及了沙特的国家安全和海湾的地区稳定,但是沙特始终被排斥在有关核问题的国际谈判之外。当哈塔米同欧盟三国谈判时,沙特警

告称哈塔米是蒙骗西方的骗子。当艾哈迈迪内贾德顶着压力推进核进程时,沙特怂恿美国袭击伊朗的核设施并砍断伊朗的"蛇头"。[62]当鲁哈尼推行和解外交时,沙特警告奥巴马不得同伊朗和解。当美国奥巴马政府同伊朗签署伊朗核协议时,沙特愤怒地表示,一旦伊朗拥核,沙特将从巴基斯坦购买核武器。[63]

第三,阿拉伯阵营的内部剧变让伊沙矛盾更为深化。从伊拉克战争到"阿拉伯之春",阿拉伯阵营继续分化:首先,埃及沦落为二流国家。从穆巴拉克政府倒台到穆尔西政权再到塞西政府,埃及非但没有实现政治民主化,反而重归强人政治。政权更迭和革命混乱带给埃及的是政治保守、经济迟滞和社会动荡。其次,激进派阵营沦陷。萨达姆政权和卡扎菲政权被推翻,叙利亚的巴沙尔政府也不再稳固。在后强人时代,伊拉克、利比亚、叙利亚都不再强势。再次,亲伊朗的叙利亚、伊拉克、黎巴嫩或是陷入内战,或是政局动荡。伊拉克在"伊斯兰国"的冲击下安全形势危急,什叶派、逊尼派、库尔德三方相争权夺利,这使得伊拉克重建举步维艰。因总理拉菲克·哈里里(Rafik Hariri)滞留沙特并指责伊朗干涉,黎巴嫩政局由此陷入动荡。[64]对沙特来讲,只要拉拢没落的埃及和战乱国家,把染指阿拉伯的伊朗推出去,沙特就有可能成为阿拉伯世界的新领袖。这也是沙特极力介入巴林、也门、叙利亚局势的重要动力。同伊朗争夺地区主导权,具有拉拢阿拉伯国家和打击伊朗的双重目的。

第四,抗击伊朗有利于沙特王储穆罕默德夺取王位。萨拉曼就任国王后,沙特开始积极参加针对伊朗的热战和代理人战争。哪里有伊朗的支持,哪里就有沙特的反对。沙特外交风格的转变与中东的地缘政治有关,但更与萨拉曼父子欲创建萨拉曼王朝有关。废储和反腐事件凸显了萨拉曼国王传嫡的意图。但创建新王朝要破旧立新,王储穆罕默德必须展示出足以服众的雄才伟略,引领沙特王国走向未来。王储穆罕默德被授命操盘"沙特愿景2030"和对外战争,目的就是树立继承王位所具有的威信。[65]沙特对伊朗的战争越成功,王储的声望就越显赫,登基加冕的理由就越理直气壮。在相当意义上讲,打败伊朗可以成为让王储穆罕默德顺利登基的加冕礼。使对伊战争服务于沙特内政是伊沙对峙的重要考量。

在上述要素驱使下,伊朗成为沙特最大的安全威胁和迈向阿拉伯领袖道路上必须跨越的障碍,为此沙特同伊朗开展全方位竞争。第一,沙特围堵伊朗,压缩后者的外交空间。首先,为对付伊朗,沙特开展金元外交,构建北非、东非反伊同盟。索马里[66]、苏丹[67]、吉布提[68]、厄立特里亚[69]、摩洛哥[70]都是沙特竞相拉拢的对象,东非、北非成为沙特着力打造的战略纵深。2016年1月伊沙两国断交后,苏丹、索马里、吉布提、摩洛哥也先后同伊朗断交。这些国家还积极参与沙特领导的也门战争。其次,通过经济援助、筹措红海大桥来拉拢埃及。后穆巴拉克时代,穆斯林兄弟会的穆尔西政府注重发展同伊朗的关系,并邀请伊朗总统艾哈迈迪内贾德访问。沙特乐见推翻穆尔西的塞西政府拉开同伊朗的距离。为拉拢埃及并让埃及远离伊朗,2013年沙特等海合会国家为埃及提供120亿美元援助。[71]此后,沙特连续向埃及提供数百亿美元的经济援助。[72]巨额援助让埃及在反恐等问题上协调同沙特的立场。再次,中东地区组织成为沙特遏制伊朗的平台。当前阿盟海合会化和阿盟沙特化特征明显。在海合会方面,沙特在海合会中拥有绝对的发言权,在反对伊朗、将穆斯林兄弟会列为恐怖组织、开除卡塔尔会籍等问题上,海合会更多地体现了沙特的意志。在阿盟方面,阿盟在伊朗核问题、叙利亚和平进程、开除卡塔尔等议题上更多反映了海合会的意志。阿盟正在变成海湾国家主导的阿盟。此外一贯温和的伊斯兰合作组织吉达峰会(OIC Jeddah Summit,2016)在沙特的授意下首次发表了谴责伊朗的联合公报。[73]

第二,沙特争夺伊朗势力范围中的每个国家。伊斯兰革命后,伊朗构建起以德黑兰为中心,以伊朗叙利亚联盟为依托,以巴林、也门、黎巴嫩为组成的什叶派势力范围。为此沙特在巴林、叙利亚、也门、黎巴嫩四点打击伊朗。2011年2月巴林发生示威后,沙特火速出兵帮助平息示威。2011年4月叙利亚发生内战后,沙特通过支持反对派,发动针对伊朗和巴沙尔政府的代理人战争。2015年4月,沙特集结9国联军发动对也门的战争。其中埃及、摩洛哥、约旦、吉布提、厄立特里亚等国基本都是接受过沙特援助的国家。2017年11月,沙特容留黎巴嫩在任总理哈里里,后者指责伊朗干涉内政。

第三,代理人战争和低烈度冲突会成为沙特压制伊朗的主要手段。

2011 年叙利亚爆发内战后,沙特资助反对派同扶植巴沙尔政府的伊朗展开代理人战争。2015 年 12 月,沙特召集叙利亚反对派在利雅得开会,沙特还集结 9 国联军打击伊朗支持的也门胡塞武装组织。亲沙特的也门雇佣军被整合进萨拉曼意志旅(Salman Decisiveness Brigade),也门流亡总统哈迪也长期居住在利雅得。[74]

第四,沙特与以色列走向合流。建国和巴以冲突让以色列成为穆斯林的敌人,但共同盟友美国和共同敌人伊朗让沙以合流成为可能。沙以两国都反对伊朗发展核武器,并视其为心腹大患。伊朗同哈马斯、黎巴嫩真主党、胡塞武装组织的联系让沙以两国如鲠在喉,这也让沙以两国站在同一战线。沙特相信以色列能凭借自身的打击能力和对美国的影响力创造奇迹。[75]美国驻以大使理查德·琼斯(Richard Jones)披露沙特和以色列早在 2005 年就开始接触。[76]2015 年 5 月美国对外关系学会披露,从 2014 年初开始,沙以两国在 17 个月内在印度、意大利、捷克先后进行过 5 次秘密会议,磋商对付共同敌人伊朗。[77]2013 年 10 月,以色列第 2 电视台报道,以色列安全部门的高级官员同海湾高级官员在耶路撒冷会晤。外界猜测海湾方面的官员是沙特前驻美大使、情报部长班达尔·苏丹王子(Prince Bandar bin Sultan)。[78]2013 年 11 月,英国《星期天时报》(Sunday Times)爆料称,沙特同意为打击伊朗核设施的以色列攻击编队提供过境权。[79]以色列总理内塔尼亚胡对法国《费加罗报》(Le Figaro)表示,以色列同阿拉伯国家在伊朗及其核问题上立场一致,伊朗不该被容许发展核武器。[80] 2018 年沙特王储穆罕默德出访美国时,会见美以公共关系事务委员会、美国犹太委员会、反诋毁联盟、犹太北美联合会等著名犹太组织代表。[81]鉴于美国犹太组织的政治属性和民族特性,以及他们在美以两国的影响力,此次会见的意义不言而喻。此外,沙以两国在游说美国和俄罗斯上的立场也高度一致。沙以官员对华盛顿和莫斯科开展穿梭式游说,敦促美国遏制伊朗,让俄罗斯远离伊朗。[82]

伊沙两国战略对峙让中东形成了伊朗和沙特为首的两大对峙集团。出于地缘政治、教缘政治、历史等因素,所有海湾国家和大多数阿拉伯国家都被裹挟其中并形成了伊朗为一方和沙特为另一方的对抗联盟。伊沙两大集团的划线色彩浓重,被裹挟的国家必须选边站队,摇摆其间的国家比如卡塔尔将受到排挤。

在特朗普上台前,伊沙对峙因势均力敌而暂时处于战略胶着状态。尽管沙特拉拢了众多的意愿同盟,但也门战事充分暴露了沙特的实战能力相当有限。而且沙特阵营的成员各怀心事。以色列尽管所向披靡,但大多停留在幕后。公开的沙以缓和将让沙特承担巨大的道义代价和外交风险,而且时局远未紧迫到让以色列为沙特挺身而出的地步。对伊朗来讲,单独对付沙特或许没有问题,但沙特背后的美国和以色列却让伊朗不敢轻举妄动。

三、伊沙对峙与特朗普政府遏制伊朗的政策

如果伊沙竞争仅限于双边和中东地区,其波及范围和影响力将相对有限,烈度也相对可控,毕竟只是中东地区大国间的争斗。但在美国八年战略收缩之后,特朗普政府强势回归改变了伊沙对峙的游戏规则,并让既有的伊沙竞争更为激烈和残酷,甚至有可能打破伊沙对峙的胶着状态。

特朗普对伊朗问题的认知同前任总统奥巴马完全不同。首先,特朗普认为伊朗是美国在中东最大的敌人和所有麻烦的制造者。从使馆人质事件到1996年美国驻沙特兵营空袭案,数十年来伊朗一直极度反美。伊朗仍在发展核武器、支持恐怖主义、压制民主、阻碍中东和平进程。特朗普认为奥巴马接触伊朗的政策是彻底失败的,并没有将伊朗塑造成为中东的建设者。其次,特朗普认为伊朗核协议是美国签署过的最坏的协议。签署伊朗核协议的本意是不让伊朗发展核武器,但是协议为伊朗保留了铀浓缩等敏感核活动。伊朗核协议至多延缓但并未阻止伊朗发展核武器。在难以改变伊朗本性的情况下,奥巴马同伊朗签署以暂停换制裁解除的伊朗核协议,这无异于放虎归山。而且伊朗将解除制裁所释放的石油美元用于资助叙利亚和黎巴嫩真主党等激进组织,给中东地区的稳定带来了隐患。因此伊朗核协议要么废除、要么重修。[83]第三,伊朗核协议是让伊朗满意、让盟友不满的协议。该协议重新恢复了伊朗的经济活力,缓解了伊朗因制裁造成的国内紧张。伊朗还花费1 000亿美元资助在叙利亚的黎巴嫩真主党等组织。基于上

述认知,特朗普要推倒奥巴马的政策。美国对伊朗的新战略包括:一是同盟国一起打击伊朗破坏地区安全和支持恐怖组织的行为;二是对伊朗施加新的制裁,阻止伊朗资助恐怖主义;三是应对伊朗的导弹扩散和在地区内的武器扩散,防止伊朗威胁邻国,阻挠伊朗的全球贸易和自由航行;四是阻止伊朗获得核武器。[84]

特朗普的中东政策可以概括为反伊、挺以、拉沙。美国对以政策是承认耶路撒冷为以色列首都,将美国使馆从特拉维夫迁到耶路撒冷,同意以色列对戈兰高地拥有主权。[85]美国对沙政策主要体现在对美沙同盟的再确认和出售武器上。[86]美国对伊政策是以废约为核心,以经济制裁和在叙利亚拖住伊朗为策应。废约具有打击伊朗和维系同盟的双重功效。与废约相关联,特朗普宣布对伊实行更严厉的制裁,目的是"以压促变"。其内在逻辑是:严厉的经济制裁将恶化伊朗的投资环境和投资预期,让投资者看空伊朗,这将导致伊朗的外部投资和石油收入锐减。如果伊朗仍愿维持昂贵的对外战争,这必然以牺牲国内民生为代价,将招致伊朗民众的不满和抗议,让伊朗政府逐渐丧失民心。

在叙利亚问题上,特朗普通过展示实力向伊朗施压。当伊沙在叙利亚的代理人战争难分胜负时,特朗普政府在 2018 年 4 月以生化武器危机的名义向叙利亚发动导弹袭击。[87]美国的战术性打击刺激沙以采取进一步的军事冒险。以色列空袭伊朗驻叙基地和防空设施,沙特酝酿向叙利亚派驻作战部队。美以沙的三方行动让伊朗进退维谷:伊朗力保巴沙尔意味着向叙利亚持续输血,时间越久、阵线越长,伊朗消耗的战略资源就越多,负担也越沉重;放弃叙利亚则意味着自断手脚,数十年的革命遗产和地区布局彻底崩盘。叙利亚战争愈发成为伊朗为保留革命遗产而进行的面子战争。

对伊沙对峙而言,特朗普政策调整的意义在于:第一,恢复敌人同一性。废约、迁馆和安全再确认等政策轻易地让特朗普实现打击敌人、团结盟国的目的。伊朗从之前的缓和对象和可接触者变为地区的敌人。特朗普高举反伊大旗提升了美国在盟友心目中的威望,加强了盟友对美国的凝聚力和向心力。美沙和美以同盟成为美国在中东的稳定之锚和战略依托。

第二,美以沙对伊朗的"三打一"态势将打破伊沙平衡。打击伊朗已经成为美国国内和美以沙之间的基本共识。国务卿雷克斯·蒂勒森(Rex Tillerson)出局后,总统特朗普、副总统彭斯、国务卿迈克·蓬佩奥(Mike Pompeo)组成超强的反伊三角,强硬程度超过小布什政府。当前中东已经呈现以美国为主帅,沙以为先锋的三国反伊集团。鉴于伊朗在国民生产总值、军事力量上远逊于美以沙三国的总体实力,因此随着美国加强同沙以的战略协调,"三打一"局面将会改变伊沙战略对峙的平衡。

第三,美国对中东实现了轻资产干涉。从奥巴马到特朗普,腾笼换鸟让美国在中东实现轻资产干涉。奥巴马的战略退缩和对伊缓和让沙以走向前台,美国则转为幕后,坐观伊沙苦斗。特朗普上台后,美国对中东未投入更多资源却提高了掌控能力,在地区干预上会更自如。2017年5月,特朗普在美国—阿拉伯伊斯兰峰会上指出,美国在中东维护盟国的共同利益和安全,但盟国不要指望美国代替盟友打击敌人。这同奥巴马的"锤子言论"如出一辙。[88]

从奥巴马到特朗普,美国政策从一个极端切换到另一极端,让伊朗从可接触者变为了地区敌人。美国的政策反复让伊朗从云端坠落到谷底,巨大的心理落差激发了伊朗民众对经济的恐慌和对政府的不满。这种弥漫于伊朗整个社会的挫败感和压抑氛围对现实生活产生了巨大的负面影响:第一,伊朗汇率崩盘。从选战到上台,特朗普每次的反伊言论都会诱发伊朗的国内恐慌,特朗普的数次废约表态更导致伊朗汇率暴跌。伊朗汇率从伊朗核协议签署时的1美元兑换3.5万里亚尔暴跌到废约时的6.5万里亚尔,跌幅接近50%。在特朗普退出伊朗核协议之前的数周,伊朗里亚尔汇率更是暴跌25%。里亚尔暴跌迫使伊朗实行外汇管制,国际结算弃用美元改用欧元。[89]

第二,伊朗民心出现浮动。2017年底到2018年初,管控严厉的伊朗爆发了民众示威游行。民众示威的诉求更多是为发泄在民生和外交上的不满,呼吁伊朗将主要财力和精力放在改善民生上,而不是放在对外支持叙利亚和黎巴嫩真主党上。在示威游行过程中,特朗普发表声明或推文声援伊朗的民众示威,鼓励民众反对政府,特朗普的目的是"以压促变",利用更严厉的制裁给伊朗制造更大的困难,从而将伊朗民众推到政府的对立面。[90]

第三,伊朗经济将遭受更大的考验。美国实施的严厉制裁严重恶化了伊朗的营商环境。特朗普的严厉制裁的特点:一是制裁范围广泛。伊朗的石油出口、贵金属和外汇交易、汽车工业、伊朗的航运和港口都在美国制裁之列。美国将援引本国法律制裁美国和其他国家同伊朗存在业务联系的公司。[91]二是制裁理由从伊朗的核问题扩大到其他议题。除了核问题,支持恐怖主义、导弹项目、地区干涉、国内民主都成为美国本轮制裁的重要理由。比如伊朗网络空间中心和伊朗中央银行因为涉嫌网站监控和为革命卫队提供金融服务而遭受制裁。三是伊朗的非油行业遭受制裁,航运、保险、汽车都在制裁之列。法国的道达尔石油公司、马士基航运公司(Maersk)、俄罗斯卢克石油公司(Lukoil)、印度信实工业公司(Reliance Industries Ltd.)、丹佛泵业(Dover Corp.)、西门子、标致、霍尼韦尔国际(Honeywell International)、美国的通用电气和波音等公司因为害怕美国制裁都选择离开伊朗市场。[92]占据伊朗近30%市场份额的法国标致公司表示,标致公司为遵守美国的制裁法,将减少对伊朗的汽车投资并最终退出伊朗。[93]制裁范围扩大和新一轮的企业退出潮将对伊朗的民生造成更大的伤害。

第四,伊朗的更大挑战是如何破除三大困境:一是拥核与弃核的困境。阿马德计划让伊朗的和平利用核能和临界点策略近乎破产,核摊牌对伊朗只是迟早的问题。[94]如果选择拥核,伊朗不仅将面临大国干预和国际规范的双重压力,甚至将招致美以的军事打击。即使伊朗顶住压力拿到了核武器,伊朗也将遭受更严厉的经济制裁和外交孤立。地区核竞赛和美以威胁将降低伊朗拥核的成效。如果选择弃核,伊朗必须同意修约。那么伊朗的阿马德计划、导弹计划、在也门和叙利亚的介入、恐怖主义都将被纳为谈判内容。即便如此,弃核后的伊朗仍将面临美国反转的可能,先弃核后遭受打击的利比亚就是伊朗的前车之鉴。二是黄油与大炮的困境。当前伊朗是两线作战,同时面对国内民生与对外战争的双重压力。不断减少的财政收入让伊朗捉襟见肘。2017年底跨年示威的主要诉求是"要民生不要干涉"。美国的严厉制裁将让伊朗的资源竞争更加突出。保民生还是保住革命遗产将是伊朗面临的抉择。三是民众同政府离心的困境。当前伊朗问题丛生。面对制裁和孤立缺乏应对之策,腐败、既得利益阶层抢占公共资源等问题消磨着伊朗民众的耐性。特朗普的制裁让伊朗发展经济、改善民生的期望彻底破灭。示威游行中"哈梅内伊去死"等口号表明民众同伊斯兰政府的纽带在逐渐松弛。[95]

四、三个黑天鹅事件与伊朗困局的改变

(一)伊朗困局与俄罗斯等国的作用

时隔八年,沙以在经历对美国的不满后,迎来极度反伊的特朗普政府。美以沙三国的共同目标就是铲除心腹大患伊朗,"三打一"局面将愈演愈烈。伊朗的跨年示威、汇率崩盘,让美以沙三国感知到重压之下的伊朗所发生的变化。在美以的帮助下,伊沙之间的战略对峙极有可能进入凶险的死亡螺旋,直到伊朗倒下。

但是在美国加入沙特同伊朗的博弈,特别是美国将伊朗核问题变为伊朗问题后,国际社会嗅到了美国的政策变化所蕴含的危险,即美国极有可能是在复制先制裁后打击的伊拉克模式。有鉴于此,中俄法德都反对美国对伊朗动武。俄罗斯更是在冲突降级上发挥着重要的作用。俄罗斯同伊朗和叙利亚并肩作战,起到支持伊朗和维持叙利亚的平衡作用。以俄土伊外长会晤机制为代表,俄罗斯谋求在美国、沙特之外探讨叙利亚和平进程。俄罗斯还探讨履行向伊朗出售 S-400 防空导弹等先进武器的可能性。[96]俄罗斯的意图就是通过升级伊朗的防空系统改变美以同伊朗之间的军事失衡,从而避免美国和以色列对伊朗发动军事打击。由于欧盟、俄罗斯和中国也在呼吁美国、沙特、伊朗等各方保持冷静,避免冲突升级,如果美国确定对伊朗动武,中俄法德等国家都会反对,美国不太可能在联合国获得打击伊朗的授权。

(二)黑天鹅事件冲击与伊沙战略对峙

美以沙三方联合打击伊朗的行动在稳步推进,但如同绷得过紧的琴弦会断一样,三个"黑天鹅事件"会影响到联合行动。一是特朗普因弹劾下台。以"通俄门"为代表,反特阵营对特朗普的弹劾指控从未停止。特朗普的废约、迁馆、承认耶路撒冷为以色列首都、哭墙祈祷、开除蒂勒森的做法也备受指责。前总统奥巴马更是指责特朗普废约将美国

置于要么接受有核武器的伊朗,要么接受对伊朗战争的两难选择。[97]即使特朗普被弹劾,新政府对伊朗更可能回归到接触加遏制的政策上来,在接触伊朗的同时,美国将在核问题、导弹计划、地区干涉上向伊朗施压。但这更像是"奥巴马主义"与蓬佩奥的12条要求[98]的政策组合。但不管怎样,如果特朗普被弹劾,伊朗的经济状况会有所改善。

二是沙特出现政权改变。当前沙特王储穆罕默德期望推动王室反腐、伊斯兰温和化、"沙特愿景2030"来改造沙特。但"愿景2030"中发展娱乐业和旅游业、创建超级城市、武器国产化等举措存在着前期投入巨大、回收周期长、利润率低、工业基础薄弱、科技人员短缺等内在的缺陷,也难以改变沙特长期依赖石油的状况。王储穆罕默德囚禁王室成员并勒令交出财产,背弃了王室长期坚持的族系平衡和权力与财富分配原则。王储倡导温和伊斯兰、容许妇女驾车、开放娱乐设施等自由化政策也在牺牲瓦哈比阶层的权益。因此,萨拉曼改革很可能因为挑战空前巨大而夭折。沙特不排除因走得步伐过大而出现政权改变的情况。

沙特如果发生政变,新政权可能由王室家族的其他成员、瓦哈比教士、激进伊斯兰人士接任。这三类的共性是都难以接受伊朗的伊斯兰话语,前两类即便不跟美国合作也不会改变同伊朗死磕的局面。如果发生概率极低的激进伊斯兰人士掌权事件,激进伊斯兰极有可能同时反对王室、瓦哈比、美国、伊朗。这将是类似1979年伊斯兰革命的重大事件,有可能刺激美国同伊朗合作反对沙特的激进政府,进而改变伊沙对峙和美以沙三方联手打击伊朗的状况。

三是民主党赢得2020年美国总统大选的胜利。特朗普是美国最亲以反伊的总统之一。特朗普亲以反伊的政策遭到奥巴马等人士的批评,批评者认为特朗普的对伊朗政策不能被以色列绑架;二是特朗普对伊朗的"极限施压"政策和苏莱曼尼事件在将美国推向战争。[99]

在以总统为核心的同心圆决策结构中,特朗普不仅自己亲以反伊,他还通过替换温和派的国家安全顾问、国务卿、国防部长等高级官员,来改变国务院、国防部、国家安全委员会的生态结构。尽管民主党在2018年的国会选举中,在众议院选举中占优,但民主党人士在通过针对伊朗的法案上更多是投赞同票,并未对特朗普对伊政策形成制衡。在决策咨询上,外围的布鲁金斯学会等温和派智库离特朗普的距离越来越远,而美以公共事务委员会等亲以组织同特朗普的距离却越来越近。因此不赞同对伊朗强硬的人员和声音被特朗普所屏蔽。尽管特朗普不完全代表美国,但他是美国对伊朗决策的主导者,他的个人好恶和对官员的遴选在相当程度上决定了美国对伊朗和以色列的政策。在现行体制之下,美国如果改变对伊朗政策,最大可能性来自总统选举。除非出现一个同特朗普唱反调的总统上台,美国对伊政策才有可能发生重大转变。

随着时间的推移,美国新一届总统选举逐渐预热升温,在新的选举之年,如果美国的民主党候选人乔·拜登(Joe Biden)能够在 2020 年的总统选举中击败特朗普当选,[100]美国对伊朗的政策可能会回旋甚至后退。即使不能使伊朗核协议重新"复活",但会比特朗普对伊朗的"极限施压"政策更温和。美国新的民主党政府同沙以两国的关系,尤其是美国同以色列的关系不会像特朗普这样亲密。在共和党没有完全固化美国对伊朗的政策之前,民主党上台能够在一定程度上改变特朗普时期对伊朗过于强硬的政策。美以沙三国联合针对伊朗的局面会有所缓解。即使伊朗没有完全摆脱美以沙三国针对自己的状况,但境遇会好过特朗普时期。特别是新冠疫情的全球蔓延和美国股市在 2020 年 3月份的暴跌给特朗普连任带来了一定的挑战。但是民主党候选人能否在选战中成为黑马,让美国大选成为改变伊朗困局的黑天鹅事件,我们还需拭目以待。

第四节　从伊朗核问题到伊朗问题:
美欧矛盾与伊欧关系的改善

从选战到上台,美国总统特朗普多次大肆攻击伊朗核协议。在宣布打击"伊斯兰国"取得胜利、制止伊拉克库尔德独立公投之后,伊朗核协议的存废成为特朗普政府外交议程的首要议题。

一、欧盟斡旋与美欧分歧

在经历数次(2017 年 4 月 15 日、7 月 15 日、10 月 15 日,2018 年 1

月15日、4月12日)审议和豁免对伊朗制裁之后,2018年1月12日,美国总统特朗普发表最后通牒式演讲。演讲内容主要包括:第一,伊朗核协议违背初衷,让伊朗以极小代价获得极大的收益。而且伊朗核协议并未实现让伊朗在行为上的改弦更张,相反伊朗利用制裁解除的1000亿美元资金从事恐怖主义和地区破坏性活动。因此伊朗核协议要么重新修改要么被废除(Fix It or Nix It),这是最后的机会。第二,提出修约四原则,一是必须保证伊朗永远不获得核武器;二是伊朗必须容许国际原子能机构对帕尔钦军事基地等核设施的检查;三是废除日落条款,新协议不设期限而是永远有效,为的是防范伊朗发展核武器;四是远程导弹与核计划不可分割,伊朗任何发展和试射远程导弹的行为都将招致严厉制裁。第三,5月12日是最后期限。如果美国国会和欧盟不能在最后期限前解决相关的重大缺陷,美国将退出伊朗核协议。[101]

特朗普政府在废约问题上的认真态度引发欧盟的恐慌。以特朗普2018年1月12日最后通牒式的演讲为分水岭,欧盟作为伊朗核协议最重要的推动者加大了对美国的游说,力图在4个月的时间内说服特朗普政府不要废约。

从历程来看,大致经历如下两个阶段:一是特朗普1月12日废约声明后,欧盟同美国磋商补充协定。二是特朗普任命对伊强硬人士蓬佩奥和博尔顿为国务卿和国家安全顾问,引发马克龙和默克尔对美的背靠背游说。这也是在最后通牒前欧盟挽救伊朗核协议所做的最后努力。但无论是补充协定还是背靠背游说,都未能让特朗普满意。伊朗核协议最终成为美国政策调整的牺牲品。

2018年5月8日,美国总统特朗普政府签署第13846号行政命令,废除伊朗核协议,并对伊朗实行更严厉的制裁。在8月4日实施的第一轮制裁中,美国禁止伊朗政府和中央银行从事美元和贵金属交易;禁止伊朗购买或出售伊朗里亚尔的大宗交易;禁止认购或促进伊朗主权债务发行的活动;制裁伊朗的汽车工业。在11月4日实施的第二轮制裁中,美国对伊朗实行能源禁运,要让伊朗的石油零出口或接近零出口。除非获得豁免,美国禁止从伊朗国有石油公司(NIOC)等进口伊朗的原油、石油产品和石化产品,美国制裁伊朗航运公司在内的港口运营、航运、造船、保险和再保险行业。与此同时,美国财政部长等高级官员多次威胁 SWIFT,要求后者配合美国行动,在第二轮制裁中切断同伊朗的端口。SWIFT 在压力之下,以维护全球金融体系的稳定和完整为由,于 2018 年 11 月 12 日起切断同伊朗银行的金融联系。[102]

面对特朗普的退约和更严厉的制裁,英法德三国在 5 月 12 日发表恪守伊朗核协议的联合声明。"欧盟将保障伊朗核协议框架不受损害,避免采取其他各方阻碍伊朗核协议实施的任何行动。但伊朗核计划也要保持和平与民用特性。"为此德国总理默克尔致电伊朗总统鲁哈尼(5 月 10 日)重申德国对伊朗核协议的承诺。[103]德国总理还出访俄罗斯(5 月 18 日)[104]和中国(5 月 25 日)[105]商讨各方在美国退出后维持伊朗核协议事宜。5 月 15 日,欧盟外交事务主席莫格里尼对来访的伊朗外交部长扎里夫表示:"欧盟将保护欧盟在伊公司的利益,并已开始研究美国制裁的应对措施,并主要聚焦伊朗的油气出口和欧盟公司权益保障等领域。"[106]

二、欧盟与美国在制裁伊朗问题上的主要分歧

特朗普的退出让伊朗核协议陷入困局。但令美国意外的是,曾跟随美国进行联合制裁的欧盟在废约问题上不惜对抗美国力挺伊朗。对美伊关系和伊朗核协议的理解让欧盟选择力挺伊朗:

第一,特朗普政府偷换概念,将"伊朗核问题"蜕变为"伊朗问题"。一是特朗普提出留下的条件是修约,但修约的条件已经超越核问题本身。二是特朗普设定的议题广泛庞杂,除了核问题还包括伊朗弹道导弹、支持恐怖主义、地区破坏活动、"侵犯人权"等。而且美国的要求是捆绑式的一揽子解决。即伊朗在上述所有问题上必须完全达到美国的要求,美国才会留在伊朗核协议中。三是美国拒绝欧盟提出的平行原则,不同意采取"核问题+"(Nuclear Plus)的方式解决。事实上,特朗普政府对伊朗政策又退回到冷战初期的"四宗罪政策"[107]。冷战后,美国一直指责伊朗犯有"四宗罪",即发展核武器、支持恐怖主义、阻碍中东和平进程、"侵犯人权",这是美国历来指责伊朗的主要罪状。这样特朗普政府偷梁换柱,将"伊朗核问题"变成了"伊朗问题"。

在解决伊朗问题的实现路径上,欧盟认为伊朗是麻烦国家,但也是中东不可或缺的行为体,欧盟期望接触而不是孤立伊朗。但美国坚持"以压促变"来改变伊朗的行为。特朗普推出的石油禁运和民生制裁,就是要逼迫伊朗改变行为,甚至改变伊朗的政权。

在伊朗核协议与伊朗问题的关系上,欧盟认为伊朗核协议尽管不完美,但其最大价值一是暂停核行动换解除制裁能够避免伊朗困兽犹斗突破核门槛;二是能够给各方以更多的时间解决未尽事宜,例如帕尔钦军事基地准入和更严格的侵入式核查等。而且伊朗核协议是国际社会同伊朗发展关系的基石,在各方建立信任的基础上,能够有助于其他问题比如弹道导弹的解决。因此欧盟主张伊朗核协议必须保留。

特朗普政府将伊朗核协议视为"万恶之源",认为协议的日落条款为伊朗未来发展核武器提供了制度漏洞,协议并未让伊朗迷途知返,不过是伊朗欺骗国际社会的缓兵之计。伊朗反而将被释放的1 000多亿石油美元用于发展核武器、弹道导弹、"压制人权"、支持恐怖主义、支持叙利亚巴沙尔政权和也门胡塞武装组织等。特朗普认为,其前任总统签署伊朗核协议是美国的耻辱和外交惨败,伊朗核协议必须被废除。2016年特朗普向美国—以色列行为委员会、美以公共事务委员会等组织多次表示,如果当选,首要优先政策就是废弃前任同伊朗达成的伊朗核协议。[108]

第二,特朗普的"美国优先"原则与欧盟的规范性力量认同。从执政理念和风格来看,特朗普将"美国优先"作为执政之本。特朗普政府在国家利益与国际责任问题上锱铢必较,以功利主义心态看待国际制度,不愿为对美国利益缺乏贡献的国际制度买单。特朗普打着"美国优先"的旗号横冲直撞,置多边主义于不顾。特朗普上台后,先后废弃了《国际气象公约巴黎协定》《万国邮政联盟公约》《中导条约》、联合国教科文组织等多边条约或组织。退出伊朗核协议不过是特朗普政府退出多边协定和条约的缩影。

特朗普对伊朗核协议的看法是:首先,伊朗以极小的代价获得了巨大收益。伊朗是以日落条款换取美欧解除对伊制裁。伊朗实际付出的仅仅是以10—15年内暂停铀浓缩等敏感核活动。其次,美国的善意换来的是伊朗的不义之举。支持叙利亚的巴沙尔政权以及黎巴嫩真主党、也门胡塞武装组织、巴勒斯坦哈马斯等激进组织。再次,伊朗是靠欺骗不当获利。伊朗核协议是以停止发展核武器为前提,但特朗普援引以色列情报,认定伊朗并未停止发展核武器,伊朗是在欺骗国际社会。

欧盟认为:第一,伊朗核协议来之不易,不能够轻言放弃。英法德三国最早介入伊朗核问题。伊朗核协议所体现的 E3+3(或 P5+1)模式凸显了欧盟在核问题上的卓越贡献,伊朗核协议也是欧盟外交的突出成就。美国的退出是对欧盟长期致力的斡旋和磋商努力的重大打击。如果放弃,欧盟将要承担沉重的沉没成本。其次,欧盟认为伊朗核协议是在伊朗核进程接近临界点时签署的,这一暂停有助于国际社会争取更多时间。第二,欧盟认为有约必守,这事关欧盟的信誉和声望。对欧盟来说,维护伊朗核协议不仅缓解了中东的地区紧张和可能的核军备竞赛,也维护了欧盟的外交成果和规则的权威性。[109]在国际原子能机构和其他签约国认定伊朗认真履约的前提下,特朗普指责日落条款,并将伊朗其他行为同核协定相绑定属于无中生有,欧盟不能跟随美国废弃伊朗核协议。美国可以不顾自己的颜面和软实力,但欧盟若在废约上跟随美国无异于助纣为虐,彻底抛弃自己长期坚持的道义和规范。

第三,欧盟在伊朗问题上存在着"池鱼困境"。伊朗的稳定与否,直接关系到欧盟的安全。冷战后防扩散和关注周边安全是欧盟关注的两大维度。[110]而伊朗恰恰在核扩散和周边安全两个维度上挑战了欧盟的安全。欧盟不希望伊朗作为周边国家拥有核武器。在伊朗核问题上,欧盟存在着所谓"池鱼困境",因为一旦美国同伊朗关系紧张,是近邻欧盟而非遥远的美国首先受到冲击。[111]从政策推演看,美国的"极限施压"政策的目的是针对伊朗政权,伊朗要么像蓬佩奥 5 月 21 日的演讲所展示的路径一样"改弦更张",在行为上做出重大改变,要么面临博尔顿所称的"政权改变"。[112]如果伊朗不遵循美国指出的行为改变或政权改变,那么伊朗必然在核问题、地区军事行动上寻求突破,这反过来会诱发美国、以色列、沙特等国的反制。随着美国、以色列、沙特联合打击伊朗的绳索不断收紧,地区冲突升级的概率将陡然上升。甚至会出现伊朗核设施遭受军事打击,以及伊朗同美以之间发生局部战争。无论哪种情势,欧盟都会首当其冲,承受难民外逃、恐怖袭击等冲击。在叙利亚和伊拉克的难民问题已经让欧盟疲于应付的情况下,一旦伊朗出现危机,难民涌入和恐袭升级等问题将让欧盟不堪重负。这也让夹在美国和伊朗之间的欧盟更倾向于采用主动介入和接触伊朗的政策解决问题,不愿大动干戈诉诸武力。欧盟此次在伊朗核问题上选择同美国分道扬镳,原因之一在于地理的邻近性让欧盟成为更易受损的一方。

第四,长臂制裁引发的美欧矛盾。美国对伊朗的新制裁直指伊朗的外资和能源出口,就是要封门闭户,断绝伊朗同国际社会的能源和经贸联系。美国置伊朗于死地的做法对欧盟的伤害在于,将让2016年伊朗核协议生效后欧盟对伊的经贸投资付之东流。

美国制裁对欧盟的影响主要包括:第一,能源禁运。在伊朗核协议签署之后,欧盟全面恢复对伊朗的能源进口。2017年,意大利(19.8万桶)、德国(16.1万桶)、法国(11.4万桶)、西班牙(8.4万桶)、希腊(7.4万桶)成为伊朗石油的重要买家,欧盟国家从伊朗的石油进口达到每天62.4万桶,约占伊朗石油出口的24.8%。这个数额已接近双方的历史峰值。如果欧盟顺从美国,欧盟国家将在半年时间内停止进口伊朗石油,转而寻找替代卖家。第二,经贸投资。伊朗核协议签署后欧盟对伊朗的经贸和投资迅速攀升,成为仅次于中国的伊朗第二大贸易伙伴。2016—2017年欧盟对伊朗出口增长了31.5%,进口增长了83.9%。其中德国对伊出口从2016年的26亿欧元提高到2017年的37亿欧元,增幅高达42.3%。法国对伊出口从2015年的5.62亿欧元飙升至2017年的15亿欧元。欧洲的空中客车公司2016年与伊朗签署价值175亿欧元的合同,向伊朗出售118架商用客机。在对伊投资上,法国道达尔石油公司、瑞典斯堪尼亚货车(SCANIA)公司、法国标致公司等仍在加大对伊朗的投资。法国道达尔公司在2017年7月与伊朗签署了42.5亿欧元的20年协议,开发伊朗南帕斯气田。[113]法国标致公司同伊朗塞帕公司(SAIPA)合资生产的标致205、305车型是伊朗最畅销的汽车品牌。意大利国家铁路公司同伊朗签署12亿欧元合同修建从库姆到阿拉克的高速铁路。法国雪铁龙公司在2016年与伊朗塞帕公司签署价值2.55亿欧元的协议,在伊朗建设年产量20万辆的汽车厂。雷诺与伊朗签署6.6亿欧元合资协议,建设年产量35万辆规模的汽车厂。

斯堪尼亚公司在伊朗建设年产1 350辆重卡的工厂。德国西门子公司同伊朗签署数十亿欧元的铁路和电力合同。如果欧盟毁约，这些公司在三年内必须撤出伊朗。

美国制裁对欧盟的影响至深，主要体现在两方面：一是美国的新制裁除了制裁伊朗的能源和金融外，还制裁汽车、钢铁、航运等民生行业；二是美国制裁属于长臂管辖，即美国既制裁违规的美国公司，也制裁同伊朗从事业务联系的其他国家的公司和实体。欧盟公司的权益也不可避免地受到美国长臂管辖的侵害，因此欧盟要么顺从美国从伊朗撤资、终止合作，要么采取实质性举措保护欧盟公司和实体的利益。2018年5月8日成为美欧对伊朗政策出现分歧的起点。欧盟在呼吁美国不要实行域外的长臂管辖、豁免欧盟在伊的项目的同时[114]，也在防范自己在伊朗的利益受到损害。

三、从阻断法案到特殊目的通道

从2018年6月6日开始，欧盟委员会着手激活1996年的阻断法案(2271/96)。[115]在欧盟公司可不予遵守的第三国法律清单中添加了美国对伊新制裁，欧洲议会和理事会在8月7日审议后，更新版的阻断法案正式生效。

阻断法案的主要内容包括：(1)阻断法案禁止欧盟公司和实体遵守美国制裁法，也禁止承认并执行外国尤其是美国的法院判决和行政命令。这主要包括美国对伊朗实施的《1996年伊朗制裁法》(ISA)、2012年《自由伊朗和防核扩散法案》(IFCA)、《2012财年国防授权法》(NDAA)、《2012年减少伊朗威胁与叙利亚人权法》(TRA)、《伊朗交易与制裁条例》(ITSR)，以及美国第13846号行政命令等。(2)阻断法案明令禁止拒绝执行与欧盟及其企业相关的外国，尤其是美国的法院判决、法律法规。(3)容许欧盟公司或实体对美国制裁所造成的损失和伤害拥有追索权。欧盟公司应当在知晓经济利益因域外法律受损的30天之内通知欧盟委员会。成员国法院在收到欧盟公司的起诉和索赔申请后，启动相关的定损和追索等相关程序。与任何损害赔偿诉讼一样，法官将评估案件的实质和因果关系。赔偿可以采取扣押或出售美国在欧资产来获得。欧盟公司可以向造成损失的自然人或法人或任何其他实体追讨损害赔偿。

从法律上讲,更新后的阻断法案使得欧盟公司和实体在欧洲法院、国际法庭或国际商会对美国制裁提出仲裁和诉讼时拥有了法律依据。就像防火墙一样,能够阻止美国制裁侵害欧盟公司和实体的利益。从政治上讲,重启阻断法案具有发出明确的政治信号的意义。欧盟实际上是向美国传达这样的信息,即欧洲认为伊朗核协议是欧盟重要的外交成就,欧盟愿意捍卫并为之奋斗。同时欧盟也在向伊朗表达欧盟推动核协议向前发展的初衷和善意。

阻断法案重启与更新是欧盟保护自己公司和实体免受美国制裁侵害的第一步,未来还有相当长的路要走。第一,阻断法案存在的技术性问题增加了阻断法案的执行难度。如果欧盟受理投诉或向世界贸易组织提请仲裁申诉,一要解决确权问题。欧盟公司或实体退出伊朗有很多理由,但是欧盟执法部门难以确定并惩罚那些因担心美国的制裁而以政治风险、营商环境恶化为名退出伊朗的公司。即使受理索赔,欧盟难以举证是美国制裁和恐吓所造成的经营困难预期让欧盟公司退出。二要确定索赔对象。阻断法案容许欧盟公司追索因美国实施制裁法而造成的损失,但如果向美国政府提出索赔要求,美国政府将以主权豁免为由驳回诉讼。[116]三是面临违法处置权困境。处罚欧盟公司违法的权限在成员国。鉴于本国公司为经济增长所做的贡献,成员国不愿因为公司规避美国制裁而科以重罚。

第二,欧盟公司陷入非此即彼的困境。由于欧盟的阻断法案直接针对美国制裁,这让欧盟公司进退两难:欧盟公司要么因遵守美国制裁法而违反阻断法案,要么因遵守阻断法案而违反美国制裁法。鉴于美国的制裁历史更久、执法更严,以及将违反阻断法案定为犯罪的英国和瑞士两国并未援引阻断法案保护本国的汇丰银行、渣打银行、荷兰国际集团、巴克莱银行、劳埃德银行和瑞士信贷银行。[117]因此基于两害相权取其轻的原则,欧盟公司会认定违反阻断法案所受惩罚更轻、更易接受。

第三,利益驱动让欧盟公司远离伊朗。美国制裁的实质是站队问题。鉴于欧洲公司对美国的市场、金融产品、金融平台的依赖度更高,因此欧盟公司特别是跨国公司避免因伊朗而得罪美国。毕竟伊朗4 000亿美元的市场规模和美国19万亿美元的市场规模不可同日而语。而且欧盟公司严重依赖美国主导的国际银行体系和金融市场。[118]任何在美拥有业务和利益的欧洲公司,无论是拥有美国股份、使用美国零部件,甚至是使用美元结算,面对美国的制裁都非常脆弱。这也让欧盟公司优先保留与美国而非伊朗的良好关系。欧洲投资银行、法国道达尔公司、德国戴姆勒汽车公司、丹麦马士基航运公司、瑞典斯堪尼亚公司都先后表示,因为美国制裁而退出伊朗市场。[119]

为保障伊朗的石油出口和进口支付,2018年7月6日,首次伊朗核协议六国部长会议召开,主要议题是探讨美国退出后,保障伊朗进出口结算渠道畅通的问题。2018年联合国第73届大会期间,伊朗核协议六国部长会议专门探讨特殊目的机构(Special Purpose Vehicle,以下简称为SPV)事宜。2018年9月24日,欧盟外交与安全政策高级代表费代丽卡·莫盖里尼(Federica Mogherini)同伊朗外交部长扎里夫共同宣布,欧盟同意建立SPV来促进包括原油在内的伊朗进出口的交易。"这意味着欧盟建立合法实体来促进同伊朗的合法金融交易和正常贸易关系。"[120]与六国部长会议和宣布筹建SPV相映衬的是,特朗普、蓬佩奥和博尔顿在联合国大会等场合指责伊朗。欧美分庭抗礼的意味十分明显。[121]

从运行机制上看,SPV是为伊欧双方开展合法业务提供便利的记账式易货贸易平台。SPV是独立于SWIFT的结算体系,在SPV系统之下,伊朗将出口欧盟的石油收入以欧元计价纳入SPV体系,如果伊朗购买欧盟的商品与服务,伊朗在SPV的账户金额将相应减少。[122]为规避美国的新制裁,所有交易都以欧元或英镑计价,而非美元或伊朗里亚尔计价。SPV系统内的所有交易都不对美国公开、不受美国监管。伊朗总统鲁哈尼称赞SPV是欧盟的创举。法国经济和财政部长布律诺·勒梅尔(Bruno le Maire)期望将SPV演化成真正充当欧洲独立的金融工具,容许欧盟在遵守国际法和欧洲义务前提下同任何国家从事交易。

尽管欧盟和伊朗在结算上取得方向性突破,但SPV无论在实践上还是技术上仍需相当地完善。第一,SPV的注册落地问题。因担心引火烧身,奥地利、比利时、卢森堡三国都不同意德法的 SPV 的落地提议。未来更大的可能性是德国或法国同意将 SPV 设在自己国家。[123] 2018 年 12 月,欧盟和伊朗表示 2018 年底解决落地问题,但具体实施还有待进一步观察。2019 年 1 月,欧盟退出支持贸易交换工具(Instrument in Support of Trade Exchanges,INSTEX)来替代 SPV,但是 INSTEX 同样存在诸多技术性问题而难以真正落实。[124] 为此伊朗也多次同欧盟代表谈判敦促后者尽快启动能够保障伊欧正常贸易的行动。但是伊朗得到的更多是欧盟的口头承诺而缺乏实质性的举措。欧盟难以履行承诺迫使伊朗开始分阶段地恢复伊朗核活动。这也遭到欧盟的强烈反对。伊欧双方开始相互指责对方违反伊朗核协议的相关规定。2020 年 3 月,伊朗完全废除了伊朗核协议对自己的限制。伊朗核问题又退回到原点。伊朗同欧盟、美国等签约国进入新的博弈阶段。

第二,SPV 的参与者问题。尽管欧盟自我宣称信息保密,美国不会知晓 SPV 的参与者和交易标的,但由于美国的制裁阴云始终存在,任何愿意参加 SPV 交易的公司都意味着同美国作对。德国社民党外交事务发言人罗尔夫·穆泽尼希(Rolf Mutzenich)表示,市场力量巨大的德国公司、商业银行和央行不会使用 SPV,因为担心会造成同美国的贸易紧张和报复,但对伊朗市场存在依赖关系的中小公司会参与其中。[125]

第三,SPV 的额度与赤字问题。伊朗同欧盟的能源交易是支撑 SPV 的原动力。除非欧盟和伊朗之间达成预存资金的协定,否则理论上 SPV 系统内要存有伊朗的石油收益才会有后续的进口。由于伊朗对欧盟的石油收入同 SPV 额度存在正相关的关系,因此如果国际油价过低或欧盟进口额过低,SPV 系统的运转将面临因信用短缺而停滞的局面。欧盟石油进口量大约占伊朗石油出口的 20%—30%,如果以每桶石油 40—60 美元计价,那么伊朗对欧盟能源出口价值大约为 240 亿—360 亿美元。这也是伊朗在 SPV 的可预见额度。显然这些额度难以满足伊朗的进出口需求。这也意味着伊朗同欧盟的 SPV 存在赤字的可能,这需要双方做出安排。在 SWIFT 切断情况之下,除非伊朗同韩国、印度等国也建立类似欧盟 SPV 的制度,否则伊朗的石油出售和油款回收仍是重要问题。

四、未来形势的发展与欧美关系

(一)欧盟的企业保护与欧盟金融自主

从侧重保护贸易和投资的阻断法案到侧重金融和结算的 SPV,如果说阻断法案像防火墙,那么 SPV 就像是后台处理器,两者的结合基本构成对伊朗的贸易投资和结算的闭环。虽然阻断法案和 SPV 都存在诸多漏洞,但其积极意义也毋庸置疑。

第一,欧盟通过自己的行动表达对伊朗核协议的承诺。欧盟在应对美国制裁上做出的阻断法案和 SPV,理论上实现了从贸易投资保护到支付独立的封闭运营。借此欧盟实现了对伊朗的承诺,并完善了对欧盟企业的立法保护。欧盟在对抗美国时表现出的针锋相对的勇气和推出具有操作性的举措值得赞许。随着特朗普政府在治外法权和长臂管辖的道路上越走越远,如何保护本国企业的利益,不仅是欧盟需要思考的事情,也是其他大国都该思考并提上议事日程的重大问题。

第二,这是欧盟寻求金融独立和对抗美国金融霸权的重要举措。美国的金融霸权,不仅体现在世界银行和国际货币基金组织的份额和投票权上,更体现在美元铸币税和石油的美元计价权,以及美国通过 VISA、MasterCard 等信用支付上,这也让美国的金融霸权难以被撼动。但当美国把这些具有公共产品属性的平台与服务当作为自己牟利和要挟他国的武器时,制衡美国的金融霸权就被提上议事日程。

继 2002 年欧元正式流通成为国际储备和国际支付的主要货币后,这也成为欧盟挑战美国美元霸权的重要举措的第一步。而筹建不受美国监管的 SPV,则是欧盟在金融领域建立自己独立的防御性银行体系,防止美国以美元为武器要挟欧盟。从长期看,这也将促使不依赖美国的金融体系的替代性机制的发展。[126]这种做法将制衡并减弱美国在国际贸易和国际金融上的肆意妄为。不仅如此,欧盟筹划的计划还包括拟在 2018 年 12 月公布欧元的利率基准、即时支付系统,创建石油的欧元定价制度,并将欧元作为同第三国能源合同的默认货币,创建独立于 SWIFT 的金融服务公司等。[127]毋庸置疑,这些远景计划的每一步,从筹划到落实都需要时间,都需要克服来自美国的阻挠,但欧盟创建平等公正的国际金融新秩序的意义值得期待。

第三,倡导金融服务平台的独立性与中立性。美国利用金融霸权将 SWIFT 作为打击伊朗的武器。这也让欧盟费尽周章处处被动。欧洲的 SWIFT 具有公共产品的属性,是国际金融服务平台,因此 SWIFT 不应该卷入国家纷争,更不应当屈从美国的强权并恃强凌弱,特别是关闭伊朗的航运、钢铁、航空等民生性产业的金融联系。维持金融服务平台的独立性和中立性,是创建平等公正的国际金融新秩序的重要内容。

(二) 美欧对伊的政策差异与伊朗的行为改变

欧盟推出的阻断法案和 SPV 以及由此凸显的美欧矛盾,都源于美国制裁伊朗。毫无疑问,欧美在对伊朗的政策上至少有两点存在共性:一是敦促伊朗改变,二是不容许伊朗发展核武器。美欧的政策共性的初衷与目的,都是要改变伊朗,只是欧盟更多地侧重于改变伊朗的行为,而美国侧重于改变伊朗的政权属性甚至政权本身。

美欧在改变伊朗的政策差异也让欧盟对美国对伊政策心怀疑虑。当前美国对伊朗政策,实际上就是更加严厉地遏制伊朗,目的是让伊朗虚弱不堪,并最终实现政权改变。能源禁运和金融制裁只是美国政策组合中的一个环节。除此之外,美国通过多条战线打击伊朗。在军事上,加派航母战斗群赴海湾防止伊朗的军事冒险行动。在叙利亚问题上,以生化武器危机为借口,对叙利亚发动战术性打击,并逐渐同沙特和以色列在叙利亚问题上进行协调,斩断伊朗的地区干预的触角。在安全上,同以色列和沙特组成遏制伊朗的战略三角。在国际市场上,美国敦促沙特打压油价,防止美伊关系紧张刺激油价暴涨。美国在多条阵线同时发力就是为框住伊朗,勒紧遏制伊朗的绞索。让龟缩的伊朗的经济虚弱长期化,促使伊朗发生政治内溃。假以时日,即使伊朗不发生内溃,被剪断同世界联系的伊朗,在经济上也将会越发虚弱,逐渐退出中东地区大国的行列。

在这方面,美欧的战略目标变得严重冲突。欧盟为了不让稍微稳定的中东局势重归紧张,就必须反对美国推倒伊朗核协议这一稳定支柱,反对"极限施压"政策,反对弱化伊朗。两者最大区别在于欧盟接受建设性的伊朗,并愿意以更大的战略耐性给伊朗以改变的时间。可以预见,欧美在敦促伊朗的行为改变上还会有合作,但在涉及弱化伊朗和改变伊朗政权的问题上却将分道扬镳。

(三)伊朗的易货贸易体系与外交困境

特朗普政府推出的能源禁运和 SWIFT 切断,就是要切断伊朗同国际社会的能源和投资联系。这深刻改变着美伊之间的游戏规则。美国制裁是要让伊朗石油零出口或接近零出口,让所有外资撤出伊朗。好在欧盟这次站在伊朗这边反对美国,哪怕欧盟带给伊朗的是漏洞百出的易货贸易和结算体系,但这恐怕也是伊朗不得不接受的现实。

然而易货贸易的负面影响相当明显:易货体系的缺陷是不以货币为基础而进行的交易。伊欧之间的易货贸易牺牲了货币的交换功能,这是从货币和信用贸易退回到更传统的贸易形式。易货贸易将限制伊朗的选择自由和议价能力,伊朗只能在有限的贸易伙伴和商品服务中做出选择。即使多个易货贸易体系能相互联通,比如让印度接入欧盟SPV 的结算平台网络,但伊朗的贸易自由仍相当有限。

不仅如此,在美国干涉面前,伊朗的易货体系具有相当的脆弱性。凭借强大的次级制裁能力,美国在迫使更多企业远离伊朗。欧盟 SPV迟迟难以落地和中国暂停昆仑银行除人道主义之外的伊朗业务,其背后都有美国施压的身影。随着美国制裁的深入,日本、韩国,甚至印度公司也将会大概率离开伊朗。美国制裁让伊朗成为贸易和投资的高风险国家,加上油价低迷和原油逐渐变为买方市场,削弱着伊朗的议价能力。而伊朗里亚尔暴跌和结算的非便利性,大大减少了伊朗的市场吸引力。投资收益走低、巨大的不确定性、得罪美国和可能招致巨额惩罚,让更多国家和企业远离伊朗。

可以预见,经济日渐虚弱是伊朗面临的长期问题。对伊朗来讲,对伊朗核协议的遵守如同鸡肋。当初伊朗核协议设定的是以核暂停换取解除经济制裁的交易框架,这一条约对伊朗来讲已经形同虚设。伊朗核协议对伊朗的边际效应递减让伊朗国内政治暗流涌动,保守派和强硬派对鲁哈尼政府的攻击日渐加强。在这种情况之下,伊朗存在着像当年艾哈迈迪内贾德那样选择核冒进以突破困境的可能。但是这一路径无比凶险,伊朗不会轻易做出上述选择。首先,如果伊朗重启铀浓缩,寻求发展核武器的话,伊朗将再次把中国、俄罗斯、欧盟、印度等国家推到美国那一边,伊朗通过伊朗核协议争取到的外交空间将彻底丧失。得道未必多助,但伊朗失道必定寡助,将会迎来更严厉的国际制裁。其次,重启铀浓缩和拿到核武器是两回事。伊朗的核进程更可能因为遭受美国和以色列的军事打击而夭折。即使伊朗成功拿到核武器,伊朗核威慑的边际效应也将因经济虚弱和强敌环伺而递减。第三,美国在军事和安全上防范伊朗的冒险行动。军事上美国驻巴林的第五舰队和派驻在海湾的航母战斗群时刻提防着伊朗的军事冒险。安全上美国加紧同以色列和沙特构建遏制伊朗的战略三角。伊朗放手一搏的结果更可能是"鱼死网不破"。所以,对伊朗来讲,最稳妥和现实的路径是循规蹈矩,在核问题和地区军事行为上寻求妥协,为自己赢得更多空间和筹码。

第五节 特朗普的政权改变政策与伊朗的应对

特朗普上台后打着"美国优先"的旗帜在国际上掀起轩然大波,美国对伊朗的政策更是急转直下。特朗普"逢奥必反",抛弃了"奥巴马主义",废除多国签署且对伊朗有重大意义的伊朗核协议,并对伊朗奉行政权改变政策。

一、特朗普版本的政权改变政策

奥巴马卸任后,美国对伊朗的政策走到了新的十字路口。美国既可以继续遵循同伊朗缓和的"奥巴马主义","和伊压以",推动中东朝着合作型的地区结构发展;美国也可以选择退回到过去,"遏伊挺以",通过强调伊朗威胁来维系美国在中东的同盟体系。路线之争让美国2016年的大选成为美国对伊朗政策的关键节点,特朗普的当选让美国对伊政策的钟摆从缓和又回复到强硬。政权改变政策是特朗普政府对伊朗的主导政策。

本书认为美国对伊朗的外交政策是政权改变政策,主要基于以下事实:第一,美国制裁具有颠覆伊朗政府的效果,特朗普的目的就是使伊朗政府倒台。2018年5月,特朗普宣布对伊朗进行为期两轮的民生制裁和石油禁运。[128]鉴于伊朗的能源出口兼具维持经济正常运转和提供社会福利补贴两大功能,因此石油禁运一旦实现,将从源头关闭伊朗的经济阀门,损害严重依赖福利补贴的底层民众的生活。美国对钢铁、汽车等行业的民生制裁会让更多的伊朗产业工人失业,导致社会动荡不安,危及伊朗的政权稳定。因此美国制裁所针对的是伊朗政权。2018年1月,博尔顿在《华尔街时报》发表措辞强烈的专论,强调美国"不会让伊朗庆祝40周年国庆,美国要在2019年2月之前终结伊朗的政权"[129]。

第二,推出"盗贼统治论",污名化伊朗。像克林顿和小布什给伊朗贴上"无赖国家"和"暴政据点"的标签一样,特朗普政府给伊朗贴上的标签是"盗贼统治"。蓬佩奥在2018年5月21日宣布美国对伊朗的新政策,将伊朗称为"盗贼统治"(Kleptocracy),指责伊朗的精神领袖等宗教人士是"伪善的圣人"(Hypocritical Holy Men)。美国污名化伊朗就是要否认伊朗伊斯兰政权的合法性。另外,美国国务院伊朗行动工作组公开称呼伊朗为"不法政权"(Outlaw Regime)。[130]"盗贼统治"和"不法政权"体现的是美国对伊朗的蔑视,拒绝承认伊朗政权的合法性。

第三,特朗普以"反伊"为原则遴选高级官员。特朗普上台后,先后清洗了一批主张对伊朗温和的官员。国家安全事务助理迈克尔·弗林(Michael Flynn)(2017年2月)和赫伯特·麦克马斯特(Herbert McMaster)(2018年4月)、国务卿蒂勒森(2018年3月)、国防部长詹姆斯·马蒂斯(James Mattis)(2018年12月)等一批温和派官员先后离职,美国对伊朗的政策日趋强硬。美国构建起由总统特朗普领衔,以副总统迈克·彭斯(Mike Pence)、国务卿蓬佩奥、国家安全事务助理博尔顿为核心,以特朗普法律顾问鲁迪·朱利亚尼(Rudy Giuliani)、众议院议长保罗·瑞安(Paul Ryan)、国家安全委员会事务长弗莱德·弗莱茨(Fred Fleitz)[131]为外围的对伊强势组合。这些高级官员在不同场合都发表要求伊朗改变行为否则将改变伊朗政权的言论。继小布什政府之后,政权改变政策再度成为特朗普政府对伊朗的主导政策。

第四,博尔顿的标志性复出。在相当程度上,博尔顿已等同于政权改变政策。早在小布什政府时期,博尔顿就鼓吹政权改变政策,认为只有武力推翻伊拉克、伊朗等"无赖国家"的政权,才是根治核扩散、恐怖主义、侵犯人权的治本之策。由于博尔顿的立场激进和新保守派的失势,博尔顿政权改变的政策主张并不成功。2018 年 4 月,博尔顿被特朗普高调任命为国家安全顾问,其象征意义不言而喻。2019 年 9 月,博尔顿因为同特朗普政见不合而被解职。

综合来看,特朗普版本的政权改变政策相对完整。第一,美国对伊朗的政权改变政策主要依托两大力量。一是伊朗的海外反对派。流亡海外的伊朗"人民圣战者组织"是伊朗政府主要的反对派和特朗普政府的依托力量,呼吁美国正面对抗伊朗并寻求促成伊朗的政权改变。博尔顿(2017 年 7 月)、朱利亚尼(2018 年 6 月)、蓬佩奥(2018 年 7 月)都曾为"人民圣战者组织"等伊朗海外反对派组织站台。[132] 二是伊朗国内民众。特朗普、蓬佩奥等官员对伊朗民众隔空喊话,称呼伊朗民众是爱好自由和民主的人民,应当反对伊朗政府的严酷"镇压"。伊朗发生跨年示威游行之际,特朗普等官员通过推文、演讲和网站声明等形式支持伊朗民众的示威,称伊朗现在处于变革时代,呼吁热爱自由的伊朗民众反对专制政府,将示威游行升级为"阿拉伯之春"。

第二,特朗普寻求政权改变的手段是通过"极限施压"让伊朗内溃。特朗普的政权改变政策并不主要依靠武力而是倚重经济制裁,通过"以压促变"让伊朗内部发生溃败。特朗普的政权改变政策更像是介于和平演变和武力推翻之间的政策。特朗普对伊制裁的最大特点是切断,断绝伊朗同世界的能源联系和金融联系,让伊朗既不能出卖石油来获得美元,也不能获取外部投资。蓬佩奥等美国官员表示就是要将伊朗石油出口降到零或接近于零,从而从源头上关闭伊朗财源的总阀门,让伊朗政府难以为继。特朗普进行"极限施压"是要在伊朗民众和政府之间制造嫌隙,让受制裁之苦的伊朗民众将愤怒转嫁给政府,进而动摇伊朗政权的根基。

第三,特朗普的政权改变政策路线图是废约、制裁和政权改变。特朗普上任后把废除伊朗核协议视为政权改变的必要步骤。特朗普提高要价不承认伊朗核协议的有效性。特朗普公开表示该协议并没有让伊朗放弃发展核武器,伊朗反而利用制裁解禁获得的数千亿美元资助叙利亚巴沙尔政府和也门胡塞武装组织。因此美国必须同伊朗就核问题重新谈判。新的谈判将包含放弃发展核武器、停止支持恐怖主义、停止支持叙利亚等国的军事行动等新的条件。伊朗必须在上述议题上做出实质性让步,否则美国将退出核协议。

特朗普这种漫天要价和最后通牒式的要挟就是逼迫伊朗拒绝,这也将为美国废约提供借口。既然伊朗不接受修约,那么美国就退出伊朗核协议。2018 年 5 月 8 日,美国不顾中国、俄罗斯和欧盟的反对,以伊朗拒绝重谈为由宣布退出伊朗核协议。[133]而美国退出伊朗核协议之后,立即启动对伊朗的制裁程序,直接对伊朗石油出口和金融结算下手。2018 年 11 月 4 日,美国对伊朗实行能源禁运,要让伊朗的石油零出口或接近零出口。2018 年 11 月 12 日,在美国的压力下,SWIFT 切断同伊朗银行的金融联系。[134]特朗普出重手的目的就是让伊朗政权难以为继而被推翻。这也是美国的废约和提出行为改变的路线图。

第四,行为改变和政权改变实际上殊途同归。美国政府内部存在政权改变与行为改变之争。[135]国防部长马蒂斯、蒂勒森是行为改变的支持者,强调改变伊朗行为而非颠覆伊朗政权。[136]博尔顿、朱利安尼则支持政权改变政策。同美国对伊拉克的政策相类似,特朗普对伊朗的政策也是奉行先制裁后改变的路线。长期的经济制裁会造成伊朗实力的逐渐下降和虚弱,在难以突围和走投无路的情况下被迫改变行为。但由于伊朗实力下降后可能会出现政权内溃,或者因诱发他国的军事打击而导致政权变更。因此行为改变和政权改变并不一定存在着严格的界限,只存在先后次序和轻重缓急的差别。两者的关系更像是政策的一表一里或是同一政策的 A 计划和 B 计划。美国学者苏珊娜·马洛尼(Suzanne Maloney)直接将蓬佩奥对伊朗的行为改变解读为政权改变政策。[137]

为了推行这一政策,美国除了制裁之外,还密集出台了同伊朗有关的战略文件和法律。美国出台的《2018 年国家安全战略》《国家防务战略》《核态势评估报告》《导弹防御评估》,都将伊朗列为长期性和战略性的安全威胁。《国家防务战略》指出,伊朗和朝鲜的核威胁是美国首要的安全关切,并将其提高到同中国和俄罗斯的战略竞争的高度。此外特朗普政府还出台了《打击美国对手制裁法》(2017),责成国防部、国务院等职能部门每两年举行联席会议评估伊朗威胁。[138]2018年8月,美国成立"伊朗行动组"(Iran Action Group),用以监督伊朗在发展核武器、支持恐怖主义等方面的行为,并评估美国制裁所产生的成效。[139]

时隔数年,美国对伊朗又推出特朗普版本的政权改变政策,其政策背后蕴含的政治理性包括:第一,特朗普有"亲犹仇伊"的个人好恶。在选战时期和当选之后,特朗普仇恨伊朗和热爱以色列的情绪表露得十分清晰。此外,特朗普的女儿伊万卡和犹太裔女婿库什纳,以及外围的美以公共事务委员会、保卫民主基金会、科学与国家安全研究所等游说组织或智库也在"亲以反伊"上对特朗普施加了重要影响。在伊以尖锐对立的情况下,特朗普反伊就是挺以,挺以就是反伊。特朗普承认耶路撒冷为以色列首都等亲以政策,同废除伊朗核协议在性质上是一致的。

第二,从权力周期来看,美国综合国力的恢复是推动特朗普对伊强硬的内在动力。奥巴马为期八年的中东战略调整为美国赢得了喘息的时间,也为特朗普重返中东创造了机会。在埃及和土耳其同美国日渐疏远的情况下,稳固同以色列和沙特的关系显得尤其重要。美国对伊朗强硬就能够满足以沙在对抗伊朗威胁上的安全关切。美国在政权改变政策上越坚定,以沙两国对美国的向心力就越大。政权改变政策成为美国打击伊朗和凝聚以沙的工具。

第三,特朗普混淆概念,把伊朗核问题变为伊朗问题。相对前任,特朗普认为伊朗核协议是美国迄今签署的最愚蠢的协议,协议非但未能约束伊朗发展核武器,伊朗反而利用解除制裁获得的资金支持黎巴嫩真主党和也门胡塞武装组织,发展核武器和弹道导弹,因此美国不能同伊朗和解,也不能被伊朗核协议捆住手脚。特朗普就是要将美伊关系退回到过去,从关注核问题转为关注伊朗问题,彻底改变伊朗对内和对外行为。如果伊朗不改变,美国就通过政权改变政策加以解决。[140]

第四,地区问题的解决让美国能腾出手来对付伊朗。特朗普上台后,2017年9月,美国平息了库尔德的独立公投事件,避免了伊拉克的分裂。2017年12月,美国在伊拉克打败恐怖组织"伊斯兰国"。2017年12月,美国宣布承认耶路撒冷为以色列首都并迁址美国驻以色列大使馆,满足了以色列的战略和心理诉求。解决好这些问题,美国得以腾出手来对付伊朗,并将政权改变政策作为美国对伊的基本政策。

第五,伊朗国内示威让美国看到了机会和希望。2017年12月,伊朗的马什哈德、德黑兰、伊斯法罕、设拉子等城市出现了要求改善民生和批评伊朗外交的示威游行。这也被美国解读为伊朗政府对社会的控制力下降,伊朗社会与政府之间出现裂痕、不再是铁板一块。国务卿蓬佩奥表示,伊朗人民已厌倦政府,厌倦伊朗统治者的无能、腐败和社会不公。[141]伊朗的国内变化坚定了美国加大对伊朗的政权改变的力度。

相对于小布什而言,特朗普的政权改变政策具有以下特点:第一,手段上的差别。小布什的政权改变政策更多地强调采用军事手段,主张用武力推翻非民主国家的政权,这突出体现在推翻阿富汗的塔利班政权和伊拉克的萨达姆政权。但是特朗普更多使用的是经济制裁等综合性手段,例如石油禁运和金融切断,目的就是从源头上卡住伊朗的财源和经济命脉,逼迫伊朗做出重大的妥协。

第二,以压促变是特朗普决策层的共识。特朗普决策层人员变动频繁,其中兼有主张政权改变和行为改变的人士。博尔顿和朱利亚尼是政权改变政策的支持者,蒂勒森、马蒂斯等人支持行为改变。博尔顿的去职更增加了特朗普政府是否坚持政权改变政策的质疑。这只能说美国的权力天平在不同时期和阶段会偏向一方。就像博尔顿出任国家安全顾问陡增了美国对伊朗政权改变的预期,但是他的离职似乎让政策又回到了行为改变,但这更像是政策尝试和调整,即特朗普借此寻找到对付伊朗更有效的方法。不管怎样,"以压促变"是特朗普决策层对伊朗政策的共识。在伊朗做出改变之前,美国不会放松对伊朗的制裁和遏制。

第三,以行为改变之名行政权改变之实。随着博尔顿的离职,权力天平似乎又转向了蓬佩奥的12条要求,即要求伊朗在行为上做出改变。但尽管美国的"极限施压"政策和蓬佩奥12条都强调改变伊朗的行为而不是政权,但是美国的政策带来的结果就是政权改变。因为如果伊朗在核问题、支持叙利亚巴沙尔政府和黎巴嫩真主党、国内人权问题上做出重大改变的话,伊朗的政权性质也就发生了根本性的改变,那么伊朗政权也就变了颜色,不再是霍梅尼创建的伊斯兰政府了。在相当程度上,特朗普笃定伊朗不会根本性地改变自己对内对外的行为,那么美国就会一直对伊朗施压,直到伊朗政府难以为继为止。

二、政权改变政策的影响及伊朗的应对

特朗普的政权改变政策给伊朗制造了极大的困难,伊朗的经济、货币、政治和政府社会关系都出现了重大问题。第一,伊朗石油出口骤减。自 2017 年 10 月份以来,出于对美国制裁的担忧,伊朗石油日出口量已经从 4 月份的 250 万桶降低到 110 万—150 万桶。[142]韩国(12%,2017 年)和印度(18%,2018 年 9 月)宣布将停止进口伊朗石油,这两国的总进口量大致相当于伊朗总出口量的 30%。日本也极有可能因为美日同盟而停止进口伊朗石油。美国不再豁免其他国家从伊朗的石油进口制裁后,伊朗的石油出口量快速下跌,到 2019 年 10 月,伊朗石油的日出口量仅为 26 万桶,仅相当于正常时期的 12%。[143]这一数额远低于两伊战争时期的出口量。伊朗的石油收入和财政收入也因此受到极大的影响,伊朗的经济遭遇前所未有的挑战。

第二,伊朗货币崩盘物价飞涨,民生压力增大。特朗普上台后一直威胁废除伊朗核协议,这也让伊朗承受着巨大的外交和心理压力。伊朗货币里亚尔在美伊关系恶化的预期下一路盘跌。美元兑里亚尔比价从 2017 年 12 月 1 美元兑 3.7 万里亚尔跌到 2018 年 2 月的 5 万里亚尔。2018 年 5 月 8 日,特朗普宣布废除伊朗核协议,里亚尔汇率价格下滑到 8 万里亚尔,此后进一步下滑到 2018 年 10 月份的 13.6 万里亚尔。2020 年 3 月,美元兑里亚尔比价约为 16.5 万。货币快速贬值的直接后果是进口商品价格飞涨,因此带动伊朗的日用品都快速提价。1 000 毫升进口牛奶的价格从 2017 年的 1.5 万里亚尔飙升到 2018 年 10 月的 3.6 万里亚尔,800 克番茄酱从 6 万里亚尔飙升到 18 万里亚尔。[144]2018 年 9 月伊朗中央银行公布的通胀率为 18%,第三方机构是 31.4%。从鲁哈尼上台以来,伊朗物价上升了 87%,货币发行量 M2 超过 230%。[145]

第三,伊朗出现撤资潮。汇率不稳和美国的制裁让伊朗核协议签订之后进驻伊朗的公司被迫撤离。道达尔公司、马士基航运、标致汽车

都明确表示,他们将不再履行投资伊朗的承诺并退出伊朗市场。此外日本银行三菱银团(Mitsubishi UFJ Financial Group)和瑞穗银团(Mizuho Financial Group)宣布将不再经营对伊朗的金融业务。[146]澳大利亚航空、荷兰皇家航空表示将减少和取消伊朗航线。制裁和石油禁运将让伊朗经济陷入衰退的窘境,而且伊朗经济形势极有可能随着时间的推移而更趋严重。

在政府内部层面上,改革派同保守派分歧严重,鲁哈尼的政治形象崩塌。伊朗确定国家利益委员会秘书穆赫辛·雷扎伊(Mohsen Rezaei)等军方人士、保守议员、宗教人士纷纷指责鲁哈尼以缓和促复兴的施政理念,要求鲁哈尼对美国废约和国内的经济困难做出解释。[147]鲁哈尼苦心建立的内阁也四分五裂。劳工部长、财经部长、央行行长先后被议会弹劾,交通城建部长和工矿贸易部长在压力之下主动请辞。[148]要求鲁哈尼引咎辞职的声音也不绝于耳。

在社会层面上,伊朗民众既对美国的失信感到愤怒,又对物价飞涨和政府不作为感到不满。底层民众和蓝领工人普遍面临的问题是民生补贴缩水、蓝领工人失业和货币贬值。[149]伊朗民众的挫败感和不满情绪在逐渐加深。2017年12月,鲁哈尼向议会提交的2018年财政预算中通过削减福利和增加对外军事援助的内容让愤怒的伊朗民众走上街头。鸡蛋涨价引发的示威很快在马什哈德、德黑兰、伊斯法罕、设拉子等城市扩散。这也是2009年"绿色革命"以来伊朗发生的最大规模的示威游行。但这次示威不是为了政治而是为了生计。示威群众强烈表达要"面包不要大炮"的诉求,甚至喊出"哈梅内伊去死"等触及政治红线的口号。这是革命后的伊朗前所未有的事情。

对于美国制裁和由此引发的经济和社会问题,伊朗政府主要采取以下措施加以应对。第一,伊朗高级官员出面安抚社会情绪。哈梅内伊、总统鲁哈尼等高级官员先后表示,废除伊朗核协议是美国总统特朗普做出的最坏的决定,废约只会损害美国声望。制裁和政权改变政策只是美国对伊朗发动的经济战和政治心理战,是美国向伊朗发动的软战争(Soft War)。伊斯兰的敌人正在操纵舆论,目的是给伊朗制造经济混乱和社会不满。[150]伊朗的外汇足以保障生产和民生,各个政治派别、企业家、私营部门和民众要精诚合作、共克时艰。[151]

第二,伊朗实行外汇管制应对里亚尔暴跌。一是废除外汇双轨制,防范汇率贬值和资金出逃。2018年4月10日,伊朗宣布废止汇率双轨制,关闭从事外汇买卖的货币交易所。伊朗确定官方汇价为1美元兑换4.2万里亚尔,外汇结算改用欧元。[152]二是搭建二级外汇交易平台,保障部分进口商获得平价外汇。[153]三是以替罪羊平息民愤。2018年7月伊朗中央银行行长瓦利奥拉·赛义夫(Valiollah Seif)和主管外汇的副行长艾哈迈德·阿拉基奇(Ahmad Araghchi)先后被解职。

第三,伊朗推进投资便利化吸引外资。2016年9月,鲁哈尼向议会提交加入《制止向恐怖主义提供资助的国际公约》(International Convention for the Suppression of the Financing of Terrorism)和《打击跨国有组织犯罪公约》(International Convention for the Suppression of the Financing of Terrorism)的相关提案。[154]伊朗加入这些国际公约的意义在于:第一,除了朝鲜,伊朗是《制止向恐怖主义提供资助的国际公约》和《打击跨国有组织犯罪公约》上仅有的黑名单国家。伊朗期望反洗钱金融行动特别工作组(The Financial Action Task Force, FATF)能够将伊朗从黑名单上除名,这将有助于伊朗同其他国家维持正常的贸易和金融联系,否则伊朗公司将被美国审查账户和终止银行网络服务。[155]2016年,反洗钱金融行动特别工作组鉴于鲁哈尼政府的良好配合,同意将伊朗的地位从黑名单转为"暂缓执行",此后数次延期整改。如果伊朗在2018年10月底之前仍不达标,伊朗将重新回到黑名单。[156]而且中俄欧等贸易国将伊朗加入《制止向恐怖主义提供资助的国际公约》和《打击跨国有组织犯罪公约》作为同伊朗进行贸易的前提条件。欧盟也明确表示欧盟为伊朗开辟SPV的前提是伊朗签署《制止向恐怖主义提供资助的国际公约》。[157]

尽管鲁哈尼积极推动,但是鲁哈尼政府有关加入《制止向恐怖主义提供资助的国际公约》的提案遭到保守派人士的坚决反对。伊朗宪监会主席大阿亚图拉贾纳提(Grand Ayatollah Ahmad Jannati)、阿亚图拉亚兹德、阿亚图拉克曼尼(Ayatollah Movahedi Kermani)等强烈反对议案。他们既反对将叙利亚真主党、哈马斯等认定为恐怖组织[158],也反对向反洗钱金融行动特别工作组公开伊朗的经济信息和银行交易,认为该组织会将信息泄露给美国。[159]鲁哈尼同议长拉里贾尼为此拜见哈梅内伊申明利害,伊朗议会在哈梅内伊的干涉下通过与停止资助国际恐怖组织和反洗钱相关的修正案。[160]但该法案最终被伊朗宪监会和确定国家利益委员会否决。[161]2020年2月,由于伊朗未能按时履约,反洗钱金融行动特别工作组将伊朗的地位从暂缓执行恢复为黑名单国家。[162]这也意味着伊朗同欧盟等国开展的贸易又增添了一个制度障碍。

第四,伊朗开展外交斡旋防止经济孤立。为此伊朗发动对欧盟、中国、俄罗斯的外交攻势,力保伊朗的贸易和金融不受影响。经过伊朗的努力,中俄英法德五国都承诺继续遵守伊朗核协议,维持同伊朗的能源联系和经贸联系。其中欧盟表示将通过阻断法案和设立SPV维持伊欧间的正常贸易,中方表示,中国和伊朗在符合各自国际义务的框架内,保持着正常的交往与合作,包括经贸、能源领域的合作,这无可非议。

第五,加强网络管控。跨年示威发生后,为防范民众借助互联网和社交媒体进行政治串联散发损害政府的消息,伊朗进一步完善自己的局域网,阻止伊朗网民登录某些境外网站。伊朗还建立内容审查制度和虚拟专用网络(VPN)审查,防止民众访问外国网站。[163]宪监会主席贾纳提等强硬派认为网络的钥匙应当控制在政府手里,呼吁伊朗彻底改组主管机构以保障网络安全。[164]

第六,伊朗重提抵抗经济以应对制裁。抵抗经济(Resistant Economy)最初是为抵御美国制裁和国际经济危机而提出的。抵抗经济主要是为了降低伊朗经济对石油的依赖和保护伊朗国内产业。哈梅内伊将2018年新年标语确定为支持国货,呼吁伊朗经济要自给自足,鼓励民众购买国货。[165]抵抗经济一直备受争议,保守派大多支持抵抗经济,认为伊朗应当立足国内经济和周边。伊朗越融入世界经济就越不能挑战西方。[166]拉夫桑贾尼、鲁哈尼等人则主张伊朗应当积极融入国际体系。西方需要伊朗的石油,但伊朗需要西方的资金和技术,因此伊朗应该融入西方主导的经济和金融体系。[167]伊朗抵抗经济重新被提到战略高度,这是鲁哈尼对美缓和失败后的自然反应,鲁哈尼在伊朗政坛被逐渐边缘化,保守势力逐渐占据上风。

三、未来的局势演变与前景分析

（一）特朗普版的"政权改变"政策

特朗普版的政权改变政策虽不完美，但对伊朗造成了沉重打击。当前特朗普的政权改变政策备受质疑，反对的观点包括：一是"人民圣战者组织"在伊朗国内声名狼藉，缺乏号召力，难以充当代理人。[168]二是伊朗民众是无领导、无组织、无纲领的"乌合之众"，远未上升到政治组织和政党的高度，因此寄希望于伊朗民众基本是空谈。[169]三是特朗普的政权改变政策是眉毛胡子一把抓，并未细分伊朗的政治派系，让美国丧失利用温和派系推动伊朗行为改变的机会。四是伊朗经受住了长期的制裁与遏制，不会屈服于这次的制裁。

特朗普的政权改变政策造成了一定的影响。第一，美国真正倚重的是经济制裁，而非伊朗的海外反对派和民众。2012年欧盟切断SWIFT让美国看清对伊朗实行能源禁运并非不可完成的任务，也让美国看清中俄欧日韩印的真实立场。尽管特朗普豁免了中国、印度、日本、韩国等8个国家，容许它们在180天内维持同伊朗的能源关系，但是伊朗2018年11月的石油出口已经从2017年日出口250万桶的平均水平跌到100万桶。2019年10月更是降到了26万桶的水平。伊朗的能源出口下降已经对伊朗经济产生了非常严重的影响。

第二，里亚尔崩盘对伊朗具有极为深刻的负面影响。从伊斯兰革命开始，伊朗长期受到美国的制裁和遏制，对于高物价和货币贬值也是司空见惯。但美国的对伊政策从"奥巴马主义"转变为特朗普的政权改变政策，让伊朗民众陷入悲观。这种悲观预期直接体现在伊朗的货币崩盘上。也许伊朗形势并不像民众所预期的那样恶劣，但对未来的极度悲观让保值和避险成为市场第一准则，在此驱动下做空里亚尔成为唯一"正确"的事情，想方设法兑换美元正在成为普通民众的无奈选择。民众成为伊朗政府的对手盘和消耗伊朗外储的最大敌人。事实证明货币崩盘的国家难以独善其身。

第三，时间在美国这边。在最新一轮的美伊博弈中，美国对伊朗的政权改变政策在时间上远没有博尔顿估计的那么迅速。但美国掌握着决定博弈进程和时间的主动权。从历史上看，伊拉克从1992年的海湾战争到 2003 年政权被推翻经历了 11 年,利比亚从 1991 年被英美制裁到 2003 年宣布放弃核计划大约用了 12 年。10—12 年大致相当于美国三届政府的任期,换言之,如果特朗普连任,美国对伊制裁即便不造成伊朗的政权改变,但到第二届任期结束,制裁的效果应当会相当明显。

(二)伊朗外交突围与伊朗的"去革命化"

未来特朗普政府对伊朗的绞索会越来越紧,如果不成功突围,伊朗的前景将十分悲观。伊朗选择突围的路径包括:一是借高油价脱身。美伊冲突和制裁临近让国际油价不断攀升。如果能源重归卖方市场,迫使日韩印重新考虑与伊朗合作,那么美国能源禁运就会失败。二是借大国分歧脱身。美国同中俄欧的核分歧为伊朗规避美国压力提供了机会,这些大国将成为伊朗规避美国压力的缓冲力量。

但上述突围的成效有待验证。第一,即使油价突破 100 美元并高位横盘,伊朗的困境至多是缓解而非解决。伊朗的汇率崩盘、黄油与大炮之争、经营环境恶化等问题并不会因为油价暴涨而烟消云散。美国出台的制裁可以豁免但不会撤销,随时成为制裁他国的利器。第二,中俄欧无力抵抗美国的威胁和制裁。尽管中俄欧多次声援伊朗,但更多停留在政治层面,双边经贸和对伊投资都会缩减。欧盟官方强硬的表态难以阻止欧盟企业撤出伊朗的脚步。俄罗斯对伊朗的支持仅限于政治和军事,低迷的经济难以让俄罗斯对伊朗有更大的助益。

伊朗的自我改变和"去革命化"是抵御政权改变和稳固政权的唯一出路。大敌当前,伊朗应当选择自保。事实证明,伊朗在外交上去革命化和坚持缓和稳健的时期都是伊朗发展最好的时期。伊朗的地区地位不是来自革命而是伊朗自身,前提是伊朗不能挥霍宝贵的战略资源。但是中东变局让伊朗再次义无反顾地卷入叙利亚和也门内战,有相当的成分是为了保卫革命遗产。当前叙利亚已经从之前牵制以色列的战略资产转变为伊朗的战略负担,伊叙同盟也再回不到从前。伊朗在叙利亚和也门的战略投入越多、时间越久,伊朗的战略资源消耗得越厉害。

　　更重要的是,卷入地区内战同鲁哈尼的同西方缓和的政策相冲突。革命与缓和的路线之争让伊朗陷入"既要与又要"的困境。伊朗在叙利亚、也门伸的触角越长,伊朗国内失血就越严重。伊朗的革命遗产将变为无法挽救的沉没成本。而且在美国制裁和政权改变政策的绞索越来越紧的情况下,伊朗会在国内民生和对外干涉两个阵线顾此失彼,并最终会先输掉战争再输掉民心。因此主动"去革命化"是伊朗的治本之法。

(三) 民心不稳与伊朗的政权稳定

　　长期的制裁与遏制培养了伊朗民众独特的韧性和政府凝聚力,这也是伊朗社会稳定的重要法宝。但是民众为争取面包而进行示威游行,表明伊朗存在潜在的政治风险。影响伊朗政权稳定的断层线正在生成,并因外部环境恶化而快速生长。第一,从人口经济学来看,伊朗有三分之二人口是在伊斯兰革命后出生。这些年轻人没有经历过伊斯兰革命和两伊战争的洗礼,也不具备父辈忠于革命的价值观。他们接触的是被割裂的世界:一面是他们生活的现实伊朗。他们每天都要面对并不宽容的政治环境和萧条的经济。另一面是他们通过卫星电视和互联网接触到的外部世界。外部世界并不完全像政府和宗教人士所宣传的那样面目可憎。这也让他们的世界观和价值观发生改变,不再完全局限于政府宣传和宗教说教。德黑兰等城市出现的苹果、耐克、乔克斯门店,以及触手可及的可口可乐都在以独特方式影响着伊朗的年轻人。第二,伊朗僵化的社会结构让伊朗民众看不到希望。革命后伊朗的社会结构也在趋于固化。阶级和阶层间的上升通道逐渐被封堵。贫富分化、特权阶层、弥漫整个社会和行业的腐败都深嵌在伊朗社会中。普通民众只能艰难度日,平均500美元的月薪和不断攀升的通货膨胀让努力工作失去意义。第三,革命遗产重于民生让伊朗民众寒心。世事艰难和民不聊生之际,伊朗本该同仇敌忾共克时艰,但伊朗政府宁愿削减社会福利也要将数十亿美元用来支持对外干涉。伊朗政府为保住革命遗产而牺牲民生的做法弱化了伊朗社会同政府的联系。

　　有鉴于此,伊朗的体制改革已经迫在眉睫。对伊朗来讲,革命不是固步自封,更不是输出革命,而是要自我更新。伊朗迫切需要在经济失序和管理不善上做出调整,在打击腐败和抑制利益集团上做出安排,在保障民生和保留革命遗产上做出平衡,以弥合伊朗政府和社会之间的裂痕,证明自己仍是为民着想的政府,能够带领伊朗走向胜利。否则在对外树敌后,内部再离心离德,疏远同民众的关系,伊朗的政权稳定必定会受到影响。

(四)政权改变政策与美国的中东安全格局重塑

美国在经历奥巴马时期的战略收缩和放任政策后高调重返中东。在经过否决库尔德独立公投、反"伊斯兰国"胜利、承认耶路撒冷为以色列首都、驻以大使馆迁址等一系列操作后,特朗普政府以完全有别于前任的方式重塑着中东安全格局。

政权改变政策对地区安全结构产生了重大影响。第一,政权改变政策将削弱伊朗的实力。特朗普彻底推翻同伊朗和解的"奥巴马主义",撕毁了伊朗核协议并对伊朗进行严厉制裁。由于伊朗对内改革动力不足,对外难以破解美国的制裁和政权改变政策,因此国力虚弱化将是未来的大概率事件。这在美国看来将促进美国在中东的利益,促进盟国的安全。

第二,政权改变政策帮助巩固美国的结盟体系。特朗普在奉行"反伊"(朗)、"和沙"(特)、"挺以"(色列)的政策之后,伊朗同沙特、以色列、海合会国家的关系愈发紧张。政权改变政策是美国打击宿敌伊朗的政策,美国反对伊朗是为了支持以色列和沙特,而支持沙特和以色列就要反对伊朗。政权改变政策由此成为美国打击敌人、团结盟友的一石二鸟之计。[170]美国回归强化了美以沙战略三角,增加了对伊朗的压力。

第三,政权改变政策让美国轻资产干涉成为可能。在以伊朗、以色列、沙特为底面,以美国为顶点的三棱锥的安全结构中,伊朗是三国的共同敌人。长期以来,美国冲在前面应对伊朗威胁,而以沙两国则搭美国的便车。但"奥巴马主义"改变了上述规则。美国不愿承担遏制伊朗的责任,迫使视伊朗为死敌的以沙两国选择直接上阵。特朗普的政权改变政策让以沙倍感鼓舞,并形成美以沙对伊朗的三打一局面。但从奥巴马到特朗普,美国中东政策的变化只是腾笼换鸟,巧妙地将以沙两个反伊前锋推到了最前面,坐镇中场的美国则实现了轻资产干涉。尽管卡舒吉记者遇害事件给美沙关系带来阴影,但即使沙特国内出现政治变动,继任者也不会改变亲美反伊的外交政策。[171]

第四,政权改变政策可能开启美国新一轮的"民主大中东"计划。就像约旦、科威特、沙特在伊拉克战争后承受美国压力开启民主化改革一样,如果伊朗沦为二流国家或发生政权改变,美国的民主化议题可能再度开启,美国新一轮的"民主大中东"将扑面而来。沙特等海合会国家也将会直面美国的压力,被迫实行民主化。

第五,政权改变政策让以沙合流逐步变为现实。伊朗核危机后,以色列和海湾国家合流迹象更趋明显。"奥巴马主义"则促使以色列和沙特等海合会国家加强了战略协调。特朗普上台后,共同敌人和共同盟友促使以沙合流有加速趋势。沙特王储穆罕默德和特朗普的女婿库什纳则担任中间人的角色。除了伊朗威胁,沙特等海合会国家同以色列和解也是双边的主要议题。未来新一轮的阿以和解越来越近。以沙合流如果实现将是改变中东格局变化的重大事件。

本 章 小 结

鲁哈尼的外交理念是建设性互动。鲁哈尼期望通过同美国等西方国家开展建设性互动来缓和双边关系。鲁哈尼的外交原则是增信释疑解决问题,将核问题作为缓解美国顾虑、增强彼此信任的措施,以核问题的解决来推动伊朗同美国等西方国家关系的缓和。

2015年签署的伊朗核协议是鲁哈尼外交的最大亮点。从2002年伊朗核问题被曝光到2015年签署协议,伊朗核问题终于阶段性地画上了圆满的句号。再次的核暂停决定为伊朗赢得了更多的利益。伊朗和平利用核能的权利得到包括美国在内的各方承认,伊朗经济在美欧经济制裁和金融制裁解除后迎来新的生机。更重要的是,鲁哈尼在2013年上台伊始就选择直接面对美国,通过核问题的和解推动美伊关系的和解。无论是鲁哈尼同奥巴马通电话、美伊外长会晤等都具有历史性意义,这也是伊朗在革命后30多年来终于选择直接面对伊朗外交的最主要的矛盾和问题,即如何处理同美国的关系。

如果美国民主党能够赢得 2016 年总统大选,如果美国的共和党总统候选人不是特朗普,伊朗总统鲁哈尼的第二任期会相对顺畅,美伊关系甚至能在缓和的道路上走得更远。鲁哈尼甚至有可能成为伊朗最伟大的总统之一。但是特朗普当选改变了游戏的规则和所有一切。特朗普上台后,美国偷换主题将伊朗核问题变成了伊朗问题。特朗普更是打出了废除伊朗核协议、经济制裁、拉拢以沙盟友等一系列的组合拳。经济上,美国在废约后宣布对伊朗实施能源禁运和民生制裁,同时采用长臂管辖制裁同伊朗存在能源和经济联系的国家,目的是要彻底切断伊朗经济的源头活水。安全上,特朗普"挺以""亲沙""反伊"的中东政策也恶化了伊朗的周边环境,伊朗同时面对以色列、沙特、阿联酋等敌对国家的围堵。外交上,美国对伊朗事实上奉行改变政权的政策。军事上,美国向海湾增兵并派驻航母战斗群以防范伊朗的过激行为。总之,美国特朗普政府在尽其所能地压缩伊朗的外交空间和政策选择。

注释

1. 2011 年 12 月底,美国通过针对伊朗的金融制裁法案。法案规定,美国不仅制裁伊朗的中央银行和金融组织,也将处罚同伊朗中央银行从事交易的外国公司和银行。受到制裁的外国公司和银行将不得进入美国的金融市场融资或交易。法案赋予总统豁免权,总统可以豁免那些显著降低从伊朗进口石油的国家或公司。Laura Macinnis, "U.S. Imposes Sanctions On Banks Dealing With Iran," *The Huffington Post*, December 31, 2102, http://www. Huffingtonpost. com/2011/12/31/iran-sanctions-banks _ n _ 1177913. html, 2013-12-31.

2. "Sanctions Push Iran's Oil Exports to Record Low," *Jerusalem Post*, June S, 2013.

3. 赵建明:《鲁哈尼当选与伊朗核问题的未来发展》,载《西亚非洲》2013 年第 12 期,第 79—82 页。

4. "Leon Panetta Warms Iran to Keep Strait of Hormuz Open," *Los Angeles Times*, January 8, 2012, https://latimesblogs.latimes.com/world_now/2012/01/panetta-warning-iran-hormuz.html.

5. "Netanyahu to Iran: We will Attack if Necessary," *Israel Today*, July 17, 2013, http://www. israeltoday. co. il/NewsItem/tabid/178/nid/23981/Default. aspx? topic = article_title.

6. Robert Fisk, "Iran to Send 4 000 Troops to Aid President Assad Forces in Syria," *The Independent*, https://www. independent. co. uk/news/world/middle-east/iran-to-send-4000-troops-to-aid-president-assad-forces-in-syria-8660358.html.

7. Abbas Milani, "Ayatollah in His Labyrinth," *Foreign Policy*, April 4, 2013, http://

www.foreignpolicy.com/articles/2013/04/04/the_ayatollah_in_his_lahyrinth，2013-04-04.

8. "Rohani Becomes Iran's New president，" *Press TV*，June 15，2013，http://www.presstv.ir/detail/2013/06/15/309169/rohani-becomes-Irans-new-president/.

9. 赵建明:《鲁哈尼当选与伊朗核问题的未来发展》，第 81 页。

10. Jason Rezaian and Joby Warrick，"Moderate Cleric Hassan Rouhani Wins Iran's Presidential Vote，" *Washington Post*，June 15，2013，https://www.washingtonpost.com/world/iranians-await-presidential-election-results-following-extension-of-polling-hours/2013/06/15/3800c276-d593-11e2-a73e-826d299ff459_story.html?utm_term=.1b2779495e39.

11. "Rohani Pledges Constructive Interaction with World via Moderate Policy，" *The Iran Project*，June 17，2013，https://theiranproject.com/blog/2013/06/17/rohani-pledges-constructive-interaction-with-world-via-moderate-policy/.

12. "Reformist Candidate Aref Quits Presidential Race，" *The Iran Project*，June 11，2013，*The Iran Project*，June 17，2013，https://theiranproject.com/blog/2013/06/11/reformist-candidate-aref-quits-presidential-race/.

13. 赵建明:《鲁哈尼当选与伊朗核问题的未来发展》，第 82—83 页。

14. 同为核谈判首席代表，贾利利以强硬立场著称。他在担任首席代表时和在参加总统竞选时反复表示，伊朗不会向西方妥协放弃自己的核权利。参见"Jalili: Iran Not to Give Up N. Rights，" *Fars News Agency*，June 4，2013，http://en.farsnews.com/newstext.php?nn=9202247256。

15. "Rohani Vows to Pursue a Moderate Foreign Policy Based on Detente，" *Alayham News*，June 29，2013，http://news.alayham.com/content/rohani-vows-pursue-moderate-foreign-policy-based-detente.

16. Philip Crowther，"World Powers Greet Rohani Win with Cautious Optimism" *France 24*，June 17，2013，http://www.france24.com/en/20130615-reactions-to-iran-presidential-election-rohani-victory.

17. Wilfried Buchta，*Who Rules Iran: The Structure of Power in the Islamic Republic*，Washington: Joint Publication of The Washington Institute for Near East Policy and Konard Adenauer Stiftung，2000，pp.22—25.

18. 赵建明:《鲁哈尼当选与伊朗核问题的未来发展》，第 85—87 页。

19. "Rohani: US Engineered Sanctions Against Iran Illegal，" The Iran Project，May 29，2013，https://theiranproject.com/blog/2013/05/29/us-engineered-sanctions-against-iran-illegal-rohani/.

20. "Rohani Pledges Constructive Interaction with World Via Moderate Policy，" *The Iran Project*，June 17，2013，https://theiranproject.com/blog/2013/06/17/rohani-pledges-constructive-interaction-with-world-via-moderate-policy/.

21. Keith Johnson，"Beijing Gets a Pass on Iran Sanctions，" *The Wall Street Journal*，June 5，2013，https://www.wsj.com/articles/SB10001424127887324069104578527803679519748.

22. 赵建明:《鲁哈尼当选与伊朗核问题的未来发展》，第 79—82 页。

23. 同上文，第 85—87 页。

24. "The President Obama's Speech in Cairo: A New Beginning，" *The White House Release*，June 4，2009，https://obamawhitehouse.archives.gov/issues/foreign-policy/presidents-speech-cairo-a-new-beginning.

25. 门洪华:《霸权之翼:美国国际制度战略》，北京大学出版社 2005 年版。

26. "Implementation of The NPT Safeguards Agreement and Relevant Provisions of

Security Council Resolutions in The Islamic Republic of Iran," IAEA Board Report, November 14, 2013, http://www. iaea. org/Publications/Documents/Board/2013/gov2013-56.pdf.

27. 印度是先和平后拥核的典型。先是在 20 世纪 60、70 年代建立核设施,之后在 1998 年进行核试爆。参见 George Perkovich, *India's Nuclear Bomb: The Impact on Global Proliferation*, Berkeley: University of California Press, 2001。

28. 美国华盛顿近东政策研究所的高级研究员詹姆斯·杰弗里(James Jeffery)在上海社会科学院演讲时表示,现在伊朗核问题的僵局在于,制裁与弃核的关系就是瓶子与水的关系。美国要想改变现状必须打破瓶子,即只有制裁才能让伊朗屈服,但是中俄等国却期望保持瓶子,即不施压不制裁而让水自己倒出来,其结果是伊朗不惧美国压力。演讲时间:2014 年 6 月 15 日。

29. Ramsey Al-Rikabi, "Oil Slump Seen as Knee-Jerk Reaction to Iran Deal," *Bloomberg News*, November 25, 2013, http://www.bloomberg.com/news/2013-11-24/u-s-says-iran-oil-exports-can-t-increase-under-nuclear-accord.html.

30. 赵建明:《伊朗核问题上的美伊战略互动与日内瓦协定》,载《国际关系研究》2014 年第 3 期,第 73—76 页。

31. Ladane Nasseri, "Rohani Pledges Moderation as He Takes Iran Oath of Office," *Bloomberg News*, August 4, 2013, http://www. bloomberg. com/news/2013-08-03/iran-s-rohani-endorsed-by-leader-says-seeks-moderate-approach-.html.

32. 2010 年,美国和以色列通过制造"震网"病毒攻击伊朗核设施,造成纳坦兹铀浓缩厂和布什尔核电站数万台控制系统电脑和服务器,以及数千台离心机受损。参见 Yaakov Katz, "Stuxnet May Have Destroyed 1 000 Centrifuges at Natanz," *Jerusalem Post*, December 24, 2010。

33. 赵建明:《伊朗核问题上的美伊战略互动与日内瓦协定》,第 73—76 页。

34. Rebecca S. Stoil and Ricky Ben-David, "Obama: Iran Can Have Peaceful Nuclear Program, Modest Enrichment," *The Times of Israel*, December 7, 2013, http://www.timesofisrael.com/obama-my-goal-is-toprevent-iran-from-getting-nuclear-weapon/.

35. Jim Sciutto, Jennifer Rizzo and Tom Cohen, "Rouhani: Nuclear Weapons Have No Place in Iran's Security," *CNN News*, September 24, 2013, http://www.cnn.com/2013/09/24/world/un-general-assembly-tuesday/.

36. 赵建明:《伊朗核问题上的美伊战略互动与日内瓦协定》,第 77—78 页。

37. Peter Baker, "U.S. and Iran Agree to Speed Talks to Defuse Nuclear Issue," *The New York Times*, September 27, 2013.

38. 赵建明:《伊朗核问题上的美伊战略互动与日内瓦协定》,第 73—76 页。

39. "Implementation of The NPT Safeguards Agreement and Relevant Provisions of Security Council Resolutions in The Islamic Republic of Iran," *IAEA Board Report*, November 14, 2013, http://www. iaea. org/Publications/Documents/Board/2013/gov2013-56.pdf.

40. David Albright and Corey Hinderstein, "Dismantling the DPRK's Nuclear Weapons Program: A Practicable, Verifiable Plan of Action," *Peace-works* No. 54, http://www.usip. org/publications/dismantling-the-dprks-nuclear-weapons-program-practicable-verifi-able-plan-of-action.

41. 赵建明:《伊朗核问题上的美伊战略互动与日内瓦协定》,第 79—80 页。

42. Deb Riechmann and George John, "Iran Nuclear Deal Reached At Geneva Talks," *Huffington Post*, November 24, 2013, http://www. huffingtonpost. com/

2013/11/23/iran-nuclear-deal_n_4331281.html.

43. Parisa Hafezi and Justyna Pawlak, "Breakthrough Deal Curbs Iran's Nuclear Activity," *Yahoo News*, November 24, 2013, https://finance.yahoo.com/news/six-powers-clinch-breakthrough-deal-110109739.html.

44. Thomas L. Friedman, "Iran and the Obama Doctrine," *The New York Times*, April 5, 2015, http://www.nytimes.com/2015/04/06/opinion/thomas-friedman-the-obama-doctrine-and-iran-interview.html?_r=0.

45. "Full text of the Iran nuclear deal," *The Washington Post*, July 15, 2015, https://apps.washingtonpost.com/g/documents/world/full-text-of-the-iran-nuclear-deal/1651/.

46. "IAEA Director General Amano's Remarks to the Press on Agreements with Iran," *IAEA Website*, https://www.iaea.org/newscenter/statements/aea-director-general-amanos-remarks-to-the-press-on-agreements-with-iran.

47. Nader Habibi, "The Iranian Economy Two Years After the Nuclear Agreement," *Middle East Brief*, https://www.brandeis.edu/crown/publications/meb/MEB115.pdf.

48. Kemberly Amadeo, "Iran's Economy, the Impact of the Nuclear Deal, and Sanctions," *The Balance*, May 8, 2019, https://www.thebalance.com/iran-s-economy-impact-of-nuclear-deal-and-sanctions-3306349.

49. Nader Habibi, "The Iranian Economy Two Years After the Nuclear Agreement."

50. Anthony Dipaola and Julian Lee, "Iraq and Iran Boost Oil Exports in Sales Battle with Saudis," *Bloomberg News*, October 9, 2017, https://www.bloomberg.com/news/articles/2017-10-09/iraq-and-iran-accelerate-oil-exports-in-battle-with-saudi-arabia.

51. "Lifting Sanctions Will Release $100 Billion To Iran. Then What?" *NPR News*, July 16, 2015, https://www.npr.org/sections/parallels/2015/07/16/423562391/lifting-sanctions-will-release-100-billion-to-iran-then-what.

52. Emily Salwen, "Business Boom or Bust? Two Years After Nuclear Deal," *The Iran Primer*, December 21, 2017, https://iranprimer.usip.org/blog/2017/dec/21/business-boom-or-bust-two-years-after-nuclear-deal.

53. Ibid.

54. Ibid.

55. Ibid.

56. 什叶派主张世袭原则,认为先知穆罕默德的堂弟、女婿来自哈希姆家族(圣族)的阿里及其直系后裔才是合法继承人,否认艾布·伯克尔(Abu Bakr al-Siddiq, 632—634年在任)、欧麦尔(Umar ibn al-Khattab, 634—644 年在任)、奥斯曼(Uthman ibn Affan, 644—656 年在任)前 3 任哈里发的合法性。什叶派只承认四大哈利发中的阿里的合法性。什叶派领袖被尊称为伊玛目。什叶派人口占比约 10%—15%,因此也被称为少数派。逊尼派主张推选制,认为先知穆罕默德的继承者应由穆斯林社团根据资历、威望选举产生,并认为穆罕默德的门徒、由穆斯林社团推选的四大哈里发是合法继承人。逊尼派占比为 85%—90%,也称为多数派。参见金宜久:《伊斯兰教》,中国社会科学出版社2009 年版。

57. 在后萨达姆时代,伊拉克同伊朗改善关系。随之恢复的还包括伊拉克容许伊朗和其他国家的什叶派信众朝圣。伊拉克有 6 处伊玛目圣陵,尤其著名的是纳杰夫的第一伊玛目阿里圣陵和卡尔巴拉的第三伊玛目侯赛因圣陵。2017 年的圣陵朝圣盛况空前,人数规模超过麦加朝觐。伊朗有 200 万、世界各地有 1 380 万什叶派信众赴伊拉克的纳杰夫和卡尔巴拉朝圣。参见 Scott Peterson,"Why Shiite Pilgrimage to Karbala had Special Meaning This Year," *The Christian Science Monitor*, https://www.csmonitor.com/World/Middle-East/2017/1114/Why-Shiite-pilgrimage-to-Karbala-had-special-meaning-this-year。

58. 关于沙特外交的具体表述，参见沙特外交部网站 "The Foreign Policy of The Kingdom of Saudi Arabia," http://www. mofa. gov. sa/sites/mofaen/aboutKingDom/KingdomForeignPolicy/Pages/KingdomPolicy34645.aspx。

59. "阿拉伯倡议"是 2002 年贝鲁特阿盟峰会上由沙特阿卜杜拉国王提出。倡议提出为实现阿以和平，以色列必须从 1967 年战争中所占据的领土撤军，包括戈兰高地、南黎巴嫩，遵照联合国第 194 号决议解决巴勒斯坦难民回归，在约旦河西岸和加沙成立以耶路撒冷为首都的巴勒斯坦国。为此，阿拉伯国家将考虑结束同以色列的冲突、签署和平协定、在综合性和平的基础上建立同以色列的正常关系。参见 "Text of the Beirut Declaration," *BBC News*, March 28, 2002, http://news.bbc.co.uk/2/hi/world/monitoring/media_reports/1899395.stm。

60. 关于伊朗总统鲁哈尼和美国总统奥巴马的双边关系互动，参见赵建明：《鲁哈尼当选与伊朗核问题的未来发展》，第 79—97 页。

61. 关于沙特的对外干涉行为，参见赵建明：《中东变局后沙特外交理念与范式的新变化》，载《西亚非洲》2015 年第 2 期，第 4—19 页。

62. "Saudi Reservations over Iran: Cut Off the Head of the Snake," *Wikileaks*, October 18, 2012, https://wikileaks. org/gifiles/docs/16/1660171 _ re-saudi-reservations-over-iran-cut-off-the-head-of-the.html.

63. Alexander Sehmer, "Saudi Arabia' could buy Pakistani nuclear weapon," *The Independent*, May 18, 2015, https://www. independent. co. uk/news/world/middle-east/saudi-arabia-plans-to-buy-pakistani-nuclear-weapon-10257964.html.

64. "Hariri: What Happened in Saudi Stays in Saud," *Aljazeera News*, November 28, 2017, https://www.aljazeera.com/news/2017/11/hariri-happened-saudi-stays-saudi-171128062831431.html.

65. 关于"沙特愿景 2030"，参见沙特官方网站 "Saudi Vision 2030," http://vision2030.gov.sa/en。

66. 索马里在 2016 年 1 月断绝同伊朗关系后，获得沙特 5 000 万美元的援助，沙特发展基金会将为索马里提供 2 000 万美元的财政支持和 3 000 万美元的投资。索马里断绝同伊朗的关系声称后者干涉内政危及国家安全。参见 "Somalia Received Saudi Aid the Day It Cut Ties with Iran: Document," *Reuters News*, January 17, 2016, http://www.reuters.com/article/us-somalia-saudi-iran-idUSKCN0UV0BH。

67. 2014 年 9 月，苏丹同伊朗的关系遭遇逆转。苏丹关闭 200 多家被指控为在苏丹传播什叶派宗教的伊朗文化中心，双边军事协定和 2013 年伊朗苏丹港海军基地等合作宣告终止。2014 年 10 月，苏丹国王阿米尔·哈桑-巴士尔(Omer Hassan al-Bashir)表示苏丹在修复同沙特的冰冻关系，降低苏丹同伊朗的战略关系。为此沙特对苏丹中央银行予以 10 亿美元现金支持。2016 年 1 月，苏丹在沙沙断交后也与伊朗断交。参见"Sudan's Bashir Says Relations with Saudi Arabia Now Normal," *Sudan Tribune*, October 12, 2014, https://www.sudantribune.com/spip.php?article52695。

68. 2016 年 1 月，伊朗围攻沙特使馆和领馆事件之后，吉布提断绝了同伊朗的外交关系。吉布提同沙特在 2016 年 3 月达成协定，容许沙特在吉布提开设军事基地。2016 年 4 月，吉布提内政部长同沙特副首相兼内政部长穆罕默德·纳耶夫（Mohammed

Nayef)王储签署《安全协定》和《司法合作协定》，参见 John Aglion and Simeon Kerr，"Djibouti Finalizing Deal for Saudi Arabian Military Base," *Financial Times*，January 17，2017，https://www.ft.com/content/c8f63492-dc14-11e6-9d7c-be108f1c1dce。

69. 此外沙特在实行"金元外交"的同时，也注意同埃及、阿联酋等国家帮助厄立特里亚应对埃塞俄比亚的挑衅。参见 Ilya Gridneff, "Saudi Arabia, U.A.E Paying Eritrea to Back Yemen Fight, UN"，*Bloomberg News*，November 5，2015，https://www.bloomberg.com/news/articles/2015-11-05/saudi-arabia-u-a-e-paying-eritrea-to-back-yemen-fight-un-says。

70. 2018 年 5 月，摩洛哥宣布同伊朗断绝外交关系，理由是伊朗支持西撒哈拉反摩洛哥组织"波利萨里奥阵线"(Polisario Front)，该组织也被称作西撒哈拉人民解放阵线(简称西撒人阵)。海合会国家对此表示欢迎，沙特还表示，沙特谴责伊朗通过恐怖组织"真主党"培训"波利萨里奥阵线"来干涉摩洛哥的内部事务。沙特将坚定地同摩洛哥王国站在一起维护安全、稳定和领土完整，共同反对所有威胁。参见 Habib Toumi, "Gulf States Back Morocco's Severing of Ties with Iran," *The Gulf News*，May 2，2018，https://gulfnews.com/news/mena/morocco/gulf-states-back-morocco-s-severing-of-ties-with-iran-1.2215318。

71. 120 亿美元一揽子援助计划包括：沙特将提供 50 亿美元贷款(20 亿美元直接存款、10 亿美元现金、价值 20 亿美元的石油)、科威特提供 40 亿美元现金和石油、阿联酋提供 10 亿美元赠款和 20 亿美元无息贷款。参见 Jeremy Ravinsky, "Friends again? Saudi Arabia, UAE jump in to aid Egypt," *The Christian Science Monitor*，July 10，2013，https://www.csmonitor.com/World/Global-Issues/2013/0710/Friends-again-Saudi-Arabia-UAE-jump-in-to-aid-Egypt。

72. 2015 年沙特承诺未来 5 年为埃及另外提供 80 亿美元援助。2016 年沙特国王萨拉曼访问埃及表示将为埃及提供 160 亿美元投资，发展西奈半岛和修建红海大桥。Omar Mawji, "Saudi Arabia Comes to the Rescue of the Egyptian Economy," *Geo-political Monitor*，April 25，2016，https://www.geopoliticalmonitor.com/saudi-arabia-comes-to-the-rescue-of-the-egyptian-economy/。

73. 在沙特的吉达峰会的公报的主要内容是：谴责伊朗反对沙特处决恐怖罪犯的声明，粗暴干涉沙特的内政；谴责伊朗攻击沙特驻德黑兰大使馆和马什哈德领馆的行为；谴责伊朗干涉地区和其他伊斯兰组织国家比如巴林、也门、叙利亚、索马里的内政以及继续支持恐怖主义。参见 Wam, "OIC Condemns Attack on Saudi Embassy," *Emirates 24/7 News*，January 23，2016，http://www.emirates247.com/news/region/oic-condemns-attack-on-saudi-embassy-2016-01-23-1.618355。

74. Alen Almeida and Michael Knights, "Gulf Coalition Operations in Yemen: The Ground War," *Policy Watch No.2594 of Washington Institute*，https://www.washingtoninstitute.org/policy-analysis/view/gulf-coalition-operations-in-yemen-part-1-the-ground-war.

75. "Israel's Relations with the Gulf States Focus on Iran, Perception of Israeli Influence in Washington," Wiki-leaks，March 19，2009，https://wikileaks.org/plusd/cables/09TELAVIV654_a.html.

76. 琼斯表示尽管接触细节难以知晓，但事实是沙以已经接触并愿意接触。参见 Hana Levi Julian, "Secret Talks Between Israel and Saudi Arabia," *Israel National News*，December 21，2006，http://www.israelnationalnews.com/News/News.aspx/117864。

77. Eli Lake, "Israelis and Saudis Reveal Secret Talks to Thwart Iran," *Bloomberg News*，June 5，2015，http://cncc.bingj.com/cache.aspx?q=wikileak+israel+saudi+strategic+alliance&d=4662326127823456&mkt=zh-CN&setlang=zh-CN&w=G9pT9KR0cnxILlMCmQcIeZ4aAS1xGK0w.

78. Aaron Kalman，"Israel，Gulf States Said Discussing New Alliance to Stop Iran，" *The Time of Israel*，October 2，2013，http：//www. timesofisrael. com/israel-gulf-states-said-discussing-new-alliance-to-stop-iran/.

79. 据媒体披露，以色列打击伊朗核设施的是由 10 架飞机组成的攻击编队：四架两座 F-15I 战斗轰炸机，每架携带 2.5 吨炸药，并由另外 4 架 F-15S 僚机护航，2 架亚速尔（Yasur）直升机承担搜救。1 架波音 707 加油机和 1 架承担电子战任务的湾流 550 担任后勤和情报支援。战斗机将在内盖夫(Negev)空军基地起飞，飞行 4 小时，航程 3 900 千米。参见 Anshel Pfeffer，"Sunday Times Report Details Alleged IAF Strike on Sudan Arms Factory，" *Haaretz*，October 28，2012，http：//www. haaretz. com/blogs/the-axis/sunday-times-report-details-alleged-iaf-strike-on-sudan-arms-factory.premium-1.472767。

80. "Saudi Arabia Denies any Cooperation with Israel，" *Albawaba News*，November 18，2013，http：//www. albawaba. com/news/saudi-arabia-contingency-plan-534559.

81. Jason Ditz，"Saudi Crown Prince Meets AIPAC，Other Jewish Leaders During US Visit，" Anti War Website，March 29，2018，https：//news. antiwar. com/2018/03/29/saudi-crown-prince-meets-aipac-other-jewish-leaders-during-us-visit/.

82. 关于沙特游说俄罗斯，参见 Leonid Issaev and Nikolay Kozhanov，"The Russian-Saudi rapprochement and Iran，" *Aljazeera News*，August 24，2017，https：//www. aljazeera. com/indepth/opinion/2017/08/russian-saudi-rapprochement-iran-170817154056810. html；Mark Galeotti，"Putin Is Playing a Dangerous Game in Syria，" *The Atlantic*，February 15，2018，https：//www. theatlantic. com/international/archive/2018/02/the-costs-of-russian-intervention-in-syria-are-rising/553367/。

83. "Full Transcript of Trump's Speech Withdrawing from the Iran Deal，" *The Atlantic*，May 8，2018，https：//www. theatlantic. com/politics/archive/2018/05/full-transcript-iran-deal-trump/559892/.

84. "Remarks by President Trump on Iran Strategy，" The White House Website，October 13，2017，https：//www. whitehouse. gov/briefings-statements/remarks-president-trump-iran-strategy/.

85. Alex Pappas，"Trump Officially Recognizes Jerusalem as Israel's Capital，Orders Embassy Move for US，" *Fox News*，December 6，2017，http：//www.foxnews.com/politics/2017/12/06/trump-officially-recognizes-jerusalem-as-israels-capital-orders-us-embassy-move.html.

86. 特朗普上台后，美国同沙特的高层访问不断，主要包括美国总统访问沙特(2017年 5 月)、国务卿蒂勒森访问沙特(2017 年 10 月)、沙特王储穆罕默德访问美国(2018 年 3 月)、国务卿蓬佩奥访问沙特(2018 年 4 月)等。美沙双方主要的成果是：特朗普首访沙特时，美沙两国签署 1 100 亿美元的军购合同，并签署关于打击恐怖主义、极端主义和推进防务合作的"战略愿景声明"(Strategic Vision Statement)。战略伙伴、签署军购合同、反恐和打击极端主义合作、协调美沙在反伊上的立场是美沙双边外交的主要议题。参见 Hamad Althunayyan，"The US-Saudi Relations in the Trump Era，" *Aljazeera*，May 19，2017，https：//www. aljazeera. com/indepth/opinion/2017/05/saudi-relations-trump-era-170518084540044.html。

87. Courtney Kube，Alex Johnson，Hallie Jackson and Alexander Smith，"U. S. Launches Missiles at Syrian Base Over Chemical Weapons Attack，" *NBC News*，April 7，2017，https：//www. nbcnews. com/news/us-news/u-s-launches-missiles-syrian-base-after-chemical-weapons-attack-n743636.

88. "President Trump's Speech to the Arab Islamic American Summit，" *The White House Website*，May 21，2017，https：//www. whitehouse. gov/briefings-statements/

president-trumps-speech-arab-islamic-american-summit/.

89. Bryan Borzykowski, "Iran's Economy may Be Headed for a Death Spiral Now That Trump Nixed the Nuclear Deal," *CNBC News*, May 10, 2018, https://www.cnbc.com/2018/05/10/irans-economy-may-begin-death-spiral-with-trump-ending-nuclear-deal.html.

90. Ahmad Sadri, "Why did Protests Erupt in Iran?" *Aljazeera News*, 3 Jan 2018, https://www.aljazeera.com/indepth/opinion/protests-erupt-iran-180101142214891.html.

91. "Highest level of sanctions on Iran: What it means for Tehran and others," *RT News*, May 8, 2018, https://www.rt.com/usa/426200-iran-sanctions-reimposed-details/.

92. Ellen R. Wald, "10 Companies Leaving Iran As Trump's Sanctions Close In," *Forbes News*, June 6, 2018, https://www.forbes.com/sites/ellenrwald/2018/06/06/10-companies-leaving-iran-as-trumps-sanctions-close-in/.

93. Gina Heeb, "Trump's Looming Sanctions could Cripple Iran's Auto Industry," *Business Insider*, June 13, 2018, http://markets.businessinsider.com/commodities/news/trump-iran-sanctions-could-hurt-its-auto-industry-2018-6-1026941615.

94. 以色列披露并被媒体热炒的"阿马德计划"实际是伊朗核问题中潜在的核武项目（Possible Military Dimension, PMD）。从 2008 年 5 月起,国际原子能机构关于伊朗核问题的核查报告中都有专门章节披露最新进展,特别是绿盐项目、帕尔钦基地、高能炸药起爆、导弹再入大气层物体工程研究。参见"Implementation of the NPT Safeguards Agreement in the Islamic Republic of Iran," *IAEA Website*, May 26, 2018, https://www.iaea.org/sites/default/files/gov2008-15_ch.pdf. 尽管伊朗在这方面同国际原子能机构的合作进展缓慢,但这并不影响伊朗同其他六国在 2015 年 7 月达成伊朗核协议。由于涉及国际原子能机构本身的权限,再加上伊朗核协议更多是出于政治解决核问题,因此阿马德计划或潜在涉核武项目都不能否定伊朗核协议本身。但是这一敏感项目的确让伊朗存在发展核武器的可能性。

95. Shashank Bengali and Ramin Mostaghim, "Death to the Dictator! Is New Rallying Cry in Iran as Antigovernment Protests Spread to Capital," *Los Angeles Times*, December 30, 2017, http://www.latimes.com/world/middleeast/la-fg-iran-protests-20171230-story.html.

96. Boyko Nikolov, "Iran Buys Russia's S-400 Defense Systems, Fighters and Tanks, US Intelligence Said," *Bulgarian Military*, November 21, 2019, https://bulgarianmilitary.com/2019/11/21/iran-buys-russias-s-400-defense-systems-fighters-and-tanks-us-intelligence-said/.

97. Eli Watkins, "Obama: Leaving Iran deal 'misguided'," *CNN News*, May 8, 2018, https://edition.cnn.com/2018/05/08/politics/barack-obama-iran-deal-trump/index.html.

98. 2018 年 5 月 21 日,美国国务卿蓬佩奥发表对伊朗新战略,其中列举了伊朗必须在行为上做出改变的 12 条要求。具体包括:(1)伊朗必须向国际原子能机构报告其核计划中涉及军事的核活动,并永久放弃此项活动;(2)伊朗必须停止浓缩铀项目,永远不得进行钚提取,关闭重水反应堆;(3)伊朗必须准许原子能机构核查人员无条件进入伊朗核设施进行核查;(4)伊朗必须终止发展弹道导弹,不得进行导弹扩散,停止发展具有核能力的导弹系统;(5)伊朗必须释放所有在押的美国和盟国公民;(6)伊朗必须终止支持黎巴嫩真主党、哈马斯、杰哈德等组织;(7)伊朗必须尊重伊拉克主权,解除什叶派民兵武装并复员;(8)伊朗必须停止在军事上支持也门胡塞武装组织,努力实现也门的政治解决;(9)伊朗必须撤出所有在叙利亚的部队;(10)伊朗必须终止支持塔利班等阿富汗恐怖组织,停止收容"基地"组织的高级头目;(11)伊朗必须终止通过革命卫队"圣城旅"支持全球恐怖分子和好战分子;(12)伊朗必须结束对其邻国的威胁,包括停止威胁摧毁以色列,停止向沙特和阿联酋发射导弹和进行网络攻击等。参见 Secretary of State Mike Pompeo,"After the Deal:A New Iran Strategy,"Department of State,May 21,2018,https://www.state.gov/secretary/remarks/2018/05/282301.htm。

99. Phil Helsel,"Pelosi Says Trump Carried out Strike on Iranian Commander Without Authorization and She Wants Details,"*NBC News*,January 2,2020,https://www.nbcnews.com/politics/congress/pelosi-says-trump-carried-out-strike-iranian-commander-without-authorization-n1109831;Aeron Blake,"What Trump Say About Obama and War with Iran,and What It Means Now,"*Washington Post*,January 3,2020,https://www.washingtonpost.com/politics/2020/01/03/what-trump-has-said-about-iran-what-it-means-now/?arc404=true.

100. "2020 Presidential Primary Election Results,"*USA Today*,March 19,2020,https://www.usatoday.com/elections/results/primaries/.

101. President Donald J. Trump,"Statement by the President on the Iran Nuclear Deal,"*The White House Website*,January 12,2018,https://www.whitehouse.gov/briefings-statements/statement-president-iran-nuclear-deal/.

102. "SWIFT Kick:Iranian Banks about to Be Cut off from Global Financial Network,"*RT News*,November 12,2018,https://www.rt.com/business/443719-swift-disconnect-iranian-banks/.

103. "Germany's Merkel calls Iran's president,expresses Berlin's commitment to nuclear deal,"*Arab News*,May 10,2018,http://www.arabnews.com/node/1300261/world.

104. 在俄罗斯介入叙利亚、俄间谍谢尔盖·斯克里帕尔(Sergei Skripal)遇刺事件的背景之下,防止伊朗核协议"流产"为俄罗斯和欧洲改善关系提供了为数不多的契机。5月10日德国新任外交部长海科·马斯(Heiko Maas)访问俄罗斯并表达了德俄两国将坚持伊朗核协议。5月18日,德国总理默克尔访问俄罗斯,默克尔同普京会晤时表示,伊朗核危机在莫斯科和柏林激发了少有的团结。德国和俄罗斯相信伊朗核协议应当继续有效。参见"Putin to Meet Merkel to Talk Iran and Ukraine,"*Yahoo News*,May 18,2018,https://www.yahoo.com/news/putin-meet-merkel-talk-iran-ukraine-024014712.html。

105. 5月25日,德国总理默克尔访问中国,伊朗核协议是其中最重要的两大议题之一。在核问题上中德立场一致,认为伊朗核协议是最重要的多边主义成果。中德两国都表达保持伊朗核协议不变的决心不变。参见 Charlotte Gao,"Was Merkel's Visit to China Successful?"*The Diplomat*,May 29,2018,https://thediplomat.com/2018/05/was-merkels-visit-to-china-successful/。

106. Patrick Wintour and Jennifer Rankin,"EU Tells Iran it will Try to Protect Firms from US Sanctions,"*The Guardian*,May/15,2018,https://www.theguardian.com/world/2018/may/15/eu-tells-iran-it-will-try-to-protect-firms-from-us-sanctions.

107. 冷战后,从克林顿到小布什再到奥巴马,美国对伊朗的指责基本都集中在四个领域,即发展核武器、支持恐怖主义、阻碍中东和平进程、"侵犯人权"四宗罪。参见 Alex Edwards,*Dual Containment Policy in the Persian Gulf:The USA,Iran,and Iraq,1991—2000*,Palgrave Macmillan,2014;Anthony H. Cordesman,Bryan Gold,*Sanctions,Energy,Arms Control,and Regime Change*,Rowman & Littlefield,2014。

108. "Read Donald Trump's Speech to AIPAC,"*The Times*,March 21,2016,http://time.com/4267058/donald-trump-aipac-speech-transcript/.

109. Cornelius Adebahr, "Trump, the EU, and Iran Policy: Multiple Pathways Ahead," *Carnegie Endowment for International Peace Paper*, January 31, 2017, https://carnegieendowment.org/files/Adebahr_Nuclear_Deals_Uncertain_Future.pdf.

110. 在议题上,欧盟将恐怖主义、大规模杀伤性武器的扩散、有组织犯罪等视为主要的安全威胁。2003 年欧盟发布的《欧洲安全战略》(European Security Strategy)指出,欧盟在冷战后面临诸多安全挑战,但是核生化武器的扩散是欧盟首要的安全关切,欧盟将采取一切可资利用的资源和手段加以应对。参见"European Strategy against the proliferation of weapons of mass Destruction," December 10, 2003, p.5, http://register.consilium.europa.eu/pdf/en/03/st15/st15708.en03.pdf. 在地区问题上,欧盟更加关注周边地区。欧盟强调将更多邻国转化为欧盟的朋友(Transform the Wider Neighborhood into the Ring of Friends),构建欧盟的安全圈。2004 年欧盟出台《欧盟对中东—地中海的安全战略》(The EU, the Mediterranean and the Middle-East: A Longstanding Partnership),强调欧盟将以伙伴计划和对话作为欧盟战略的基石,对中东和地中海两大地区奉行长期的务实的接触政策,以促进这两个地区的繁荣与安全。参见"European Neighborhood Policy", May 2004, http://www.diis.dk/graphics/Publications/WP2005/22_uho_EUs_Neighbourhood.pdf.pdf。

111. "EU Strategic Partnership with the Mediterranean and the Middle East," June 2004, http://www.consilium.europa.eu/uedocs/cmsUpload/Partnership%20Mediterranean%20and%20Middle%20East.pdf.

112. 2018 年 5 月 21 日,美国国务卿蓬佩奥在传统基金会(The Heritage Foundation)发表演讲,题目是《伊朗核协议之后:美国对伊朗的新战略》。这一演讲算得上是美国特朗普政府对伊朗实行的新战略。蓬佩奥要求伊朗改弦更张,在对外行为上做出根本性的改变。只有这样,美国的新一届政府对伊朗才可能真正走向和解并发展正常的关系。为此蓬佩奥列出了伊朗不得发展核武器、停止支持黎巴嫩真主党等地区激进组织等 12 条要求。这 12 条要求实际上是美国为伊朗开具的美伊关系改善的"行为路线图"。蓬佩奥在演讲中还刻意将伊朗的伊斯兰政府同伊朗人民区分开来,强调美国对伊朗的制裁和遏制是针对伊朗政府和官员,而不是针对伟大的伊朗人民。参见 Secretary of State Mike Pompeo, "After the Deal: A New Iran Strategy," *Department of State*, May 21, 2018, https://www.state.gov/secretary/remarks/2018/05/282301.htm。

113. "EU Tells Iran it will Try to Protect Firms from US Sanctions", *The Guardian*, May 15, 2018, https://www.theguardian.com/world/2018/may/15/eu-tells-iran-it-will-try-to-protect-firms-from-us-sanctions.

114. 2018 年 6 月 4 日,英法德三国外交部长、经济部长和欧盟最高代表分别致信美国财政部,要求美国不要实行域外的长臂管辖,并对欧盟公司保持在伊朗的经济关系,比如能源、汽车、民用航空、基础设施、银行和金融等领域的往来进行豁免。参见 Ivana Kottasova, "Europe asks US to spare its companies from Iran sanctions," *CNN*, June 6, 2018, https://money.cnn.com/2018/06/06/news/economy/iran-europe-sanctions-relief/index.html。

115. 当时美国要援引自己的国内法制裁第三国,主要针对的是法国的公司。欧盟的阻断法案抵御了美国制裁对欧盟商业公司在伊朗合法活动的影响。当阻断法案于 20 世纪 90 年代实施时,它成为欧洲共同体对美国域外制裁进行双管齐下攻击的一部分,另一部分是世界贸易组织的申诉。这种双管齐下的方法迫使美国最终放弃了域外制裁。1996 年欧盟通过的阻断法案主要是为应对美国的伊朗-利比亚制裁法(Iran Libya Sanctions Act, ILSA),尽管磋商后美国最终放弃制裁法国公司,1996 年的阻断法案也没有执行,但是阻断法案是欧盟反对第三国域外立法统一行动的一项重要成就。

116. "The EU Blocking Statute: The European Commission Seeks to Preserve the Iran Nuclear Deal," *Ashurst Paper*, June 7, 2018, https://www.ashurst.com/en/news-and-insights/legal-updates/the-eu-blocking-statute-the-european-commission-seeks-to-preserve-the-iran-nuclear-deal/.

117. Iain Withers, "HSBC Spared Further US Money Laundering Sanctions as It Battles to Clean Up its Act," *The Telegraph*, December 11, 2017, https://www.telegraph.co.uk/business/2017/12/11/hsbc-spared-us-money-laundering-sanctions-battles-clean-act/.

118. "EU Blocking US Sanctions against Iran to Protect European Companies," *RT News*, August 6, 2018. https://www.rt.com/business/435198-eu-blocking-us-sanctions-against-iran/.

119. "Oil Giant Total has Pulled Out of Iran and Giant Gas Project," *CNBC News*, August 20, 2018. https://www.cnbc.com/2018/08/20/total-pulls-out-of-iran-and-giant-gas-project-reports-say.html.

120. Terry Atlas and Kelsey Davenport, "Trump Challenges Europeans Over Iran Deal," *Arms Control Organization*, October 2018, https://www.armscontrol.org/act/2018-10/news/trump-challenges-europeans-over-iran-deal.

121. 美国总统特朗普在联合国大会上称伊朗是"腐败独裁者"(corrupt dictatorship),并将加大对伊制裁力度,以及蓬佩奥和安全助理博尔顿(9 月 25 日)也警告欧盟和其他国家不得试图规避对伊朗的制裁。

122. "EU Blocking Statute, SPV Can Derail US Sanctions on Iran," *Sputnik News*, September 28, 2018, https://sputniknews.com/analysis/201809281068418879-eu-sanctions-us-iran.

123. *"EU Caving to Trump Pressure on Iran Sanctions, SPV 'Alternative Mechanism' Now in Tatters,"* *21ˢᵗ Century Wire*, November 15, 2018, https://21stcenturywire.com/2018/11/15/eu-caving-to-trump-pressure-on-iran-sanctions-spv-alternative-mechanism-now-in-tatters/.

124. "EU-Iran Instex Trade Channel Remains Pipe Dream," *DW News*, January 20, 2020, https://www.dw.com/en/eu-iran-instex-trade-channel-remains-pipe-dream/a-52168576.

125. "Special Purpose Vehicle for Iran-EU Trade Before November," *The Financial Tribune*, September 28, 2018, https://financialtribune.com/articles/economy-domestic-economy/94099/special-purpose-vehicle-for-iran-eu-trade-before-november.

126. Kelsey Davenport, "Trump Sanctions Exempt Some Oil Sales and Nuclear Projects," *Arms Control Paper*, November 6, 2018, https://www.armscontrol.org/blog/2018-11-06/trump-sanctions-exempt-some-oil-sales-nuclear-projects.

127. Viktoria Dendrinou and Nikos Chrysolor, "Here's How Europe Plan to Challenge Dollar's Dominance," *Bloomberg News*, December 3, 2018, https://www.bloomberg.com/news/articles/2018-12-03/here-s-how-europe-plans-to-challenge-the-dollar-in-world-markets.

128. "Highest level of sanctions on Iran: What it means for Tehran and others," *RT News*, May 8, 2018, https://www.rt.com/usa/426200-iran-sanctions-reimposed-details/.

129. 博尔顿认为,美国对伊朗的政策应当是在伊朗庆祝伊斯兰革命 40 周年之前推翻伊朗的毛拉政权。伊朗的行为和目标根本不会改变,那么对美国来讲,唯一的解决路径就是改变伊朗的毛拉政权。而且博尔顿认为,2019 年在美伊关系上具有特殊的意义。这一年不仅是伊朗的伊斯兰政权创建 40 周年,也是美伊交恶 40 周年。这一年如果说对伊朗来讲是荣耀的话,那么对美国来说则是奇耻大辱。当初伊朗不顾国际外交惯例,冲击美国驻伊朗使馆并拘押美国使馆工作人员 444 天,这是美国外交史上的耻辱。而美国雪耻的最好方法是惩办元凶,推翻发动事件的幕后主使霍梅尼所建立的伊斯兰政权。届时曾被扣押的人质也可以为美国驻德黑兰的新使馆剪彩。参见 John Bolton,"U.S. Policy should Be to End the Islamic Republic before its 40th Anniversary,"*The Wall Street Journal*,January 16,2018,https://www.wsj.com/articles/beyond-the-iran-nuclear-deal-1516044178?mg=prod/accounts-wsj&mg=prod/accounts-wsj。

130. "Outlaw Regime: A Chronicle of Iran's Destructive Activities,"*Iran Action Group of Department of State*,May 2018,https://www.state.gov/documents/organization/286410.pdf.

131. 弗雷茨的职务是国家安全委员会的事务长(Chief of Staff for the National Security Council),直接对博尔顿负责。弗雷茨曾在小布什时期担任时任副国务卿博尔顿的事务长(Chief of Staff for Bolton)和军控与国际安全助理国务卿(Under Secretary of State for Arms Control and International Security)。他曾公开表示奥巴马对伊朗违背核协议视而不见。参见 Fred Fleitz,"Obama Blatantly Ignored Iran's Nuclear Violations," *Newsmax*,May 5,2018,https://www.newsmax.com/newsfront/fred-fletiz-obama-irannuclear/2018/05/05/id/858561/。

132. John Bolton,"Speech by John Bolton in the Free Iran Gathering July 2017 in Paris,"July 12,2017,https://english.mojahedin.org/linksen/2264/Speech-by-John-Bolton-in-the-Free-Iran-Gathering-July-2017-in-Paris;Arron Morrot,"Rudy Giuliani Calls for Iran Regime Change at Rally Linked to Extreme Group,"*The Guardian*,June 30,2018,https://www.theguardian.com/us-news/2018/jun/30/rudy-giuliani-mek-iran-paris-rally;"Previewing Secretary Pompeo's Remarks on Iran at the Ronald Reagan Presidential Library,"*Department of State*,July 28,2018,https://www.state.gov/r/pa/prs/ps/2018/07/284223.htm.

133. Mark Landler,"Trump Abandons Iran Nuclear Deal He Long Scorned,"*The New York Times*,May 8,2018,https://www.nytimes.com/2018/05/08/world/middleeast/trump-iran-nuclear-deal.html.

134. "SWIFT Kick: Iranian Banks about to Be Cut off from Global Financial Network,"*RT News*,November 12,2018,https://www.rt.com/business/443719-swift-disconnect-iranian-banks/.

135. Gareth Porter,"Back to the Future? Bolton,Trump and Iranian Regime Change,"*The Middle East Eye*,May 18,2018,http://www.middleeasteye.net/columns/back-future-bolton-trump-and-iranian-regime-change-412352437.

136. 马蒂斯认为美国需要改变伊朗的行为,防止伊朗借助军队、秘密服务、代理人对地区构成威胁。参见"Mattis: US goal to change Iran behavior in Middle East,not regime change,"*Alarabiya News*,27 July 2018,http://english.alarabiya.net/en/News/middle-east/2018/07/27/Mattis-US-goal-to-change-Iran-behavior-in-Middle-East-not-regime-change.html。

137. 蓬佩奥表示,伊朗必须根本性改变自己的行为,否则将为生存而挣扎。参见 Secretary of State Mike Pompeo,"After the Deal: A New Iran Strategy,"*The Heritage Foundation Paper*,May 21,2018,https://www.state.gov/secretary/remarks/2018/05/282301.htm.

138. "Countering America's Adversaries Through Sanctions Act,"*The Treasure Department*,August 2,2017,https://www.treasury.gov/resource-center/sanctions/

Programs/Documents/hr3364_pl115-44.pdf.

139. "Briefing on the Creation of the Iran Action Group," *State Department*, August 16, 2018, https://www.state.gov/r/pa/prs/ps/2018/08/285186.htm.

140. Rep. Mike Pompeo, "One Year Later, Obama's Iran Nuclear Deal Puts Us at Increased Risk," *Fox News Opinion*, July 14, 2016, http://www.foxnews.com/opinion/2016/07/14/rep-mike-pompeo-one-year-later-obama-s-iran-nuclear-deal-puts-us-at-increased-risk.html.

141. Julia Manchester, "Pompeo: Protesters in Iran Fed up with Country's Leadership," *The Hill*, June 27, 2018, http://thehill.com/homenews/administration/394408-pompeo-the-world-hears-angry-iran-protests.

142. Alex Lawler, "Iranian Crude Exports Fall Further as Trump's Sanctions Loom," *Reuters News*, October 15, 2018, https://af.reuters.com/article/commodities-News/idAFL8N1WV2Y8.

143. "Six charts that Show How Hard US Sanctions Have Hit Iran,"*BBC News*, December 9, 2019, https://www.bbc.com/news/world-middle-east-48119109.

144. "Tomato Squeeze: Sanctions Distort Iran Economy," *Gulf News*, October 11, 2018, https://gulfnews.com/news/mena/iran/tomato-squeeze-sanctions-distort-iran-economy-1.2288783.

145. Behrouz Mina, "Can Iran Survive the Inflation Hike?" *Track Persia*, September 4, 2018, https://www.trackpersia.com/can-iran-survive-inflation-hike/.

146. Dominic Dudley, "How Tehran Is Working with Washington's Allies to Undermine US Sanctions Against Iran," *Forbes News*, July 20, 2018, https://www.forbes.com/sites/dominicdudley/2018/07/20/tehran-washington-allies-undermine-sanctions/#54b9f44c1906.

147. Ladane Nasseri, "Iran Lawmakers Want Central Banker Fired Amid Currency Chaos," *Bloomberg News*, April 19, 2018, https://www.bloomberg.com/news/articles/2018-04-19/iran-lawmakers-want-central-banker-fired-amid-currency-turmoil.

148. Travis Fedschun, "Iran's President Vows to Overcome Anti-Iranians in White House, as Lawmakers Issue Public Rebuke," *Fox News*, August 28, 2018, https://www.foxnews.com/world/irans-president-vows-to-overcome-anti-iranians-in-white-house-as-lawmakers-issue-public-rebuke.

149. Shashank Bengali and Ramin Mostaghim, "The Return of U.S. Sanctions is Expected to Sow Misery in Iran. But for Those with Money, There's a Haven: Dollars," *The Los Angeles Times*, May 29, 2018, http://www.latimes.com/world/middleeast/la-fg-iran-economy-2018-story.html.

150. Golnar Motevalli, "Khamenei Sees Foreign Footprints in Iran's Currency Chaos," *Bloomberg News*, April 18, 2018, https://www.bloomberg.com/news/articles/2018-04-18/khamenei-sees-foreign-footprints-in-iran-s-currency-chaos.

151. "Rouhani Says Iran will not Submit to US Pressure, will Maintain Dignity," *Press TV*, June 27, 2018, https://www.presstv.com/Detail/2018/06/27/566293/Iran-Rouhani-US-nuclear-deal.

152. "Iran government Unifies Foreign Exchange Rates," *Financial Tribune*, April 10, 2018, https://financialtribune.com/articles/economy-business-and-markets/84388/breaking-iran-government-unifies-foreign-exchange-rates.

153. "Iran to Launch Secondary Currency Market in Coming Days: CBI Chief,"

Tasnim News，June 25，2018，https：//www. tasnimnews. com/en/news/2018/06/25/1760006/iran-to-launch-secondary-currency-market-in-coming-days-cbi-chief.

154. 这4项提案分别是《反洗钱提案》《打击资助恐怖主义提案》《打击有组织犯罪提案》和《反腐败法提案》。这些提案都与加入《制止向恐怖主义提供资助的国际公约》和《打击跨国有组织犯罪公约》直接相关，参见 Dr. Ibrahim Al-Othaimin，"Financing Terrorism Drains Iran's Economy，" September 2，2017，https：//english. alarabiya. net/en/views/news/middle-east/2017/09/02/Financing-terrorism-drains-Iran-s-economy. html；相关监管部门是反洗钱金融行动特别工作组，参见 http：//www.fatf-gafi.org。

155. Aaron Arnold，"Will Anti-Money Laundering Reform in Iran matter?" *The Bulletin*，September 14，2018，https：//thebulletin. org/2018/09/will-anti-money-laundering-reform-in-iran-matter/.

156. 鉴于鲁哈尼的良好配合，FATF 曾对伊朗有三次的审议展期，在2018年6月同意给伊朗以4个月的延展期并暂停反措施。参见"Anti-Money Laundering Body Gives Iran Until October to Complete Reforms，" *The Arab Weekly*，June 30，2018，https：//thearabweekly.com/anti-money-laundering-body-gives-iran-until-october-complete-reforms。

157. "Iran：Another Conservative Watchdog Blocks Anti-Corruption Bills，" *Payvand News*，September 18，2018，http：//www.payvand.com/news/18/sep/1029.html。

158. 保守派强调伊朗只会遵守联合国关于恐怖组织的界定，反对遵守该组织要将黎巴嫩真主党、哈马斯、也门胡塞武装组织等列为恐怖组织的认定。他们认为按照公约组织的认定标准，伊朗将被迫制裁革命卫队和"圣城旅"。参见"Iran Regime's Fear of Financial Action Task Force on Money Laundering（FATF）Sanctions，" November 28，2017，https：//www. ncr-iran. org/en/news/terrorism-fundamentalism/23936-iran-regime-s-fear-of-financial-action-task-force-on-money-laundering-fatf-sanctions。

159. "Momentum Builds for Iran to Meet Global Financial Watchdog Requirements，" *Al-Monitor*，July 16，2018，http：//www. al-monitor. com/pulse/originals/2018/07/iran-fatf-aml-cft-bills-parliament-khamenei-jcpoa-larijani.html.

160. 在10月7日伊朗议会投票之前，哈梅内伊致信伊朗议长拉里贾尼表示，支持加入《制止向恐怖主义提供资助的国际公约》。参见"Parliament Approves Iran's CFT Accession，" *Persian News*，October 7，2018，http：//parsiannews. info/2018/10/07/parliament-approves-irans-cft-accession-2/。

161. "Khamenei Had No Choice but To Allow Bill Against Financing Terrorism，" *Radio Farda*，October 7，2018，https：//en. radiofarda.com/a/bill-against-financing-terrorism-passes-iran-parliamnet-khamenei/29530461.html.

162. John Irish and Leigh Thomas，"Global Watchdog Places Iran on Terrorism Financing Blacklist，" *Reuters News*，January 21，2020，https：//www.reuters.com/article/us-iran-fatf/global-watchdog-places-iran-on-terrorism-financing-blacklist-idUSKBN20F1Z6.

163. Hadi Ghaemi，"Guards at the Gate：The Expanding State Control Over the Internet in Iran，" *Center for Human Rights in Iran*，January 2018，https：//www.iranhumanrights. org/2018/01/internet-cut-off-during-recent-unrest-in-iran-reveals-tehrans-new-cyber-capabilities/.

164. "After Unrest, Khamenei Wants to Tighten Control Over Internet，" *Radio Farda*，January 26，2018，https：//en. radiofarda.com/a/khamenei-iran-control-internet/29000002.html.

165. Scott Lucas，"Supreme Leader Appeals for His Resistance Economy，" *Al-Monitor*，March 21，2018，https：//www. al-monitor.com/pulse/originals/2017/03/iran-

nowruz-video-message-khamenei-rouhani-2017-1396.html.

166. Ray Takeyh，"Iran's 'Resistance Economy' Debate," *Council on Foreign Relations*，April 7，2016，https：//www.cfr.org/expert-brief/irans-resistance-economy-debate.

167. Arash Karami，"After Criticism, Rouhani Defends his Economic Performance," *Al-monitor*，March 22，2016，https：//www.al-monitor.com/pulse/originals/2016/03/rouhani-defends-resistance-economy-iran-khamenei.html.

168. 该组织是革命后被霍梅尼清洗的失意者,强调使用暴力和恐怖主义手段推翻伊朗政权,甚至不惜勾结萨达姆反对伊朗。参见 Raymond Tanter，"Preparing for Regime Change in Iran," *The Washington Institute Paper*，October 4，2016，https：//www.washingtoninstitute.org/fikraforum/view/preparing-for-regime-change-in-iran。

169. Raymond Tanter，"Preparing for Regime Change in Iran," *The Washington Institute Paper*，October 4，2016，https：//www.washingtoninstitute.org/fikraforum/view/preparing-for-regime-change-in-iran.

170. 特朗普认为奥巴马奉行的政策是对敌人的绥靖、对盟友的残忍。美国不能再绥靖伊朗,必须通过建立海湾国家—以色列联盟把"伊朗扩张主义"推回去。参见"President Donald J. Trump is Ending United States Participation in an Unacceptable Iran Deal," *The White House Website*，May 8，2018，https：//www.whitehouse.gov/briefings-statements/president-donald-j-trump-ending-united-states-participation-unacceptable-iran-deal/。

171. "Why Khashoggi's Death is a Major Crisis for U.S.-Saudi Relationship," *Public Broadcast Service*，October 24，2018，https：//www.pbs.org/newshour/show/why-khashoggis-death-is-a-major-crisis-for-u-s-saudi-relationship.

结　论

　　伊斯兰革命后,伊朗四十年的外交传承中唯一不变的是其根本原则,即维护伊朗的法基赫制度和伊斯兰政府。在保持这个根本原则不变的情况下,伊朗历届领导人可以调整自己的外交策略和风格,或强硬或缓和,甚至可以突破霍梅尼设定的"不要东方、不要西方",同伊朗的敌人握手。如果形势所迫,"只要伊斯兰"的伊朗也可以不对外输出伊斯兰革命。

一、伊朗的伊斯兰革命冲击

　　20世纪70年代末伊朗爆发了伊斯兰革命。从诞生之日起,伊朗就以挑战者的身份和姿态对海湾和中东局势构成了强烈的冲击。第一,从海湾和中东的安全结构上看,革命后的伊朗挑战了美国主导的海湾和中东的安全结构。从1953年推出艾森豪威尔主义开始,美国通过同以色列和温和派君主国家结盟,在海湾和中东建立起美国主导的安全结构。伊朗在国王巴列维时期曾是美国最坚定的盟友,但伊斯兰革命和美国使馆人质事件让美伊两国成为彼此最大的敌人。伊朗不承认美国在海湾和中东的霸权,并对沙特等美国盟友构成威胁。伊朗易帜迫使美国重新布局,两伊战争为美国提供了倚重萨达姆遏制伊朗的机会,借此消除伊朗对中东安全结构的挑战。

　　第二,从海湾国家关系上看,革命后的伊朗挑战了海湾的君主国家体系。革命国家同君主国家之间的矛盾可以追溯到1958年的伊拉克革命,革命后的伊拉克挑战了海湾主流的君主制体系。国王巴列维还曾支持伊拉克的库尔德反对派。革命后的伊朗从君主制度的保护者变为破坏者。霍梅尼认为君主制度是最腐败的政权,并期望以输出革命的方式推翻君主政权。这造成伊朗和海湾君主制国家之间的结构性矛盾,导致海湾国家在两伊战争中支持萨达姆打击伊朗。

第三,从教缘政治上看,革命后的伊朗冲击了伊斯兰世界的教缘政治。伊斯兰世界的主流是逊尼派。沙特更以拥有圣城麦加和麦地那而成为逊尼派和伊斯兰世界的领袖。伊朗对既有的伊斯兰教缘政治的冲击在于:首先,伊朗从世俗国家转变为具有强烈宗教色彩的国家。由于伊朗什叶派人口比海湾逊尼派国家所有人口的总和还要多,人口优势使伊朗成为伊斯兰世界的新势力。其次,伊朗的革命是什叶派的革命。什叶派是伊斯兰教的少数派,总体上处于被歧视和被边缘化的地位。但是伊朗作为什叶派大国的崛起改变了海湾的力量对比。什叶派大国伊朗和逊尼派大国沙特同处在海湾地区,增加了两国发生冲突的可能性。再次,伊朗坚持伊斯兰政府的唯一性,即伊朗认为法基赫制度才是唯一被沙里亚法认可的制度。伊朗否认其他政权特别是君主政权的合法性,否认沙特拥有两大圣城护持国的地位和资格。这直接挑战了沙特的领袖地位。

第四,从宗教与政治的关系上看,伊朗的伊斯兰革命对中东的宗教复兴具有强大的示范作用。伊朗作为从世俗国家转变为宗教国家的当代地区大国,宗教人士成了国家的统治者,这极大地提高了中东宗教人士参政和主政的信心。他们认为可以利用宗教进行意识形态宣传和基层动员,宗教可以成为改变世俗政权和社会的武器,并用来对抗西方的意识形态和价值观。伊斯兰革命后,阿富汗的塔利班、"基地"组织、穆斯林兄弟会、"伊斯兰国"等宗教组织甚至恐怖组织都积极地抢班夺权。他们或是推翻既有的世俗政府,或是建立政教合一的政权,甚至以恐怖手段冲击现行世俗国家体系。[1]复兴后的宗教已成为冲击中东国家关系的重要力量。

二、伊朗外交的设局与破局

设局与破局是贯穿伊朗外交的主线。革命后的伊朗不是一般意义上的民主或世俗国家。革命后,宗教领袖霍梅尼将其倡导的伊斯兰思想上升为伊朗的国家意志。霍梅尼的伊斯兰思想是在伊朗国内建立法基赫制度和伊斯兰政府,对外输出伊斯兰革命,向海湾、伊斯兰世界乃至全世界推广伊朗版本的伊斯兰革命,将真主的影子投放到世间。这也是霍梅尼认为伊朗必须践行的"伊斯兰使命"。对内的伊斯兰改造和对外的输出革命相辅相成,共同构成伊朗的内外政策。与"伊斯兰使命"相关,霍梅尼还发展出自己的宗教是非观,认为美国、苏联、以色列,以及同美国勾结的国家都是"撒旦",只有伊朗才是世界上真正的伊斯兰国家,伊朗要同世界上所有反对伊斯兰的反动势力做殊死斗争。

霍梅尼的"伊斯兰使命"上升为国家意志和外交原则后,伊朗就预设了同美国、苏联、以色列、沙特等国的对抗之路。这就是伊斯兰意识形态给伊朗外交设定的困局。外交困局包含两层含义:一是伊朗外交的意识形态化。霍梅尼时期,伊朗并未遵循现实主义原则发展对外关系,而是将伊斯兰意识形态上升为伊朗外交的使命和根本原则,违背了伊朗的国家利益。二是当伊朗将伊斯兰确定为必须践行的使命时,伊朗就预先设定了同美国、以色列、沙特等国的冲突之路。伊朗必须进行外交突围,破解后者的反对和围堵。

后霍梅尼时代,伊朗的伊斯兰意识形态逐渐让位给国家利益,伊朗外交呈现出国家正常化的特性。伊朗积极寻求同外部世界改善关系并融入国际体系。但美国是伊朗融入国际体系的最大障碍。坚持革命但要改变"撒旦"语汇是伊朗必须克服的问题。由于美国的遏制和伊朗国内保守派的双重夹击,拉夫桑贾尼、哈塔米、鲁哈尼的破局之路并不成功。这也让伊朗外交呈现极大的摆动性。平衡革命与务实两者的关系成为伊朗外交的主要话题。

经济依赖和外交独立之间的矛盾是伊朗外交难以解决的重大问题。霍梅尼倡导的独立是要彻底摆脱甚至打破以美苏为中心的国际政治经济体系,剪断同美苏两个中心国家的各种联系。但伊朗是石油导向性经济,伊朗对外需要输出石油,对内需要引进外资和技术来维系经济的正常运行,两者缺一不可。这种能源、资金和技术的对外依赖注定伊朗不能同国际体系脱钩。在相当程度上,是伊朗依赖外部世界的能源和资金,而不是世界依赖伊朗的石油。无论是冷战时期还是全球化的今天,伊朗的经济独立和多元化仍停留在口号层面。伊朗经济远未表现出足够的抗制裁、抗风险的能力。一旦外部压力增大,伊朗经济的脆弱性暴露得一览无余。伊朗所做的是最大限度地维持同国际社会的能源联系,保障自己的能源出口。伊朗在两伊停火和核问题上做出重大妥协,都源于能源出口遭遇重大挫折。这也是伊朗经济依赖和外交独立的悖论。

三、"不要东方、不要西方"与伊朗同俄美关系的缓和

由于历史和宗教等原因,霍梅尼仇视美国和苏联。"不要东方、不要西方"成了革命后伊朗的外交原则。为此霍梅尼清除了美苏在伊朗的代理人,对外剪断同美苏两国的联系。伊朗反美反苏导致美苏反对伊朗。伊朗同美国、苏联形成了一对矛盾体,伊朗要拓展外交空间,而美苏则要压制伊朗的外交空间。伊朗的外交目标就是要在美苏的夹缝中图发展。

冷战结束后,伊朗同俄罗斯交好使伊朗放弃了"不要东方"的外交信条。美国压缩俄罗斯和伊朗的外交空间迫使俄伊两国抱团取暖。俄伊的战略接近是冷战后伊朗外交最重要的变化,这也意味着伊朗抛弃了霍梅尼设定的"不要东方"原则。

与对俄缓和相比,伊朗在后霍梅尼时代对美国的外交十分谨慎并呈现一定的摆动性。拉夫桑贾尼和哈塔米时期,伊朗尝试以经济诱惑和"文明间对话"同美国接触,但并未收到良好的效果。艾哈迈迪内贾德时期,伊朗一反前任寻求同美国缓和的政策,实行核强硬政策迫使美国接受伊朗的核现实。这也激起美欧等国的强烈反对。尽管伊朗采取了能源外交和第三方外交,但这并没有帮助伊朗实现外交突围,反而使伊朗陷入同美国、欧盟敌对的局面。这也迫使伊朗被迫采取最不愿触及的政策选项,即同美国接触。鲁哈尼上台后同美国商讨解决核问题,以核妥协推动美伊关系缓和。伊朗花费了35年才在对美国关系上迈出了实质性步伐。如果说拉夫桑贾尼抛弃了"不要东方"原则,那么鲁哈尼则是在突破"不要西方"原则。鲁哈尼通过改善对美关系改善了伊朗的总体外交。

但是非常遗憾,鲁哈尼对美缓和的努力被特朗普完全破坏。但是不管怎样,鲁哈尼对美缓和的外交努力值得肯定。在改变美伊敌对关

系的问题上,美伊都有自己的责任。对美国来讲,需要降低身段放下傲慢,真正以平等姿态同伊朗接触,重视伊朗在地区的作用。对伊朗来讲,伊朗应当重视谈判和接触。伊朗不应拒美国于门外,而是应当正常接触并探寻解决重大问题的方法和路径。因为从任何层面上看,美国都是伊朗不能忽略和绕不开的对手。谈总比不谈好,早谈比晚谈好。

四、美伊两国的政治周期与外交走向

伊斯兰革命后,美伊领导人的更替给两国间的政策互动带来了不同变化。伊朗历经霍梅尼、拉夫桑贾尼、哈塔米、艾哈迈迪内贾德、鲁哈尼五位领袖,美国也先后有卡特、里根、老布什、克林顿、小布什、奥巴马和特朗普七位总统。总体上美伊的政策互动呈现背离的走势。

冷战时期,美国对伊朗的政策总体上呈现低开高走、先弱后强。伊朗革命后,卡特总统期望同伊朗新政府建立正常的关系,但布热津斯基同巴扎尔甘的会谈直接引发美国使馆人质事件,美国对伊朗的政策转为强硬,断绝了同伊朗的外交关系并开始制裁伊朗。"伊朗门"事件是里根对伊朗政策的转折点。使馆人质事件解决后美国在两伊战争中奉行中立,加上美国在黎巴嫩人质问题上有求于伊朗,里根政府对伊朗的政策较为缓和,甚至同伊朗进行武器换人质的交易。"伊朗门"事件曝光后,里根政府对伊政策再趋强硬。美国有限介入战争并通过摧毁布雷艇和石油平台打击伊朗。老布什时期美伊关系相对缓和,美国欢迎伊朗在海湾危机中的斡旋行动并默许国际金融机构向伊朗贷款。

冷战后,美国历届总统对伊朗的政策呈现高开低走、先强后弱的态势。克林顿上台后,美国对伊政策非常强硬。美国推出"双重遏制"政策,指责伊朗是"无赖国家"。哈塔米提出"文明间对话"使克林顿对伊政策有所缓和。奥尔布赖特同哈塔米进行的隔空互动,美伊关系初现解冻的迹象。"9·11事件"后,美国先后发动阿富汗战争和伊拉克战争,并将政权改变政策作为根除核扩散等问题的治本之策。伊朗秘密核设施被曝光让美国抓住了把柄,美国对伊朗进行密集的外交恫吓和军事威胁。但是美国被伊拉克的维稳泥潭和2008年金融危机拖住手脚,再没有对伊朗采取更强硬的政策。奥巴马时期美国对伊政策也是先强后弱。在 2010 年通过《对伊朗全面制裁、问责和撤资法》后，美国推出同伊朗缓和的"奥巴马主义"，并同伊朗签署了伊朗核协议。特朗普时期的对伊政策以强硬开场。美国宣布废除伊朗核协议，并对伊朗进行能源禁运和金融制裁。但美国以后会否对伊缓和还有待观察。

伊朗各届领袖对美政策总体上是高开低走、先强后弱的态势。霍梅尼时期伊朗将美国视为"大撒旦"，甚至不惜通过围攻使馆、扣押人质的方式表达对美国的仇恨。但两伊战争紧张之时，伊朗私下同美国接触洽购武器。拉夫桑贾尼时期伊朗奉行缓和外交。伊朗在海湾危机中积极斡旋，其斡旋外交也有帮美国解决地区危机的含意。拉夫桑贾尼政府还以石油合同为诱饵激励美国公司投资伊朗。但《伊朗—利比亚制裁法》事实上宣告伊朗对美国经济外交的失败。哈塔米对美外交总体上是虎头蛇尾。哈塔米上台后对美提出的"文明间对话"颇有新意，但没有推动美伊人文交流取得实质进展，也没有帮助伊朗打开对美缓和的大门。

随着 2002 年伊朗秘密核设施被曝光，哈塔米政府陷入被动。哈塔米改革派的国际形象大为受损，这同之前的"文明间对话"外交形成鲜明的反差，哈塔米的对美外交也再无建树。艾哈迈迪内贾德时期，伊朗在对美外交上以强硬开场。针对美国在核问题上的军事威胁，伊朗采用军事演习、试射导弹等予以回应，并通过在伊拉克制衡美国、能源外交、强硬的"反以反犹太"言辞来对抗压力。但是 2012 年美欧联合制裁让伊朗陷入有油难卖、货款难收的被动局面，伊朗对美的强硬外交难以为继。温和派总统鲁哈尼上台后通过解决核问题来推动美伊关系的改善。鲁哈尼对美外交的最大成功是以总统间的建设性互动来解决核问题。2015 年签署的伊朗核协议解决了困扰伊朗十多年的核问题。但是鲁哈尼对美缓和被特朗普彻底终止。美伊关系重回针锋相对的恶性循环。

五、美伊安全困境与伊朗核进程

认知差异、安全困境、挑战与守成之争是理解美伊关系互动的重要线索。第一，美伊在自我认知和对对方的认知方面存在重大偏差。对伊朗来讲,伊朗认为法基赫制度是伊朗的创举,认为创建伊斯兰政府后就掌握了话语权和主动权,就能够向世界发号施令。伊朗认为美国是"撒旦"和"万恶之源",美国一直寻求推翻伊斯兰政府、阻止革命输出;而美国认为自己是山巅之国和世界民主的灯塔,肩负着对外输出民主和西方价值观的使命。[2]美国还认为自己在维护中东地区安全和世界和平上负有责任。美国认为伊朗是现代社会的另类和海湾地区安全的挑战者,为此美国要遏制伊朗通过武力和伊斯兰意识形态来改变现状。认知差异注定美伊发生冲突。

第二,美伊之间存在着安全困境。革命后的伊朗格外注重政权安全,时刻警惕美国的颠覆。伊朗还注重维护自己的周边安全,不期望美国介入海湾和中东的安全事务。伊朗认为沙特等国同美国结盟是为了遏制伊朗。美国将海湾和中东视作自己的攸关利益,绝不容许伊朗威胁美国的地区盟国,挑战美国的主导权。为此美国采取遏制、驻军、结盟等政策来防范伊朗。由于美伊都将对方视为自己最大的安全威胁,同时又认为采取预防性行动消除对方的威胁是正当的,因此美伊两国陷入了一方所得即另一方所失的安全困境。

第三,美伊存在着挑战与守成之争。革命后的伊朗是挑战国,不承认美国在海湾和中东的主导权,并期望输出革命来改造海湾和中东。美国作为守成国通过支持伊拉克来遏制伊朗。冷战后,小布什政府还一度奉行政权改变政策,谋求推翻伊朗的伊斯兰政府。特朗普对伊朗的政策兼具政权改变和行为改变的特性,都是为了削弱伊朗并迫使伊朗做出改变。

由于美伊之间存在上述的问题,伊朗核进程才具有特别的意义。2002年伊朗的核设施被曝光,说明伊朗在秘密推进核进程。如果伊朗核进程是为发展核武器,那么伊朗就是期望利用核武器来改变自己在美伊竞争中的不利地位。如果伊朗核进程是为了民用,那么伊朗掌握军民两用的核技术,可以为发展核武器保留潜在的可能,并为伊朗将来改变现状创造条件。

但是伊朗核进程已经超越美伊间的挑战与守成关系而具有更广泛的意义。当核不扩散机制和防扩散的国际规范深入人心,并成为世界大国支持的普遍准则时,无核国家发展核武器成为国际上的禁忌。伊朗的核进程不仅面临美国的压力,也面临中俄欧等核国家和沙特、以色列等地区国家的压力,反对伊朗拥有核武器是这些国家共同坚持的政策红线。从这个意义上讲,核进程逐渐在走向伊朗政策预期的反面,为伊朗招致了更多的非议。伊朗不可能一直维持模糊策略和临界点策略,伊朗必须澄清阿马德计划和伊朗军方作用等问题,划清民用和军用的界限。伊朗在这一问题拖得越久就越不利。无论各方在将来会否启动新的核协议谈判,伊朗在核问题上已经到了决断的时刻。

六、特朗普政府的"极限施压"政策与美伊关系的发展

特朗普上台后,美国开始对伊朗实行新的制裁。尽管伊朗与遏制和制裁相伴了四十多年并积累了足够丰富的经验,似乎可以让伊朗渡过这次制裁难关。但是此次美国的制裁是在以行为改变的名义做改变伊朗政权的事情。

特朗普对伊朗的制裁是一整套的政策组合,包含废约、能源禁运、金融制裁、海湾增兵、斩首行动等具体措施。美国的能源禁运、金融制裁以及针对第三国的长臂管辖,让伊朗承受着前所未有的经济压力。当前美国制裁已经让伊朗的货币崩盘。里亚尔兑美元的汇率从 2017 年 9 月的 3.8 万暴跌到 2020 年 3 月的 16.5 万。货币崩盘让伊朗出现了恶性通货膨胀,民众财产和购买力大大缩水。更重要的是,由于美国对伊朗实施能源禁运,伊朗的石油买家几乎一夜消失。伊朗石油的日出口量从正常年份的 220 万桶暴跌到 2019 年 10 月的 26 万桶,这个数字甚至远低于两伊战争时期 1981 年的 71 万桶的日出口量,接近特朗普宣称的零出口或接近零出口。这对能源依赖型的伊朗经济来讲几乎是灾难性的。另外在美国长臂管辖的威胁下,包括法国道达尔石油公司在内的外资几乎全部停止了同伊朗的业务联系。可以说,伊朗经济到了最危急的时刻。

为了摆脱上述困境,伊朗开始进行外交突围。一是积极开展外交,期望伊朗核协议签约国能够顶住压力同伊朗维持正常的贸易关系。但是除了表达同情和维护伊朗核协议之外,欧盟等国家缺乏帮助伊朗解困的实质举措,也没有推出能够有效制衡美国"极限施压"和长臂管辖

的措施。被伊朗寄予厚望的欧盟 INSTEX 至今没有落地。二是伊朗逐步放弃自己的核协议承诺，伊朗的核活动也突破核协议规定的最后一条。但是伊朗走到这一步实属无奈，且伊朗表示其行为是可逆的，只要其他协议签署国能够履行承诺。这种做法的危险是将欧盟、俄罗斯、中国等国又推到美国一边。美国在维持现有制裁的情况下，会以存在扩散风险为由要求其他国家联合制裁伊朗。三是采取有限的军事行动，在伊拉克同美国角力。2020 年初，伊朗支持的伊拉克"真主党旅"发动针对美国承包商的袭击并引发连锁事件，这至少是被美国解读为伊朗要启动伊拉克的什叶派阵线，结果是伊朗"圣城旅"司令苏莱曼尼到访巴格达直接被美国击毙。苏莱曼尼事件是美国警告伊朗不得在伊拉克生变。未来美伊在伊拉克等地的低烈度冲突还会升级，但是美国不会让这些军事冲突干扰到自己对伊朗的遏制。

由于伊朗外交突围和军事冒险行动未见成效，美伊对抗又回到伊朗能否有效应对制裁这一根本问题上。美国制裁给伊朗社会和民众造成巨大的生活压力。经济艰难导致伊朗的民心浮动。鸡蛋、汽油等生活必需品涨价引发多城市大规模的示威游行，这说明伊朗的民众生活已经相当艰难，而且示威游行逐渐频繁。与强大的外部压力相比，伊朗当前的最大风险在国内。这需要伊朗政府能够采取快速有效的方法应对危机。

在外部通道基本被封堵的情况下，内部挖潜成了伊朗摆脱困境的唯一途径，伊朗需要力行改革来培本固基。有鉴于此，伊朗在政治和经济等方面要尽快进行结构性改革。在政治上，伊朗应当适当减少精神领袖的权限，赋予总统更多的权力。伊朗应当精简机构、裁撤冗员以减轻财政压力，尤其有必要合并宪监会、确定国家利益委员会、专家委员会等职能雷同的部门。在经济上，伊朗要发挥市场的作用，打破既得利益集团对公共资源和市场的垄断，剥离宗教基金会、革命卫队等机构的经济职能，将他们的数千亿美元的经营性资产以接管、拍卖等形式还给社会，进而激发私企和社会的活力。此外伊朗应当减少外援，将资助叙利亚巴沙尔政府、也门胡塞武装组织、伊拉克巴德尔旅等组织的资金用来改善国内民生。只有这样伊朗才能更紧密地团结民众，同仇敌忾、应对压力。

但是伊朗在结构性改革上尚未推出任何有力度的举措，相反在政治上走向保守。2020年2月，伊朗保守派赢得议会选举。由于伊朗的总统选举在政治风向上同议会选举基本同步，因此伊朗在2021年大选中极可能迎来保守派总统。2020年2月，加入《制止向恐怖主义提供资助的国际公约》和《打击跨国有组织犯罪公约》的提案被伊朗否决，伊朗重归反洗钱金融行动特别工作组的黑名单。2020年苏莱曼尼遇袭之后，哈梅内伊发誓要向美国复仇，伊朗军方为此也在秣马厉兵跃跃欲试。这些政治动向表明，伊朗的保守派和军人正在伊朗政坛扮演着日益重要的角色。

让伊朗的局势雪上加霜的是，2020年3月的油价暴跌和新冠肺炎疫情在伊朗的蔓延。受到疫情和沙特—俄罗斯限产谈判失败的影响，国际原油价格出现暴跌。NYMEX石油期货价格从2020年3月5日的每桶46.01美元暴跌到4月21日的每桶13.12美元，盘中更是触及6.5美元的低位。同期布伦特原油期货指数从3月5日的50.18美元跌至4月22日的20.88美元，盘中最低位15.98美元。以NYMEX为例，石油价格在40多天内暴跌71.4%。[3]尽管国际石油价格在4月份大幅反弹，截至2020年7月28日，国际石油每桶稳定在35—45美元的水平。但是油价类似一夜惊魂的暴跌似乎预示着包括石油等化石能源的黄昏即将来临。以电动汽车、风能为代表的新能源和日渐严厉的环境政策正在终结着所有产油国石油黑金的梦想。而伊朗作为世界上最主要的产油国之一，如果不锐意求变，改变自己的能源主导型经济，那么极有可能在未来的油价崩盘中损失得更多。

同油价止跌回升的惊吓相比，新冠肺炎疫情更令伊朗担忧。截至2020年7月26日，伊朗的新冠肺炎确诊人数达到291 172名，位列世界第11位。死亡人数为15 700名，同样位居世界前列。不仅如此，伊朗还是中东地区新冠肺炎疫情最严重的国家。值得一提的是，伊朗在2020年4月5日宣布重启经济以来，伊朗确诊人数急剧攀升，日增确诊病例从4月的3 000—5 000多名跳升到5月份的1万多名，从6月19日开始又急剧增加到2万多名。[4]伊朗总统鲁哈尼更是表示伊朗已经有2 500万人感染，未来这一数字可能会升至3 000万—3 500万。[5]尽管伊朗卫生部官员表示鲁哈尼言过其实，但从另一个层面表明伊朗当下的疫情和未来状况相当悲观。新冠肺炎疫情的暴发让伊朗饱受制裁之苦的经济雪上加霜。疫情不仅让伊朗经济按下了暂停键，也同样加重了伊朗的财政负担。尽管从 2020 年 4 月开始，伊朗逐渐重启经济，但未来伊朗的经济仍将举步维艰。民众对疫情的恐惧和对政府的不满也在酝酿，伊朗的社会稳定也将成为未来热议的话题。

此后新的政治周期中，美伊关系将面临新的变数。但美伊两国的总统更替能否改善伊朗未来的境况，我们当下难以做出定论，只能拭目以待，根据事态的发展再做出新的推断。

注释

1. 刘中民:《当代中东国际关系中的伊斯兰因素研究》，社会科学文献出版社 2018 年版，第 185—210 页。

2. 汪波:《美国外交政策的政治文化分析》，湖北人民出版社 2001 年版，第 120—167 页。

3. Rick Gladstone，"Oil Collapse and Covid-19 Create Toxic Geopolitical Stew," *The New York Times*，April 22，2020，https://www.nytimes.com/2020/04/22/world/middleeast/oil-price-collapse-coronavirus.html.

4. "COVID-19 Pandemic in Iran," Wikipedia，https://en.wikipedia.org/wiki/COVID-19_pandemic_in_Iran.

5. "Iran President Says Up to 25 Million Might Have Been Infected With COVID-19 Since Pandemic Began," *The Time*，July 18，2020，https://time.com/5868597/iran-coronavirus-deaths-infections-spike/.

参考文献

一、中文文献

（一）专著

［伊朗］穆罕默德·礼萨·巴列维：《对历史的回答》，刘津坤、黄晓健译，中国对外翻译出版公司 1986 年版。

［伊朗］穆罕默德·礼萨·巴列维：《我对祖国的使命》，元文琪译，商务印书馆 1977 年版。

［英］弗·哈利迪：《革命与世界政治》，张帆译，世界知识出版社 2006 年版。

［美］亨利·基辛格：《白宫岁月》，陈瑶华译，世界知识出版社 1980 年版。

刘强：《伊朗国际战略地位论：一种全球多视角的解析》，世界知识出版社 2007 年版。

刘月琴：《冷战后海湾地区国际关系》，社会科学文献出版社 2002 年版。

吕芳：《制度选择与国家的衰落》，中国政法大学出版社 2007 年版。

金良祥：《伊朗外交的国内根源研究》，世界知识出版社 2015 年版。

范鸿达：《美国与伊朗：曾经的亲密》，社会科学文献出版社 2006 年版。

杨兴礼：《伊朗与美国关系研究》，时事出版社 2006 年版。

陈安全：《伊朗伊斯兰革命及其世界影响》，复旦大学出版社 2005 年版。

王绳祖主编：《国际关系史》（第 1—11 卷），世界知识出版社 1995 年版。

李春放：《伊朗危机与冷战的起源：1941—1947 年》，社会科学文献出版社 2001 年版。

赵建明：《伊朗国家安全战略的动力分析》，新华出版社 2010 年版。

蒋真：《后霍梅尼时代伊朗政治发展研究》，人民出版社 2014 年版。

赵广成：《霍梅尼外交思想的渊源和理论体系》，世界知识出版社 2015 年版。

(二)期刊论文

安维华:《伊朗非世俗化进程的性质与演化趋势》,载《西亚非洲》1995 年第 4 期。

安维华:《伊朗伊斯兰革命后的经济政策》,载《世界经济》1995 年第 12 期。

东方晓:《伊斯兰原教旨主义的再认识 》,载《西亚非洲》1995 年第 2 期。

王凤:《两伊战争后伊朗内外政策调整述评》,载《西亚非洲》1996 年第 4 期。

钱乘旦:《论伊朗现代化的失误及其原因》,载《世界历史》1998 年第 3 期。

李春放:《论伊朗现代伊斯兰政治模式》,载《历史研究》2001 年第 6 期。

李春放:《论伊朗巴列维王朝的覆灭》,载《世界历史》2002 年第 1 期。

范鸿达:《伊朗外交:宗教领袖与总统的作用》,载《西亚非洲》2002 年第 5 期。

王冀平等:《伊朗核问题与大国关系》,载《美国研究》2004 年第 1 期。

陈兆华:《伊朗核问题与美国对伊政策》,载《现代国际关系》2004 年第 1 期。

杨诗源、杨兴礼:《伊朗新世纪的能源外交浅析》,载《西亚非洲》2006 年第 7 期。

华黎明:《伊朗核问题与中国外交的选择》,载《国际问题研究》2007 年第 1 期。

杨鸿玺:《美国对中东战略与伊朗核问题的发展》,载《西亚非洲》2007 年第 8 期。

刘国华:《伊朗核问题与大国的利益博弈》,载《国际问题研究》2007 年第 2 期。

闫文虎:《核问题:冷战后伊朗民族主义发展的解读》,载《西亚非洲》2007 年第 8 期。

赵建明:《试析印度在伊朗核问题中的平衡外交》,载《南亚研究》2009 年第 4 期。

赵建明:《伊朗和平利用核能策略分析》,载《西亚非洲》2009 年第 11 期。

蒋真:《伊朗核强硬政策的逻辑分析》,载《西亚非洲》2010 年第 10 期。

赵建明:《美国犹太组织与奥巴马政府对伊朗的政策》,载《美国研究》2011 年第 1 期。

赵建明:《制裁、反制裁的博弈与伊朗核发展态势》,载《外交评论》2012 年第 2 期。

蒋真:《霍梅尼伊斯兰革命思想研究》,载《世界宗教研究》2012 年第 2 期。

蒋真:《宗教与政治:当代伊朗政治现代化的困惑》,载《西亚非洲》2012 年第 2 期。

蒋真:《伊朗政治进程中宗教领袖地位的演进》,载《世界宗教研究》2007 年第 3 期。

赵建明:《鲁哈尼当选与伊朗核问题的未来发展》,载《西亚非洲》2013 年第 12 期。

赵建明:《海湾乱局、奥巴马主义与美国对海湾政策的调整》,载《当代世界与社会主义》2015 年第 6 期。

金良祥:《中东地区反伊朗力量的结盟及其脆弱性》,载《现代国际关系》2017 年第 8 期。

赵建明:《伊沙战略对峙、美以沙战略三角与中东格局的未来》,载《当代世界与社会主义》2018 年第 6 期。

蒋真:《美国对伊朗的单边制裁及其局限性》,载《国际论坛》2018 年第 4 期。

吕蕊、赵建明:《试析欧盟在伊朗核问题中的角色变化与影响》,载《欧洲研究》2016 年第 6 期。

金良祥:《伊朗与国际体系:融入还是对抗?》,载《西亚非洲》2019 年第 1 期。

吕蕊、赵建明:《欧美关系视角下的伊朗核问题:基于 2016 年以来欧美伊核政策的比较分析》,载《欧洲研究》2019 年第 1 期。

吴冰冰:《对中国中东战略的初步思考》,载《外交评论》2012 年第 2 期。

陆瑾、刘岚雨:《伊朗政治温和派的崛起及其影响》,载《现代国际关系》2017 年第 10 期。

陆瑾:《从十月抗议事件审思伊二元政治结构的稳定性》,载《西亚非洲》2019 年第 1 期。

王猛:《伊朗议会政治嬗变的历史透视》,载《阿拉伯世界研究》2017 年第 4 期。

二、英 文 文 献

(一) 专著

Abdulaziz Abdul Hussein Sachedian, *Islamic Messianism*: *The Idea of Mahdi in Twelver Shi'ism*, Albany: State University of New York Press,

1981.

Adam Tarock, *Iran's Foreign Policy Since 1990: Pragmatism Supersedes Islamic Ideology*, Commack and New York: Nova Science Publishers, Inc., 1999.

Adam Tarock, *Iran's Foreign Policy Since 1990: Pragmatism Supersedes Islamic Ideology*, New York: Nova Science Publishers Inc., 1999.

Ahan Shakibi, *Khatami and Gorbachev: Politics of Change in the Islamic Republic of Iran and the USSR*, London and New York: I. B. Tauris Publishers, 2010.

Ahmad Vaezi, *Shia Political Thought*, London: Islamic Center of England, 2004.

Ahmad Vaezi, *Shia Political Thought*, London: Islamic Center of England, 2005.

Ali Gheissari ed., *Contemporary Iran: Economy, Society and Politics*, Oxford and New York: Oxford University Press, 2009.

Ali M. Ansari, *Confronting Iran: The Failure of American Foreign Policy and the Next Great Crisis in the Middle East*, New York: Basic Books, 2006.

Ali M. Ansari, *Iran, Islam and Democracy: The Politics of Managing Change*, London: Chatham House, 2006.

Amal Saad-Ghorayeb, *Hizbollah: Politics and Religion*, London: Pluto Press, 2002.

Amirhassan Boozari, *Shi'i Jurisprudence and Constitution: Revolution in Iran*, New York and London: Palgrave MacMillan, 2007.

Anoush Ehteshami and Mahjoob Zweiri, *Iran and the Rise of Its Neoconservatives: The Politics of Tehran's Silent Revolution*, London and New York: I. B. Tauris & Co. Ltd, 2007.

Anoush Ehteshami, *Iran and the Rise of Its Neoconservatives: The Politics of Tehran's Silent Revolution*, London and New York: I. B. Tauris, 2007.

Anoushiravan Ehteshami, *After Khomeini: The Iranian Second Republic*, London and New York: Routledge, 1995.

Anoushiravan Ehteshami and Mahjoob Zweiri ed., *Iran's Foreign Policy:*

From Khatami to Ahmadinejad, Berkshire: Ithaca Press, 2008.

Anthony H. Cordesman, *The Iran-Iraq War and Western Security*, *1984—87: Strategic Implications and Policy Options*, London: Jane's, 1987.

Asghar Schirazi, *The Constitution of Iran: Politics and the State in the Islamic Republic*, London and New York: I. B. Tauris, 1997.

Asghar Schirazi, *The Constitution of Iran: Politics and the State in the Islamic Republic*, London and New York: I. B. Tauris, 1997.

Babak Ganji, *Politics of Confrontation: The Foreign Policy of the USA and Iran*, London and New York: Tauris Academic Studies, 2006.

Baqer Moin, *Khomeini, Life of the Ayatollah*, New York: St. Martin's Press, 2000.

Barry Rubin, *Paved with Good Intention*, New York and Oxford: Oxford University Press, 1980.

Christin Marchall, *Iran's Persian Gulf Policy: From Khomeini to Khatami*, New York: Routledge Curzon, 2003.

Cornelius Adebahr, *Europe and Iran: The Nuclear Deal and Beyond*, New York: Routledge, 2017.

Daniel Brumberg and Farideh Farhi ed., *Power and change in Iran: Politics of Contention and Conciliation*, Bloomington: Indiana University Press, 2016.

Daniel Brumberg, *Reinventing Khomeini: The Struggle for Reform in Iran*, Chicago and London: The University of Chicago Press, 2001.

Daniel Brumberg, *Reinventing Khomeini: The Struggle for Reform in Iran*, Chicago: University of Chicago Press, 2001.

Daniel Byman, Shahram Chubin et al., *Iran's Security Policy in the Post-Revolutionary Era*, Santa Monica and Arlington: Rand, 2001.

Daniel Pipes, *The Rushdie Affair: The Novel, the Ayatollah, and the West*, New York: Birch Lane Press Book, 1990.

David Menashri, *Post-Revolutionary Politics in Iran: Religion, Society and Power*, London and Portland: Frank Cass, 2001.

David Menashri, *Revolution at the Crossroads: Iran's Domestic Politics and Regional Ambitions*, Washington: Washington Institute for Near East Policy, 1997.

Desmond Harney, *The Priest and The King: An Eyewitness Account of the Iranian Revolution*, New York and London: I.B. Tauris, 1998.

Dilip Hiro, *Neighbors, Not Friends: Iraq and Iran After the Gulf Wars*, London and New York: Routledge, 2001.

Edward Wastnidge, *Diplomacy and Reform in Iran: Foreign Policy under Khatami*, London and New York: I.B. Tauris, 2016.

Edward Wastnidge, *Diplomacy and Reform in Iran: Foreign Policy under Khatami*, London and New York: I.B. Tauris, 2016.

Emmanuel Sivan and Menachem Friedman ed., *Religious Radicalism and Politics in the Middle East*, Albany: State University of New York Press, 1990.

Ervand Abrahamian, *Khomeinism: Essay on the Islamic Republic*, Berkeley and Los Angeles: University of California Press, 1993.

Farhang Rajaee ed., *Iranian Perspectives on the Iran-Iraq War*, Gainesville: University Press of Florida, 1997.

Farhang Rajaee ed., *The Iran-Iraq War: The Politics of Aggression*, Gainesville: University Press of Florida, 1993.

Farhang Rajaee, *Islamic Values and World View: Khomeini on Man, the State and International Politics*, Lanham and New York: University Press of America, 1993.

Fereydoun Hoveryda, *The Fall of the Shah*, New York: Wyndham Books, 1979.

Fereydoun Hoveyda, *The Shah and the Ayatollah: Iranian Mythology and Islamic Revolution*, Westport and London: Praeger, 2003.

Fereydoun Hoveyda, *The Shah and the Ayatollah: Iranian Mythology and Islamic Revolution*, West Port and London: Praeger Publishers, 2003.

Gary Sick, *All Fallen Down: America's Tragic Encounter With Iran*, New York: Random House, 1985.

Gawdat Bahgat, *American Oil Diplomacy in the Persian Gulf and Caspian Sea*, Gainesville: University Press Florida, 2003.

Ghoncheh Tazmini, *Khatami's Iran: The Islamic Republic and the Turbulent Path to Reform*, London and New York: I. B. Tauris, 2009.

Hooshang Amirahmadi and Nader Entessar ed., *Iran and the Arab World*, New York: St. Martin Press, 1993.

Hooshang Amirahmadi, *Revolution and Economic Transition: The Iranian Experience*, Albany: State University of New York Press, 1990.

Hossein Alikhani, *Sanctioning Iran: Anatomy of a Failed Policy*, London and New York: I. B. Tauris Publishers, 2000.

Imam Khomeini, *Islamic Government: Governance of the Jurist* (*Velayat-e FAqeeh*), Tehran: The Institute for Compilation and Publication of Imam Khomeini's Work, 1984.

Jalil Roshandel, *Iran, Israel and the United States: Regime Security Vs. Political Legitimacy*, San Barbara and Denver: Praeger, 2011.

James A. Bill, *The Eagle and the Lion: The Tragedy of American-Iranian Relations*, New Haven and London: Yale University Press, 1988.

James Blight, Janet Lang, Hussein Banai, Malcolm Byrne, John Tirman, *Becoming Enemies: U.S.-Iran Relations During the Iran-Iraq War*, Lanham and Boulder: Rowan and Littlefield Publishers, Inc., 2012.

John L. Esposito and Rouhollah K. Ramazani ed., *Revolution at the Crossroads*, New York: Palgrave, 2001.

John W. Garver, *China and Iran: Ancient Partners in a Post-Imperial World*, Seattle and London: University of Washington Press, 2006.

Kasra Naji, *Ahmadinejad: The Secret History of Iranian Radical Leader*, Berkeley and Los Angeles: University of California Press, 2008.

Kenneth M. Pollack, Suzanne Maloney and Daniel L. Byman ed., *Which Path to Persia? Options for a New American Strategy toward Iran*, Washington D.C.: Brookings Institution Press, 2009.

K. L. Afrasiabi, *After Khomeini: New Directions in Iran's Foreign Policy*, Boulder and London, Westview Press, 1994.

Kumuda Simpson, *U.S. Nuclear Diplomacy with Iran: From the War on Terror to the Obama Administration*, Lanham and Boulder: Rowman & Littlefield, 2016.

Majid Al-Khalili, *Oman's Foreign Policy: Foundation and Practice*, Westport: Praeger Security International, 2009.

Martin Kramer ed., *Shi'ism, Resistance and Revolution*, Boulder and Colorado: Westview Press, 1987.

Martin Sicker, *The Bear and the Lion: Soviet Imperialism and Iran*, New York: Praeger Publishers, 1988.

Mehdi Moslem, *Factional Politics in Post Khomeini Iran*, Syracuse University Press, 2002.

Mohammad Reza Pahlavi, Teresa Waugh trans., *The Shah's Story*, London: Michael Joseph, 1980.

Mohsen M. Milani, *The Making of Iran's Islamic Revolution: From Monarchy to Islamic Republic*, Boulder and London: Westview Press, 1990.

Negin Nabavi, *Iran: From Theocracy to The Green Movement*, London and New York: Palgrave Macmillan, 2012.

Nikkie R. Keddie, *Modern Iran: Roots and Results of Revolution*, New Haven: Yale University Press, 2003.

Nikki Keddie and Rudolph P. Matthee, *Iran and The Surrounding world: Interactions in Culture and Cultural politics*, Seattle: University of Washington Press, 2002.

Nikki R. Keddie and Mark J. Gasiorowski ed., *Neither East nor West: Iran, the Soviet Union, and the United States*, New Haven: Yale University Press, 1990.

Nikki R. Keddie ed., *Religion and Politics in Iran: Shi'ism from Quietism to Revolution*, New Haven and London: Yale University Press, 1983.

Nikki R. Kiddie and Rudolph P. Matthee ed., *Iran and Surrounding World: Interactions in Culture and Cultural politics*, Seattle: University of Washington Press, 2002.

Parviz S. Towfighi, *From Persian Empire to Islamic Iran: A History of Nationalism in the Middle East*, Edwin Mellen Press, 2009.

Pierre Terzian, *OPEC: The Insider Story*, London: Zed Books, 1985.

Ray Takeyh and Steven Simon, *The Pragmatic Superpower: Winning the Cold War in the Middle East*, New Yok: W. W. Norton & Company,

2016.

Ray Takeyh, *Guardians of the revolution: Iran and the World in the Age of the Ayatollahs*, New York & Oxford: Oxford University Press, 2009.

Ray Takeyh, *Hidden Iran: Paradox and Power in the Islamic Republic*, New York: Times Books, 2006.

Ray takeyh, *The Guardians of the Revolution: Iran and the World in the Age of Ayatollahs*, Oxford and New York: Oxford University Press, 2009.

Reza Afshari, *Human Rights in Iran: The Abuse of Cultural Relativism*, Philadelphia: University of Pennsylvania Press, 2001.

Robert Mason, *Foreign Policy in Iran and Saudi Arabia: Economics and Diplomacy in the Middle East*, London and New York: I. B. Tauris, 2015.

Robin Wright, *In the Name of God: The Khomeini Decade*, New York and London: Simon & Schuster, 1989.

Rouhollah K. Ramazani, *Iran's Foreign Policy 1941—73: A Study of Foreign Policy in Modernizing Nations*, Charlottesville: University Press of Virginia, 1975.

Ruhollah Khomeini, *Imam's Final Discourse: The Text of the Political and Religious Testament of the Leader of the Islamic Revolution and Founder of the Islamic Republic of Iran, Imam Khomeini*, Tehran: Ministry of Guidance and Islamic Culture, 1997.

Ruhollah Khomeini, *Islam and Revolution: Writings and Declarations of Imam Khomeini*, Berkeley: Al-Mizan Press, 1981.

Ruhollah Khomeini, *Sayings of the Ayatollah Khomeini: Political, Philosophical, Social, and Religious*, New York: Bantam, 1980.

Said Amir Arjomand, *After Khomeini: Iran Under His Successors*, Oxford and London: Oxford University Press, 2009.

Said Amir Arjomand, *After Khomeini: Iran Under His Successors*, Oxford and London: Oxford University Press, 2009.

Sephehr Zabih, *The Iranian Military in Revolution and War*, London and New York: Routledge, 1988.

Shahram Akbarzadeh and Dara Conduit ed. , *Iran in the world : President Rouhani's Foreign Policy*, New York and London: Palgrave Macmillan, 2016.

Shahram Akbarzadeh and Dara Conduit, *Iran in the World : President Rouhani's Foreign Policy*, London and New York: Palgrave Macmillan, 2016.

Shahram Chubin and Charles Tripp, *Iran and Iraq at War*, London and New York: I.B. Tauris, 1988.

Shahram Chubin, *Iran Awakening : A Memoir of Revolution and Hope*, New York: Random House, 2006.

Shahram Chubin, *Security in the Persian Gulf : The Role of Outside Powers*, Aldershot: Gower Publishing Company Limited, 1982.

Shahram Chubin, *Wither Iran? Reform, Domestic Politics and National Security*, Oxford and New York: Oxford University Press, 2002.

Shaul Bakhash, *The Reign of the Ayatollahs : Iran and the Islamic Revolution*, New York: Basic Books,1984.

Shireen T. Hunter, *Iran's Foreign Policy in the Post-Soviet Era : Resisting the New International Order*, Santa Barbara and Oxford: Praeger, 2010.

Thomas Juneau, *Squandered Opportunity : Neoclassical Realism and Iranian Foreign Policy*, Stanford: Stanford University Press, 2015.

Trita Parsi, *Treacherous Alliance : The Secret Dealings of Israel, Iran, and the United States*, New Haven: Yale University Press, 2007.

Vanessa Martin, *Creating an Islamic State : Khomeini and the Makiing of a New Iran*, London: I.B. Tauris, 2000.

Wilfried Buchta, *Who Rules Iran : The Structure of Power in the Islamic Republic*, Washington: The Washington institute for Near East Policy, 2000.

Wilfried Buchta, *Who Rules Iran? The Structure of Power in the Islamic Republic*, Washington: The Washington Institute for Near East Policy and Konrad Adenauer Stiftung, 2000.

Yadullah Shahibzadeh, *Islamism and post-Islamism in Iran : An Intellectual History*, New York: Palgrave Macmillan, 2016.

Yvette Hovsepian- Bearce, *The Political Ideology of Ayatollah Khamenei: Out of the Mouth of the Supreme Leader of Iran*, London: Routledge, 2016.

(二) 期刊论文

Ali Gheissari and Vali Nasr, "The Conservative Consolidation in Iran," *Survival*, Vol.47, No.2, Summer, 2005, pp.178—181.

Amman, "Iran in Iraq: How much Influence?" *Middle East Report*, 21 March 2005.

Bates Gill and Evan S. Medeiros, "Foreign and Domestic Influences on China's Arms Control and Nonproliferation Policies," *The China Quarterly*, March, 2000.

Charles Lane, "Germany's New Ospolitik," *Foreign Affairs*, Vol. 14, No.6, 1995, p.77.

Cuyler T. Young, "The Problem of Westernization in Modern Iran," *The Middle East Journal*, Vol.2, No.1, 1998.

Eric Rouleau, "Khomeini's Iran," *Foreign Affairs*, Vol.50, No.1, Fall/Winter, 1980, pp.1—20.

Gareth Porter, "Back to the Future? Bolton, Trump and Iranian Regime Change," *The Middle East Eye*, May 18, 2018.

Gary Sick, "Rethinking Dual Containment," *Survival*, Vol. 40, No. 1, Spring, 1998, p.6.

Homa Katouzian, "The Campaign against the Anglo-Iranian Agreement of 1919," *British Journal of Middle Eastern Studies*, Vol. 25, No. 1, May, 1998, pp.5—46.

Joseph Chrinclone, "Can Preventive War Cure Proliferation," *Foreign Policy*, July/August 2003.

Joshua Teitelbaum, "The Gulf States and the End of Dual Containment," *Middle East Review of International Affairs*, Vol.2, No.2, September 1998, pp.21—26.

Kamran Taremi, "Iranian Foreign Policy towards Occupied Iraq, 2003—05," *Middle East Policy*, Vol.12, No.4, Winter 2005, p.39.

Michael P. Zirinsky, "Imperial Power and Dictatorship: Britain and the Rise of Reza Shah, 1921—1926," *International Journal of Middle East Studies*, No.24, 1992, pp.639—663.

Murray Eiland III, "Mixed Messages and Carper Diplomacy: Opportunities for Detente with Iran," *Middle East Policy*, Vol.VI, No.2, October 1998, pp.130—138.

Patrick Clawson, "The Continuing Logic of Dual Containment," *Survival*, Vol.40, No.1, Spring 1998, pp.33—47.

Robin Wright and Shaul Bakhash, "The U.S. and Iran: An Offer They Can't Refuse?" *Foreign Policy*, No.108, Autumn, 1997, pp.124—137.

Rouhollah K. Ramazai, "Khomeyni's Islam in Iran's Foreign Policy," A Paper Presented to the Royal Institute of international Affairs in London, July 13, 1982.

Rouhollah. K. Ramazani, "Iran's Foreign Policy: Both North and South," *Middle East Journal*, Vol.46, No.3, Summer, 1992, pp.393—412.

Sanam VakilIran, "Balancing East against West," *The Washington Quarterly*, Autumn 2006, pp.51—65.

S. Chubin, "Iran and the Gulf Crisis," *Middle East Insight*, Vol. 7, No.4, 1990, p.30.

Shahram Chubin and Green Jerrold, "Engaging Iran: US Strategy," *Survival*, August, 1998, pp.153—169.

Vahe Petrossian, "Reformers Set for Victory," *Middle East Economic Digest*, February 18, 2000, p.2.

Zibigniew Brzinksi, Brent Scowcroft and Richard Murphy, "Differentiated Containment," *Foreign Affairs*, Vol.76, No.3, May/June 1997, pp.20—30.

（三）报刊和网站

Agence France-Presse；

Alarabiya；

Aljazeera；

Associated Press；

BBC News；

Bloomberg;

CNN News;

Forbes;

Iran Daily;

Tehran Times;

The Arab News;

The Asian Times;

The Christian Science Monitor;

The Gulf News;

The Independent;

The Los Angeles Times;

The Mehr News;

The New Yorker;

The New York Times;

The Telegraph;

The Times;

The Washington Post;

The Washington Times;

Wall Street Journal;

Yahoo News.

图书在版编目(CIP)数据

当代伊朗外交战略研究:1979—2017/赵建明著.
—上海:上海人民出版社,2023
(中国与世界丛书)
ISBN 978 - 7 - 208 - 18533 - 3

Ⅰ.①当…　Ⅱ.①赵…　Ⅲ.①外交战略-研究-伊朗
- 1979 - 2017　Ⅳ.①D837.30

中国国家版本馆 CIP 数据核字(2023)第 173031 号

责任编辑　史美林
封面设计　王小阳

中国与世界丛书
当代伊朗外交战略研究(1979—2017)
赵建明　著

出　　版　**上海人民出版社**
　　　　　(201101　上海市闵行区号景路 159 弄 C 座)
发　　行　上海人民出版社发行中心
印　　刷　上海商务联西印刷有限公司
开　　本　635×965　1/16
印　　张　21
插　　页　4
字　　数　300,000
版　　次　2023 年 9 月第 1 版
印　　次　2023 年 9 月第 1 次印刷
ISBN 978 - 7 - 208 - 18533 - 3/D·4197
定　　价　98.00 元

中国与世界丛书